JUSTIN ZORN, LEIGH MARZ
RUHE

JUSTIN ZORN, LEIGH MARZ

RUHE

Wie wir den Lärm der Welt bewältigen und in der Stille Klarheit finden

Aus dem amerikanischen Englisch
von Annika Tschöpe

Penguin Random House Verlagsgruppe FSC® N001967

1. Auflage
Deutsche Erstausgabe November 2022
Copyright © 2022 der Originalausgabe: Justin Zorn und Leigh Marz
Copyright © 2022 der deutschsprachigen Ausgabe: Mosaik Verlag,
München, in der Penguin Random House Verlagsgruppe GmbH,
Neumarkter Str. 28, 81673 München
Umschlag: Sabine Kwauka
Umschlagmotiv: © plainpicture/Yvonne Röder
Redaktion: Angelika Lieke
Satz: Buch-Werkstatt GmbH, Bad Aibling
Druck und Bindung: GGP Media GmbH, Pößneck
Printed in Germany
KW · IH
ISBN 978-3-442-39401-2
www.mosaik-verlag.de

FÜR MEREDY UND MICHAEL

UND ZUM GEDENKEN AN ROB ERIOV UND RALPH METZNER

INHALT

TEIL I:
EINE GEMEINSAME SEHNSUCHT

1 Eine Einladung

Was war die tiefste Ruheerfahrung Ihres Lebens?

Vertrauen Sie auf das, was Ihnen spontan in den Sinn kommt.

Grübeln Sie nicht zu lange nach.

Wenn Ihnen etwas eingefallen ist, versuchen Sie, in diese Situation einzutauchen. Rufen Sie sich in Erinnerung, wo Sie sind, was um Sie herum geschieht und wer gegebenenfalls bei Ihnen ist. Versuchen Sie, die Atmosphäre heraufzubeschwören – das ganz bestimmte Licht, die Stimmung, die in der Luft liegt, das Gefühl, das Sie wahrnehmen.

Ist es eine Ruhe, bei der man nichts hört?

Oder ist es die Art von Ruhe, die sich einstellt, wenn nichts und niemand Ihre Aufmerksamkeit in Anspruch nimmt?

Sind Ihre Nerven ganz ruhig?

Oder ist es die Art von Ruhe, die noch tiefer geht – wenn sich das aufgewühlte Meer der inneren Stimmen unvermittelt teilt und sich ein klarer Weg auftut?

Denken Sie kurz über die folgende Frage nach, die ein wenig seltsam anmuten mag: *Ist Ruhe die Abwesenheit von Lärm – oder ist sie etwas, das* anwesend *ist?*

○

In den vergangenen Jahren sind wir diesen Fragen gemeinsam mit den unterschiedlichsten Menschen auf den Grund gegangen: mit Neurowissenschaftlern, Aktivistinnen, Dichtern, Firmenchefinnen, Politikern, Medizindozenten, Umweltschützerinnen, einem tanzenden Derwisch, einer Mitarbeiterin des Weißen Hauses, buddhistischen Lehrern, christlichen Predigern, einer Grammy-gekrönten Opernsängerin, einem zum Tode Verurteilten, einem Hollywood-Toningenieur, einem Heavy-Metal-Frontmann, einem Cowboy und Holzfäller und einem Oberstleutnant der Air Force. Auch wir selbst haben uns mit diesen Fragen auseinandergesetzt. Diese privaten und gemeinsamen Erkundungen haben uns an verschiedenste Orte geführt, zum Beispiel:

In die laue Brise bei Sonnenaufgang über dem weiten Ozean.

In die Stille einer unberührten Schneedecke im Hochgebirge.

Andere Erlebnisse waren in akustischer Hinsicht keineswegs ruhig: Geburten. Todesfälle. Momente der Ehrfurcht. Momente dramatischer, unerwarteter Veränderungen, in denen alle gängigen Erklärungen versagen, sodass wir uns eingestehen müssen, dass es nichts zu sagen gibt.

Manchmal erlebten wir selbst und andere einen Moment tiefer Ruhe bei erstaunlich hohem Geräuschpegel:

Auf der perfekten Route durch tosende Stromschnellen.

Im elektrisierenden Gesang der Zikaden bei Dämmerung in einem dichten Wald.

Im engen Gedränge auf der Tanzfläche, wenn alle selbstbezogenen Gedanken im wummernden Beat untergehen.

Wenn diese unglaublich unterschiedlichen Varianten der tiefen Ruhe einen gemeinsamen Nenner haben, dann ist es die Antwort auf die letzte der Fragen, die wir eingangs gestellt haben. Tiefe Ruhe bedeutet nicht, dass etwas abwesend ist; Ruhe hat *Präsenz*. Diese Präsenz kann uns neu ausrichten, uns heilen und uns Erkenntnisse verschaffen.

In seinem Roman *Sartor Resartus* aus dem Jahr 1836 erwähnt der schottische Philosoph und Mathematiker Thomas Carlyle eine Inschrift in der Schweiz: *»Reden ist Silber, Schweigen ist Gold.«*[1]

»Oder«, so Carlyle, »wie ich es lieber ausdrücken würde: ›Das Schweigen ist tief wie die Ewigkeit, das Reden ist seicht wie die Zeit.‹«

Es gibt bereits seit Jahrtausenden Varianten dieses Aphorismus in lateinischer, arabischer, hebräischer und aramäischer Sprache.[2] Nach einem frühislamischen *Isnad* – so nennt man die generationsübergreifende Überlieferung einer heiligen Lehre – geht die Redewendung »Reden ist Silber, Schweigen ist Gold« auf den weisen König Salomon zurück. Noch heute sagt sie uns, dass ein kluger Mensch weiß, wann man spricht und wann man besser schweigt.

Wer sich näher mit der Bedeutung von »Schweigen ist Gold« befasst, stößt immer wieder auf die Vorstellung, dass wahre, tiefe Ruhe mehr ist als die Abwesenheit von Lärm. Ruhe bedeutet auch, dass etwas *da* ist.

JENSEITS DER KULTUR DES PRO UND KONTRA

Anfang 2017 war unser Blick auf die Lage der Welt ziemlich pessimistisch. Vermutlich kennen Sie das Gefühl. Das war lange vor COVID-19 und den jüngsten, besorgniserregenden Erkenntnissen zum Klimawandel, vor den aktuellen wirtschaftlichen Verwerfungen und den Morden an Breonna Taylor und George Floyd. Doch selbst damals sahen wir keinen Ausweg aus der Sackgasse. Uns fehlte eine realistische

Vision, wie die politischen Verhältnisse in Ordnung gebracht, eine humanere Wirtschaft aufgebaut oder unsere Beziehung zur Natur wiederhergestellt werden könnten. Es war, als wäre die Fähigkeit zu eingehenden Gesprächen über schwierige Themen blockiert, und damit letztlich auch unsere Fähigkeit, kreative Lösungen zu finden. Wir persönlich, als Aktivisten, Anwälte und Eltern kleiner Kinder, waren ratlos.

Damals nahmen wir beide eine seltsame Intuition wahr. Wir bekamen eine Ahnung, wo wir nach einer Antwort suchen könnten: *in der Ruhe.*

Zu dem Zeitpunkt waren wir im Prinzip »nicht mehr praktizierende Meditierende«. Doch das, was wir unabhängig voneinander empfanden, war nicht der Drang, uns wieder auf das Kissen zu setzen oder uns in eine Klause zurückzuziehen. Wir hatten nicht den Drang, wegzulaufen, sondern vielmehr das Gefühl, dass die hartnäckigsten Probleme nicht durch noch mehr Denken oder Reden gelöst werden können. Bei allem Respekt vor der Stimme, dem Intellekt und dem unaufhaltsamen materiellen Fortschritt spürten wir, dass die Lösungen für die entscheidenden persönlichen, gesellschaftlichen und sogar globalen Herausforderungen anderswo zu finden sind: *in dem freien Raum zwischen den Kopfdingen.*

Je mehr wir auf unsere Intuition achteten, desto deutlicher wurde unser Gespür dafür, wie die Veränderungen, die die Welt brauchte, gestaltet sein sollten. Sind wir alle im dialektischen Reigen des menschlichen Lebens gefangen – Zustimmung/Ablehnung, Fortschritt/Widerstand, Aufschwung/Zusammenbruch – und unweigerlich dazu verurteilt, »eine verdammte Sache nach der anderen« zu ertragen, wie Winston Churchill angeblich behauptete? Oder ist etwas Größeres möglich – eine Öffnung, vielleicht sogar die Gnade einer Aussöhnung? Wir waren uns nicht sicher. Aber wir hatten eine Ahnung, welcher erste Schritt einen glänzenden neuen Weg eröffnen könnte, mit dem wir überkommene Gegenpole hinter uns lassen und den Lärm überwinden.

Da wir befürchteten, diese Intuition könne ein wenig nach New Age klingen, wollten wir sie in einer Zeitschrift vorstellen, bei der wir keinerlei New Age-Tendenzen vermuteten – der *Harvard Business Review*. Erstaunlicherweise wurde unser Vorschlag angenommen, und noch erstaunlicher war, dass der Artikel auf der Website der Zeitschrift letztendlich so häufig geteilt und gelesen wurde wie kaum ein anderer in den letzten Jahren. In unserem Artikel »The Busier You Are, the More You Need Quiet Time«[3] (*Je mehr man zu tun hat, desto dringender braucht man Ruhe*) ging es um Ruhe als Weg zu mehr Kreativität, Klarheit und innerer Verbundenheit. Wir waren sorgsam darauf bedacht, nicht nur anzupreisen, wie Achtsamkeit die Produktivität fördern kann, sondern beschrieben Ruhe als »Auszeit von den geistigen Reflexen, mit denen wir gewohnheitsmäßig unseren Ruf schützen oder einen Standpunkt unterstreichen wollen«. Wir rieten dazu, »vorübergehend das einzustellen, wozu wir uns ständig gedrängt fühlen: überlegen, was man sagen soll«. Wir gaben uns alle Mühe, einen Gedanken zu erläutern, der in wirtschaftlichen oder politischen Publikationen nur selten zu finden ist: Ruhe bedeutet nicht, dass etwas abwesend ist. Ruhe ist etwas Präsentes. Sie kann zu echter Einsicht, zu Heilung und sogar zu gesellschaftlichem Wandel führen.

Einige Tage nach Erscheinen des Artikels besuchte Justin eine wirtschaftspolitische Konferenz in Pittsburgh. Auf dem Rückweg zum Flughafen teilte er sich ein Taxi mit seinem neuen Bekannten Jeff – der praktizierende Katholik war Führungskraft in einem Wirtschaftsunternehmen und eng mit konservativen Politikern befreundet. Mit seinem dunklen Anzug, seinem geschäftsmäßigen Auftreten und seiner fleischlastigen Ernährung konnte man sich Jeff schwerlich in einem Yogastudio oder beim Philosophieren über einen buddhistischen Text vorstellen. Während sie im Berufsverkehr steckten, erwähnte Justin den Artikel, den Jeff daraufhin las. Kurze Zeit später meldete er sich bei Justin und vertraute ihm an, jetzt sei ihm klar, warum er so gerne im Morgennebel auf die Jagd gehe und warum er als Kind die Jugendfreizeiten der Jesuiten so genossen habe. Er wusste nun, dass er in seinem Leben nach Ruhe suchen musste.

Justins Kontakt zu Jeff war einfach und zwanglos, doch er lieferte eine wichtige Erkenntnis. Bei vielen Themen, die uns so verzweifeln ließen, stand Jeff auf der anderen Seite. Auf der Konferenz hatten er und Justin gegensätzliche Ansichten vertreten. Und nun brachte er dieselbe tiefe Sehnsucht zum Ausdruck. Wir gaben uns zwar nicht der Illusion hin, dass die Begegnung mit der Stille ein Allheilmittel sein könnte, mit dem sich die sehr realen Fronten in der Welt überwinden ließen, aber das Erlebnis mit Jeff brachte uns zurück zu unserer anfänglichen Intuition. Der Raum der Ruhe kann den Ausgangspunkt für ein tieferes Verständnis bilden und sogar dazu führen, dass wir das ermüdende Hin und Her von Pro und Kontra hinter uns lassen.

In einer Welt des Lärms ist es nicht leicht, Freiräume zu finden. Mächtige Kräfte sorgen dafür, dass unsere Aufmerksamkeit in Beschlag genommen wird und dass es laut bleibt. Die einflussreichsten Institutionen in Wirtschaft, Politik und Bildung reden uns ein, wir müssten noch fleißiger und effizienter Kopfdinge hervorbringen. Der Lärm der Werbung und der Leistungsdruck sind subtile Werkzeuge der sozialen Kontrolle.

Das jedoch zeichnet die Ruhe aus: *Sie ist jederzeit vorhanden.*

Sie steckt im Atmen. Sie steckt in den Pausen zwischen zwei Atemzügen, zwischen den Gedanken, zwischen den Worten, die Freunde im Gespräch wechseln. Sie ist der kuschelige Moment unter der Bettdecke, kurz bevor der Wecker klingelt. Sie ist die kleine Auszeit vom Arbeitsplatz, in der man ein paar Minuten draußen auf der Bank in der Sonne sitzt. Sie steckt in den einfachen Momenten, in denen wir innehalten und den Vögeln, dem Regen oder nichts Konkretem lauschen und uns einfach auf das Sein einlassen. Wir können uns diesen Freiraum schaffen, indem wir darauf achten, wo Lärm herrscht, und dann die Lautstärke herunterdrehen, Tag für Tag.

Wenn wir nach tiefster Ruhe suchen, werden wir feststellen, dass sie nicht unbedingt damit zusammenhängt, welche Geräusche oder Informationen uns umgeben. Sie ist etwas Unveränderliches, das immer präsent ist, im Hier und Jetzt, tief in unserem Inneren. Sie ist der Puls des Lebens.

Dieses Buch beschreibt, warum man danach streben sollte und wie das gelingt.

DEN LÄRM UMSCHIFFEN

In den letzten 50 Jahren ist die Achtsamkeitsmeditation auf bemerkenswerte Weise aus entlegenen Klöstern in Birma und Thailand an die Spitzen des Mainstream vorgedrungen – zu Unternehmen wie Apple und Google und sogar bis ins Pentagon.[4] Zum Teil ist diese Entwicklung darauf zurückzuführen, dass man seit den Umbrüchen der 1960er-Jahre offener für neue Denkweisen und Weltanschauungen geworden ist, doch wir sehen in der wachsenden Beliebtheit auch einen ganz einfachen Grund: die tiefe Sehnsucht nach Ruhe in einer Welt, die immer lauter wird. Ob bewusst oder nicht, wir spüren, dass uneingeschränkte Aufmerksamkeit immer seltener wird. Wir müssen lernen, damit umzugehen.

Dass Achtsamkeit heute zum Mainstream gehört, ist überaus positiv. Auch wenn wir beide nicht immer streng danach gelebt haben, hat uns die Achtsamkeit in wichtigen Momenten des Lebens dabei geholfen, den Lärm in den Griff zu bekommen. Wir wissen, dass Meditation und Achtsamkeit Millionen von Menschen eine große Hilfe ist, und auch wir selbst hatten in kleinem Maßstab Anteil an ihrer Verbreitung.

Leigh hat Meditation in ihre Arbeit in der Führungs- und Organisationsentwicklung für gemeinnützige Organisationen, große Universitäten und US-Bundesbehörden aufgenommen, und als Justin als politischer und strategischer Berater im US-Kongress tätig war, wirkte er an der Einführung eines Achtsamkeitsprogramms mit und leitete Meditationssitzungen für Entscheidungsträger in beiden politischen Lagern. Doch wenn etwas »Mainstream« wird, impliziert das erfolgreiche Adaption nicht unbedingt messbare Ergebnisse. 1992 veröffentlichte der Jungianer James Hillman mit dem Kulturkritiker Michael Ventura ein Buch mit dem Titel *Hundert Jahre Psychotherapie – und der Welt geht's immer schlechter.* Heute könnte man ganz ähnlich sagen: *Vierzig Jahre Achtsamkeit, und die Welt ist unkonzentrierter denn je.* Obwohl wir die formelle Sitzmeditation befürworten und selbst praktizieren, halten wir sie nicht für ein Allheilmittel. Sie ist äußerst wertvoll, aber schlichtweg nicht für alle Menschen geeignet.

Joshua Smyth, Professor an der Pennsylvania State University und führender Forscher auf dem Gebiet der biobehavioralen Gesundheit und Medizin, erklärt: »Viele positive Aspekte, die der Achtsamkeit zugeschrieben werden, gelten für Menschen, die sie ernsthaft praktizieren.« Für Smyth sind diese Studien sehr wertvoll, doch er warnt davor, aus den Ergebnissen zu viel abzuleiten. »Wenn Testpersonen nach dem Zufallsprinzip (für Achtsamkeitsstudien) ausgewählt werden, halten sich 70 Prozent nicht an das empfohlene Pensum«, erklärt er uns. Mit anderen Worten: Sie befolgen die Anweisungen nicht. Weiter erläutert er: »Ein Drittel bis hin zur Hälfte der Probanden stellt die Übungen bereits im Rahmen einer Studie komplett ein – und nachdem sie für die Teilnahme bezahlt wurden, machen sie erst recht nicht weiter.« Diese Quoten sind mindestens genauso schlecht wie bei Studien zur Gewichtsreduktion.[5] Smyth fasst die Problematik so zusammen: »Wenn die Arznei nicht genommen wird, kann die Behandlung nicht wirken.«

Das ist keine Kritik an der Achtsamkeit oder an Menschen, die sie nicht konsequent befolgen. Es zeigt lediglich, dass sich die komplexe Herausforderung, in den unruhigen Gefilden der modernen Hyperstimulation seine Mitte zu bewahren, mit einem pauschalen Ansatz nicht dauerhaft bewältigen lassen wird.

Jeder Mensch hat seinen eigenen Stil, eigene Vorlieben, eigene Lernmethoden und eigene Wege der Sinnfindung. Wie wir unsere Tage, Wochen, Monate und Jahre gestalten, können wir in unterschiedlichem Maße selbst bestimmen, und die Gegebenheiten ändern sich im Laufe der Zeit. Darüber hinaus kann das, was man gemeinhin als Achtsamkeitsmeditation bezeichnet – die meist aus dem Buddhismus übernommene Praxis, bei der man bewusst sitzt oder geht und über einen längeren Zeitraum hinweg auf Atmung und Gedanken achtet –, durch kulturelle, religiöse, psychologische oder physische Faktoren eingeschränkt werden.

Wie also reagieren wir auf den Lärm, der auf uns einprasselt? Wenn Meditation nicht für alle geeignet ist, wie können wir dann für die Abhilfe sorgen, die in der heutigen Welt so notwendig ist?

In diesem Buch schlagen wir eine Antwort vor:

Den Lärm wahrnehmen. Auf Ruhe einstimmen.

Dazu sind drei grundlegende Schritte erforderlich:

1. Achten Sie auf die verschiedenen Formen von auditiven, informationellen und inneren Störgeräuschen in Ihrem Leben. Überlegen Sie, wie Sie damit umgehen können.
2. Entdecken Sie kleine Ruheinseln inmitten der vielen Geräusche und Reize. Nutzen Sie diese Räume. Kosten Sie sie aus. Tauchen Sie so tief wie möglich in die Ruhe ein, auch wenn sie nur ein paar Sekunden andauert.

3. Kultivieren Sie von Zeit zu Zeit Phasen tiefer Stille – oder gar entrückender Ruhe.

Um inmitten des Lärms Ausgeglichenheit und Klarheit zu finden, müssen wir uns nicht an die formalen Regeln und Methoden der Techniken halten, die man heutzutage gemeinhin als Meditation bezeichnet. Fragen wie »Mache ich das richtig?« können wir vergessen. Jeder Mensch weiß – auf seine Weise –, wie sich Ruhe anfühlt. Sie gehört zum Menschsein dazu. Sie bietet uns Erneuerung, die jederzeit möglich ist, auch wenn man manchmal danach suchen muss.

In den folgenden Kapiteln werden wir erkunden, wie wir den Lärm verstehen und bewältigen können, damit wir die Natur, einander und die Klänge, die das Leben ausmachen, bewusster hören können.

In Teil 1 geht es um die *Bedeutung von Lärm* im Sinne einer unerwünschten Ablenkung auf der auditiven, informationellen und inneren Wahrnehmungsebene. Dann werden wir auf die *Bedeutung von Ruhe* eingehen – als Abwesenheit von Lärm sowie als eigenes Phänomen. Als Nächstes werden wir überlegen, warum Ruhe so wichtig ist, und zwar nicht nur, damit wir selbst ausgeglichen und konzentriert sind, sondern auch, damit wir gemeinsam die Welt heilen und eine bessere soziale, wirtschaftliche, politische und ökologische Zukunft schaffen können. In Teil 2 – »Die Wissenschaft von der Ruhe« – werden wir darauf eingehen, was die Überwindung von auditivem, informationellem und innerem Lärm für unsere körperliche Gesundheit, unsere Wahrnehmung und unser emotionales Wohlbefinden bedeutet. Wir werden die Bedeutung der »Ruhe im Kopf« untersuchen und dabei die Grenzen der modernen Neurowissenschaft ausloten. In Teil 3 – »Das Wesen der Ruhe« – geht es darum, dass Ruhe als Weg zu Bewusstsein, Empathie, Kreativität und Ethik gilt. Wir werden uns damit befassen, warum so gut wie alle großen religiösen und philosophischen Traditionen der Welt in der Ruhe einen Weg zur Wahrheit

sehen. Teil 4 – »Ruhe im Inneren« – dreht sich um praktische Ansätze, mit denen sich in einer Welt des Lärms Ruhe finden lässt, sowie
Strategien und Ideen, mit denen jeder von uns in typischen Alltagssi-
tuationen, aber auch durch seltenere, transformative Erlebnisse zur
Ruhe finden kann. In Teil 5 – »Gemeinsam ruhig sein« – widmen wir
uns der sozialen Form der Ruhe und erkunden, wie es innerhalb einer
Gruppe gelingen kann, den Lärm zu überwinden und neue Wege zu
finden, sei es am Arbeitsplatz, zu Hause in der Familie oder im Freundeskreis. In Teil 6 schließlich – »Gesellschaftliche Wertschätzung der
Ruhe« – werden wir uns Fragen der öffentlichen Ordnung und des kulturellen Wandels widmen und ausmalen, was es für Städte, Nationen
und sogar die ganze Welt bedeuten würde, wenn wir die Weisheit der
Ruhe wieder zu schätzen wüssten.

Wir werden Ideen und Methoden erkunden, die dazu beitragen
können, dass Sie im Beruf, im Privatleben und bei der Bewältigung
großer und kleiner Herausforderungen geduldiger, achtsamer und sogar effektiver werden. Allerdings möchten wir deutlich machen, dass
Ruhe keine »Ressource« ist, die sich gezielt oder formelhaft kontrollieren lässt. Ihr Wert lässt sich nicht anhand eines »Nutzens« beziffern. Die Wendung »Schweigen ist Gold« zeigt uns, dass Ruhe einen
inneren Wert hat. Und Thomas Carlyles Worte »Schweigen ist tief wie
die Ewigkeit« machen deutlich, dass sie nicht bemessen und für bestimmte Zwecke eingesetzt werden kann. In den letzten Jahrzehnten
wurde uns die Achtsamkeit oft als Mittel zur Förderung der Produktivität verkauft, das in verschiedensten Bereichen die Leistung stei-
gern soll – sei es hinsichtlich der Zielgenauigkeit von Scharfschützen
oder der Expansionspläne von CEOs. Für uns ist Ruhe aber wesentlich mehr als Selbstoptimierung. Sie taugt nicht zum Patentrezept,
mit dem wir persönliche Ambitionen verwirklichen. Ruhe dient per
definitionem keinem Zweck.

Durch die Arbeit an diesem Buch ist unsere ursprüngliche Intuition mehr und mehr zur Überzeugung geworden. Wir glauben immer noch fest daran, dass es wichtig ist, seine Meinung zu äußern, sich zu engagieren und für das einzusetzen, was richtig ist. Nach wie vor bezweifeln wir nicht, dass das Internet, die allgegenwärtigen Kommunikationsmittel und die imposanten industriellen Technologien Vorteile bringen können. Doch die Verzweiflung, die der Zustand der Welt in uns weckt, führt uns immer wieder zur selben Antwort: *Den Lärm überwinden. Auf Ruhe umschalten.*

2 Der Altar des Lärms

Cyrus Habib hätte nie damit gerechnet, dass sich ihm solche Chancen bieten würden.

Cyrus, dessen Eltern aus dem Iran in die USA eingewandert waren, überstand eine lebensbedrohliche Krankheit und war im Alter von acht Jahren vollständig erblindet. Er lernte Blindenschrift, absolvierte die Highschool und studierte anschließend erst an der Columbia University, später mit einem Rhodes-Stipendium in Oxford und schließlich in Yale Rechtswissenschaften. »Im Laufe meines Lebens musste ich mich selbst immer wieder überzeugen und anderen gegenüber Stärke, Kompetenz, Macht und Einfluss ausstrahlen ... Das verhalf mir zum Erfolg und war für mich ein entscheidendes Dogma.« Mit 31 Jahren wurde er in die Legislative des Staates Washington gewählt, vier Jahre später zum Vizegouverneur, dem zweithöchsten öffentlichen Amt in einem Bundesstaat mit 7,6 Millionen Einwohnern.

Anfang 2020 schien klar, wie es für Cyrus weitergehen würde: mit einer Kandidatur für den Gouverneursposten oder den US-Senat oder einem anderen öffentlichen Amt, das den nächsten Schritt seiner vielversprechenden politischen Karriere bedeutet hätte. Doch als wir später im Jahr mit Cyrus sprachen, hatte er sich gerade gegen all diese Optionen entschieden und einen ganz anderen Weg eingeschlagen.

Als Novize der Jesuiten gelobte er, ein Leben in Armut, Keuschheit und Gehorsam zu führen.

In der *New York Times* kommentierte Frank Bruni diese Entscheidung mit den Worten: »Ein Politiker zerschmettert sein Ego.«[1]

Diese unerwartete Wendung in Cyrus' Karriere ist nicht auf einen einzigen Grund zurückzuführen. Mehrere Faktoren kamen zusammen und bewirkten, dass ihm das Herz brach und gleichzeitig aufging: Er verlor unerwartet seinen Vater, sorgte sich um seine eigene Gesundheit, und er begegnete dem Dalai Lama. Cyrus beschloss, die Politik zu verlassen und Jesuit zu werden, um gegen die »Komplexität« seines Lebens anzugehen. »›Komplexität‹ ist nicht negativ gemeint«, erklärt er. »Damit meine ich nur, dass zum Beispiel Geld einen bestimmten Stellenwert hat und gut und notwendig ist, aber auch Stress und Ängste auslösen kann. Wenn man nicht daran gebunden ist ... kann man das Leben radikaler in den Dienst anderer stellen.«

Als Cyrus auf dem besten Weg war, in die höchsten Sphären der Politik aufzusteigen, befand er sich in spiritueller Hinsicht am Abgrund. Inmitten der allgegenwärtigen Lärm- und Reizüberflutung des politischen Lebens kam ihm immer wieder ein Erlebnis in den Sinn, das eine ungeahnte Sehnsucht in ihm weckte. Während seiner Studienzeit in Oxford hatte er auf Einladung eines Freundes den Gottesdienst in einer der jahrhundertealten Universitätskapellen besucht. »Diese Messe ... die Musik, die Liturgie, die atmosphärische Transzendenz öffnete in mir etwas, in das ich eintauchen konnte. Ich konnte zurückschalten, ruhiger werden«, erinnert er sich. Cyrus malte sich aus, wie es wäre, ein Leben lang ein solches Gefühl der Zentriertheit zu erfahren. Welch ein Kontrast wäre das zum üblichen Alltag eines modernen Politikers, der in weiten Teilen davon bestimmt ist, Spendengelder aufzutreiben, aufgeblasenen Egos zu schmeicheln und sich auf Twitter zu präsentieren.

Doch Cyrus stellt klar, dass er nicht flüchten will.

»Die Leute denken: ›Er wird Jesuit. Vorher war er Politiker. Sicher will er ein ruhigeres Leben.‹ Und das stimmt ja auch, das stimmt ... Aber ich will mich nicht zurückziehen, ich suche nicht nach Stille, die lindernd wirkt«, betont er. »Ich will mir selbst besser bewusst machen, welches Leben für mich vorgesehen ist, und danach will ich das tun, wofür ich gemacht bin.« Cyrus will sich weiterhin für die Anliegen engagieren, die ihn ursprünglich in die Politik geführt haben – so wird er beispielsweise weiter für Menschen kämpfen, die in Armut oder in Gefängnissen leben. Doch er meint, er könne sich unmittelbarer und authentischer für andere einsetzen, wenn er selbst ein Armutsgelübde ablegt. Um sein Herz für höhere Inspiration »bereit zu machen«, so erzählt er uns, müsse er »all das Überflüssige, das unsere Tage und unser Bewusstsein füllt«, hinter sich lassen. Er müsse sich in gewisser Weise »entgiften« von der ständigen Ablenkung, und der Wahrheit zuwenden.

Cyrus wusste, dass ihn eine große Umstellung erwartete. Bei seinem ersten Besuch bot er den Jesuiten an, einen Saugroboter zu kaufen, um beim Saubermachen Zeit zu sparen. Das belustigte die Brüder sehr. »Mensch, darum geht es doch gar nicht«, erklärten sie. »Dir stehen spannende Veränderungen bevor.«

Cyrus' Abenteuer der Ego-Auslöschung – Bodenwischen und stille Gebete statt Reden vor großem Publikum und Beratungen über neue Gesetze – verrät einiges über das Wesen des Lärms und darüber, was es bedeutet, Klarheit zu finden. Wir sprachen darüber, dass sich die moderne Politik zu einem zermürbenden Nullsummen-Wettstreit um das kleinste bisschen Aufmerksamkeit entwickelt hat, eine Extremform der Sucht nach Drama und Ablenkung, die sich durch die gesamte Gesellschaft zieht. Cyrus betont jedoch, dass all das nur eine Facette des Lärms ausmacht. Zwar ist er froh, den dröhnenden Nachrichtensendungen im Büro, den unerbittlichen Parteistreitigkeiten und den unablässigen, belanglosen Telefonaten entkommen zu sein, doch mit seinem radikalen Wandel will er einer tieferen Form des Lärms entgehen – einem Lärm im Inneren, der ihn daran hinderte, seine eigene Intuition zu hören und eine höhere Wahrheit zu vernehmen.

Ja, Lärm ist eine unerwünschte Störung der Geräuschkulisse im herkömmlichen Sinne. Ja, Lärm entsteht durch Tempo und Ausmaß der Informationsflut. Und doch ist er letztlich mehr als beides zusammen, nämlich sämtliche unerwünschten Geräusche und Reize, die innen und außen ertönen. Dazu gehört auch das, was uns von dem ablenkt, was wir wirklich tief in uns wollen.

TAXONOMIE DES LÄRMS

Sehr originell ist es nicht, über den Lärm des Lebens zu sinnieren; darüber sind wir uns im Klaren. Vermutlich klagt der Mensch seit jeher darüber.

In ihrem Buch *The Soundscape of Modernity* berichtet Emily Thompson von frühbuddhistischen Texten, die beschreiben, wie laut es um 500 v. Chr. in einer großen südasiatischen Stadt sein konnte. Sie schildert »Elefanten, Pferde, Wagen, Trommeln, Tamburine, Lauten, Gesang, Zimbeln, Gongs und Menschen, die ›Esst und trinkt!‹ schreien«.[2] Im *Gilgamesch-Epos* sind die Götter den Lärm der Menschen so leid, dass sie eine große Flut schicken, um alle auszulöschen. Vor etwas mehr als 100 Jahren stellte J. H. Girdner »The Plague of City Noises« (*Die Plage der Stadtgeräusche*) dar, zu der Pferdefuhrwerke, Hausierer, Musikanten, Tiere und Glocken zählten. Lärm ist offenbar ein immerwährendes Ärgernis, das sich durch alle Epochen zieht.

Und doch ist die Lage heutzutage anders als je zuvor in der uns bekannten Geschichte. Heute ist es nicht nur laut,[3] sondern die Reize, denen unsere Psyche ausgesetzt ist, vermehren sich in nie dagewesener Weise.

Zum einen ist da der *akustische, auditiv wahrgenommene* Lärm, den man hören kann. Zwar hat uns die Corona-Quarantäne eine kurze Atempause von der üblichen Kakophonie verschafft, doch das moderne Leben scheint eine unaufhaltsame Entwicklung zu nehmen: mehr Autos auf den Straßen, mehr Flugzeuge am Himmel, mehr dröhnende Geräte, mehr surrende und piepende Technik. Im öffentlichen

Raum und in Großraumbüros finden sich immer mehr und immer lautere Fernseher und Lautsprecher. In ganz Europa sind schätzungsweise 450 Millionen Menschen, also etwa 65 Prozent der Bevölkerung, einem Lärmpegel ausgesetzt, der laut Weltgesundheitsorganisation (WHO) als gesundheitsgefährdend gilt.

Die Welt wird immer lauter, das ist eine messbare Tatsache. Einsatzfahrzeuge müssen die Alltagsgeräusche übertönen, deshalb ist die Lautstärke der Sirenen ein guter Anhaltspunkt für die allgemeine Umgebungslautstärke. Im Jahr 1912 war eine Feuerwehrsirene im Abstand von drei Metern bis zu 96 Dezibel laut, wie der Komponist und Umweltschützer R. Murray Schafer feststellte, während der Geräuschpegel 1974 in der gleichen Entfernung bis zu 114 Dezibel betrug. Die Journalistin Bianca Bosker berichtete 2019[4], dass moderne Feuerwehrsirenen noch lauter sind – 123 Dezibel in drei Metern Entfernung. Der Anstieg mag nicht besonders drastisch klingen, doch der Dezibel-Wert ist eine logarithmische Größe. Damit ist der Schalldruck bei 90 Dezibel zehnmal so hoch wie bei 80 Dezibel und wird von unserem Gehör als etwa *doppelt so laut* wahrgenommen. Folglich ist es kein Wunder, dass Menschen in Großstädten wie New York und Rio de Janeiro in erster Linie über den Lärm klagen.

Und nicht nur die bloße Lautstärke an sich bereitet Probleme. Oft sind auch die hoch- und niederfrequenten Geräusche von Rechenzentren und Flughäfen schädlich. Man hat festgestellt, dass Bevölkerungsgruppen mit mittlerem und niedrigerem Einkommen durch diese Formen des auditiven Lärms unverhältnismäßig stark belastet werden.

Während mindestens ein Drittel der natürlichen Ökosysteme der Erde so still geworden ist, dass man vom »auditiven Aussterben« sprechen kann, wurden viele andere Geräusche – mechanische, digitale und menschliche – verstärkt.

Und noch eine zweite Art von Lärm ist auf dem Vormarsch: der *informationelle* Lärm. 2010 nahm Eric Schmidt, damals CEO von Google, eine bemerkenswerte Schätzung vor:»Mittlerweile erzeugen wir alle zwei Tage so viele Informationen wie seit Beginn der Zivilisation bis zum Jahr 2003.« Der Tech-Mogul bezog sich in erster Linie auf den exponentiellen Zuwachs an Online-Inhalten, brachte damit aber eine grundlegende Wahrheit über die Entwicklung der Menschheitsgeschichte auf den Punkt: Es gibt immer mehr »Kopfdinge«, die um Ihre Aufmerksamkeit buhlen. Nach Schätzung des Technologieforschungsunternehmens Radicati Group wurden im Jahr 2019 täglich 128 Milliarden geschäftliche E-Mails verschickt[5]; Berufstätige haben es im Schnitt mit 126 Nachrichten pro Tag zu tun. Neuesten Daten zufolge nehmen Menschen in den Vereinigten Staaten heutzutage fünfmal so viele Informationen auf wie 1986.[6]

Können wir diese Menge an Informationen überhaupt verarbeiten? Führende Experten für menschliche Aufmerksamkeit bezweifeln das.

Der Psychologe Mihaly Csikszentmihalyi, der erstmals das Flow-Erleben beschrieb, fasst zusammen, wie unsere gewöhnliche Aufmerksamkeit an ihre Grenzen stößt.[7] Seinen Schätzungen zufolge müssen wir pro Sekunde 60 Bits an Informationen verarbeiten, um zu verstehen, was uns jemand sagt. Dabei werden auch Klänge gedeutet und Erinnerungen zu den Worten, die wir hören, abgerufen. Natürlich kommen oft noch weitere Informationen hinzu – zum Beispiel schauen wir auf die Uhr oder überlegen, was wir zum Abendessen einkaufen müssen –, doch laut Berechnungen der Kognitionswissenschaft liegt unsere Obergrenze im Allgemeinen bei etwa 126 Bits pro Sekunde (mit geringen Abweichungen nach oben oder unten). Wir leben mit Milliarden von Menschen zusammen, doch »wir können jeweils nur einen einzigen verstehen«, so Csikszentmihalyi.

Es steht außer Frage, dass der Zuwachs an Informationen in der Welt viele Vorteile mit sich bringt. Wir sind froh über den digitalen Kontakt zu Angehörigen in der Ferne, über die Möglichkeit, zu Hause zu lernen und zu arbeiten, über Streamingdienste und die vielen anderen Pluspunkte, die das mächtige Internet der Menschheit beschert. Eines dürfen wir jedoch nicht vergessen: Nur die Datenmenge wächst, aber *nicht* unsere Fähigkeit, sie zu verarbeiten. Vor 50 Jahren formulierte der Wissenschaftler Herbert Simon sehr treffend: »Es liegt auf der Hand, was Informationen verbrauchen: Sie verbrauchen die Aufmerksamkeit des Empfängers. Ein Reichtum an Informationen bewirkt damit eine Armut an Aufmerksamkeit.«[8]

Das führt uns zur dritten Kategorie des Lärms: zum *inneren* Lärm. Unsere Aufmerksamkeit wird so von Reizen in Anspruch genommen, dass es immer schwieriger wird, in unserem Bewusstsein Ruhe zu finden. Der viele Lärm von außen kann das, was in uns vorgeht, zusätzlich verstärken. Je mehr E-Mails, Textnachrichten, Benachrichtigungen und Mitteilungen aus sozialen Medien wir bekommen, desto stärker die Erwartung, *immer online* zu sein – sofort zu lesen, sofort zu reagieren und sofort zu antworten. Dieser Lärm nimmt unser Bewusstsein in Beschlag. Er verlangt uneingeschränkte Aufmerksamkeit und hindert uns daran, uns auf das zu konzentrieren, was uns unmittelbar betrifft, die Impulse unseres Geistes zu steuern, aufzupassen, einzuordnen und für einen offenen Raum zu sorgen – einen Raum der Ruhe.

Trotz aller hochentwickelten Technologien zur Neurobildgebung lässt sich das Ausmaß des inneren Lärms, dem die Menschheit ausgesetzt ist, nur schwer quantitativ bemessen. Allerdings gibt es Variablen, die auf ein Problem schließen lassen: Ablenkung, erhöhter Stresspegel, Sorgen und Konzentrationsschwierigkeiten, über die viele Menschen klagen. In unseren Gesprächen mit Fachleuten aus den Bereichen Psychologie, Psychiatrie und Neurowissenschaft galten *Angstgefühle* oft als Indikator für den inneren Lärmpegel. Zwar ist Angst nicht eindeutig definiert, doch zu den üblichen Merkmalen zählt man neben Furcht und Unsicherheit meist auch Stimmen im

Kopf, ein inneres Geplapper. Im Rahmen einer Studie der *American Psychological Association* aus dem Jahr 2018, an der 1 000 Erwachsene in den USA teilnahmen, sagten 39 Prozent der Testpersonen, sie seien ängstlicher als im Vorjahr, und weitere 39 Prozent waren nach eigenen Angaben genauso ängstlich. Damit liegt bei mehr als drei Viertel der Bevölkerung zumindest ein gewisses Maß an Angst vor.[9] Und das war *vor* COVID. Während der Pandemie zeigten Studien aus China und dem Vereinigten Königreich eine rapide Verschlechterung der psychischen Gesundheit. In einer US-Umfrage aus dem Lockdown im April 2020 berichteten 13,6 Prozent der befragten Erwachsenen von »schweren psychischen Problemen« – ein Anstieg um 250 Prozent im Vergleich zu 2018.

Ethan Kross, Professor für Psychologie an der Universität von Michigan und führender Experte für die Wissenschaft vom inneren Dialog, definiert »Geplapper« als »zyklisch wiederkehrende, negative Gedanken und Emotionen, die die einzigartige Befähigung zur Selbstbeobachtung von einem Segen in einen Fluch verwandeln«. Negative Selbstgespräche wie Grübeleien über Vergangenes und Sorgen um die Zukunft können unbarmherzig, ja sogar lähmend sein, doch sie sind nur ein Aspekt der inneren Geräuschkulisse. Ob die Botschaft negativ, positiv oder neutral ist, der innere Dialog läuft heutzutage sehr schnell und sehr laut ab. Kross sagt dazu: »Die Stimme in unserem Kopf redet eben unheimlich schnell.« Man hat festgestellt, dass die »innere Rede« auf etwa 4 000 Wörter pro Minute verdichtet ist – zehnmal schneller als die gesprochene Sprache. Deshalb schätzt Kross, dass die meisten von uns mittlerweile tagtäglich einen inneren Monolog hören, der etwa 320 Reden zur Lage der Nation entspricht.[10]

Wie also können wir in diesem tosenden äußeren und inneren Lärm Frieden finden? Wie finden wir zu Klarheit und Staunen? Wie können wir uns Sinn und Zweck bewusst machen?

Ein erster Schritt besteht darin, das Wesen des Lärms zu durchschauen: Was ist dieser Lärm? Wie funktioniert er? Warum breitet er sich in unserer Welt immer weiter aus? Die heutige »Armut an Aufmerksamkeit« ist nicht nur eine Folge von Internet, Arbeitswut, Geschwätzigkeit oder schwierigen globalen Entwicklungen. Sie ist das Ergebnis eines komplexen Zusammenspiels von *auditiven, informationellen* und *inneren* Störungen.

Lärm erzeugt Lärm.

○

Wir verwenden den Begriff »Lärm« nicht unüberlegt.

Die drei Arten von »Lärm«, die wir beschreiben – *in der akustischen Geräuschkulisse, im Bereich der Information* und *in unserem Kopf* –, haben etwas gemeinsam, das sie von dem unterscheidet, was sich allgemeiner als Klang, Daten oder Gedanken bezeichnen lässt. Lärm ist, in zwei Worten, »unerwünschte Ablenkung«. Der Neurowissenschaftler Adam Gazzaley und der Psychologe Larry Rosen haben eine sinnvolle Definition für das gefunden, was geschieht, wenn wir Lärm ausgesetzt sind. Sie sprechen von »Ziel-Interferenz«.[11] Dazu kommt es, wenn man sich selbst bei einfachen Aufgaben nicht mehr konzentrieren kann, weil im Großraumbüro ununterbrochen gequasselt wird. Wenn Sie von einer Twitter-Mitteilung abgelenkt werden, während eine Freundin gerade von einer persönlichen Notlage berichtet. Wenn wir in einem unbezahlbaren Augenblick – etwa wenn unsere Tochter in ihrer ersten Schulaufführung den Zyklopen spielt – in Gedanken bei einem ungelösten Konflikt sind. In diesen Situationen erleben wir kurzzeitig auditiven, informationellen oder inneren Lärm. Zusammengenommen ist das jedoch nicht nur einfach lästig. Wenn er sich summiert, kann dieser Lärm unser Bewusstsein beeinflussen, unser Denken und Fühlen. Er kann das beeinträchtigen, was vielleicht unser größtes Ziel ist: die bewusste Entscheidung, wie wir unsere Zeit auf diesem Planeten verbringen.

Wir wissen, dass das Wort »Ziel« den Eindruck erwecken könnte, es gehe in erster Linie um Produktivität. Hier sind jedoch »Ziele« im weitesten Sinne gemeint – nicht nur das, was man in To-do-Listen und Lebensläufen abarbeitet, sondern langfristige Ziele, die wir wie einen Leitstern verfolgen. Was wollen Sie *wirklich*? Wie sieht ein Leben aus, das sich an dem orientiert, was Sie schätzen und für wahr halten? Was hindert Sie daran, diese Ziele zu verfolgen?

Um diese Art von Zielen zu verstehen und zu verwirklichen, müssen wir den Lärm reduzieren. Dazu gehört die alltägliche Aufgabe, den *Lärm zu bewältigen*. Wir können uns das so vorstellen, dass wir die inneren und äußeren Geräusche und Reize in unserem Leben »leiser schalten«. Aber wie wir im Laufe dieses Buches sehen werden, erfordert eine solche Klarheit auch Zeit und Raum zur Kultivierung einer Ruhe, in die wir eintauchen können.

Es ist nicht nur möglich oder ratsam, die Störgeräusche hinter uns zu lassen – wir sind es uns selbst und unseren Mitmenschen schuldig. Die Überwindung des Lärms, der unsere Wahrnehmung und Absicht verzerrt, ist zwar eine zutiefst persönliche Angelegenheit, hat jedoch auch eine gesellschaftliche, wirtschaftliche, ethische und politische Dimension.

Indem er von der öffentlichen Bühne zur kontemplativen Selbstverneinung wechselte, reduzierte Cyrus Habib nicht nur die Komplexität seines Lebens – die auditiven und informationellen Reize. Er definierte seine Ziele und sein gesamtes Erfolgsparadigma neu und beseitigte damit etliche Quellen des inneren Lärms. Cyrus ist klar, dass nicht jeder einsichtige Mensch in der Politik oder in anderen lauten Bereichen des modernen Lebens ins Kloster gehen kann. Doch wenn in unserem Leben und in unserer Gesellschaft mehr Empathie, Authentizität und konzentrierte Aufmerksamkeit herrschen sollen, müssen wir die Quellen des Lärms sorgfältig untersuchen. Das könnte bedeuten, im wahrsten Sinne des Wortes die Dezibel zu reduzieren. Aber es könnte auch bedeuten, dass wir von Grund auf hinterfragen, was wir wollen und wie wir Erfolg messen.

DIE SUCHT, DIE WIR ZELEBRIEREN

Nehmen Sie sich einen Moment Zeit, um an die tiefste Ruhe zurückzudenken, an die Sie sich erinnern.

Rufen Sie sich ins Gedächtnis, was Sie dabei *fühlten:* Welche Sinneseindrücke entstanden, wie aufmerksam waren Sie, wie intensiv haben Sie gelauscht?

Im Auftakt zu diesem Buch haben wir beschrieben, dass tiefe Ruhe nicht nur die Abwesenheit von etwas bedeutet, sondern im Gegenteil etwas Präsentes ist. Allerdings lohnt es sich zu hinterfragen, *was* abwesend ist, wenn wir tiefe Ruhe empfinden. Was lassen wir hinter uns, wenn wir den Zustand der Ruhe erreichen?

Unzählige Gespräche zu diesem Thema haben uns zu der Erkenntnis gebracht, dass Ruhe immer seltener erfahrbar wird. Der wahrgenommene Lärm – nicht nur der, den wir empirisch mit Dezibelmessern und Statistiken zur psychologischen Behandlung messen können, sondern auch das subjektive Erleben äußerer und innerer Ablenkung – nimmt zu. Und als wir die tiefergehenden qualitativen Merkmale des Lärms erforschten, ist uns etwas aufgefallen, das heute ganze Länder und Kulturen zu durchdringen scheint.

Die immense Produktion von Kopfdingen wird in der modernen Gesellschaft nicht nur toleriert, sondern zelebriert. Wir können ohne Übertreibung sagen, dass wir süchtig nach Lärm sind.

Aber warum?

Eine einfache Antwort lautet, dass wir nicht weiter darüber nachdenken, was uns das kostet.

Nehmen wir ein scheinbar banales Beispiel aus der Arbeitswelt: Gruppen-E-Mails. Nach Schätzung des Informatikers Cal Newport, Autor der Bücher *Konzentriert arbeiten* und *Digitaler Minimalismus*, kosten solche Mails in kleinen bis mittleren Unternehmen jährlich Zehntausende Arbeitsstunden wertvoller Gedanken und Aufmerksamkeit. Dennoch geht man davon aus, dass diese E-Mails sich lohnen, weil sie hin und wieder bequemen Zugriff auf Informationen bieten. Newport bezeichnet dieses Phänomen als »Bequemlichkeitssucht« der modernen Gesellschaft.[12] »Wir haben keine klaren Messgrößen für den Preis derartiger Verhaltensweisen«, sagt er, »und können daher die Vor- und Nachteile nicht abwägen. Deshalb werden wir sie nicht ändern, solange wir irgendeinen Nutzen darin erkennen.«

Genauso verhält es sich in der Gesellschaft insgesamt.

Nur selten hinterfragen wir, wie viel Lärm wirklich nötig ist.

Wir haben mit Cyrus darüber gesprochen, dass in der Politik heutzutage ein solches Getöse herrscht, weil die Politikschaffenden um die knappe Aufmerksamkeit der Wahlberechtigten konkurrieren müssen; sie müssen Angriffe vermeiden oder kontern und Stimmen für sich gewinnen, indem sie ihre Ideen und Ansichten zu Gehör bringen. Das hat zur Folge, dass wir die rücksichtslose Inanspruchnahme unserer Aufmerksamkeit – durch automatisierte Anrufe, Textnachrichten und aufdringliche Werbung – mittlerweile als normal empfinden. Wir können nicht abschätzen, welche Folgen das Übermaß an psychologischen Reizen für unsere individuelle und kollektive Psyche hat, und produzieren und konsumieren sie deshalb unbekümmert und gedankenlos. Eine Kosten-Nutzen-Analyse wird so gut wie nie erstellt.

Während die »Ökonomie der Aufmerksamkeit« der globalen Gesellschaft mittlerweile Umsätze in zweistelliger Billionenhöhe beschert, bekommen wir erst ganz allmählich eine Vorstellung von den damit verbundenen Kosten. So zeigen Studien, dass Arbeitsgedächtnis und Problemlösungsfähigkeit allein durch das Vorhandensein eines Smartphones im Raum reduziert werden – selbst wenn es ausgeschaltet mit dem Display nach unten liegt. Anderen Studien zufolge wird etwa ein Drittel der 18- bis 44-Jährigen unruhig, wenn sie zwei Stunden lang nicht auf Facebook waren. Für diese Studie wurde anhand von MRT-Daten untersucht, ob sich die psychische Abhängigkeit von Facebook auf die wertvolle graue Substanz im Gehirn auswirkt – der festgestellte Rückgang war in etwa so stark wie bei Kokainkonsum. Jean Twenge, eine führende Expertin für die psychische Gesundheit von Jugendlichen, schrieb 2018 im *World Happiness Report*: »95 Prozent der Jugendlichen in den USA haben Zugriff auf ein Smartphone, und 45 Prozent sind nach eigenen Angaben ›fast immer‹ online.« Das mag praktisch oder unterhaltsam sein, doch Twenge ermittelte, dass die Zahl der schweren depressiven Episoden bei Jugendlichen zwischen 2005 und 2017 – also in dem Zeitraum, in dem Smartphones alltäglich wurden – um 52 Prozent anstieg. Das ist ein hoher Preis.

Die gleiche Dynamik der »Sucht« existiert auch in der industriellen Geräuschkulisse. In ihrem 2019 erschienenen Artikel »Why Everything Is Getting Louder« (*Warum alles lauter wird*)[13] berichtet Bianca Bosker über den Kampf von Karthic Thallikar, der in einer Schlafstadt in Arizona lebt und jahrelang unter Kopfschmerzen und Schlafstörungen litt, weil in der Nähe unablässig ein riesiges Datenspeicherzentrum dröhnte. Polizei, Stadtrat und Vertreter des Unternehmens rieten ihm, Ohrstöpsel zu kaufen und nicht so empfindlich zu sein. Ein Mitarbeiter des Datenzentrums sagte Thallikar, der in Bangalore aufgewachsen ist, als Einwanderer solle er »froh sein, in den USA zu leben«, und sich nicht beschweren. Nach und nach stellte Thallikar fest, dass er mit seinen Beschwerden nicht allein war. Zahlreiche andere Menschen in der Gegend litten ebenfalls unter den Geräuschen, doch trotz nachhaltiger Proteste hieß es von behördlicher Seite, man könne nichts tun, denn es gehe um die wirtschaftliche Entwicklung. Die Beamten räumten zwar ein, dass der Lärm lästig wäre. Doch er galt als Preis für den »Fortschritt«.

Cal Newports Theorie von der »Sucht nach Bequemlichkeit« ist sehr aufschlussreich, doch hinter diesem Phänomen steckt eine Dynamik, die über den unkomplizierten Zugriff auf Informationen hinausgeht. Es geht um die generelle Vorstellung von »Fortschritt« – um sämtliche Werte, die die Grundprinzipien der modernen Gesellschaft bilden. Mit seiner Schätzung, dass wir alle zwei Tage so viele Informationen produzieren wie »von Anbeginn der Zivilisation bis zum Jahr 2003«, zeigte der ehemalige Google-CEO Eric Schmidt nicht nur, was die exponentielle Steigerung von Erreichbarkeit und Rechenleistung ermöglicht hat.

Er zeigte, wofür wir unsere Energie und Aufmerksamkeit opfern.

Er zeigte, wie unser gesellschaftliches, politisches und wirtschaftliches System programmiert ist.

DIE ÖKONOMIE DER UNRUHE

Im dritten Quartal des Jahres 2020 verzeichnete die US-amerikanische Wirtschaft auf das Jahr gerechnet ein rekordverdächtiges Wachstum von 33,1 Prozent. Angesichts der unkontrolliert wütenden Corona-Pandemie, weit verbreiteter Engpässe in der Lebensmittelversorgung, verheerender Waldbrände und massiver Proteste gegen Rassenungerechtigkeit war dieser unglaubliche und nie dagewesene Wert für die meisten Menschen blanker Hohn.

Doch dass dieser wirtschaftliche Meilenstein so wenig zur tatsächlichen Lebensrealität der Bevölkerung passte, war eigentlich gar nicht verwunderlich. Denn darin spiegelt sich die Art und Weise, wie wir gemeinhin Fortschritt bemessen.

Dieses Beispiel zeigt, warum wir so viel Lärm erzeugen.

Während der Weltwirtschaftskrise in den 1930er-Jahren wurde nur in den allerwenigsten Ländern eine volkswirtschaftliche Gesamtrechnung aufgestellt oder die gesamte Wirtschaftsleistung auf ihrem Staatsgebiet beziffert. Da derartige Daten fehlten, war die Politik nicht in der Lage, die Wirtschaft durch steuerliche und finanzpolitische Impulse in Schwung zu bringen – Maßnahmen, mit denen Präsident Franklin Roosevelt und andere Staatschefs die Volkswirtschaften ihrer Länder aus der Flaute holen wollten. Um die Wirtschaft steuern zu können, muss man sie messen. Deshalb beauftragte die US-Regierung einen jungen Wirtschaftswissenschaftler, den späteren Nobelpreisträger Simon Kuznets, mit der Entwicklung eines Systems zur Berechnung des nationalen Einkommens. So entstand der Vorläufer des Bruttoinlandsprodukts, kurz BIP.

Das Prinzip setzte sich durch, und bald war das BIP mehr als nur ein Instrument für staatliche Planungen; es wurde zum wichtigsten Barometer für Konjunkturzyklen, Regierungsleistung und sogar für den Lebensstandard der Bevölkerung. Für Behörden war das BIP einer der wichtigsten Referenzwerte für Maßnahmen und Vorschriften, Unternehmen diente es als Anhaltspunkt für Ausgaben und Investitionen, Journalisten und Wählerschaft zogen es heran, um Erfolg oder Misserfolg eines Präsidenten oder Premierministers zu beurteilen. Das BIP entwickelte sich zum Synonym für den nationalen Wohlstand und galt irgendwann als »Hauptindikator« für den Fortschritt einer Gesellschaft.

Aber für all das war das BIP ursprünglich nicht gedacht.[14] Kuznets selbst sagte, dass »sich der Wohlstand einer Nation kaum aus einer Messung des Volkseinkommens ableiten« lässt.

Seine warnenden Worte waren prophetisch.

Der Anstieg des BIP steht oft im Gegensatz zu dem, was gut für uns ist.

Während der verheerenden *Deepwater-Horizon*-Ölpest im Golf von Mexiko kamen Analyseteams von J. P. Morgan zu dem Schluss, dass der durch die Reinigungsmaßnahmen ausgelöste Konjunkturaufschwung die wirtschaftlichen Verluste im Tourismus und in der Fischerei vermutlich ausgleichen würde. Die größte Ölpest in der Geschichte des Landes bedeutete für die nationale Wirtschaftsleistung also höchstwahrscheinlich einen »Nettogewinn«. Nach unserem wichtigsten Maßstab für gesellschaftlichen »Fortschritt« war diese katastrophale Vernichtung von Umwelt und Existenzen also positiv. In anderen Lebensbereichen herrscht eine ähnliche Dynamik. Unser BIP-Wachstum beschleunigt sich in der Regel, wenn die Kriminalitätsrate steigt, die Pendlerwege länger werden und mehr benzinfressende Fahrzeuge unterwegs sind. Dagegen wird es langsamer, wenn wir uns Zeit zum Entspannen nehmen oder kein Fastfood kaufen, sondern zu Hause kochen.

Das Problem besteht darin, dass das BIP nur die reine Industrieleistung misst. Der Sozialtheoretiker Jeremy Lent drückt das so aus: »Das BIP misst die Geschwindigkeit, mit der eine Gesellschaft die Natur und menschliche Aktivitäten in Geldwirtschaft wandelt, unabhängig von der Lebensqualität, die sich daraus ergibt.« Wenn wir also einen unberührten Wald abholzen, um das Holz anschließend im Baumarkt zu verkaufen, wird dies als reines Plus verbucht. Der Wert dieses unberührten Waldes, der außerhalb der Geldwirtschaft existiert, ist implizit gleich null. Dieser Ansatz bringt uns zum Kern vieler Herausforderungen, mit denen unsere Gesellschaft konfrontiert ist – von der Missachtung der Natur bis hin zur mangelnden Wertschätzung der Gemeinschaft. Es ist ein Problem, wenn alles in die Geldwirtschaft übertragen werden soll.

Wenige Monate vor seiner Ermordung im Jahr 1968 äußerte sich Robert F. Kennedy wie folgt über unseren wichtigsten Indikator für gesellschaftlichen Fortschritt:[15]

[Es] zählt Luftverschmutzung und Zigarettenwerbung sowie Krankenwagen, die unsere Autobahnen von Todesopfern

befreien. Es zählt Sicherheitsschlösser für unsere Türen und die Gefängnisse für die Menschen, die sie aufbrechen. Es zählt die Zerstörung der Mammutbäume und den Verlust unserer Natur-schönheiten durch planlose Zersiedelung. Es zählt Napalm, zählt nukleare Sprengköpfe und Panzerwagen, mit denen die Poli-zei Unruhen in unseren Städten bekämpft. Es zählen Whitmans Gewehr und Specks Messer [Anm. d. Übers.: Charles Whitman und Richard Speck waren Massenmörder] und die Fernsehpro-gramme, in denen Gewalt verherrlicht wird, um unseren Kindern Spielzeug zu verkaufen. Die Gesundheit unserer Kinder, die Qualität ihrer Bildung oder die Freude an ihrem Spiel lässt das Bruttosozialprodukt jedoch außer Acht. Es berücksichtigt weder die Schönheit unserer Poesie noch die Stärke unserer Ehen, die Intelligenz unserer öffentlichen Debatten oder die Integrität unse-rer Beamten. Es misst weder unseren Witz noch unseren Mut, weder unsere Weisheit noch unsere Gelehrsamkeit, weder unser Mitgefühl noch unsere Liebe zu unserem Land – kurz gesagt, es misst alles außer dem, was das Leben lebenswert macht.

Dieser Litanei aller Werte, die der Mensch schätzt, aber die Wirt-schaftsindikatoren ignorieren, möchten wir einen weiteren hinzufü-gen: *Frieden und Klarheit der ungeteilten Aufmerksamkeit.*

Nicht nur der Wert eines unberührten Waldes wird bei der Mes-sung des BIP implizit mit null beziffert, sondern auch der Wert der Ruhe.

Die Art und Weise, wie wir in der modernen Gesellschaft Fortschritt und Produktivität messen, erklärt, warum unsere Systeme darauf aus-gerichtet sind, ein Höchstmaß an Lärm zu erzeugen. Wenn Industrie-geräte brummen und dröhnen, steigt das BIP. Es steigt aber auch, wenn der integrierte Algorithmus einer App zu dem Schluss kommt, dass Sie gerade etwas Ruhe haben, und deshalb eine Nachricht einblendet, die

Ihre Aufmerksamkeit erregt. Das treibt die Nutzungsstatistiken in die Höhe und lässt den Unternehmensgewinn steigen. Das BIP erhöht sich, wenn ein Unternehmen seine Beschäftigten dazu bringt, noch um 11 Uhr abends E-Mails zu beantworten, sodass aus dem »unproduktiven« Ausruhen ein bezifferbarer Beitrag zur Geldwirtschaft wird. Vermutlich ist es kein Zufall, dass Facebook den »Gefällt mir«-Button – der die Dopaminrezeptoren und damit das menschliche Bewusstsein so raffiniert kapert wie kaum etwas sonst – entwickelte, als das Unternehmen den Börsengang vorbereitete und potenziellen Investoren die mögliche Rentabilität demonstrieren wollte.

»Auf ihrer höchsten Stufe ist die Aufmerksamkeit das Gleiche wie das Gebet«, so die französische Philosophin Simone Weil. »Sie setzt den Glauben und die Liebe voraus. Die von jeder Beimischung ganz und gar gereinigte Aufmerksamkeit ist Gebet.« Unsere uneingeschränkte, bewusste Aufmerksamkeit ist etwas Heiliges.

Und doch ist es schwer, etwas Heiligem einen Geldwert beizumessen – sei es ein lebendiger, unberührter Regenwald oder tiefe Dankbarkeit in stiller Einkehr. Ruhe wird implizit mit dem Wert null beziffert. Der freie Raum unter, zwischen oder jenseits der Kopfdinge wird stillschweigend als »nutzlos« eingestuft. Deshalb gelingt es uns nicht, die Psyche unserer Teenager vor dem Wirtschaftsdynamo iPhone zu schützen, und deshalb hatte Karthic Thallikars Protest gegen das Surren des Rechenzentrums nie eine Chance.

Deshalb wird die Welt immer lauter.

HEILIGE NUTZLOSIGKEIT

Im November 2020 ging es für Cyrus Habib aus dem Büro des Vizegouverneurs direkt in ein dreißigtägiges Schweigeexerzitium. Er betete und prüfte seine Gedanken, während er lernte, die 500 Jahre alten spirituellen Übungen des heiligen Ignatius von Loyola richtig umzusetzen. Damals liefen die Präsidentschaftswahlen, aber Cyrus, der Vollblutpolitiker, konnte sich nicht einmal über die Ergebnisse informieren. Er hatte weder Telefon noch Internet und auch keinen Kontakt zu Angehörigen oder Freunden.

In Sachen auditive und informationelle Stimulation erlebte er eine radikale Nulldiät.

Und doch merkte Cyrus, dass er nach wie vor mit einer gehörigen Portion innerem Lärm zu kämpfen hatte.

»Ich hatte immer wieder einen Anfall von Zweifel und fragte mich: ›O Gott, was mache ich nur? War das ein riesiger Fehler?‹«

Cyrus berichtet, er sei Jesuit geworden, um »sein Leben auf das Göttliche einzustimmen«, sei aber immer wieder auf Missklänge in seinem Bewusstsein gestoßen – innere Stimmen, die ihn aufwühlten und unruhig machten.

Doch nach einigen Wochen Schweigen wurde ihm klar, warum in ihm so viel innerer Lärm herrschte: »Ich habe mich nicht gefragt: ›Bin ich glücklich?‹, sondern: ›Wie denken andere über das, was ich tue?‹«

Cyrus erkannte: Ob er Erfüllung verspürte, hing nach wie vor davon ab, wie andere ihn wahrnahmen. Das war vor allem deshalb problematisch, weil er sich mittlerweile sicher war, dass man ihn für »völlig verrückt« hielt. Schließlich hatte er gerade sein Leben als prominenter Politiker aufgegeben, um als Novize in einen strengen Orden einzutreten.

»Zugegeben, das ist nun wirklich nicht normal!«

Als Cyrus in der Stille erkannte, wo er nach Erfüllung suchte, da veränderte sich etwas. »Auf einmal wurde mir bewusst, was mein Herz wirklich wollte. Wenn ich mich einfach fragte: ›Was willst du?‹, lautete die Antwort: ›Genau dort sein, wo ich gerade bin.‹«

Um dieses erfüllende Hier und Jetzt zu erreichen, musste er »den auditiven Lärm und die Informationen, die auf mich einprasselten, reduzieren«, erzählt er uns. Aber, so sagt er, letztlich ging es auch um etwas anderes. Er musste sich entscheiden, dass er »keine *Rolle* mehr spielen wollte«.

Der ständige Zwang, immer das Richtige sagen zu müssen, den Erwartungen anderer gerecht zu werden, kann »ein Rauschen erzeugen, das das Signal verdrängt«, so Cyrus. »Und das Signal«, meint er, »ist das, was wirklich im Herzen steckt.«

In den letzten zehn Jahren haben etliche Bücher, unter anderem von Alex Soojung-Kim Pang, Chris Bailey und Arianna Huffington, das *Beschäftigtsein* beschrieben, das sich in unserer Gesellschaft zu einem wichtigen Statussymbol entwickelt hat. Wie Cyrus haben auch wir schon erlebt, dass ruhiges Nachdenken Selbstzweifel und sogar Schuldgefühle weckt. *Sollte ich nicht etwas tun? Sollte ich mich nicht nützlich machen? Sollte ich nicht meine Stimme erheben, in Kontakt bleiben oder an meiner Marke arbeiten?*

Die Schriftstellerin und Forscherin Linda Stone geht davon aus, dass dabei noch mehr im Spiel sein könnte als nur die Tatsache, dass wir Produktivität vergöttern. Vor fast 30 Jahren prägte sie den Begriff »kontinuierliche partielle Aufmerksamkeit«[16], der sich, so sagt sie, vom Multitasking unterscheidet. Während hinter Multitasking der Wunsch nach Effizienz steckt, will die kontinuierliche partielle Aufmerksamkeit sicherstellen, dass uns keine Gelegenheit entgeht. Wir suchen die Umgebung – heutzutage meist eine digitale Umgebung – ständig nach Verbindungen, Bestätigungen und Möglichkeiten ab. So herrscht ununterbrochene Geschäftigkeit. Der Inbegriff von FOMO (*Fear of missing out*), also der Angst, etwas zu verpassen. Stone sagt, die ständige partielle Aufmerksamkeit bedeute für unser Nervensystem eine »nahezu dauerhafte Krisensituation«. Das unablässige Gefühl, etwas zu verpassen oder den gesellschaftlichen Erwartungen nicht zu genügen, kann zumindest teilweise erklären, warum 69 Prozent der Millennials nach eigenen Angaben unruhig werden, wenn sie auch nur für kurze Zeit von ihrem Smartphone getrennt sind.[17]

Genauso wie unsere Wirtschaft auf der Vorstellung basiert, dass sich Erfolg am BIP-Wachstum messen lässt – an der Produktion von möglichst viel Lärm, Reizen und Dingen –, machen wir unseren persönlichen Erfolg nur allzu oft von einer ähnlichen Art von »Wachstum« abhängig: der kontinuierlichen Anhäufung von Sozialkapital, Informationskapital und Finanzkapital. Auf der Makroebene der Gesellschaft lautet die Botschaft »Produktion ist Wohlstand«. Auf der Mikroebene des individuellen menschlichen Bewusstseins heißt es: »Schlafen kannst du, wenn du tot bist.«

Was aber, wenn wir zu unserem eigenen Wohl und zum Wohle unserer Welt die Ruhe genießen sollten?

Was, wenn es ein ethisches Gebot wäre, den Lärm zu überwinden?

Cyrus beantwortet diese Fragen mit einer Metapher. »Wer kochen lernen will«, sagt er, »sollte lernen, vegetarisch zu kochen. Denn wer mit Fleisch zu kochen lernt, nutzt das Fleisch als Krücke. Wenn man jedoch mit Gemüse kocht, dann lernt man, Gewürze und Soßen zu verwenden. Man nimmt Aromen und Beschaffenheiten richtig wahr. Und genauso war es«, fährt Cyrus fort, »als ich mich in die Ruhe begeben habe, als ich den Lärm hinter mir ließ und Ablenkungen und Unterhaltung nicht mehr als Krücke benutzte: Ich stelle fest, dass die *Farben meines Lebens heller sind.* Ich schmecke das Essen intensiver. Wenn ich das Geschirr abwasche, nehme ich den Teller in der einen Hand und den Schwamm in der anderen greifbar wahr. Wir alle sind in der Lage – sind eingeladen –, die Schöpfung *zu genießen.*«

Wenn wir uns ausmalen, was es bedeuten würde, die Welt des Lärms hinter uns zu lassen, lässt uns Cyrus' Formulierung »die Schöpfung genießen« aufhorchen. Wir verstehen darunter, die Fähigkeit zur Freude an den Sinnen zu entwickeln. Wieder Klarheit und Staunen zu entdecken.

Wenn wir einen Weg finden, uns vom Lärm zu »reinigen«, so Cyrus, können wir »Entscheidungen treffen, die vom Herzen gesteuert und liebevoller sind«. Das ermöglicht »eine Wertschätzung der Art und Weise, wie wir geliebt werden, eine Wertschätzung des Schönen, das uns umgibt – und das wir sonst vielleicht nicht wahrnehmen«.

Schon im 17. Jahrhundert sagte der Philosoph und Universalgelehrte Blaise Pascal: »Das ganze Unglück der Menschen rührt allein daher, dass sie nicht ruhig in einem Zimmer zu bleiben vermögen.« Wenn wir erkennen wollen, was wirklich wichtig ist, müssen wir den Lärm hinter uns lassen – die nackte Realität ohne all die Kommentare, die Unterhaltung und das Drumherum aushalten und sogar schätzen lernen. Nur dann wird es gelingen, unsere Beziehungen zur Natur und unsere Beziehungen zueinander wiederherzustellen.

Jahrzehnte bevor der Begriff von der »Ökonomie der Aufmerksamkeit« in den allgemeinen Sprachgebrauch Einzug hielt, dachte der Schweizer Kulturphilosoph Max Picard darüber nach, warum wir nicht ernsthaft die Kosten und den Nutzen des ganzen Lärms abwägen, den wir erzeugen. »Schweigen«, schrieb Picard, »ist heute das einzige Phänomen, das ›ohne Nutzen‹ ist. Es passt nicht in die Welt des Nutzens von heute, es ist nichts als *da*, es scheint keinen anderen Zweck zu haben, man kann es nicht ausbeuten.«[18] Picard schrieb, vom Schweigen gehe mehr »Helfendes und Heilendes« aus als von allem, was »nutzbar« ist. »Es macht Dinge wieder ganz, indem es sie von der Welt des zersplitterten Nutzens in die Welt des ganzen Daseins zurücknimmt.« Und er kommt zu dem Schluss: »Es gibt den Dingen von der heiligen Nutzlosigkeit, denn das ist das Schweigen selber: heilige Nutzlosigkeit.«

Rund sechs Monate, nachdem Cyrus sein Amt niedergelegt und sein Noviziat bei den Jesuiten begonnen hatte, war er bereits ganz in seinen Dienst vertieft. Er arbeitete in einem Wohnheim in Tacoma, Washington, in dem Menschen mit und ohne geistige Behinderung zusammenleben und sich gegenseitig brüderlich unterstützen. In einer halbstündigen Arbeitspause konnten wir miteinander telefonieren. Cyrus machte sich offensichtlich »nützlich«. Und doch schien er diesen Geist der »heiligen Nutzlosigkeit« zu verkörpern, wenn er freiwillig Putzarbeiten und Abwasch übernahm, die im Sinne des BIP nicht einkommenswirksam sind. Er hatte die Logik der Produktivität und der ständigen Erreichbarkeit hinter sich gelassen, die Logik, nach der die Erwartungen anderer erfüllt werden müssen, die Logik einer Welt voller Lärm. Während seiner Tätigkeit im Wohnheim erlebte Cyrus kaum klösterliche Stille.

Doch sein Geist war erstaunlich ruhig.

3 Ruhe hat Präsenz

»Alles in unserem Universum ist ständig in Bewegung, alles vibriert.«[1] In einem Artikel in der Zeitschrift *Scientific American* fasste Tam Hunt von der University of California in Santa Barbara im Jahr 2018 verschiedene aktuelle Erkenntnisse akademischer Studien aus Physik, Astronomie und Biologie zusammen. »Selbst scheinbar unbewegliche Dinge vibrieren, schwingen, hallen mit verschiedenen Frequenzen nach«, schreibt er und kommt zu dem Schluss: »Letztendlich ist jegliche Materie nur eine Schwingung der verschiedenen zugrunde liegenden Felder.«

»Alles im Leben ist Schwingung.« So lautet das prägnante und treffende, wenn auch nicht gesichert nachgewiesene Zitat von Albert Einstein. Ob der Meister es nun gesagt hat oder nicht, innerhalb der Grenzen der modernen Physikwissenschaft zeigt sich, dass die Aussage stimmt.

Das wirft eine Frage auf: Wenn das die Realität ist, kann dann irgendetwas vollkommen ruhig sein?

Gibt es überhaupt so etwas wie Ruhe?

Der Komponist John Cage, einer der bekanntesten Vertreter der Neuen Musik im 20. Jahrhundert, widmete dieser Frage einen Großteil seines Lebenswerks. Cage schrieb ein berühmtes Stück mit dem Titel »4'33"«, das lediglich aus vier Minuten und 33 Sekunden Pause besteht. Das Stück war allerdings nicht dazu gedacht, dem Pianisten etwas Erholung zu gönnen, sondern wurde für eine Freiluft-Konzerthalle in Woodstock im Bundesstaat New York geschrieben und sollte die Aufmerksamkeit des Publikums auf die Geräusche der Zikaden und den Wind in den Zweigen lenken. Später, als das Stück in Innenräumen aufgeführt wurde, nahm das Publikum auch andere Umgebungsgeräusche wahr: Füßescharren, Räuspern, das unliebsame

Rascheln von Bonbonpapier. Ziel war jedoch immer, die Musik als Vehikel zu nutzen, um die Aufmerksamkeit der Menschen auf das auszudehnen, was um sie herum geschieht – und somit zu erreichen, dass sie sich bewusst auf ihre Umgebung einstimmen.

Dazu inspiriert wurde Cage einige Jahre zuvor, als er eine Absorberkammer auf dem Campus der Harvard University besuchte. Der Raum war mit Materialien ausgekleidet, die alle reflektierten Schwingungen vollständig absorbierten, und damit geräuschlos. Während des Zweiten Weltkriegs hatte man ihn mit Mitteln des *National Defense Research Committee* gebaut, um zu untersuchen, warum laute Kolbenmotoren die Bomberpiloten schnell ermüden ließen. Als Cage die Kammer betrat, stellte er etwas Seltsames fest. Es war nicht still. Er hörte »zwei Geräusche, ein hohes und ein tiefes«[2]. Beide beschrieb er dem verantwortlichen Ingenieur und fragte, warum der Raum anders als angekündigt nicht völlig geräuschlos sei. Der Techniker erklärte ihm, was es mit den beiden Geräuschen auf sich hatte: »Das hohe Geräusch ist Ihr Nervensystem. Der tiefe Ton ist Ihr Blutkreislauf.«

John Cages Erfahrungen und Erkenntnisse zeigen, was verschiedene wissenschaftliche Studien bestätigen: Ruhe im rein objektiven Sinn einer »vollkommenen Abwesenheit von Geräusch« werden wir wohl nie erleben.

Im Pulsieren, Oszillieren und Summen der Realität, in der wir leben – in der selbst die kleinsten Flimmerhärchen in unseren Ohren Geräusche erzeugen –, kann man den Vibrationen nicht entkommen.

Und das ist auch in Ordnung.

Unsere Vorstellung von Ruhe bedeutet nicht, dass keinerlei Geräusch zu hören ist. Sie bedeutet nicht, dass es keinerlei Gedanken gibt. Sie bedeutet, dass kein *Lärm* herrscht. Sie ist der Freiraum inmitten und jenseits der auditiven, informationellen und inneren Reize, die unsere klare Wahrnehmung und Absicht stören.

Kürzlich haben wir Joshua Smyth – einen Wissenschaftler, der auf dem Gebiet der biobehavioralen Gesundheit forscht und sich seit Jahrzehnten mit diesen Themen beschäftigt – nach seiner Definition von »innerer Ruhe« gefragt. Er dachte lange nach und rief sich alles in Erinnerung, was die einschlägige wissenschaftliche Literatur dazu sagt. Irgendwann erwiderte er, der Verzweiflung nahe: »Ruhe ist das, was jemand für Ruhe *hält*.«

Diese Antwort mag ausweichend klingen, doch je mehr wir uns mit der Bedeutung der Ruhe auseinandersetzten – indem wir über Jahre hinweg Interviews und Gespräche führten, Fachliteratur studierten und uns Zeit für die Selbstbeobachtung nahmen –, desto mehr konnte uns Smyths Antwort überzeugen. Wir können nicht wissen, ob Physik oder Astronomie irgendwann irgendwo im Universum eine verborgene Region entdecken wird, in der absolute Ruhe herrscht. Aber wir wissen, dass es dem Menschen möglich ist, hier und jetzt auf der Erde Ruhe als ganz persönliches Phänomen zu erleben.

Ruhe gibt es tatsächlich. Sie strotzt vor Leben und Möglichkeiten. Sie existiert von Natur aus in einem Universum, in dem alles pulsiert, oszilliert und summt.

EIN LOB DEM UNBESCHREIBLICHEN

Wenn wir im Bekanntenkreis erzählen, dass wir ein Buch über die Ruhe schreiben, hören wir oft die spöttische Bemerkung: »Oh, besteht das nur aus leerer Seiten?«

Für das, was sich nicht beschreiben lässt, gibt es keine richtigen Fachleute.

Professor Smyths Antwort auf unsere Frage nach der Definition von »innerer Ruhe« zeigt, dass sich dieses unbeschreibliche Etwas nicht in eine starre Form pressen lässt. Wir alle sind gefragt, in uns zu gehen und zu erkunden, was Ruhe wirklich ist.

Seit fast 40 Jahren reist der Akustikökologe Gordon Hempton um den Globus, um die allerstillsten Flecken zu finden und aufzunehmen, ehe sie verschwinden. Er verehrt die Ruhe wie wohl kaum jemand sonst. Vor einigen Jahren berichteten wir ihm von unseren Plänen für dieses Buch, und er meinte, die größte Herausforderung würde darin bestehen, Sie – geschätzte Leserin, geschätzter Leser – dazu zu bringen, die *Vorstellung* von Ruhe, die Sie im Kopf haben, aufzugeben und *unmittelbar zu erfahren*, wie Ruhe sich für Sie *anfühlt*. »Worte können das Erleben nicht ersetzen«, sagte er.

Das Gespräch mit Hempton hat uns jedoch gezeigt, dass das, was andere zu berichten haben, wertvolle Erkenntnisse liefern kann. Worte können zwar nur einen Hinweis auf das Erlebte geben, doch selbst dieser ist oft erhellend und lehrreich.

Hempton zum Beispiel erklärt, er erlebe Ruhe als »Zeit ohne Störung«. Er bezeichnet sie als »Denkfabrik der Seele« und sagt: »Ruhe nährt unsere Natur, unsere menschliche Natur, und lässt uns erkennen, wer wir sind.«

In den zahlreichen Gesprächen, die wir für dieses Buch führten, haben uns viele persönliche Einsichten zur Bedeutung der Ruhe sehr bewegt. Wir wollen uns hier nicht auf eine einzige Definition festlegen, sondern ein breites Spektrum von Überlegungen vorstellen.

Wir möchten dazu raten, nach jeder dieser Ausführungen eine kurze Pause einzulegen.

○

Roshi Joan Halifax – eine wegweisende Anthropologin und Zen-Priesterin, die neue Wege im Bereich der Sterbebegleitung geht – sagt: »Wenn Ruhe herrscht, fängt das konditionierte Ich an zu klappern und zu rattern. Es fällt in sich zusammen wie altes Laub oder verwittertes Gestein.« Durch Ruhe lässt sich das Ego, das sich im Zentrum von allem niedergelassen hat, wirklich und wahrhaftig entthronen. Besonders für Menschen in westlichen Nationen scheint das eine große Herausforderung zu sein. Halifax schreibt:»Wir haben die Welt mit einer Vielzahl von Geräuschen gefüllt, einer Sinfonie des Vergessens, was dazu führt, dass wir unsere eigenen Gedanken und Erkenntnisse, Gefühle und Intuitionen nicht hören können.« Sie beklagt, wie viel uns entgeht, wenn wir die Ruhe übertönen, und meint:»Ruhe gibt uns die Möglichkeit, zuzuhören, zu erkennen.«

○

Reverend Dr. Barbara Holmes, die zum Thema Kontemplation lehrt und forscht und sich mit afroamerikanischer Spiritualität und Mystik beschäftigt, führt ihre Beziehung zur Ruhe auf ihre Vorfahren väterlicherseits zurück – Nachfahren der Gullah in South Carolina.»Die erste Tochter, die in der Familie geboren wird, ist diejenige, die in andere Welten sehen kann.« Statt von»Ruhe« spricht Dr. Holmes oft von»Stille«,»Zentrierung« und dem»verkörperten Unaussprechlichen«. Sie verwendet diese Begriffe, weil das Geheimnisvolle für sie unbestreitbar eine physische Dimension hat. Sie scherzt, Ruhe sei für uns heute viel schwieriger zu finden als für Mystiker vor mehreren Jahrhunderten.»Das war damals keine große Leistung – entweder beschäftigten sie sich mit der Ruhe oder mit den Eseln!«[3] Allerdings warnt sie, man könnte heute»das ganze Leben leben, ohne je gelebt zu haben – man rennt von einer Sache zur nächsten und weiß nicht, was wichtig ist«. Außerdem sagt sie:»Die meisten Dinge, die ich für wichtig hielt, waren es gar nicht ... ein Augenblick der Ruhe hätte mir gesagt: › *Warte – da ist noch mehr* ...‹«

○

Der irische Dichter und Theologe Pádraig Ó Tuama sagt uns, Ruhe bedeute, »genug Raum in sich selbst zu haben, um sich *seltsame Fragen* zu stellen«. Er berichtet von seiner Arbeit mit einem Gemeindeausschuss, der jeweils zur Hälfte aus Laien und Priestern bestand. »Das war eine große Kirche im Westen von Belfast, die während der ›Unruhen‹ großartige, wichtige und gefährliche Arbeit leistete, um die Aussöhnung zu fördern und die Menschen zusammenzubringen«, sagt er über die Zeit, in der Nordirland unter dem jahrzehntelangen gewaltsamen Konflikt litt. Dort gab es einen bestimmten Priester, den Pádraig besonders bewunderte. Dieser Priester, so erzählt er uns, hatte keine Angst, sich selbst oder anderen seltsame Fragen zu stellen. Und nur so konnte er auf einen dauerhaften, effektiven Frieden hinarbeiten. »Ich glaube, wir alle brauchen eine Prise Anarchismus, um uns zu fragen: ›Tue ich *wirklich* Gutes?‹« Im Scherz meint er, wir sollten vielleicht sogar fragen: »Was, wenn *wir* die Bösen sind?« Pádraig sagt, wenn man den Mut hat, sich mit seinen Ängsten zu konfrontieren und »diese seltsamen Fragen zu stellen«, können sie »den Boden unter den Füßen ins Wanken bringen«.

Der Sufi-Lehrer Pir Shabda Kahn sagt uns: »Ruhe ist gar nicht so ruhig – sie steckt voller Leben und Freude und Ekstase –, aber wenn sie herrscht, ruhen alle Gedanken an das Selbst, ruht alle Dummheit.« Mit schiefem Lächeln ergänzt er: »Was die einen Ruhe nennen, könnte ich als *Freiheit* bezeichnen.« Zu Beginn seiner spirituellen Reise, im Jahr 1969, legte Pir Shabda auf Drängen seines Lehrers ein Schweigegelübde ab. Vier Monate lang trug er eine kleine Kreidetafel bei sich, um hin und wieder mit knappen Worten zu kommunizieren. Er sei zwar froh, diese Erfahrung gemacht zu haben, sagt er heiter, aber »kein großer Fan« davon, und habe seinen eigenen Schülern nie dazu geraten.

»Wenn andere sich mit Stille umgeben wollen, bin ich der große Störenfried«, lacht er. »Mich interessiert die Ruhe des Geistes – und weniger, ob der Mund schweigt.«

○

Judson Brewer, Neurowissenschaftler und Psychiater an der Brown University, zählt zu den weltweit führenden Experten auf dem Gebiet der Gehirnforschung zu Sucht, Angst und Gewohnheitsänderung. Auf die Frage, was Ruhe für ihn bedeutet, erzählt er uns vom letzten der Sieben Faktoren des Erwachens im Theravada-Buddhismus, dem Faktor, in den alle anderen in einer Kausalkette münden: Gleichmut. Dieser sei erreicht, wenn »kein Druck oder Sog existiert«, sagt Brewer. Er erklärt, dass es so etwas wie »knallharte Ruhe«, einen Zustand ohne jegliche Wahrnehmung oder Erkenntnis, wahrscheinlich nicht gibt, zumindest nicht in einem lebendigen Gehirn. Allerdings, so sagt er, gebe es eine »warme, weiche Ruhe«, die man im Leben erreichen kann. Das gelingt, wenn wir nicht mehr in unserem eigenen Erleben »gefangen« sind, wenn weder »Verlangen noch Abneigung« existieren, wenn wir nicht mehr darauf fixiert sind, ein eigenständiges Ich zu sein. »Es kann jede Menge Aktivität geben. Und wenn die Aktivität weder Sog noch Druck ausübt, herrscht darin Ruhe«, meint er. Durch seine jahrelange Forschung hat Brewer eine Vorstellung davon, wie es sich neurobiologisch äußert, wenn jemand tiefe innere Ruhe erlebt. Seiner Ansicht nach gibt es ein spezielles Wort für das Gefühl, das Lärm im Kopf entspricht: »Verengung«. Und das Wort für das Gefühl, das innerer Ruhe entspricht, lautet »Erweiterung«.

○

Rupa Marya, die als Musikerin weltweit auf Tour geht und außerdem Songwriterin, Aktivistin, Ärztin und außerordentliche Professorin für

Medizin an der Universität von Kalifornien in San Francisco ist, meint, Ruhe sei »der Ort, aus dem die Musik kommt«. Seit Jahrzehnten setzt sie auf Ruhe-Übungen, um ihre Kreativität zu wecken und zu erweitern. Kürzlich lernte Rupa die Ruhe auch in ihrer Rolle als Ärztin zu schätzen. Bei ihrer Arbeit mit dem Volk der Lakota, Dakota und Nakota in Standing Rock wurde ihr klar, dass vieles von dem, was sie im Medizinstudium gelernt hatte – insbesondere, wie man mit Patienten spricht, gesundheitliche Probleme ausfindig macht, eine Diagnose vermittelt oder Arzneimittel verordnet –, der Heilung zuwiderläuft. Die Lösung, so sagt sie, sei eingehendes Zuhören. Sie muss Raum schaffen, um für den anderen Menschen ganz präsent und wach zu sein. Die Lösung ist Ruhe.

○

Tyson Yunkaporta ist akademischer Forscher, schnitzt traditionelles Werkzeug und gehört zum Apalech-Clan im äußersten Norden von Queensland in Australien. »In meiner indigenen Sprache fällt mir kein Wort ein, das dem Konzept der Ruhe auch nur annähernd entspricht, denn es existiert nicht«, berichtet Tyson. »Die *Fähigkeit, ein Signal wahrzunehmen*, kommt der Ruhe am nächsten.«

Wann hat jemand die Fähigkeit, ein Signal wahrzunehmen? Laut Tyson dann, wenn er hört, was wahr ist. »Wenn man auf *das* Signal lauscht, dann lauscht man auf das Gesetz des Landes – das Gesetz, das *im* Land existiert.« Weiter sagt er: »Wale haben ein genetisches Signal, das ihnen die richtigen Routen vorgibt, und auch Vögel haben solche Signale. Die Biologie behauptet, der Mensch habe es nicht, doch wir haben ein Signal, das uns sagt, wie wir uns in Gruppen zusammenfinden. Es existiert in uns, und *es existiert im Land*.« In unserem Gespräch erzählt Tyson, dass er in Melbourne, wo er jetzt lebt, nur schlecht schlafen und klar denken kann. »Das liegt an der brummenden Infrastruktur, die es möglich macht, dass um mich herum sieben Millionen Menschen auf einem Fleck hausen. Aber ich muss daran denken, wie gut ich schlafe, wenn ich wieder in meiner Heimat bin. Nachts ist eine Kakophonie an Klängen zu hören. Dingos heulen. Es gibt Schlägereien, Leute spielen um Geld und schreien. Obwohl es gestört ist«, so meint er,»ist es trotzdem noch das Signal. Es ist die wahre Antwort meines Volkes auf das, was die Kolonisation dorthin gebracht hat; es ist der Widerstand dagegen. Ich gehöre dazu und stamme davon ab, und es existiert wirklich. Und ich kann schlafen. Und zwar *gut*.«

○

Für Jarvis Jay Masters ist Ruhe eine Frage des Überlebens. Mehr als 30 Jahre hat er in der Todeszelle des Gefängnisses San Quentin verbracht – für ein Verbrechen, das er nach der aktuellen Beweislage wohl nicht begangen hat. Seit Jahren lebt er in einem juristischen Schwebezustand, während sein Fall ein Labyrinth an Berufungsschritten durchläuft. Jarvis ist mittlerweile ein bekannter Meditationslehrer, der Gelübde bei tibetischen Lamas abgelegt und zwei Bücher veröffentlicht hat. Er betont, der Lärm im Gefängnis sei mehr als das ständige Gebrüll oder die Party-Beats aus den billigen Radios. Der Lärm ist das Vibrieren der Angst – Angst vor Ungewissheit, Gewalt und dem staatlich sanktionierten Tod. Doch in San Quentin hat Jarvis gelernt, Ruhe zu finden. Er findet sie in Momenten, in denen er in seiner Zelle Übungen macht. Er findet sie, wenn er sich mit Astronomie und buddhistischen Texten befasst. Doch vor allen Dingen findet er Ruhe, indem er den Lärm in seinem eigenen Bewusstsein gekonnt steuert. »Meine *Reaktionen* auf den Lärm waren vermutlich das Lauteste von allem«, erläutert er. »Der Lärm wurde leiser, als es mir gelang, *leiser auf den Lärm zu reagieren*.« Tiefe Ruhe hat für Jarvis eine moralische Komponente. Er könne sie erreichen, sagt er, wenn er seine persönlichen Sorgen hinter sich lässt und sich auf Mitgefühl mit anderen konzentriert.

RUHE BENENNEN

Zu Beginn dieses Buches hatten wir Sie gebeten, an die tiefste Ruhe zurückzudenken, an die Sie sich erinnern können. Sie sollten nicht nur daran denken, sondern diese Ruhe *spüren*. Und wir haben gefragt, ob Sie die Ruhe dabei nicht nur als Abwesenheit wahrnehmen, sondern als etwas Präsentes.

Diese unterschiedlichen Menschen – mit ihren unterschiedlichen Vorgeschichten, Lebenssituationen und Ausdrucksformen – sagen allesamt, dass sie Ruhe *aktiv* erleben. Ein solches Erleben der Ruhe lässt uns klarer denken und fördert unsere Gesundheit. Es lässt uns lernen. Es zentriert uns. Es weckt uns auf.

Wenn wir uns Ruhe als etwas Präsentes vorstellen, stoßen wir auf ein Paradox: Diese Ruhe ist in den Ohren und im Geist still, und doch kann sie für das Bewusstsein einen Donnerhall bedeuten.

Bei dieser Art von Stille, so Gordon Hempton, geht es nicht nur darum, dass wir das hinter uns lassen, was wir nicht wollen. Es geht nicht nur darum, dass kein Lärm herrscht. Gordon spricht davon, dass »alles präsent ist«.

Dieses Wort – »alles« – bringt gut auf den Punkt, was wir meinen. Doch für uns gibt es noch andere Worte.

»Demut« ist eines davon. »Erneuerung« ein anderes. Und »Klarheit«. Und »Erweiterung«. Das, was in der Ruhe präsent ist, könnte man auch als *Essenz des Lebens* bezeichnen.

Ruhe ist Demut. Sie ist eine Haltung des Nichtwissens, ein Ort des Loslassens. Ruhe heißt akzeptieren, dass der Raum nicht gefüllt werden muss. Es reicht, einfach zu *sein*. In jedem Fall gibt sie die

Möglichkeit, sich von dem Druck zu lösen, die Wirklichkeit gestalten oder lenken zu müssen. Wir müssen nicht alles steuern, indem wir den Diskurs oder den Streit oder die Unterhaltung weiterführen. Dabei geht es nicht nur um persönliche Entspannung. Laut Jennifer Stellar, Psychologin an der Universität Toronto, ist Demut »eine lebenswichtige Tugend, die der Moral zugrunde liegt und einen Schlüssel zum Leben in sozialen Gruppen bildet«.[4] In vielen Weisheitstraditionen zählt Demut zu den höchsten geistigen Tugenden. Es ist etwas inhärent Gutes, sich dem Druck zu Konkurrenzkampf und Leistung zu entziehen.

Ruhe ist Erneuerung. Als wir an unserem Artikel für die *Harvard Business Review* arbeiteten, sagte Justins Freundin Renata: »Ruhe kann ein Reset für das Nervensystem sein.« Damals wusste sie nicht, dass wir über genau dieses Thema schrieben. Sie wusste auch nichts von unserer Intuition. Renatas Worte erinnern uns an frühchristliche Wüstenväter und -mütter, die aus Rom nach Ägypten flüchteten und dort ein asketisches Leben mit Meditation und Gebeten führten. Damit wollten sie einen Zustand der »Ruhe« erreichen, den sie *quies* nannten. Dieses Wort ist der Ursprung des englischen »quiet«, meint jedoch mehr als einfach »still sein«. *Quies,* so der Theologe und Gesellschaftsaktivist Thomas Merton, war etwas »Erhabenes«. Ruhe bedeutete damals »die geistige Gesundheit und die Gelassenheit eines Wesens, das nicht länger auf sich selbst schauen muss, weil es von der Vollkommenheit der in ihm liegenden Freiheit fortgetragen wird«, schreibt er. Ruhe war für diese Denker »einfach eine Art Nirgendwo-Sein, eine Geistlosigkeit, die sich nicht mehr mit dem falschen oder begrenzten ›Ich‹ beschäftigte«.[5] Indem wir den auditiven, informationellen und inneren Lärm überwinden, können wir unsere überholte Konditionierung zurücksetzen. Wir können unsere Sicht auf die Welt erneuern.

Ruhe ist Klarheit. Cyrus Habib beschreibt uns die Fähigkeit, zu erkennen, »was wirklich in unserem Herzen ist«. Für ihn ist Ruhe die

Fähigkeit, »nicht das Erstbeste zu sagen, was uns in den Sinn kommt – und sei es nur dreißig Sekunden lang«. Das erinnert an die Einsicht, die oft dem Psychologen und Holocaust-Überlebenden Viktor Frankl zugeschrieben wird: »Zwischen Reiz und Reaktion liegt ein Raum. In diesem Raum liegt unsere Macht zur Wahl unserer Reaktion. In unserer Reaktion liegen unsere Entwicklung und unsere Freiheit.« Zwar leben wir in einer Kultur, die oft die »Klarheit des Denkens« und die »Klarheit der Logik« betont, doch wahrhaftige Klarheit geht über Pläne, Argumente und Strategien hinaus. Sie existiert im »Raum« – dem strahlenden Dazwischen. Diese Klarheit, die über die Kopfdinge hinausgeht, gibt uns die Fähigkeit, uns selbst zu erkennen. Sie bewirkt keinen einsamen Rückzug aus der Welt, sondern bildet einen festen Dreh- und Angelpunkt, von dem wir Dinge in die richtige Richtung lenken können.

Der Mystiker Kabir sagt:[6]

> *Sei ruhig in deinem Geist, ruhig in deinen Sinnen und auch ruhig in deinem Leib. Dann, wenn all das ruhig ist, tue gar nichts. In diesem Zustand wird sich die Wahrheit offenbaren. Sie wird vor dir erscheinen und fragen: »Was willst du?«*

Stellen Sie sich nur einmal vor, eine kritische Masse an Menschen könnte sich auf ein solch authentisches Ziel einstimmen. Stellen Sie sich vor, wir könnten uns – jenseits aller Ablenkung, Unterhaltung und Profit- und Machtbestrebungen – auf das einlassen, was uns am besten gedeihen lässt. Stellen Sie sich vor, wir könnten alle eine solche Klarheit erleben.

Ruhe ist Erweiterung. Sie bedeutet, dass die Aufmerksamkeit mehr Raum bekommt. Je tiefer wir in die Ruhe eintauchen, desto mehr Raum finden wir, um wirklich zu fühlen. Wenn wir tiefste Ruhe erreichen, lösen sich die Grenzen der Sprache auf. Dann zählt, dass wir einfach wissen, *was ist* – und nicht, wie etwas oder jemand heißt. In der allertiefsten Ruhe finden wir die innere Freiheit, die Grenzen des eigenständigen Selbst hinter uns zu lassen. *Ruhe ist die Essenz des Lebens.* Wenn nichts unser Bewusstsein in Beschlag nimmt, können wir dem Tableau der Schöpfung begegnen. Mit ungeteilter Aufmerksamkeit können wir uns auf die Grundschwingung einlassen; wir können der Essenz von allem begegnen. Wenn Klang und Reiz der Sprache und Gedanken zeigen, was zu tun ist, dann zeigt vollkommenes Bewusstsein das genaue Gegenteil. Dann gibt es nichts zu tun. Wenn wir das – innere und äußere – Geplapper hinter uns lassen, gelangen wir zu dieser erweckenden Präsenz. Das ist Ganzheit.

PERFEKTION IM SCHLAMM

In der buddhistischen Tradition begegnet man häufig dem Symbol des Lotus – einer Blume, die weiß, rosa oder blau sein kann. Sie thront graziös auf einem spiegelglatten Teich und öffnet nach und nach ihre Blüten. Doch der Lotus wächst in den sumpfigsten Gewässern, seine Wurzeln sind im Schlamm verankert. Dort findet er seine Nahrung. Wenn wir die Präsenz der Ruhe als »Ganzheit« beschreiben, meinen wir damit keine sterile Trennung von der Welt des Lärms. Wie der Lotus kann auch die Ruhe im Schlamm erblühen.

Anfangs dachten wir, auf unsere Frage nach der größten Ruhe würden wir hauptsächlich Antworten wie die von Jeff bekommen, dem konservativen Geschäftsmann, von dem Justin auf den ersten Seiten berichtet hat – frühmorgendlicher Nebel und Jugendfreizeiten in abgeschiedener Natur. Obwohl wir solche Räume der auditiven und informationellen Ruhe lieben, haben wir festgestellt, dass die meisten Menschen die größte Ruhe in Situationen erlebten, die überhaupt nicht ruhig erscheinen. Uns wurde von Ruhe berichtet, die durch das plötzliche Ende eines heftigen Konflikts oder den Verlust eines geliebten Menschen entstand, durch die Harmonie der Sinneseindrücke, wenn der Basketball im Korb landete, oder wenn man noch tief in der Nacht über die Tanzfläche wirbelte. Tiefe Ruhe geht oft mit tiefen Gefühlen einher – als würde man von den Wipfeln des denkenden Verstandes zu Stamm und Wurzel wandern, zu Herz und Körper, die für die Gefühle zuständig sind. Oft ergibt sich die tiefste Ruhe spontan aus Augenblicken des Zweifels oder der Ablenkung.

So haben wir beide es selbst erlebt.

Leigh erlebte einen Moment besonders tiefer Ruhe in der Praxis von Dr. Tenenbaum. Sie hatte ihn aufgesucht, weil ihre Gedanken so laut waren. Dr. T. war sozusagen Experte für inneren Lärm.

Leigh hatte seit 25 Tagen nicht mehr geschlafen. Nach der schwierigen Entbindung von ihrer Tochter war Leighs Kopf voll mit Stimmen, die sich alle ans Mikro und ins Rampenlicht drängten. Jede von ihnen hatte etwas anderes zu verkünden.

Eine zum Beispiel war die »ehrgeizige« Stimme – nennen wir sie die »Streberin«. Sie war davon überzeugt, dass sich das Muttersein mit links erledigen ließ, wenn man es strategisch geschickt anginge. Sie würde im Handumdrehen wieder arbeiten, das Neugeborene perfekt versorgen, handschriftlich Danksagungen verfassen, die Fugen zwischen den Küchenfliesen blitzblank halten, sämtliche Gäste empfangen, die das Baby sehen wollten, wieder in Form kommen, weiterhin ihren Mann verzaubern und dabei – weil sie ein spirituelles Wesen war – jeden Augenblick genüsslich auskosten. Sie wollte, sie konnte und sie *musste*. Aber die »Streberin« war nicht allein; ein wahrer Chor an wahnhaften Stimmen meldete sich ebenfalls zu Wort.

So zum Beispiel das »streitlustige Genie«, das jeden niedermachte, der seinem Intellekt und Witz nicht gewachsen war. Diese Stimme fuhr einen Rettungssanitäter hinten im Krankenwagen an, der ihr fälschlicherweise eine postpartale Depression unterstellt hatte: »Ich bin nicht depressiv, Sie Schwachkopf. *Ich bin überglücklich!*« Sie hatte den Durchblick – zumindest war sie davon überzeugt. Eine weitere Stimme war die »tragische Dichterin«, die jede furchtbare Katastrophe voraussah, die einem Neugeborenen widerfahren kann. Ihr war sonnenklar, dass dieses Leben nur in einer Tragödie enden konnte, und sie wachte deshalb natürlich mit Argusaugen über dem schlafenden Baby. Dazu gesellte sich die »Paradoxon-Jägerin« mit der Gabe, in jedem Alltagsgespräch den gordischen Knoten zu entdecken, die »verrückte Wissenschaftlerin«, für die der Wahnsinn ein Escape Room war, aus dem es nur mit Grübeln einen Ausweg gab, und ihre treue Assistentin, die jede Beobachtung und Offenbarung – und es gab Tausende – akribisch festhielt.

Das waren zwar längst nicht alle, doch mit der letzten Stimme, der besorgniserregendsten von allen, soll hier Schluss sein: die Stimme der »ungezügelten Paranoia«. Glücklicherweise meldete sich diese Stimme nur sehr selten zu Wort, denn sie konnte innerhalb von Sekundenbruchteilen jegliches Selbstvertrauen und jegliche Vernunft vernichten. Wenn sie dominierte, stellte Leigh jahrzehntelange Freundschaften und den Boden unter ihren Füßen infrage. Diese Stimme war gnadenlos, unbarmherzig.

Nachdem er viel über den Chor erfahren hatte, stellte Dr. T. folgende Frage: »Haben Sie jemals die Zuversicht verloren?«

Und nach dieser Frage stand zum ersten Mal seit Wochen *die Zeit still und alles wurde ruhig.* Leigh erlebte das, was die Wüstenmütter und -väter *quies* nannten – dieser plötzliche Ort der leuchtenden Ruhe: »die geistige Gesundheit und die Gelassenheit ... einfach eine Art Nirgendwo-Sein, eine Geistlosigkeit«[7]. Sie weiß noch, dass sich die Stimmen wie Wolken auflösten und eine weite Fläche unberührten Bewusstseins enthüllten.

Dann kam eine klare Antwort. »Ja, aber nur ein einziges Mal.«
In diesem kurzen Gespräch mit Dr. T. entdeckte Leigh eine Ruhe, die rätselhaft und vertraut zugleich war. Dieses Etwas hatte sie die ganze Zeit getragen. Durch diese Offenbarung erkannte Leigh, dass sie sich erholen würde. Alles würde gut werden: Sie musste nicht in eine Anstalt eingewiesen werden, sie würde ihre geistige Gesundheit wiedererlangen, sie würde ihrer Tochter eine gute Mutter sein, ihre Ehe würde Bestand haben, und ihr Leben würde dadurch irgendwie besser werden. Acht Monate später, als sie auch die letzten Antipsychotika und Beruhigungsmittel abgesetzt hatte, war Leigh, als würde sie nach langer Zeit unter Wasser wieder auftauchen. Die Ruhe hatte sie auf ihrem dunkelsten Weg begleitet.[8]

Justin erlebte besonders große Ruhe in einer Phase, in der er und seine Liebsten mit Lärm bombardiert wurden.

Ende Februar 2020 hatte seine Frau Meredy Zwillinge zur Welt gebracht. Die Babys waren zu früh gekommen. Sie waren zwar zum Glück gesund, mussten jedoch einige Wochen auf der Neugeborenen-Intensivstation (NICU) und anschließend auf einer Überwachungsstation bleiben. Wenig später gab es in New Mexico, wo die Familie wohnt, die ersten COVID-Fälle, deshalb wollten Justin und Meredy mit den Neugeborenen dringend nach Hause, ehe es zum Lockdown käme. Zudem hatten sie ein schlechtes Gewissen, weil ihre dreijährige Tochter in dieser Zeit bei den Großeltern bleiben musste, die eine Autostunde entfernt wohnten. In ihnen toste damals viel Lärm.

Doch vor allem war es äußerlich laut – im auditiven Sinn. Justin, der sich bereits in Fachliteratur zu den Auswirkungen von Lärmbelästigung auf Menschen und insbesondere auf kleine Babys vertieft hatte, empfand die unablässige Geräuschkulisse auf der NICU als geradezu surreale Stressquelle.

Die Sauerstoffmonitore dröhnten im Takt.

Herz- und Atemfrequenzalarme schrillten.

Fläschchenwärmer und Geräte zur Nahrungszubereitung meldeten sich mit digitalen Melodien, die an Spielautomaten aus den 1980ern erinnerten.

Jedes Baby hatte ein kleines Bändchen am Fußgelenk, das das Personal alarmierte, wenn ein Kind unerlaubt von der Station gebracht wurde. Eines dieser Bändchen war offenbar in der Wäscherei gelandet, deshalb ging etwa alle dreißig Minuten (meistens nachts) das Sicherheitssystem los – mit einem ohrenbetäubenden Signal, das an eine Kreuzung aus Luftschutzsirene und einem überdimensionalen, quietschenden Karnevalsballon erinnerte und alle anderen piepsenden Geräte übertönte. Die Pflegekräfte wussten nicht, wie sie das Geräusch abstellen sollten.

Justin hielt sich zwar mit ungebetenen Ratschlägen zurück, gab jedoch hin und wieder einer Krankenschwester oder einem Arzt einen Tipp, wie sich der unnötige Lärm reduzieren ließe. Das Personal verwies dann stets auf ein bizarr wirkendes Kontrollgerät an der Wand, das wie ein menschliches Ohr gestaltet war. Wenn der äußere Rand der Ohrmuschel grün leuchtete, galt der Lärmpegel als unbedenklich. Gelbe Linien in der Mitte waren ein Warnhinweis, und wenn die Dezibelwerte ein gefährliches Maß erreichten, leuchtete die Ohrmitte rot. Immerhin hatte das Gesundheitssystem also erkannt, dass Lärmschutz wichtig war. Doch Justin und Meredy stellten fest, dass die meisten Kontrollgeräte selbst bei denkbar größtem Lärm nie die Farbe wechselten. Somit waren sie offenbar entweder defekt oder manipuliert.

Der Lärm in diesen drei Wochen war überwältigend. Aber es gab auch unerwartet tiefe Ruhe.

Eines Nachmittags war Meredy direkt nach dem Stillen kurz nach draußen gegangen. Justin hielt das kleine Mädchen im Arm, und der kleine Junge rührte sich. Zum ersten Mal fragte die Krankenschwester, ob Justin beide Babys gleichzeitig auf den Arm nehmen wolle. Sie schob den Stuhl zwischen die beiden Bettchen und half ihm, die Kleinen richtig zu halten. Justin zog das Hemd aus, sodass sich die beiden Babys Haut an Haut an seine Brust schmiegen konnten.

Nach ein paar gemütlichen Momenten spürte Justin, dass er im Gleichtakt mit den beiden atmete. Dann war ihm, als ob auch alle drei Herzen irgendwie im Takt schlugen.

Um ihn herum piepte und summte es nach wie vor, auch die Sorgen wegen COVID, um die große Schwester der Babys und alle anderen Ungewissheiten waren immer noch da. Aber im Takt der synchronen Herzschläge, im sanften Einklang der drei Brustkörbe, die sich gemeinsam hoben und senkten, hatten Piepen, Summen und Sorgen keine Kraft. Es war, als könne nichts davon zu Justin durchdringen. Sein Geist wurde ruhig. Unvermittelt erlebte er Ganzheit.

Solche Erfahrungen der Ruhe kann niemand künstlich herbeiführen. Nach objektiven Maßstäben würde keine der beschriebenen Situationen als ruhig gelten. Und doch herrschte inmitten der unzähligen Geräusche und Reize Ruhe. Mitten im Schlamm erblühte etwas Perfektes.

NADA

Wenn »alles im Leben Schwingung« ist, kann dann wirklich etwas ruhig sein?

Gibt es überhaupt Ruhe?

Wir finden: *Ja, es gibt sie.*

Aber nicht unbedingt in dem Sinn, in dem man sie sich gemeinhin oft vorstellt.

In einigen romanischen Sprachen, darunter Spanisch und Portugiesisch, heißt »nichts« *nada.* Im Sanskrit, einer der Wurzeln der indoeuropäischen Sprachfamilie, bedeutet *nada* erstaunlicherweise »Klang«. Nada-Yoga ist eine spirituelle Meditation über den inneren Klang, den »Urklang«, manchmal auch »Klang der Stille« genannt. Wenn wir tiefste Ruhe erreichen, wird die Schwingung als Essenz des Lebens nicht ausgelöscht, sondern wir lassen Ablenkung, Ego und Unruhe fahren, um uns besser auf sie einzustimmen. Das »Nichts«, um das es hier geht, bedeutet: *Kein Lärm. Keine Störung. Unmittelbare Begegnung mit der Essenz dessen, was ist.*

In diesem Sinne ist Ruhe nicht statisch. Der buddhistische Lehrer Thích Nhãt Hạnh bezeichnet sie als »Klang, der alle weltlichen Klänge transzendiert«. Der Tiefenpsychologe Robert Sardello nennt Ruhe die »Mutter der Möglichkeiten«, eine lebendige Ganzheit, in der es *Strömungen* gibt, die rhythmisch »pulsieren« und »schwirren«. »Stille«, sagt Rumi, »ist die Sprache Gottes.«

In diesem Buch geht es nicht um Stille für Menschen, die in Klöstern leben.

Uns geht es weniger darum, wie man den Schwingungen der Realität entfliehen oder sie abstellen kann.

Uns geht es um die Frage, wie wir Ruhe in einer Welt finden, die – glücklicherweise – pulsiert und schwingt und singt und tanzt.

4 Die moralischen Dimensionen der Ruhe

Vor Zehntausenden von Menschen vor dem Kapitol in Washington, D.C., und Millionen anderen, die die Amtseinführung von Joe Biden im Jahr 2021 live im Fernsehen verfolgten, zog die damals 22-jährige Dichterin Amanda Gorman ein einfaches und schwieriges Fazit:

»Wir haben gelernt«, sagte sie, »dass Ruhe nicht immer Frieden bedeutet.«

Sie hat recht.

Mit Anfang 20 arbeitete Leigh in einem Frauenhaus und betreute die Hotline für die Region Nordost-Georgia. Eines Tages meldete sich eine Frau, die aus China »bestellt« worden war, wie die Frau in der ihr fremden Sprache erklärte. Der Mann, der dafür verantwortlich war, hatte sie *acht Jahre lang* auf dem Grundstück seiner Familie gefangen gehalten, in fast völliger Isolation. Die wenigen Menschen, zu denen sie Kontakt hatten, stellten keine Fragen. Mit unglaublicher Beharrlichkeit brachte sich die Frau mithilfe untertitelter Fernsehsendungen selbst Englisch bei. Sie wartete darauf, dass der Täter irgendwann vergessen würde, das Festnetztelefon auszustöpseln und mit zur Arbeit zu nehmen. Als dieser Tag endlich kam, war Leigh am anderen Ende der Leitung. Sie erinnert sich, mit welch ruhiger Stimme die Frau ihre unfassbar komplexe Lage beschrieb. »Keine Polizei«, sagte sie. »Polizeichef bester Freund.« Es galt, einen anderen Weg zu finden. Und die Frau war so mutig und schlau, dass es gelang. Schweigen hatte dazu beigetragen, dass man sie so grausam gefangenhalten konnte. In ihrem

Fall war Ruhe das Gegenteil von Frieden. »Das Schweigen brechen« ist nach wie vor ein Schlachtruf im Kampf gegen sexuelle Gewalt.

Seit mindestens 50 Jahren existiert eine kulturelle Strömung, für die Schweigen ein Zeichen von Selbstgefälligkeit, Komplizenschaft oder sogar Gewalt ist.

1977 fragte die legendäre Audre Lorde, die sich selbst als Schwarze, Lesbe, Mutter, Kriegerin und Dichterin bezeichnete: »Was sind die Tyranneien, die du Tag für Tag schluckst und versuchst, dir zu eigen zu machen, bis du davon krank wirst und stirbst, immer noch schweigend?« Im gleichen Essay beschrieb sie die drei quälenden Wochen, in denen sie nach der Brustkrebsdiagnose auf die Operation warten musste. In dieser Zeit der Ungewissheit dachte sie über ihr Leben nach und erklärte: »Was ich am meisten bereute, war mein Schweigen.« Sie warnte: »Mein Schweigen hatte mich nicht geschützt. Euer Schweigen wird euch auch nicht schützen.«

Wer in den späten 1980er-Jahren, ein Jahrzehnt nach Lordes Text, in New York City unterwegs war, fand ihre Meinung in einer der wichtigsten und effektivsten Kampagnen der modernen Geschichte wieder. Das mittlerweile legendäre Plakat mit der Aufschrift »Silence = Death« (*Schweigen = Tod*) in grellweißen Buchstaben auf pechschwarzem Hintergrund unter einem pinkfarbenen Dreieck war allgegenwärtig. Die AIDS-Bewegung rüttelte damit die Welt wach, um ihr die Augen zu öffnen und das Ausmaß der Epidemie deutlich zu machen, dem letztendlich 33 Millionen Menschen in aller Welt zum Opfer fallen sollten. Schweigen bedeutete in diesem Zusammenhang Versagen *oder die Weigerung*, aktiv zu werden.

Dieses Gefühl findet sich auch in den Anfängen der Umweltbewegung. Der Titel von Rachel Carsons weltveränderndem Buch *Der stumme Frühling* spielt auf die trostlose Landschaft in einem Gedicht von John Keats an, eine Art apokalyptischer Ruhe; dort heißt es: »Ist auch das Riedgras längst verwelkt / singt auch kein Vogel mehr!« Carson wusste nur zu gut, dass all jene, die von der chemischen Industrie profitieren, versuchen würden, sie zu diskreditieren und mundtot zu machen. In einem privaten Brief beschrieb sie die moralische Verpflichtung ihres Lebens:»Ich weiß, was ich tue, deshalb könnte ich keinen Frieden mehr finden, wenn ich schweigen würde.«

Heute ist die Vorstellung, dass Schweigen Unterdrückung bedeutet, so aktuell wie eh und je. Die Schauspielerin Lupita Nyong'o beschrieb 2017 in einem Gastkommentar in der *New York Times*, wie Harvey Weinstein versuchte, übergriffig zu werden, sie zu belästigen und zu manipulieren. Sie schrieb von einer»Verschwörung des Schweigens«, durch die»das Raubtier so viele Jahre sein Unwesen treiben konnte«.

Diese Art von»Ruhe« – *die Weigerung, Ungerechtigkeit anzusprechen und anzugehen* – ist ein großes Problem. Und wir lehnen sie von ganzem Herzen ab.

Allerdings ist uns klar geworden, dass»Ruhe« in Form von stummer Gleichgültigkeit strenggenommen keine Ruhe ist. Warum? Die Weigerung, Missstände wahrzunehmen und anzusprechen, ist das genaue Gegenteil von klarer Wahrnehmung und Zielgerichtetheit. Wenn wir Augen und Herzen öffnen – wenn es in unserem Bewusstsein Raum für Aufmerksamkeit gibt –, können wir uns nicht auf ignorantes Wegschauen beschränken. Apathische Ruhe entsteht durch Angst. Wahrnehmung und Zielgerichtetheit werden dabei durch ängstliches Klammern an eingeschränkte Eigeninteressen verzerrt. Wir sehen in dieser vermeintlichen Ruhe sowohl eine Ursache als auch eine Folge des Lärms in unserem Bewusstsein.

Überlegen Sie nur, inwieweit Lärm in der Welt Ungerechtigkeit ermöglicht. Wie sollen wir Ungerechtigkeiten erkennen und gegen sie angehen, wenn wir uns nur mit Instagram-Likes, Reality-TV-Stars und gesellschaftlich unproduktivem Profitstreben befassen? Wenn wir auf das Geplapper in unserem Inneren fixiert sind, wie sollen wir dann für den inneren Raum sorgen, ohne den keine Empathie möglich ist – den wir brauchen, um Schmerz, Freude und Inspiration zu erleben, die uns nicht unmittelbar selbst betreffen?

Wir haben mit diesem Buch begonnen, weil uns der Zustand der Welt verzweifeln ließ. Unsere Intuition sagte uns, dass die schwierigsten Probleme der heutigen Zeit zumindest teilweise auf das Problem des Lärms zurückgehen. Wirksamere und dauerhaftere Lösungen werden wir nur finden und umsetzen können, wenn wir demütig zuhören, wenn wir stets neue Energie schöpfen und so klar sehen, dass wir auf persönlicher und kollektiver Ebene erkennen, was wahr ist und was wir wirklich wollen.

Gleichgültigkeit angesichts von Ungerechtigkeit ist in unserer Welt ein gewaltiges Übel, doch man sollte sie nicht als Ruhe bezeichnen, sondern vielmehr als Lärm. Wahre Ruhe – die Präsenz, Einsicht und mitfühlendes Verständnis für Natur und Menschheit ermöglicht — ist das richtige Mittel gegen die lärmende Verzerrung, die egozentrisch und apathisch macht. Sie ist ein Mittel, mit dem wir unsere versteckten Vorurteile aufdecken, andere Sichtweisen verstehen und das, was falsch ist, wirkungsvoller angehen können.

Ruhe allein kann zu Gerechtigkeit beitragen.

Im April 1968 sollte Martin Luther King Jr. zusammen mit Thích Nhât Hạnh und Thomas Merton an einer Klausur teilnehmen – einige Tage mit konfessionsübergreifenden Gebeten, stiller Kontemplation und Gesprächen über den Vietnamkrieg und die Gestaltung einer gerechten Gesellschaft. In letzter Minute beschloss Dr. King, seine Teilnahme zu verschieben, um sich in Memphis mit den streikenden Müllarbeitern zu solidarisieren. Natürlich war die Fahrt nach Memphis eine verhängnisvolle Entscheidung. Er wurde dort in einem Motel ermordet.

Als Merton im Kloster eintraf, fragte die *New York Times* bei ihm an, ob er einen Kommentar über das Attentat schreiben wolle. Merton lehnte ab. Er begann eine Phase tiefen Schweigens. In seinem Beileidsbrief an die frisch verwitwete Coretta Scott King schrieb er:»Manche Ereignisse sind zu groß und zu schrecklich, um darüber zu sprechen.« Reverend Dr. Barbara Holmes stellt Mertons damaliges Schweigen den leeren Floskeln von den »Gedanken und Gebeten« gegenüber, die Personen des öffentlichen Lebens heutzutage unweigerlich von sich geben, wenn sich wieder einmal eine Schießerei an einer Schule ereignet hat. »Schweigen ist das einzige vertretbare Verhalten«[1], so Holmes in Bezug auf Merton. »Das ist so schrecklich, dass ich nichts dazu sagen kann.«

Merton war zwar ein produktiver öffentlicher Intellektueller und eine prominente Stimme gegen Rassismus, Militarismus und Gier, verstand das tiefe Schweigen der Kontemplation jedoch als Teil des Kampfes für Gerechtigkeit. Auf dem Höhepunkt der Bürgerrechtsbewegung und des Vietnamkriegs schrieb er:»Ich mache aus klösterlichem Schweigen einen Protest gegen die Lügen der Politiker, Propagandisten und Hetzer, und wenn ich spreche, dann um zu betonen, dass mein Glaube und meine Kirche niemals hinter diesen Kräften der Ungerechtigkeit und Zerstörung stehen werden.«

Gandhi vertrat eine ähnliche Ansicht zur moralischen Dimension des Schweigens. In einem Artikel, der kürzlich in der großen indischen Zeitung *The Hindu* erschien, befasst sich Rajeev Kadambi, Politikwissenschaftler an der O.P. Jindal Global University, mit der Frage, warum Gandhi im Jahr 1945 die Vereinigten Staaten nicht sofort für den Einsatz der Atombombe auf die japanischen Städte Hiroshima und Nagasaki verurteilte. Könnte dies, so fragt Kadambi, »ein taktisches Schweigen gewesen sein, mit dem er auf Zeit spielen wollte«? So unwahrscheinlich es auch klingt, erklärt Kadambi, aber dass Gandhi sich nicht äußerte, gab damals Anlass zu dem Gerücht, dass der »weltbekannte Apostel der Gewaltlosigkeit und Kritiker des westlichen Imperialismus« den Einsatz der Atombombe in gewisser Weise befürwortete. Gandhi brach sein Schweigen und sagte nur Folgendes:»Je mehr ich darüber nachdenke, desto deutlicher fühle ich, dass ich nicht über die Atombombe sprechen darf. *Ich muss handeln, wenn ich kann.*« Gandhi war ein Meister dessen, was Kadambi als »Magie des nicht erklärten Handelns« bezeichnet. Kadambi legt nahe, dass Gandhis Schweigen – das im Yoga-Grundsatz *Ahimsa*, der Gewaltlosigkeit in Absicht, Gedanke und Tat, wurzelt – dazu diente, »aus dem Kreislauf von Gewalt und Gegengewalt auszubrechen«.

Der Montag war für Gandhi ein »Tag des Schweigens«. Neben Meditation und Kontemplation erledigte er Schriftverkehr, empfing gelegentlich Besuch, hörte bei Besprechungen aufmerksam zu und nahm an wichtigen Gipfeltreffen teil, ohne zu sprechen. Diesen wöchentlichen »Tag des Schweigens« befolgte er selbst in intensiven, unruhigen Phasen während seines jahrzehntelangen Strebens, Indien vom britischen Empire zu befreien. Wenn andere, auch enge Freunde, ihn baten, sich ausnahmsweise zu äußern, lehnte er ab. Der wöchentliche »Tag des Schweigens« war ein Kernstück seiner gesamten Arbeit. »Ich habe immer wieder erkannt«, schrieb Gandhi, »dass ein Wahrheitssucher schweigen muss.«

Wenn Gandhi dann am Dienstag wieder sprach, hielt er oft besonders bedächtige und wortgewandte Reden, ohne Notizen, die beinahe entrückt dahinflossen. Er trug sein ruhiges Bewusstsein in aufgeblasene, aufgeheizte politische Arenen. In seiner Autobiografie schrieb Gandhi: »Ein Mensch weniger Worte wird selten in seinen Reden gedankenlos sein, er wird jedes Wort wägen.«[2] Gandhi klagte darüber, wie es bei den meisten Versammlungen zuging, mit »Menschen, die unbedingt reden wollten«, und einem Versammlungsleiter, der »mit Zetteln belästigt wird, die Redeerlaubnis fordern«. Er beobachtete: »Sooft die Erlaubnis gegeben wird, überschreitet der Redner regelmäßig die Redezeit, bittet um mehr Zeit oder fährt ohne Erlaubnis zu reden fort. Von all diesem Reden kann schwerlich gesagt werden, es stifte der Welt irgendwelchen Nutzen. Es ist reine Zeitvergeudung.«

Einmal, nach 15 Tagen des Schweigens, wenige Monate vor seiner Ermordung, äußerte er folgende Einsicht:

Es drängt sich das Gefühl auf, dass das Elend der Welt zur Hälfte verschwinden würde, wenn wir, die besorgten Sterblichen, die Tugend des Schweigens kennen würden. Ehe die moderne Zivilisation über uns kam, waren uns in 24 Stunden mindestens sechs bis acht Stunden Stille sicher. Die moderne Zivilisation hat uns gelehrt, die Nacht zum Tag zu machen und goldene Stille zu schamlosem Getöse und Lärm. Wie schön wäre es, wenn wir in unserer Betriebsamkeit in der Lage wären, uns täglich wenigstens ein paar Stunden lang auf uns selbst zu besinnen und unseren Geist darauf vorzubereiten, die Stimme der großen Stille zu hören. Gott ist immer auf Sendung, wenn wir nur bereit wären, auf ihn zu hören, doch ohne Stille ist das Zuhören unmöglich.[3]

In der geräuschvollen Empörung, die heutzutage in der Politik herrscht, erscheint Gandhi als ruhige Kraft des gesellschaftlichen Wandels. Auch er lebte in einer Kultur von Pro und Kontra und setzte auf Ruhe, um scheinbar unvereinbare Gegensätze zu überwinden und den Kreislauf von Konflikten und offener Gewalt zu durchbrechen. Gandhi nutzte die »goldene Ruhe« nicht, um sich aus dem Kampf zurückzuziehen, sondern um ihn zu verändern. Das politische Leben war für ihn eine Ausweitung seiner spirituellen Arbeit als »Wahrheitssucher«, und dementsprechend schöpfte er aus der Ruhe praktische und spirituelle Klarheit.

Auch in unserer heutigen Welt findet man die Kraft der gesellschaftlich engagierten Ruhe von Merton und Gandhi. Oft sogar dort, wo man sie am wenigsten erwartet.

Im Sommer 2020 nahm Sheena Malhotra – Autorin und Profes-
sorin für Gender- und Frauenstudien an der California State Uni-
versity – nach der Ermordung von George Floyd an einer *Black-
Lives-Matter*-Demonstration im Norden von Los Angeles teil. Die
Demonstration fand kurz nach dem ersten Lockdown der Corona-
Pandemie und nur wenige Wochen nach Beginn einer der größten
Protestbewegungen in der Geschichte der USA statt. »Wenn ein
Ereignis so viel Wut hervorruft, wenn die Stimmung auf dem Sie-
depunkt ist, wird es schwer, von dort zur Ruhe zu gelangen«, beschreibt sie den Ablauf der Demonstration. »Aber wir haben es geschafft – wir haben erst Slogans gerufen und sind dann auf die Knie
gegangen, schweigend.« Hunderte von Menschen hielten inne und
knieten neun Minuten lang, zum Gedenken an die neun Minuten,
die das Knie von Derek Chauvin auf George Floyds Hals lastete, ehe
er starb.

Sheena erzählt, wie sich die Ruhe entwickelte: »Man war verzweifelt. Man hat das Geschehen förmlich miterlebt. Man hat am
eigenen Körper gespürt, wie lang diese neun Minuten waren. Während man kniete, wurde irgendwann klar, wie unendlich lang das
ist, als ob ein ganzes Leben vorbeizieht und kein Ende in Sicht ist.
Dann jedoch«, erinnert sie sich, »schaut man sich um, und man
ist von anderen Menschen umgeben. Menschen jeder Hautfarbe.
Junge schwarze Burschen mit ihren Müttern. Wie müssen sie sich
fühlen? Wie existenziell ist diese Bedrohung für ihr Leben? Das geht
unter die Haut.«

In der Feuerprobe der Stille, an der Hunderte von Menschen teil-
hatten, kamen bei Sheena Schicht um Schicht verborgene Gedanken
und Gefühle zum Vorschein. »Ich machte eine breite Palette an Gefühlen durch. Trauer. Wut.« Und dann, so erinnert sie sich, »wurde
die Wut zu Mitgefühl mit den Menschen um mich herum. Dann regte
sich Freude – ›Wir sind alle hier. Wir sind alle zusammen hier. Und es

ist sinnvoll, gemeinsam hier zu sein.‹ Dann, in diesem Raum, sah ich die Polizisten am Rand stehen, das weiß ich noch genau, und fragte mich, was sie wohl fühlen.

Ruhe ist wie ein Ozean«, fährt Sheena fort.»Sie kann ihre Form verändern. Ruhe gibt dir den Raum, in dem Gefühle sich wandeln können. Sie gibt dir den Raum, die Energie der Menschen um dich herum in dich aufzunehmen.« Wenn sie an jenen Sommertag in Los Angeles zurückdenkt, erinnert sie sich an eine Art gemeinschaftliche positive Transformation:»Es war zu spüren, wie sich die Energie der gesamten Menge verschob. Die Ruhe hat den Raum für diese Veränderung geschaffen.«

Zusammen mit ihrer Kollegin, Professorin Aimee Carrillo Rowe, hat Sheena eine Anthologie mit dem Titel *Silence, Feminism, Power: Reflections at the Edges of Sound*[4] herausgegeben, die sie der verstorbenen Audre Lorde widmeten. Darin ehren sie die Aktivistinnen und Wissenschaftlerinnen, die jahrzehntelang gegen Zensur und Unterdrückung angingen, erörtern jedoch auch, wie wichtig es ist, sich von »reiner Opposition« zu lösen und »Schweigen nicht als ungeprüfte Kraft der Unterdrückung zu betrachten, die abgeschüttelt werden muss«. Sie betonen, dass »Schweigen uns den Raum zum Atmen gibt. Es gibt uns die Freiheit, nicht ständig auf Gesagtes reagieren zu müssen«.

Der Band enthält einen Essay, in dem Sheena ihren eigenen Kampf gegen den Eierstockkrebs reflektiert. Sie beschreibt, wie die Behandlung ihr deutlich machte, welchen Platz das Nicht-Sprechen im Streben nach Gerechtigkeit hat.»So wie das Feuer eine Materie in Luft verwandelt, so eröffnet das Schweigen den Raum, sich das Unvorstellbare vorzustellen, und bietet uns einen Ort für Reflexion, für Neuartikulierung und Nicht-Artikulierung, sodass wir eine andere Art der Kommunikation finden können, die über die Sprache hinausgeht«, schreibt sie.

ZUFLUCHTSORTE

Nirgends lernt man so gut, Signale von Lärm zu unterscheiden, wie bei der Arbeit auf dem Capitol Hill in Washington, D.C.

In seiner Zeit als Legislativdirektor für drei Kongressmitglieder musste Justin eine unablässige Geräuschkulisse bewältigen, in der Telefone schrillten, Klatsch und Tratsch die Runde machten, Signaltöne bevorstehende Abstimmungen ankündigten, Hinweise auf neue E-Mails in den bereits übervollen Postfächern ertönten und Lobbyisten zu feuchtfröhlichen Nachtclub-Besuchen drängten. Mit der Zeit stellte er jedoch fest, dass einige der lautesten und schrillsten Stimmen nicht als Lärm gelten konnten. Vielmehr waren es Signale. Wenn er mit Menschen sprach, die lautstark auf die Verschmutzung von Flüssen oder die Notlage von Geflüchteten aus Aleppo hinwiesen, waren diese Stimmen keine unerwünschten Ablenkungen. Sie signalisierten dringende Bedürfnisse. Sie verdienten Gehör.

Justin wäre seiner Verantwortung nicht gerecht geworden, wenn er derartige Signale ignoriert hätte. Das, was er beschreibt, gilt natürlich nicht nur im Staatsdienst, sondern auch für Therapeuten, Feuerwehrleute, Lehrkräfte, medizinisches Personal und Menschen in unzähligen anderen Dienstleistungsbereichen. Es gilt für alle, die Kinder haben oder sich um ältere Verwandte kümmern. Dringliche Signale dürfen wir nicht ignorieren. Wie also können wir bei so viel Aufregung und drängenden Aufgaben Klarheit und Energie bewahren?

Der radikale Philosoph Slavoj Žižek kritisierte einst, Achtsamkeit erlaube es, dem Stress zu entfliehen, ohne sich mit den eigentlichen Stressursachen auseinanderzusetzen. Sie erlaube, *auf der Welt zu* sein, *aber nicht dazuzugehören,* erklärte er. Wir verstehen seinen Standpunkt. Wir dürfen nicht zulassen, dass das Streben nach innerer Gelassenheit unsere äußeren Pflichten behindert.

Aber was ist die Alternative?

Wir glauben, dass es möglich ist, Ruhe in ein engagiertes Leben einzubetten. Wenn wir in der aktuellen Realität leben wollen – und wenn wir die Kraft und die Konzentration entwickeln wollen, die es braucht, um die aktuelle Realität zu verbessern –, dann brauchen wir Räume der tiefen Ruhe, Räume mit möglichst wenigen Geräuschen und Reizen, Räume, in denen wir einfach nichts sagen müssen.

Wir sind zu der Überzeugung gelangt, dass Ruhe für die Erneuerung unabdingbar ist. Sie ist eine Voraussetzung dafür, auf Dauer das Richtige zu tun. Die folgenden Kapitel liefern zahlreiche Ratschläge, wie man auditive, informationelle und innere Ruhe finden und gleichzeitig den Verpflichtungen des Lebens nachkommen kann. An einer Erkenntnis wollen wir Sie jedoch schon jetzt teilhaben lassen: *Machen Sie es wie die Profis.* Orientieren Sie sich an denjenigen, die diese Herausforderungen schon seit geraumer Zeit trotz widriger Umstände erfolgreich meistern.

Cherri Allison ist solch ein Mensch. Seit mehr als fünf Jahrzehnten ist sie auf der Suche nach dem richtigen Gleichgewicht zwischen Reden und Schweigen, zwischen Verantwortung und Erneuerung.

»Für mich als Afroamerikanerin, die in den Vereinigten Staaten aufwuchs, herrschte ständig der Druck, ruhig sein zu müssen«, erzählte Cherri kürzlich in einem Interview. Sie bemühte sich nach Kräften, diesem Druck nicht nachzugeben. »Man könnte mich feuern, mir den Lohn kürzen. Aber meine Wahrheit kann man mir nicht nehmen«, sagt sie sehr ernst. Dennoch erkannte Cherri früh, dass Ruhe durchaus einen Vorteil hatte – die Ruhe, die aus eigenem Antrieb kam. »Mir war nicht klar, wie viel *Kraft* es kostete, an diesem Ort der Ruhe zu sein«, berichtet sie. »Dass ich diese Ruhe fand, sorgte dafür, dass ich niemanden verprügelte, niemanden verfluchte und nicht gefeuert wurde, sodass ich meine Arbeit weiterführen konnte.« Die Arbeit, die sie fortsetzen wollte – in der sie ihre Bestimmung sah –, war das Engagement für Opfer von Gewalt, damit ihnen Gerechtigkeit widerfuhr.

Für diese Arbeit wurde Cherri, die inzwischen über 70 ist, kürzlich mit einem Preis für ihr Lebenswerk ausgezeichnet. Cherri leitete früher eines der größten Hilfszentren des Landes. Das *Family Justice Center* im kalifornischen Oakland bietet Zuflucht vor häuslicher Gewalt, sexuellen Übergriffen, Kindesmissbrauch, Missbrauch älterer Menschen und Menschenhandel. Es ist ein lebendiger Raum, in dem es meist nach Lavendel duftet und der von lebhaften Gesprächen, Lachen und Musik sowie Taschentuchboxen für die Tränen geprägt ist, die mit der Arbeit einhergehen. Die breite Palette an Ausdrucksformen, die hier zu finden sind, hat Cherri immer sehr geschätzt – vor allem, wenn sie von Herzen kommen.»Man muss richtig mutig sein, um das Zentrum aufzusuchen«, sagt sie uns.»Damit meine ich, dass man sich Zeit nehmen, fühlen und auf sein Herz *hören* muss. Und wenn man das tut, sind das die Momente, in denen man wirklich zu Tränen gerührt ist.«

Cherri möchte sich auf diese echten Tränen einlassen, obwohl es ihr oft schwerfällt, dabei gleichzeitig ihre Arbeit zu tun. Früher neigte sie dazu, einen Arbeitstag»durchzuziehen«, wie sie es im Jurastudium gelernt hatte und wie es auch in der Krisenarbeit üblich ist. Allerdings musste sie feststellen, dass dieser Ansatz – mit innerlicher Distanz zu dem»tiefen Schmerz« – auf Dauer zu anstrengend war:

> *Man schaut einer Betroffenen ins Gesicht und spürt ihre verletzte Psyche und ihre Hoffnungslosigkeit, und dann ist sie weg, und die Nächste sitzt schon da ... Keine Pause, um die Geschichte sacken zu lassen ... Einfach nur Schlag auf Schlag, den ganzen Tag.*

Cherri wollte um jeden Preis verhindern, dass ihr Team auf die gleiche Durchhaltestrategie setzte und damit die gleichen Fehler machte wie sie selbst früher. Sie erklärt, wenn sie und ihre Mitarbeiterinnen still dasitzen und mit ganzem Herzen zuhören, entstehe eine *direkte Beziehung* zu den Menschen, denen sie helfen wollen – damit sie nicht vergessen, dass sie *Unterstützung* bieten sollen, nicht Erlösung. Cherri rät ihrem Team, »still zu sein und zuzuhören und *die Betroffenen in ihrem Erleben zu bezeugen*«. Sie hält ihre Mitarbeiterinnen dazu an, alle Alternativen darzulegen, die zur Verfügung stehen, und »sich dann zurückzulehnen und zuzusehen, wie die Opfer ihre Stärke erkennen«. Sie weiß noch, wie ihr das klar wurde: »Als ich endlich anfing, mit einer Betroffenen *auf Augenhöhe* zu sprechen und nicht mehr als ihre *Anwältin*. Oh mein Gott! Das war eine solche Offenbarung!« Sie fährt fort: »Diese Frauen brachten so viel Wissen, Informationen und Erfahrung mit. So konnte ich sie unendlich viel besser unterstützen.«

Als Cherri 2011 die Leitung des *Family Justice Centers* übernahm, wagte sie ein Experiment. Zu Beginn der täglichen Besprechung mit ihrem Führungsteam bat sie darum, einen Moment still zusammenzusitzen und nachzudenken. Manchmal wurde ein Gedicht oder ein inspirierendes Zitat vorgelesen, oder jemand stellte eine bewegende Frage. Manchmal saßen sie auch einfach nur beisammen und atmeten gemeinsam. Cherri schlug vor, abwechselnd den Vorsitz zu übernehmen. So entstand Raum für Ruhe, Raum für ihre Menschlichkeit. Derartige Methoden waren damals alles andere als üblich. Doch obwohl sie sich als neue Leiterin sehr angreifbar fühlte, wollte Cherri das Wagnis eingehen. »Mit der Zeit bin ich in der Rolle der Älteren aufgegangen«, sagt sie. »Und ich habe festgestellt, dass sie mit viel Ruhe verbunden ist.«

Zur Bedeutung der Ruhe meint Cherri: »Es spielt keine Rolle, in welchem Bereich jemand arbeitet. Ruhe ist ein mächtiges Werkzeug.« Die tägliche Routine stärkte den Zusammenhalt im Team. Sie förderte eine Kultur der Selbstfürsorge und erinnerte die Beschäftigten daran, mit dem Herzen zuzuhören. Das tägliche Ritual wurde während

Cherris gesamter Tätigkeitsdauer beibehalten und hat auch heute noch Bestand, obwohl sie längst in Rente ist.

○

Selbst in den lautesten Lebensbereichen, selbst dort, wo unablässig eine Flut von Geräuschen und Reizen herrscht, ist der Weg zur Ruhe oft erstaunlich einfach.

Als Tim Ryan erstmals für den Senat des Bundesstaates Ohio kandidierte, gab ihm der Priester seiner katholischen Kirche den Schlüssel zum Altarraum. Tim wusste die Geste zwar zu schätzen, doch erst als der Wahlkampf schmutzig wurde, lernte er Wert und Weitsicht dieses Geschenks richtig zu würdigen. Die örtlichen Parteibosse meinten, für den Sprung in das Oberhaus der Legislative sei er zu jung. Als sich Attacken, Gerüchte und Blockaden häuften, nutzte Tim den ruhigen Altarraum täglich als Zufluchtsstätte, an der er neue Energie tanken und seine Motivation wiederfinden konnte. Das brauchte er. Die Kirche hatte für ihn seit jeher eine wichtige Rolle gespielt; hier war er aufgewachsen, hier war sein Großvater einst Kirchendiener gewesen, hier war seine »ursprüngliche Verbindung zu Phasen der Ruhe« entstanden. Aber erst durch seine Erfahrungen im Wahlkampf erkannte er das grundlegende Bedürfnis nach Ruhe als Verbindung zum Ursprung.

In unserem Gespräch erzählte uns Tim Ryan, mittlerweile hochrangiges Kongressmitglied für die Demokraten, von der Kraft der Ruhe in seinem heutigen Leben. Er beschreibt sie als wesentliche Quelle von Energie und Geduld, die ihm die Fähigkeit gibt, besonnen auf wichtige Signale zu reagieren. »Wenn Ruhe herrscht, entsteht die innere Überzeugung, dass es wichtig ist, große Herausforderungen anzunehmen … und das Leben zu leben, das man leben möchte. Das muss von innen heraus kommen«, erklärt er uns. »Wenn man nur Lärm im Kopf und um sich herum hat, ist es schwer, sich darauf einzustimmen. Ruhe geht über den Verstand hinaus. Sie geht über das Gehirn hinaus.«

DIE TYRANNEI DER SCHINDEREI

Auf der Welt herrscht immer mehr Lärm.

Aber damit einher gehen auch mehr Signale. Und mehr Hinweise darauf, was wirklich unsere Aufmerksamkeit erfordert.

Nicht nur die unerwünschten Störungen mehren sich, sondern auch die echten, wichtigen Hilferufe. Ob besorgniserregende Nachrichten über Geflüchtete oder Umweltkatastrophen oder uns nahestehende Menschen, die an uns herantreten, weil sie mit Depression und Verzweiflung zu kämpfen haben – viele der Geräusche und Reize der modernen Welt sind vollkommen gerechtfertigt. Sie sind keine »Ablenkung«, sondern ein Signal dafür, dass sich etwas ändern muss.

Wenn man sich die Welt von heute ansieht, lässt sich ein Zusammenhang zwischen Signal und Lärm feststellen, der bislang wenig Beachtung gefunden hat. Je mehr Lärm wir erzeugen, desto zahlreicher und verzweifelter werden die Hilferufe. Was steht auf dem Spiel, wenn uns die aggressive Geräuschkulisse in Beschlag nimmt? Welchen Preis zahlen wir, wenn unsere Aufmerksamkeit überfordert ist? Was kostet es uns, wenn wir vornehmlich mit dem Geplapper in unserem Kopf beschäftigt sind? Die Antwort auf all diese Fragen ist eindeutig: Wir können uns weniger gut umeinander kümmern und für die Natur sorgen. Das ethische Gebot der Ruhe betrifft nicht nur uns selbst, sondern den ganzen Planeten.

Die Performance-Künstlerin, Theologin und Aktivistin Tricia Hersey sieht eine klare Verbindung zwischen einer Kultur des Lärms und den Problemen mit Apathie, Burnout und sogar mit Traumatisierungen. Sie hat eine »Rest School«, eine »Schule der Ruhe«, gegründet – im Geiste der alternativen *Freedom Schools* der 1960er-Jahre –, in der all jene, die heute an vorderster Front für Gerechtigkeit kämpfen, lernen können, wie man innehält, um seine Mitte zu finden und Kraft zu schöpfen. Ruhezeiten sind für sie ein mutiger, wunderbarer Akt des Widerstands gegen das, was sie als »Kultur der Schinderei« bezeichnet. »Wir lassen Menschen wie Maschinen arbeiten und Tag für Tag, über Jahrhunderte hinweg, bis zu zwanzig Stunden am Tag schuften«, sagt sie und zieht damit eine Linie von der Sklaverei bis hin zum heute vorherrschenden Paradigma, das unser Bedürfnis nach Stille, Ruhe, Schlaf und Traumzeit abwertet. »Die tägliche Schinderei hält uns in einem Kreislauf des Traumas. Ruhe kann diesen Kreislauf unterbrechen«, meint Hersey. Mit Blick auf die Kultur, in der wir leben – eine Kultur, in der die Sucht nach der Produktion von möglichst vielen Kopfdingen gefeiert wird –, lobt sie die Kraft der Ruhe, die den »Schleier hebt«, und rät zu einem Mittel, das viel zu wenig gewürdigt wird: zum Nickerchen. »Die Schuld- und Schamgefühle, die oft mit einem Nickerchen einhergehen, sind unbegründet. Sie sind fehl am Platz. Ruhe ist ein grundlegendes Bedürfnis und ein göttliches Recht.«

In ihrem bahnbrechenden Buch *Nichts tun: Die Kunst, sich der Aufmerksamkeitsökonomie zu entziehen*[5] zeigt Jenny Odell auf, wie uns eine Kultur, die Betriebsamkeit und maximalen Lärm verherrlicht, von der Natur trennt und letztlich zu ökologischen Krisen führt. Sie meint, dass ein wachstumsbesessenes Wirtschaftssystem und »kolonialistisches Denken, Einsamkeit und eine ausbeuterische Haltung gegenüber der Umwelt sich gegenseitig hervorbringen«. Die moderne Besessenheit von geistigen Dingen – massiv verstärkt durch die Zunahme des Online-Lebens – bedeutet, dass sich die physische »Präsenz« auf der Erde hin zu einer körperlosen »Präsenz« im Internet verlagert. Abhilfe kann für Odell die »Ortsfülle« schaffen oder, wie sie es nennt, der »Bioregionalismus«. Damit ist gemeint, dass man dem Ort, an dem man lebt, Aufmerksamkeit schenkt – der Flora und Fauna, dem Klima, dem Gelände, der Art und Weise, wie Landschaft mit Kultur interagiert. Odell erlebt die Ortsfülle durch Vogelbeobachtung. Ob auf diese oder andere Weise, eines ist sicher: Sie erfordert stille Aufmerksamkeit. Im Gespräch mit Liv O'Keeffe von der *California Native Plant Society* sagt Odell:»Bioregionalismus gibt uns ein Gefühl von Heimat, eine Möglichkeit, uns in einer Zeit, in der alle gegeneinander ausgespielt und in ihre Bestandteile zerlegt werden, auf etwas einzulassen und als Teil von etwas zu fühlen.« Auf sich selbst bezogen fügt sie hinzu:»Ich kenne keine andere Möglichkeit, um zuverlässig aus diesem kurzsichtigen, engstirnigen, überreizten und ängstlichen isolierten Ich herauszukommen, das online kultiviert wird.«

Wo also lässt sich in der Arbeit für Gerechtigkeit Ortsfülle finden? Wie bringen wir die nötige Entschlossenheit mit der nötigen Ruhe und Klarsicht in Einklang? Wie reagieren wir zeitnah und angemessen auf die Schreie der Welt, während wir gleichzeitig störenden Lärm und Zeitdruck vermeiden? Wie können wir künstliche intellektuelle Konstrukte umgehen, um den Schmerz anderer Menschen – oder auch unseren eigenen – zu spüren?

Hersey, Odell und andere zeitgenössische Stimmen wiederholen das, was Gandhi bereits vor 75 Jahren betonte: Es ist eine ethische Notwendigkeit, Ruhe zu finden. Schon der heilige Bernhard, Schutzpatron der Zisterzienser, sagte über die Botschaft des Propheten Jesaja:»Stille ist das Werk der Gerechtigkeit.«[6]

Doch dieses Werk verlangt ständige Pflege und Aufmerksamkeit.

DIE HOHE KUNST DER ENTSCHEIDUNGSFINDUNG

Cyrus Habib, den Sie bereits aus Kapitel 2 kennen, haben wir nach dem Zusammenhang zwischen Schweigen und Gerechtigkeit gefragt. Dazu sagt er nur ein einziges Wort:»Entscheidungsfindung.«

Er führt an, dass man im Streit mit einem geliebten Menschen möglichst nicht das Erstbeste sagt, das einem in den Kopf kommt. »Ruhe und Schweigen«, meint er, »und sei es nur für dreißig Sekunden, können überaus hilfreich sein, um zu entscheiden, wie es weitergehen soll.« Diese Logik, sagt er, gelte auch auf Makroebene, wenn systemische Veränderungen vorgenommen werden sollen. Als hochrangiger Politiker erlebte Cyrus eine Form des gesellschaftlichen Handelns, bei der es darum ging, schnell zu sein, sofort zu reagieren und die Selbstdarstellung in einer Pressemitteilung zu optimieren. Doch bei der Entscheidungsfindung, so betont er, geht man langsamer vor, oft im Verborgenen, um auf die richtige Lösung zu stoßen. Dabei stellt man sich vor, was nötig ist, um etwas zu heilen – *richtig* zu heilen –, statt es nur notdürftig zu flicken. Durch innige, stille jesuitische Praktiken arbeitet er daran, sein Entscheidungsvermögen weiterzuentwickeln, um im statischen Rauschen das eigentliche Signal zu entdecken. Die Entscheidungsfindung ist für ihn eine Art Schnittstelle zwischen Kontemplation und Handeln.

Cyrus berichtet uns, wie die Jesuiten mit der Frage nach einer Wiedergutmachung für Sklaverei umgehen. Im Jahr 1838 verkaufte eine Gruppe von Jesuiten in Maryland 272 Schwarze als Sklaven an Plantagenbesitzer in Louisiana, um die Schulden der damals noch jungen Georgetown University abzuzahlen. Seit zehn Jahren ist man bemüht, diese Gräuel endlich zu beziffern. Die Religionsgemeinschaft und die Nachfahren gründeten 2019 gemeinsam eine Stiftung zur Förderung der Untersuchung und des Dialogs und legten damit den Grundstein für ein Wiedergutmachungsprogramm. 2021 wurden die ersten 100 Millionen US-Dollar für Investitionen zugesagt, die das Leben der Nachfahren der 272 Männer, Frauen und Kinder verbessern sollen.[7]

Das ist zwar weitaus mehr als das, was US-Regierung und die überwiegende Mehrheit der Bildungs- und religiösen Einrichtungen zur Aufarbeitung der Sklaverei unternehmen, doch Cyrus weist darauf hin, dass die Initiative der Jesuiten dennoch auf Kritik stößt.

Aus einem einfachen Grund: Sie ist langsam. Selbst nach vier Jahren Nachforschung und Dialog ist die Erkundungsphase noch nicht abgeschlossen. Es wird noch Jahre dauern, bis echte Maßnahmen umgesetzt werden. Cyrus, der Rechtswissenschaften studiert hat, räumt ein, dass es ihm manchmal nicht schnell genug geht, doch er sagt auch:»Das gehört dazu.«

Das»viele Schweigen« sei Teil des Prozesses, erklärt er. Stummes Zuhören ist ein wichtiger Bestandteil der Wiedergutmachungsarbeit. Es gelte, den Nachfahren der versklavten Menschen zuzuhören, um zu erkennen, was gerecht und effektiv ist und wie sich echte Partnerschaft und Vertrauen aufbauen lassen. Dabei lauscht man auch in sich hinein. Cyrus betont, dass Gebet und Kontemplation dabei eine große Rolle spielten – eine gründliche innere Suche nach Signalen für den richtigen Weg.

»Warum es so lange dauert?«, fragt Cyrus.»Weil die Entscheidung wohlüberlegt getroffen werden muss.«

In der Tradition der Quäker wird dieser Prozess der Entscheidungsfindung oft als»Dreschen« bezeichnet – die Spreu wird vom Weizen getrennt. Die Quäker sind zwar dafür bekannt, dass sie bei religiösen Zusammenkünften schweigen und nur sprechen sollen, *wenn der Geist sie bewegt,* doch sie unterstreichen auch die praktische Dimension des Schweigens. In ihren sogenannten»Geschäftsandachten« suchen die Quäker Antworten auf weltliche Fragen, zum Beispiel zum Umgang mit Streitigkeiten unter den Mitgliedern oder zu finanziellen Entscheidungen der Organisation. Wenn die Versammlung hitzig oder unübersichtlich wird oder es nicht mehr weitergeht, ordnet der Versammlungsleiter, der»Schreiber«, eine Phase der stillen Betrachtung in der Gruppe an. Das hat entscheidenden Anteil daran, dass das Dreschen gelingt.

»Manche mögen dieses Schweigen als unangenehm empfinden«, sagt Rob Lippincott.»Aber ich würde sagen, dass es seine Wirkung genau dann entfaltet, wenn es unangenehm wird.« Rob Lippincott ist seit Geburt Quäker und war neben vielen anderen Tätigkeiten im öffentlichen und gemeinnützigen Bereich Dozent für Bildung in Harvard sowie Senior Vice President des Fernsehsenders PBS. Er merkt an, dass es in Phasen des Konflikts üblich ist, mehr zu reden, entschiedener aufzutreten und sich stärker zu positionieren. Bei Meinungsverschiedenheiten wird es in der Regel lauter. Die Tradition der Quäker rät dagegen zu einer entgegengesetzten Reaktion: gemeinsames Schweigen. Mit dem Schweigen verändern sie die Dynamik, weil nach »Einheit« gesucht wird. Rob führt aus: »Das ist kein richtiger Konsens, sondern eine Art gegenseitiges Einverständnis. Es bedeutet keine uneingeschränkte Zustimmung, sondern eher ›Ich werde mich nicht querstellen‹. Wenn der Schreiber zur Stille aufruft«, so Rob weiter, »lasse ich zu, dass ich mich neu ausrichte. Ich atme tief ein. Dann kann ich mich konzentrieren. Worum geht es wirklich? Was ist der wahre Konflikt? Ärgere ich mich über etwas? Ist die Argumentation fehlerhaft?« Wenn die Phase des Schweigens konsequent eingehalten wird, erklärt er, stehe alles still. Man höre nicht einmal Papier rascheln. »Durch das Schweigen überwinde ich den Instinkt, mich sofort einzumischen«, sagt Rob. »Es gibt mir die Möglichkeit zum Abwarten, unter Umständen sogar darauf, dass jemand, der klarer sieht, das Wort ergreift. So etwas ist für mich oft besonders eindrucksvoll und interessant.« Er erzählt, nicht selten komme es vor, dass jemand anderes genau das sagt, was er gedacht hat, nur deutlicher. »Dann denke ich: ›Wow! Wir machen Fortschritte.‹ So trainiert man Zusammengehörigkeit.«

WAHRHEIT UND MACHT

In seinem Buch *Zuwendungen: Das geheime Leben alltäglicher Wörter* schreibt der Dichter David Whyte:[8]

In der Stille spricht die Essenz über die Essenz selbst und bittet uns um eine Art einseitige Abrüstung; wenn die äußere Schutzhülle zerbricht und auseinanderfällt, kommt allmählich die Essenz unseres eigenen Wesens zum Vorschein. Wenn sich das geschäftige Äußere auflöst, kommen wir durch die Pforte eines gegenwärtigen Unwissens, einer robusten Verletzlichkeit ins Gespräch und zeigen in unserem Zuhören ein anderes Ohr, ein aufmerksameres Auge, eine Vorstellungskraft, die keine vorschnellen Schlüsse zieht, und der Mensch, dem sie gehören, ist nicht mehr derselbe wie jener, der sich in die Stille begeben hat.

In der Geopolitik bedeutet »einseitige Abrüstung« in der Regel, dass man auf die Möglichkeit zur Verteidigung verzichtet, indem man die Waffen niederlegt, mit denen man die eigene Souveränität behaupten könnte. Oft versuchen wir mit Worten, unsere Identität zu wahren, unsere Individualität zu behaupten, unseren Standpunkt zu verteidigen. Und manchmal ist das notwendig, um zu signalisieren, was wichtig ist, und in den unvermeidlichen Scharmützeln in einer Welt von Pro und Kontra die Stellung zu halten.

Aber was passiert, wenn wir diese Waffen einfach niederlegen? Was passiert, wenn wir unseren Wert nicht mehr beweisen müssen, indem wir eine Meinung haben oder einen Standpunkt verteidigen? »Robuste Verletzlichkeit«, sagt Whyte. »Gegenwärtiges Unwissen.« Eine höhere Stufe der Wahrnehmung. Eine Offenbarung unserer tieferen Natur.

Wenn Rob Lippincott beschreibt, wie die Quäker in konfliktbelasteten Sitzungen bewusst auf Schweigen setzen, beschreibt er damit keine Zensur, sondern die Schaffung von Raum. Was gesagt werden muss, kann gesagt werden, aber ohne oberflächlichen Druck. In der klaustrophobischen Enge der Meinungen tut sich eine verborgene Tür auf. Eine frische Brise weht herein.

Das lässt sich mit der Klarheit und Präsenz vergleichen, die Sheena Malhotra während der neun Schweigeminuten bei der *Black-Lives-Matter*-Demonstration in Los Angeles erlebte. Oder mit der von Cyrus beschriebenen langsamen, stillen Entscheidungsfindung, an der die Jesuiten arbeiten. Schweigen hat in der Arbeit für Gerechtigkeit ihren Platz. Sie ist für die Lösung großer und kleiner Herausforderungen von entscheidender Bedeutung.

Im Quäkertum spielt das Schweigen zwar eine große Rolle, doch auch der Grundsatz »der Macht die Wahrheit vorhalten« hat einen hohen Stellenwert. Dieser Ausdruck, im Englischen *speaking truth to power*, erschien in gedruckter Form erstmals in den 1950er-Jahren in einer Publikation mit dem Titel *Speak Truth to Power: A Quaker Search for an Alternative to Violence*, die zu einer kritischen Sicht auf die Entwicklung von Atomwaffen und den Militarismus des Kalten Krieges anregen wollte. Darin findet sich der einfache Satz: *Das Schwierigste daran, der Macht die Wahrheit vorzuhalten, ist, die Wahrheit selbst zu erkennen.* »Es erfordert viel Übung, auf die Wahrheit zu hören; das ist der Inbegriff der Meditation«, erklärte Rob, als wir mit ihm darüber sprachen. »Wenn ich in die Tiefen der Ruhe eingetaucht bin und erkannt habe, was die Wahrheit ist, dann ist diese Wahrheit es wert, dass ich sie an andere weitergebe.«

Worte, die aus der Ruhe entstehen, haben eine gewisse moralische Dimension – wie die mitreißenden Reden, die Gandhi dienstags nach seinem wöchentlichen Schweigetag hielt. Die spirituelle Kraft der Bewegung, an deren Leitung er beteiligt war, beschrieb Gandhi mit dem Sanskrit-Begriff *satyagraha*. Dieses Wort vermittelt eine besondere Eigenschaft des Sprechens, die sich aus der Gesamtheit des Unaussprechlichen ergibt.

Genau wie die Quäker »der Macht die Wahrheit vorhalten«, lässt sich *satyagraha* als »Kraft, die aus der Wahrheit geboren wird«, übersetzen. Klare Wahrnehmung. Klares Handeln. Die Verbindung zwischen Ruhe und Gerechtigkeit.

Damit soll keineswegs behauptet werden, dass eine Ruhephase automatisch die Probleme unserer Zeit lösen wird. Natürlich ist es unerlässlich, auch mit weltlichen Mitteln nach Gerechtigkeit zu streben: gegen repressive Systeme anzugehen, den Ausstoß von Treibhausgas drastisch zu reduzieren, gerechte Volkswirtschaften aufzubauen. Diese Veränderungen sind allesamt notwendig. Und doch sind sie für sich genommen nicht genug. Solange wir uns nicht mit dem Druck und der Aufregung befassen, die auf das menschliche Bewusstsein einwirken, werden sich die aktuellen gesellschaftlichen und ökologischen Krisen auch mit noch so aufgeklärten politischen Maßnahmen nicht lösen lassen. Solange wir »Erfolg« und »Fortschritt« nicht neu definieren, das Paradigma der BIP-Besessenheit und der größtmöglichen Produktion von Geräuschen/Reizen/Dingen nicht überdenken, wird die tyrannische Herrschaft der »Schinderei«, wie Tricia Hersey es nennt, weiter andauern.

TEIL II:
DIE WISSENSCHAFT VON DER RUHE

5 Florence Nightingale wäre sauer

Als Faith Fuller ein kleines Mädchen war, liebte sie es, sich in den dichten Wäldern der Berkshire Mountains in Connecticut zu verlieren. »Nachbarn hatten wir eigentlich keine«, berichtet sie, »und das Leben zu Hause war ... schwierig.« Als mit Abstand Jüngste von vier Geschwistern wuchs sie quasi als Einzelkind auf. »Der Wald war mein Vertrauter. Mir war, als würde der Wald mich sehen, erkennen und durchschauen.« Faith unternahm ganztägige Ausflüge: Watete in eiskalten Bächen, suchte nach Schätzen und legte sich auf den Bauch, um die hellroten Milben zu bewundern, die den Waldboden sprenkelten. »Im Alter zwischen sechs und etwa zehn Jahren war ich im Prinzip eins mit dem Wald«, erinnert sich Faith.

Als sie älter wurde, entdeckte Faith die Meditation und fand darin einen anderen Weg, der zuverlässig zu tiefer Ruhe führte. Seit über sechs Jahrzehnten sucht und genießt sie diese Erfahrung. Ruhe ist für sie Begleitung und ein Quell der Erneuerung.

Allerdings hätte sie nie damit gerechnet, dass ihr ärztlich angeordnete Ruhe einmal das Leben retten würde.

Im Jahr 2015 stieß Faith auf dem Heimweg von der Arbeit frontal mit einem entgegenkommenden Auto zusammen. Der Wagen, so erzählt sie, kam über die Mittellinie und drängte ihr Auto auf den Gehweg, über Laub hinweg gegen eine Betonmauer. »Meine Schulter wurde zertrümmert, geradezu zermalmt«, berichtet Faith. Aber auch ihr Gehirn war schwer geschädigt. »Wer ein schweres Hirntrauma erlitten hat, erlebt in gewisser Weise eine Wiedergeburt; anfangs ist man wie ein Kleinkind, kann kaum sprechen, nur mit Mühe Anweisungen befolgen, und wenn sie zu kompliziert sind«, – sie zuckt mit den Schultern –, »sagt man einfach: ›Verflucht, *ich kann das nicht*.‹« Faith erzählt, ihr Gehirn sei ihr damals empfindlich und schutzlos erschienen. Anfangs war die Hirnverletzung so schwer, dass Faith nicht direkt mit dem Krankenhauspersonal sprechen konnte. Ihr fehlten nicht nur die Worte, sondern auch das Gefühl für Zeit und Ort, ja sogar die Identität. Sie erkannte nur ihren eigenen Namen und ihre Frau Marita, die sich um alles kümmerte. Jeden Tag wurde untersucht, welche Fortschritte Faith machte. »Ich kämpfte mich hervor, um eine Antwort zu geben oder zu reagieren. Aber das war *anstrengend*«, erinnert sie sich. »Danach ließ ich mich wieder fallen, ins Nichts sinken. Aber das war kein furchteinflößendes Nichts. Es hat mir gutgetan, mir geholfen. Dort gehörte ich hin.«

Die Zeit vor dem Unfall war laut Faith »hektisch, hektisch, hektisch, hektisch – aber nicht aus trivialen Gründen, sondern aus *wichtigen*.« Dennoch merkte sie schon damals, dass sie nicht grenzenlos belastbar war. »Man könnte sagen, ich war wie ein sprudelnder Bach«, sagt sie in Anspielung auf die Bäche ihrer Kindheit. »Aber jeder Bach hat eine Quelle. Die Quelle ist die große, weite Ruhe, und der sprudelnde Bach kommt direkt aus dieser großen, weiten Ruhe. Wenn ich den Bach zu lange sprudeln lasse und nicht zu dieser Ruhe zurückkehre, trocknet er aus.«

Als Mitbegründerin und Präsidentin eines internationalen Schulungs- und Coaching-Unternehmens war Faith ständig auf der ganzen Welt unterwegs – von San Francisco über Dubai und Tokio bis nach Istanbul –, um Führungskräfte in Organisationen zu beraten und Beratungsteams zu unterrichten und anzuleiten. Sie gab sich alle Mühe, noch Zeit für Meditation und Aufenthalte in der Natur zu finden, doch ihr Bach versiegte. »Ich habe mir die Spuren und Bremsstreifen an der Stelle angesehen, an der ich von der Straße gedrängt wurde«, sagt sie. »Seltsamerweise habe ich das anfangs nicht richtig verstanden. Aber ich wurde von der Straße gedrängt, auf der ich unterwegs war – nicht nur im wahrsten Sinne des Wortes, sondern auch im übertragenen Sinn.«

In der Klinik achtete man streng darauf, bestimmte Bereiche des verletzten Gehirns vor Reizen zu schützen. Faith lag in einem abgedunkelten, schallgedämmten Raum, in dem das Pflegepersonal nur im Flüsterton sprach. In den Wochen nach dem Unfall sollte Faith auf ärztlichen Rat nicht arbeiten, keine sozialen Kontakte pflegen, ihr Smartphone nicht benutzen und allgemein nicht zu viele Informationen aufnehmen. Allerdings vermutet sie heute, dass hinter diesen Anweisungen mehr steckte als einfache physiologische Gründe. Die ersten paar Tage, als Faith noch kein Gefühl für Zeit und Ort hatte, waren, so sagt sie, »ziemlich schön, weil es keinen inneren Dialog gab ... kein Narrativ des Ichs«. Dann lacht sie und fährt fort: »Sicher, ich hatte einen Hirnschaden und stand unter Drogen. Aber die Ruhe war *so tief.* Es war eine ozeanische Erfahrung.«

Faith glaubt, dass die Ruhepause von den üblichen Geräuschen und Reizen in ihrem Bewusstsein Raum geschaffen hat. Durch diese Öffnung kam die Heilung. Als wir kürzlich noch einmal mit ihr sprachen, war sie sich ganz sicher: »Ruhe gibt dem Gehirn die Möglichkeit, sich zu erholen.«

Durch den Heilungsprozess nach dem Unfall entwickelte Faith große Ehrfurcht vor der Ruhe und setzt sich nun dafür ein. Die »ozeanische Erfahrung« war neu, aber nicht ganz unbekannt. Sie hat sich nun angewöhnt, regelmäßiger zur »Quelle« zurückzukehren – sich ausreichend Zeit für stille Reflexion zu nehmen, für Meditation und Ausflüge in die Wälder wie in ihrer Kindheit. Sie, Marita und ihre beiden geliebten Hunde sind aus der hektischen Bay Area in einen ländlichen Teil von Oregon gezogen, wo es viele Singvögel und weniger Ablenkungen gibt.

Der Heilungsprozess weckte in Faith auch eine Frage, die bislang kein Arzt und keine Expertin zufriedenstellend beantworten konnte: *Wie lässt sich biologisch erklären, dass Ruhe die Kraft hat, den Körper zu heilen und den Geist zu klären?* Die Forschung hat gerade erst begonnen, sich mit dieser Frage auseinanderzusetzen.

ERWARTUNGEN IM KOPF

Ruhe – im auditiven Bereich – war für die Mainstream-Wissenschaft in der Vergangenheit wenig interessant. Sie diente eher als Kontrollvariable in der Laborforschung denn als primärer Forschungsgegenstand. Die meisten sinnvollen wissenschaftlichen Erkenntnisse zum Thema Ruhe wurden sogar eher zufällig getroffen.

So war es auch bei Dr. Luciano Bernardi. Der Professor für Innere Medizin an der Universität Pavia in Italien, ein begeisterter Hobbymusiker, folgte Anfang des 21. Jahrhunderts seiner Passion: Er untersuchte, ob Musik die Gesundheit fördert, wie die altgriechischen Philosophen glaubten. Dazu erforschte er die Wirkung von sechs Musikarten – jeweils mit unterschiedlichen Tempi, Rhythmen und melodischen Strukturen – auf das Herz-Kreislauf- und das Atmungssystem seiner Probanden. Er ordnete die sechs ausgewählte Musikstücke nach dem Zufallsprinzip an und fügte zweiminütige »Pausen« ein, in denen die Testpersonen wieder in ihre ursprüngliche Verfassung versetzt werden sollten. Doch seltsamerweise geschah das nicht. Wenn die Probanden diese Pausen hörten, erreichten sie nicht wieder den Ausgangswert, sondern entspannten sich. Die Entspannung während der Ruhepausen war so intensiv, dass Bernardi die gesamte Prämisse seines Experiments umstellen musste – und zwar selbst bei den langsamsten, beruhigendsten Musikstücken. Schließlich kam er zu dem Schluss, dass

Ruhe die Gesundheit des Herz-Kreislauf-Systems und der Atemwege stärker fördert als Musik.[1] Im Jahr 2006 war Bernardis Studie in *Heart*, einer Fachzeitschrift für Kardiologie, der Artikel mit den höchsten Downloadzahlen. Es mag zwar logisch erscheinen, dass Stille den Kreislauf beruhigt, aber bislang hatte das noch niemand empirisch nachgewiesen. Bernardi hat ungewollt einen Wandel angestoßen. Heute gilt es als unstrittig, dass Ruhe weit mehr ist als eine Kontrollvariable.

Im Gegenteil, immer mehr wissenschaftliche Untersuchungen befassen sich mit dem Thema. Seit der Veröffentlichung von Bernardis Studie haben Neurowissenschaftler in Stanford herausgefunden, wie diese stillen Intervalle zwischen Musikstücken die Teile unseres Gehirns aktivieren, die für eine entspannte Aufmerksamkeit zuständig sind, die wiederum das Arbeitsgedächtnis fördert. Im Zuge des steigenden Interesses an wissenschaftlichen Erkenntnissen zur Achtsamkeit haben Universitäten auf der ganzen Welt mithilfe von fMRT – einer Bildgebungstechnologie, mit der sich der Blutfluss durch das Gehirn verfolgen lässt – aufgezeigt, wie stille Meditation die Aufmerksamkeit verbessert und Faktoren mildert, die mit Depressionen und Ängsten zusammenhängen. Verschiedene Studien haben nachgewiesen, dass stille Meditation dabei hilft, zwischen wichtigen und überflüssigen Reizen zu unterscheiden – zwischen »Signal und Rauschen«. Während früher in der Medizin umstritten war, ob »kognitive Ruhe« zur Heilung von Gehirnerschütterungen und anderen traumatischen Hirnverletzungen beiträgt, bestätigen neue Erkenntnisse, dass Maßnahmen wie im Fall von Faith durchaus sinnvoll sind. Es zeigt sich immer deutlicher, dass die Vermeidung »kognitiver Belastung« – zu viel geistiger Anregung – dazu beiträgt, dass sich Neuronen regenerieren und die Gehirnfunktionen wiederhergestellt werden.

Diese fortschrittlichen wissenschaftlichen Ergebnisse bestätigen die Volksweisheit, die Großmütter seit Jahrtausenden weitergeben. Und vor mehr als 150 Jahren beharrte die wohl bekannteste Kranken-schwester der Welt mit Nachdruck darauf, dass Ruhe für die Gesund-heit unerlässlich sei.

Im Herbst 1854 meldete sich Florence Nightingale, die begabte Tochter einer wohlhabenden englischen Familie, freiwillig zum Ein-satz an einem der schmutzigsten und erbärmlichsten Orte, die man sich vorstellen konnte.[2] Sie leitete eine Gruppe von Krankenschwes-tern im Skutari-Krankenhaus im heutigen Istanbul, in dem während des Krimkriegs verletzte und kranke Soldaten versorgt wurden. Er-baut war es über einer Abwasserleitung, die regelmäßig aufbrach, so-dass schwerkranke Patienten durch die Abwässer waten mussten. An den Krankheiten, die sie sich im Krankenhaus zuzogen – darunter Fleckfieber, Typhus, Cholera und Ruhr –, starben zehnmal mehr Sol-daten als an Verletzungen aus dem Kampf.[3] Brandige Wunden wur-den nicht behandelt, selbst die grundlegendsten Hygienestandards der damaligen Zeit fanden keine Beachtung. Die Bürokraten der bri-tischen Armee interessierten sich dafür wenig. Sie mussten den Krieg gewinnen.

Militärkrankenhäuser wurden zur damaligen Zeit meist ehrenamt-lich von religiösen Einrichtungen und Wohltätigkeitsorganisationen betrieben. Nightingale – die als erste Frau der *Royal Statistical Society* angehörte – umging die Militärbürokratie, indem sie sehr gekonnt visuelle Daten präsentierte. Anhand eines farbenfrohen Tortendia-gramms verdeutlichte sie, dass mit ihrem Pflegekonzept vermeid-bare Krankheiten und Infektionen stark zurückgingen. So gelang es ihr, weitreichende Reformen wie beispielsweise Vorschriften zu Rei-nigung und Händewaschen einzuführen und gleichzeitig die Grund-versorgung der Patienten mit Nahrungsmitteln sicherzustellen. Die Bedingungen verbesserten sich drastisch. Im Tod und Gestank von Skutari, so sollte man meinen, dürfte die Lärmbelastung für nieman-den eine große Rolle gespielt haben. Für Nightingale schon.

1859 schrieb sie über ihre Erfahrungen im Krimkrieg:»Unnötige Geräusche sind nun der schlimmste Mangel an Sorgfalt, den man bei Kranken oder auch Gesunden walten lassen kann.«[4] Bei der Behandlung von Soldaten, die unter»Herzrasen, Schweißausbrüchen, tiefer Erschöpfung, seufzender Atmung, einem anhaltend schnellen Herzschlag« litten – Symptomen, die man heute allgemein mit einer posttraumatischen Belastungsstörung in Verbindung bringt –, hielt Nightingale Ruhe für das wichtigste Heilmittel. Nach ihrer Zeit auf der Krim verfasste sie Tausende von Briefen und Dutzende von Büchern, Berichten und Plänen zur Entwicklung humanerer und effektiverer Pflegesysteme, insbesondere für die arme Stadtbevölkerung. In diesen Dokumenten beschrieb sie häufig, dass»beunruhigender Lärm« in Krankenhäusern schädliche Auswirkungen auf die Gesundheit habe und die Heilung behindere: erhöhter Blutdruck, Schlaflosigkeit und vermehrte Angstzustände seien die Folge..

Zwar bereitete Nightingale der allgemeine Lärmpegel Sorgen, doch sie wusste genau zwischen verschiedenen Arten von Geräuschen zu unterscheiden. Vor allem»Geräusche, die eine Erwartung schüren«, prangerte sie an, zum Beispiel Gespräche im Flüsterton oder Unterhaltungen auf dem Korridor, die gerade noch zu verstehen waren. Diese Geräusche lassen den Verstand rasen oder verhindern, wie sie es ausdrückte, dass der Patient»innere Ruhe« findet. Damit meint sie Geräusche, die das Bewusstsein in Beschlag nehmen und sowohl im Körper als auch im Geist nachklingen.

Wieso also maß Florence Nightingale in dieser Hölle – angesichts amputierter Gliedmaßen und unvorstellbaren Schmutzes – dem scheinbar unbedeutenden Problem des Lärms so große Bedeutung zu? Weil sie etwas über das Wesen des Lärms erkannt hatte. Er reißt uns aus dem Hier und Jetzt, das für die Heilung nötig ist. Er beansprucht unsere Anpassungsfähigkeit, befeuert die Kampf-oder-Flucht-Reaktion und ist eine nahezu universelle Bedrohung für das Wohlbefinden.

Lärm ist im Prinzip Stress.

Die moderne Forschung bestätigt diese Einschätzung.

Vor 20 Jahren wollte Rosalind Rolland, eine Wissenschaftlerin am *New England Aquarium*, herausfinden, wie sich Umweltfaktoren auf die Fortpflanzung und die endokrinen Funktionen gefährdeter Meeressäuger auswirken. Mit ihrem Team richtete sie Hunde darauf ab, von Booten aus den Geruch von Walfäkalien im Meer zu erschnüffeln. Dann sammelten Taucher in der kanadischen Bay of Fundy Proben von Walfäkalien, um den Hormonspiegel zu analysieren. Rollands Team untersuchte, wie verschiedene Bedingungen im Wasser, darunter auch Lärm, die chemische Zusammensetzung der Proben veränderten.[5] Im Jahr 2001 beobachteten sie in ihren Proben einen extremen Rückgang der Stresshormone – fast über Nacht. In der darauffolgenden Saison hatten die Stresshormone jedoch wieder die früheren Werte erreicht. Rolland untersuchte alle möglichen Faktoren und maß – mittels Hydrophon – auch die Schallpegel im Wasser der Bucht. Das Forschungsteam kam zu dem Schluss, dass es nur eine plausible Erklärung für den plötzlichen Stressrückgang geben konnte: eine vorübergehende Unterbrechung des Schiffsverkehrs, da der Welthandel nach den Anschlägen vom 11. September unterbrochen worden war. Ähnlich war es im Frühjahr 2020, als der weltweite Seeverkehr durch die COVID-19-Pandemie rapide zurückging. Das wurde zwar nicht durch weitere Expeditionen mit Walfäkalien-Spürhunden festgestellt, aber Meereswissenschaftler auf der ganzen Welt hörten in ihren Hydrophonen plötzlich wieder einen Chor von Walgesängen. Diesen wichtigen Indikator für die Gesundheit hatte es in lauten, stark befahrenen Gewässern lange Zeit nicht gegeben.

Wir sind den Säugern im Meer sehr ähnlich. Und bei uns gibt es eine eindeutige physiologische Erklärung für den Zusammenhang zwischen Lärm und Stress. Wenn Schallwellen auf unser Trommelfell treffen, versetzen sie die Innenohrknochen in Schwingung, sodass die Flüssigkeit in der Cochlea, einem erbsengroßen, spiralförmigen Hohlraum, in Bewegung gerät.[6] Winzige haarähnliche Strukturen in der Hörschnecke wandeln diese Bewegungen in elektrische Signale um, die der Hörnerv an das Gehirn weiterleitet. Die Neurowissenschaft hat herausgefunden, dass diese Signale zur Amygdala gelangen, die aus zwei mandelförmigen Neuronengruppen besteht, welche die biologische Grundlage unseres Gefühlslebens bilden und schnelle Handlungsimpulse wie Kampf-oder-Flucht-Reaktion steuern. Wenn Signale auf die Amygdala treffen, setzt sie den Prozess in Gang, bei dem Stresshormone ausgeschüttet werden. Ein Übermaß an Reizen erzeugt übermäßigen Stress, der sich durch Stresshormone wie Cortisol im Blut zeigt. Doch das sind nicht die einzigen Folgen von Stress. Im sogenannten »sicheren und sozialen« Modus sind die winzigen Muskeln im Mittelohr aktiviert, die uns für mittlere Frequenzen wie die menschliche Stimme empfänglich machen.[7] Im Kampf-oder-Flucht-Modus dagegen sind diese winzigen Muskeln deaktiviert; wir hören dann in erster Linie niedrigere Frequenzen, wie das Knurren urzeitlicher Raubtiere, und höhere Frequenzen, die andere Menschen oder Lebewesen bei Schmerzensschreien ausstoßen. Die mittleren Frequenzen sind in diesem Fall schlechter zu hören. Mit anderen Worten: In kritischen Lagen *können wir uns gegenseitig nicht mehr hören.*

»Geräusche verursachen Stress, vor allem, wenn wir sie kaum oder gar nicht kontrollieren können«, erklärt Mathias Basner, Professor an der University of Pennsylvania, der auf auditive Verarbeitung und Ruhe spezialisiert ist. »Der Körper schüttet dann Stresshormone wie Adrenalin und Cortisol aus, die die Blutzusammensetzung verändern – und auch unsere Blutgefäße, die nach einer einzigen lauten Nacht nachweislich starrer sind«, beschreibt er die klassischen Folgen von lärminduziertem Stress. Seit Langem fürchtet man, übermäßiger

Lärm könne dem Gehör schaden – ein ernst zu nehmendes Problem, das auch zu sozialer Isolation und Einsamkeit führen kann. In den letzten Jahrzehnten haben jedoch zahlreiche Fachaufsätze weitere Risiken aufgezeigt, darunter Herz-Kreislauf-Erkrankungen, arterieller Bluthochdruck, Schlaganfall, Fettleibigkeit, Diabetes, Beeinträchtigung der kognitiven Funktionen und des Lernvermögens, Depressionen und Schlafstörungen sowie verschiedenste Komplikationen, die sich durch all diese Faktoren ergeben.[8]

Nicht nur bei den Walen in der Bay of Fundy, sondern auch bei uns hat der steigende Lärmpegel messbare physiologische Auswirkungen. Nach Einschätzung der Weltgesundheitsorganisation (WHO) ist Lärmbelastung nach der Luftverschmutzung die zweitgrößte Beeinträchtigung des menschlichen Wohlbefindens. Laut einer aktuellen Studie der WHO gehen allein in Westeuropa alljährlich bis zu 1,6 Millionen gesunde Lebensjahre durch lärmbedingte Schäden verloren.[9] 2019 veröffentlichte Bruitparif, eine gemeinnützige französische Organisation zur Überwachung der Lärmbelastung, eine Analyse von »Lärmkarten«, die von einem Netz akustischer Sensoren erstellt wurden. Die Analyse kam zu dem Schluss, dass Menschen in den lautesten Stadtteilen von Paris und den umliegenden Vororten im Schnitt »mehr als drei gesunde Lebensjahre« durch eine Kombination von Erkrankungen verlieren, die durch den Lärm von Autos, Lastwagen, Flugzeugen, Zügen und anderen Industriegeräten verursacht oder verschlimmert werden. In einem kürzlich erstellten Index der fünfzig lautesten Städte der Welt belegt Paris den neunten Platz.[10] Damit stellt sich die Frage: Wie viele gesunde Lebensjahre verliert ein Mensch in den drei lautesten Städten der Welt – Guangzhou, Delhi und Kairo –, für die es keine solchen Statistiken gibt? Was ist mit den immer lauteren, schnell wachsenden Städten in Entwicklungsländern, in denen die Dezibelwerte kaum oder gar nicht kontrolliert werden?

Genau wie andere Formen der Umweltverschmutzung betrifft auch Lärm unverhältnismäßig oft Menschen ohne wirtschaftliche oder politische Macht. Die Journalistin Bianca Bosker drückt es so aus: »Lärm ist niemals nur das Geräusch; er ist untrennbar mit der Problematik von Macht und Ohnmacht verknüpft.«[11] Eine aktuelle landesweite Studie zeigt, dass ärmere Stadtviertel in den Vereinigten Staaten in der Regel zwei Dezibel lauter sind als wohlhabende Gebiete. Da der Schall logarithmisch gemessen wird, ist der Unterschied spürbar. Die Ergebnisse zeigen auch, dass Städte mit einem höheren Anteil an schwarzer, hispanischer und asiatischer Bevölkerung durchweg höheren Lärmpegeln ausgesetzt sind.

Leider bedeutet mehr Lärm auch weniger Schlaf, und mittlerweile stellt sich heraus, dass Schlafmangel ein weitaus größeres Problem ist, als man sich früher vorstellen konnte. Der Schlafforscher und Neurowissenschaftler Matthew Walker bringt es auf den Punkt: »Je kürzer man schläft, desto kürzer lebt man.« Nach der Entwicklung persönlicher Fitness-Tracking-Geräte wie zum Beispiel Fitnessarmbändern kam eine wegweisende Studie aus dem Jahr 2015 zu dem Schluss, dass schwarze Probanden in Studien fünfmal häufiger unter Schlafproblemen leiden. Dieses »Schlafdefizit« zieht zahlreiche gesundheitliche Folgen nach sich, zu denen laut Walker Herzerkrankungen, Fettleibigkeit, Demenz, Diabetes und Krebs gehören. In seinem Bestseller *Das große Buch vom Schlaf* schreibt Walker: »Die beste Brücke zwischen Verzweiflung und Hoffnung ist ein ausgiebiger Nachtschlaf.«[12] Wenn wir jedoch in unablässigem Lärm leben, kann es schwierig oder gar unmöglich sein, diese Brücke zu schlagen.

Es ist nicht so, dass die Warnungen der Florence Nightingale in der modernen Welt rundheraus missachtet werden. Faiths Ärzte zum Beispiel wussten, dass akustischer Lärm für Körper und Geist Stress bedeutet und unbedingt vermieden werden muss, damit Heilung möglich ist. Derartige Ansätze sind jedoch die Ausnahme. Trotz allem, was die moderne Forschung über die belastende Wirkung übermäßiger auditiver Stimulation auf die menschliche Gesundheit weiß, ist es in unseren Krankenhäusern meist überdurchschnittlich laut, wie Justin auf der Neugeborenenstation erlebt hat. In einer Intensivstation entspricht der Geräuschpegel oft dem »in einem gut besuchten Restaurant« und nicht den von der Weltgesundheitsorganisation empfohlenen 35 Dezibel. Eine Studie ermittelte »überall Spitzenwerte von über 85 dBA, nachts bis zu 16-mal, tagsüber noch häufiger«.[13] Nach einer Studie der Johns Hopkins University aus dem Jahr 2005 sind die Dezibelwerte in der Universitätsklinik seit 1960 im Schnitt um vier Dezibel pro Jahrzehnt gestiegen[14], und man geht davon aus, dass das für fast alle modernen Krankenhäuser gilt.

Höchstwerte erreicht der Lärm oft, wenn Alarmsignale ausgelöst werden. Natürlich sind Alarmvorrichtungen im Krankenhausumfeld notwendig. Im Idealfall dienen sie dem Personal als *Signal* für notwendige Maßnahmen. Andererseits ist auch eine problematische »Bequemlichkeit« festzustellen, bei der die wahren Kosten übermäßiger Alarmsignale außer Acht bleiben. Kürzlich haben wir erfahren, dass es einen Herzmonitor mit 86 verschiedenen akustischen Signaltönen gibt. *Sechsundachtzig.* Man müsste schon ein Akustikgenie sein, um sie voneinander unterscheiden zu können, und selbst wenn das möglich wäre, sind Forschungen zufolge zwischen 72 und 99 Prozent der klinischen Alarme Fehlalarme.[15] Das bewirkt eine Alarmmüdigkeit, weil das medizinische Personal aufgrund der Reizüberflutung gar nicht oder nur verzögert auf diese Signale achtet.[16] Man könnte zwar untersuchen, welche Auswirkungen der zunehmende Lärm auf die Beschäftigten hat, doch die weitreichenden physiologischen und psychologischen Folgen für die Patienten sind weitaus schwieriger zu messen. Was würde Florence Nightingale dazu sagen?

LÄRM FÜHRT ZU LÄRM

Faith wusste sich in guten Händen. In ihrer Klinik war man sich bewusst, wie wichtig eine niedrige Geräuschkulisse ist. Sie beschreibt, damals habe sie sich gefühlt, als wäre sie »sanft in das denkbar weichste Material gehüllt – wie weiche Watte«. Die Ruhe war etwas Heilsames. Und doch hatte Faith während ihrer Genesung schwer mit anderen Formen des Lärms zu kämpfen – informationellem und innerem Lärm.

Obwohl sie sich seit Jahrzehnten mit der buddhistischen Lehre befasste und trainiert hatte, die innere Stimme zu kontrollieren, überkam sie bald der Drang, zum Handy zu greifen, den Laptop aufzuklappen und vor allem über die vielen Aufgaben nachzugrübeln, um die sich niemand kümmerte. »Ich durfte nicht arbeiten«, erinnert sie sich. »Die Ärzte waren immer sauer, weil ich es nicht ertragen konnte – dieses Nichtstun!« Sie meint, sie hätte dem Ärzteteam gegenüber nachsichtiger sein sollen. »Sie wollten schließlich nur, dass mein Gehirn Ruhe bekam.« Stattdessen widmete sie sich nur wenige Wochen nach ihrer Genesung bereits den Vorbereitungen für eine geplante Geschäftsreise nach Europa. Sie wolle trotz allem fahren, verkündete sie. »Es war komisch«, räumt sie jetzt ein. »Ich konnte mich nicht davon lösen. Das war das Schwierigste an der ärztlichen Anordnung.«

Es mag so scheinen, als wäre Faith ein unverbesserlicher Workaholic – doch sie hat nur das ausgelebt, was in uns allen steckt. Wir alle gieren nach Informationen. Es ist ganz natürlich, dass wir unaufhörlich nach Kopfdingen verlangen. In Kapitel 2 haben Sie Adam Gazzaley und Larry Rosen kennengelernt, den Neurowissenschaftler und den Psychologen, die genau untersucht haben, wie unsere »alten Gehirne« in einer modernen Welt funktionieren.[17] Sie erläutern, dass »die Systeme, aufgrund derer andere Tiere nach Belohnung in Form von Nahrung und Saft suchen, uns nach Belohnung in Form von Informationen streben lassen, auch wenn diese nicht überlebenswichtig sind«. Anders ausgedrückt: Für die physiologischen Mechanismen des menschlichen Gehirns ist es oft kein großer Unterschied, ob wir einen verlockenden Hyperlink unter einer Nachricht anklicken oder im Wald eine reife Brombeere vom Strauch pflücken.»Informationen sprechen dieselben uralten Belohnungsmechanismen an«, erklären Gazzaley und Rosen. Deshalb ist es kein Wunder, dass wir nach Nachrichten, E-Mails und Klatsch und Tratsch gieren. Für unsere uralten Gehirne sind sie unwiderstehlich köstlich.

Je besser es Faith ging, desto weniger bestanden die Ärzte auf strikter Ruhe. Und je nachsichtiger sie wurden, desto stärker wurde Faiths Hang zur Informationssuche. Sie frönte wieder dem, was sie als »Normalzustand« der Informationssättigung bezeichnet.»Ich war fest entschlossen, sofort wieder die Alte zu werden und alle Symptome zu unterdrücken, obwohl ich neun Monate lang doppelt sah.« Als das Crescendo äußerer Geräusche und Reize sie wieder im Griff hatte, stellte Faith fest, dass sie immer mehr ins Grübeln geriet.»Meine innere Ruhe *nahm ab*, je besser es mir körperlich ging«, erinnert sie sich.

Faiths Erfahrung bringt uns zurück zu der Vorstellung, dass zwischen verschiedenen Arten von Lärm subtile Verbindungen bestehen. Auditive, informationelle und innere Ablenkungen verstärken sich gegenseitig.

Um zu verstehen, wie diese Verstärkung funktioniert, gilt es laut Gazzaley und Rosen zwei gegenläufige Kräfte zu berücksichtigen: die Top-down- und die Bottom-up-Aufmerksamkeit. Im ersten Fall – Top-down-Aufmerksamkeit – konzentrieren wir uns auf individuelle Ziele wie Wasserholen, die Beschaffung von Nahrung, die Arbeit an einem Buch oder die Einhaltung ärztlicher Empfehlungen nach einer Kopfverletzung. Die zweite Kraft ist die Bottom-up-Aufmerksamkeit – ein Reiz, auf den wir reagieren, sei es ein herabfallender Ast, ein hupendes Auto oder unser Name, der aus einer Menschenmenge ertönt.

Gazzaley und Rosen sind der Meinung, dass wir aufgrund der ständigen Erreichbarkeit für Bottom-up-Störungen empfänglicher sind als je zuvor. Unsere Welt ist lauter geworden – *sowohl innen als auch außen*. »Benachrichtigungen durch technische Geräte und gesellschaftliche Erwartungen, die uns darauf konditioniert haben, reflexartig auf externe Bottom-up-Ablenkungen zu reagieren, führen auch zu einem Mehr an Ablenkungen, die von innen heraus entstehen«, argumentieren sie.

In unseren Gesprächen beschreiben Gazzaley und Rosen dieses Phänomen als »Interferenzdilemma«.

Wir sehen darin eher ein *Lärm-Dilemma*.

In der modernen Welt beginnt die »Bottom-up-Interferenz« meist mit einem Piepen oder Vibrieren in der Tasche. So harmlos das leise Summen oder der individuelle Klingelton auch erscheinen mag, sie lösen geistige Prognosen aus, die im Kopf wie Algen aufblühen. Ob wir uns dessen bewusst sind oder nicht, aus dieser Bottom-up-Interferenz entsteht oft eine Rückkopplungsschleife aus äußerem und innerem Lärm.

Hier ein anschauliches Beispiel von Gazzaley und Rosen: Stellen wir uns vor, Sie stecken im dichten Autobahnverkehr und erhalten eine Nachricht (Bottom-up-Interferenz). Sie konzentrieren sich weiterhin darauf, sicher anzukommen (Ihr Top-down-Ziel). Aber sosehr Sie auch versuchen, die Nachricht zu ignorieren, das Telefon fühlt sich mit der Zeit an »wie ein glühendes Stück Holz. Immer besorgter fragen Sie sich, wer Sie um diese Zeit kontaktiert und worum es wohl gehen mag«.[18] (Diese Bottom-up-Ablenkung geht von Ihrem eigenen Verstand aus.) Da Sie abgelenkt sind, verpassen Sie die richtige Abfahrt und müssen die Sicherheit erneut zurückstellen, um zum Handy zu greifen und die Route neu zu berechnen. All das ist nötig, damit Sie Ihr ursprüngliches Top-down-Ziel erreichen können.

Diese eine kleine Vibration – die Bottom-up-Ablenkung – löst eine Kaskade von inneren und äußeren Störungen aus. Lärm führt zu Lärm. Wenn wir diese Dynamik durchschauen, können wir besser verstehen, welchen Einfluss Lärm auf die Kognition hat. In den 1970er-Jahren kam die Umweltpsychologin Arline Bronzaft zu der wegweisenden Erkenntnis, dass das Lesevermögen von Kindern in Manhattan, deren Klassenzimmer direkt an den Hochbahngleisen lagen, bis zu einem Jahr hinter dem Lesevermögen ihrer Altersgenossen in ruhigeren Klassenzimmern auf der anderen Gebäudeseite zurücklag.[19] Da die Stressreaktion auf Lärm hinlänglich bekannt ist, versteht sich von selbst, dass zeitweilige Dezibel-Höchstwerte, die fast die Lautstärke eines Heavy-Metal-Konzerts erreichen, zu Problemen führen mussten. Allerdings ging es hier nicht nur um die erregte Amygdala. Aus der Sicht von Gazzaley und Rosen wird deutlich, dass die kreischenden Züge eine Bottom-up-Interferenz bedeuteten und die Konzentration der Jugendlichen störten, sodass sie gedanklich abschweiften und ihr Top-down-Ziel – dem Unterricht zu folgen – aus dem Blick verloren. Der äußere Lärm hat wahrscheinlich den inneren Lärm verstärkt, die Aufmerksamkeit beeinträchtigt und damit Wahrnehmung und Erinnerungsvermögen in Mitleidenschaft gezogen.

Die Studie mit den Hochbahn-Gleisen ist ein Beispiel für einfache auditive Interferenzen, doch das Beispiel mit dem Smartphone auf der Autobahn geht noch einen Schritt weiter. Diese außerordentlich moderne digitale Situation erinnert seltsamerweise an Florence Nightingale, die bei Kerzenlicht in ihrem Herrenhaus im viktorianischen London schreibt. Und warum? Weil die vielen Summ-, Piep- oder Zwitschertöne, die als Bottom-up-Lärm die moderne Geräuschkulisse bilden, allesamt eine »Erwartung schüren«. Wie die halblauten Gespräche und kaum verständlichen Flüstereien auf den Gängen eines Lazaretts im 19. Jahrhundert regen Eilmeldungen und Benachrichtigungen über Instagram-Likes unseren grübelnden Verstand an und verweigern uns das, was Nightingale als »innere Ruhe« bezeichnete.

Eine aktuelle Studie mit mehreren Hundert Teenagern aus den Niederlanden ergab, dass bei intensiver Nutzung sozialer Medien ein Jahr später eine signifikant verminderte Aufmerksamkeit und eine erhöhte Neigung zu impulsiven Handlungen und Hyperaktivität festzustellen war.[20] In einer weiteren aktuellen Studie mit 1 600 amerikanischen Erwachsenen wurde festgestellt, dass sich das emotionale Wohlbefinden bereits durch eine einmonatige Facebook-Pause erheblich besserte; dabei berichteten die Teilnehmenden, sie fühlten sich weniger einsam und dafür glücklicher.[21]

»Der Lärm im Inneren, die innerliche Interferenz ist das Tückischste«, sagte Larry Rosen uns kürzlich. Vor allem für junge Menschen zieht die Nutzung technischer Plattformen eine Reihe von »gesellschaftlichen Verpflichtungen« nach sich – sie müssen sich regelmäßig einloggen, ihren Status pflegen und gelesene Nachrichten umgehend beantworten, um niemanden vor den Kopf zu stoßen. Diese Verpflichtungen mögen banal erscheinen, doch sie überschwemmen das Bewusstsein mit ablenkendem Geplapper. Rosen sieht darin eine der wichtigsten Ursachen für den aktuellen Anstieg von Angstzuständen, die er als »Stress im Kopf« bezeichnet.

Mit dem Neurowissenschaftler und Psychiater Judson Brewer sprachen wir über den Zusammenhang zwischen Angst und innerem Lärm. »Es gibt einen direkten Zusammenhang«, erklärt er. »Angst bedeutet nicht nur, dass sich immer die gleichen Gedanken wiederholen, sondern auch, dass man darin feststeckt.« Brewer betont, dass diese »immer gleichen Gedanken« entstehen, wenn wir nicht genügend Informationen haben, um die Zukunft genau vorherzusagen. Wir neigen dazu, daran festzuhalten und uns in Sorgen zu verstricken. »Furcht + Ungewissheit = Angst«, fasst er zusammen.

Angesichts der exponentiell ansteigenden Menge an Informationen in der Welt sollte man meinen, dass es *weniger* Ungewissheit und damit auch weniger Angst gibt. Aber ganz so läuft es nicht. »Es ist, als würde man aus einem Feuerwehrschlauch trinken«, beschreibt Brewer die moderne Informationsflut. Wir haben nicht annähernd genug Arbeitsgedächtnis, um alle Informationen zu verarbeiten. Hinzu kommt, dass der Zuwachs an Falsch- und Desinformationen mehr Unsicherheit, geringeres Vertrauen und damit mehr Angst bewirkt. Brewer unterstreicht, dass reißerische Nachrichten, Algorithmus-gesteuerte Werbung und andere raffinierte Methoden, die uns unablässig beschäftigt halten, in einer früher unvorstellbaren Weise auf die Dopaminrezeptoren wirken – die Belohnungszentren, die lebenswichtiges Verhalten wie Essen und Fortpflanzung fördern sollen. »Die Dopaminbahnen gibt es seit jeher«, so Brewer. »Sie sind unser ältester Überlebensmechanismus. Aber sie wurden nie zuvor in derartiger Weise angezapft.« Gleichzeitig räumt er einen wichtigen Trugschluss aus: »Dopamin wird oft als Glücksmolekül bezeichnet. Das ist es jedoch *nicht*. Fragen Sie meine kokainabhängigen Patienten. Dopamin macht sie unruhig, paranoid, angespannt – ganz sicher nicht glücklich.«

Unsere Wirtschafts- und Gesellschaftssysteme stützen sich offenbar zunehmend auf gefährliche Rückkopplungsschleifen aus innerem und äußerem Lärm.

Mittlerweile wird immer deutlicher, welche Auswirkungen all dieser Lärm auf unsere geistige Klarheit und unser Wohlbefinden hat. Ethan Kross, Psychologe an der University of Michigan, schreibt in seinem Bestseller *Chatter*: »Die durch die innere Stimme ausgelösten Grübeleien engen unsere Aufmerksamkeitsspanne ein, indem sie sie auf den Ursprung unserer angeschlagenen Gemütsverfassung konzentrieren. Das Grübeln beraubt somit unsere exekutiven Funktionen einer großen Anzahl an Neuronen, die uns sonst viel bessere Dienste leisten könnten.« Er erläutert:»Im Endeffekt blockieren wir die exekutiven Funktionen« – die Fähigkeiten, Top-down-Ziele zu verfolgen –»damit, dass wir ihnen doppelte Arbeit auferlegen: einmal nämlich, indem sie sich um das kümmern müssen, was gerade anliegt, und dann auch noch, indem wir sie dazu abstellen, unserer gepeinigten inneren Stimme zuzuhören.«[22] Innerer Lärm umfasst – in jedem Alter – all das schmerzliche innere Geplapper, das sich *um das Selbst* in der Vergangenheit, Gegenwart oder Zukunft dreht, sei es real oder eingebildet.

Auch das Bewusstsein für die physiologischen Folgen des inneren Lärms nimmt zu. Steve Cole, Medizinprofessor an der UCLA, hat dokumentiert, wie das Gefühl einer chronischen Bedrohung, das oft mit einem überaktiven inneren Dialog einhergeht, zu einer Überexpression von Entzündungsgenen führt. Er und sein Team weisen darauf hin, dass dies auch eine verminderte Expression der Zellen bewirken kann, die für die Abwehr von Viren und anderen Krankheitserregern benötigt werden. Kross fasst den Stand der Forschung wie folgt zusammen:»Wenn also unser gedanklicher Redefluss die Angstzentrale unseres Gehirns in regelmäßigen Abständen aktiviert, werden Botschaften in unsere Zellen ausgesandt, die eine sogenannte Expression entzündungsfördernder Gene auslösen. Diese Gene sollen kurzfristig zu unserem Schutz dienen, können aber auf längere Sicht schädlich wirken.« Kross betont:»Unsere Gene sind wie Tasten eines Klaviers.« Wenn wir uns in Grübeleien verlieren, kommt es zu Misstönen.

Was lässt sich also angesichts all dessen, was wir heute über die Ursachen und Folgen von Lärm wissen, über die biologische Erklärung für die Kraft der Ruhe sagen, die den Körper heilt und dem Geist Klarheit verschafft?

Die vielen unerwünschten Interferenzen in der inneren und äußeren Klanglandschaft haben eines gemeinsam. In einem Wort: Stress. Lärm befeuert die Kampf-oder-Flucht-Reaktion und bringt unser körperliches und kognitives System aus dem Gleichgewicht. Verschiedene Arten von Geräuschen verstärken sich gegenseitig und schaffen schädliche Rückkopplungsschleifen, die unser Wohlbefinden beeinträchtigen und unsere körperliche Gesundheit bis auf die Zellebene beanspruchen.

Obwohl jahrzehntelange Forschung zeigt, wie wichtig es für Gesundheit und Wahrnehmung ist, dass wir den Lärm überwinden, bleibt ein weiterer Aspekt von Faiths Frage unbeantwortet. Ihr Empfinden, dass Ruhe ihr zur Heilung verholfen hat – dass sie eine Öffnung schuf, durch die der Heilprozess einsetzte –, bestand nicht nur darin, dass sie den Lärm hinter sich ließ. Es war ein aktiver Prozess.

DAS GEHIRN BEI DER OZEANISCHEN ERFAHRUNG

Imke Kirste, Professorin an der Duke University Medical School, führte eine ungewöhnliche Studie durch, für die Mäuse zwei Stunden pro Tag in schalltote Behälter gesetzt wurden – Miniaturversionen des Raums, den John Cage 1951 in Harvard erlebte. Gemeinsam mit ihrem Team testete sie die Reaktionen auf fünf verschiedene Geräusche: die Geräusche von Mäusejungen, weißes Rauschen, Mozarts Sonate für zwei Klaviere in D-Dur, Umgebungsgeräusche und Stille. In der schalltoten Kammer konnten die Mäuse nur den unmittelbaren Klang der Jungtiere, das weiße Rauschen oder die klassische Musik hören, ohne Ablenkung durch Umgebungsgeräusche. Stille erzeugte das Forschungsteam mit den einzigartigen Möglichkeiten der Kammer, die sämtliche Außengeräusche eliminiert und jeglichen Nachhall sowie alle elektromagnetischen Wellen im Inneren absorbiert. Nach jeder Klangvariation wurde das Zellwachstum im Hippocampus der Mäuse kontrolliert – das ist die Hirnregion, die den größten Anteil am Erinnerungsvermögen hat. Die ursprüngliche Hypothese, dass die Geräusche der Jungtiere die stärkste Wirkung zeigen würden, musste Kirste verwerfen. Es war nämlich die Stille, die bei den Mäusen die heftigste Reaktion auslöste und die höchste Anzahl an neuen und erhaltenen Neuronen ergab. Wenn die Mäuse *Stille hörten,* beschleunigte das nachweislich das Wachstum lebenswichtiger Gehirnzellen.[23]

In Kirstes Analyse war die Kraft der Stille allerdings nicht auf Entspannung zurückzuführen. Entgegen ihrer Erwartung stellte sie fest, dass die heilsame Stille eigentlich *eine Art von Stress* bedeutete.

Von den vier Reizen, so schreibt sie, war die Stille »der erregendste, weil sie unter natürlichen Bedingungen höchst ungewöhnlich ist und daher als alarmierend wahrgenommen werden muss«. Sie räumt zwar ein, dass Alltagsstress Wachstum und Heilung des Gehirns zumeist behindert, sieht im besonderen »Stress« der ungewohnten Stille jedoch etwas anderes – etwas, das sogar als »guter Stress« oder »Eustress« gelten könnte. Den Begriff »Eustress« prägte in den 1970er-Jahren der Endokrinologe Hans Selye zur Beschreibung einer intensiven Belastung, die dazu führt, dass man *besser* funktioniert. Kirste erläutert, was in diesem Fall abläuft. »Studien, die mithilfe funktioneller Bildgebung durchgeführt wurden, weisen darauf hin, dass der auditorische Kortex aktiviert wird, wenn man versucht, in der Stille zu hören«, sagt sie, »sodass der ›Klang der Stille‹, also das Nicht-vorhanden-Sein der erwarteten Geräusche, den gleichen Stellenwert bekommt wie tatsächliche Geräusche.«

Kurz gesagt, wenn man *nichts hört*, hat das eine aktive Komponente. Es bedeutet nicht, dass man »abschaltet«, sondern ist vielmehr eine positive Art der Anstrengung.

Kirstes Worte – »versuchen, in der Stille zu hören« – kommen uns immer wieder in den Sinn, weil sie sowohl für uns große Säuger als auch für Mäuse eine tiefgreifende Bedeutung haben. Sie erinnern uns an das Nada-Yoga, an das Lauschen auf den »Urton«. Sie erinnern uns auch an fMRT-Studien mit Menschen, die tief meditieren und in Räumen ohne Geräusche und Reize große Aufmerksamkeit zeigen. Der intensive Zustand konzentrierter Empfänglichkeit ist eine Art von Anstrengung. Er erfordert Konzentration. Er ist eine *gute* Art von Stress. Die Vorstellung, dass Ruhe eine aktive und keine passive Kraft ist, hat Faith sehr beeindruckt.»Die Kreativität des Universums fließt durch deinen Geist. Niemand würde sie bremsen wollen!«, sagt sie. Aber wenn sich der Geist schließlich beruhigt, so stellt sie fest, erleben wir eine fokussierte Konzentration, in der wir der Ruhe wirklich *begegnen.* Genau, wie sie es als kleines Mädchen erlebte.

6 Mute-Taste für den Geist

»Was ist Ruhe im Kopf?«

Auf diese Frage haben uns Neurowissenschaftler, Ärztinnen und akademische Psychologen Antworten gegeben, die denen der modernen Physik und der vedischen Mystik verblüffend ähnlich sind: Ein lebendiger Geist ist genau wie ein lebendiges Universum von ständiger Vibration, Aktivität, Summen, Aufgewühltheit geprägt. Er ist ständig dabei, Sinnesdaten zu erfassen und zusammenzusetzen. »Ruhe« im wahrsten Sinne des Wortes – ohne Gedanken, Wahrnehmung, Aktivität – ist gleichbedeutend mit Tod.

Dennoch sind sich viele der Fachleute, mit denen wir gesprochen haben, einig, dass ein lebendiges menschliches Bewusstsein so etwas wie »Ruhe« erleben kann. Es gibt einen Zustand jenseits des Lärms. Woher sie das wissen? Weil sie es selbst erlebt haben.

Als wir den Fachleuten aus Forschung und Klinik berichteten, dass viele, wenn nicht gar die meisten Menschen tiefste Ruhe in Situationen erlebt haben, die weder auditiv noch informationell ruhig waren, wunderten sie sich nicht. Joshua Smyth, Professor für biobehaviorale Gesundheit und Medizin, erzählte von einem Teilnehmer einer Studie zum Stressabbau, der die größte innere Ruhe findet, wenn er mit einer dröhnenden Kettensäge Holzskulpturen schnitzt.

Ruhe im Kopf gibt es wirklich. Doch sie lässt sich nicht leicht definieren.

Da Medizin und Wissenschaft diesen Zustand der inneren Ruhe nur unzureichend beschreiben und kategorisieren können, werden wir das Phänomen zunächst mithilfe einer anderen Autorität umreißen: mit unserem 14-jährigen Freund Jamal, der an seiner Schule ein Basketballstar ist.

Warum ist Jamal ein Experte? Vielleich erinnern Sie sich noch, dass der innere Lärm in der Pubertät extrem laut ist – in diesem Lebensabschnitt hängt das Selbstverständnis der meisten Jugendlichen von einer unbeständigen Außenwelt ab. In der Mittelstufe lassen wir uns meist von anderen Menschen und äußeren Umständen sagen, wer wir sind und wer nicht. Wir neigen dazu, stets eine »Rolle« zu spielen. Diese Norm der ständigen Anpassung an äußere Erwartungen gibt dem inneren Lärm gewaltig Auftrieb.

Doch obwohl er mitten in dieser Lebensphase steckt, kennt Jamal innere Ruhe ganz genau.

»Wenn ich einen Lauf habe, ist mir, als könnte ich gar nicht danebenwerfen ... als müsste jeder Wurf reingehen«, sagt er. »*Ich* weiß, dass ich einen Lauf habe, und meine *Teamkollegen* wissen das auch und geben mir deshalb den Ball, und wenn sie einen Lauf haben, mache ich es genauso. So läuft das.« Er schildert uns das letzte Viertel eines Meisterschaftsspiels – das Herz rast, die Schuhe quietschen, die Menge jubelt. »Du achtest nur auf den aktuellen Ball und denkst nicht daran, was vorher passiert ist oder was noch passieren wird. Du musst präsent sein.« In diesem Zustand, sagt er uns, »ist mein Verstand still«.

Zum Beispiel bei Freiwürfen. Jamal sagt, das seien »eigentlich Gratispunkte«. Aber er weiß, dass ihm diese Gratispunkte entgehen könnten, wenn er innerlich keine Ruhe findet. »Ich atme tief ein, um mich auf das zu konzentrieren, was gerade passiert ... damit mein Herz nicht so hämmert«, berichtet er. »Ich will mir Zeit lassen.« Jamal hat ein Ritual, um in diesen Momenten zur Ruhe zu kommen: »Normalerweise dribbele ich kurz, dann drehe ich den Ball in den Händen, und dann werfe ich.« Die Rückmeldung kommt sofort. Wenn er zu hektisch ist, wenn er sich von äußeren Faktoren ablenken lässt, wenn er auch nur eine Nanosekunde lang an die Meinung anderer Leute denkt, prallt der Ball vom Rand ab. Wenn sein Geist ruhig ist – *Volltreffer.* Wir haben Jamal gefragt, ob er es schon einmal erlebt hat, dass ihm ein solcher »Lauf« unerreichbar schien. »Ja, im letzten Spiel der Saison«, sagt er ein wenig resigniert. Damit meint er das abrupte Ende der Saison des Jahres 2020, nur vier Tage, ehe die Schulen in Kalifornien aufgrund von COVID geschlossen wurden. »Ich war bei diesem Spiel sehr mit meinen Gedanken beschäftigt.« In dieser Phase der Ungewissheit war die Halle voll mit Klassenkameraden und deren Eltern – Leuten, die sonst nie zu Spielen kommen. Sie wollten beisammen sein und die Heimmannschaft unterstützen. Im Gebäude herrschte eine unbändige Energie. Damals konnte niemand ahnen, dass uns eine ausgewachsene Pandemie bevorstand. Jamal weiß noch, dass er zu Beginn des Spiels danebenwarf und eine Stimme in ihm sagte: »Was denken die Leute nur?« Er spürte Leistungsdruck, sein Image stand auf dem Spiel. Er entwickelte keinen »Lauf«, weil er das innere Geplapper nicht loswurde.

Die Neurowissenschaft kann nicht genau beschreiben, was den Zustand der inneren Ruhe ausmacht, doch Jamal gelingt das. Sie bedeutet, dass man auf dem Spielfeld »einen Lauf« hat. Jamals Helden, Stephen Curry und LeBron James, haben dafür einen eigenen Begriff: »*in the zone*«. In der Psychologie beschreibt man diese aktive Seite der »Ruhe im Kopf« am ehesten mit dem Begriff »Flow«.

Mihaly Csikszentmihalyi – der Wegbereiter der Positiven Psychologie, der den Begriff »Flow« verbreitete – leitete einst eine umfassende Studie über die Wahrnehmung des Flows auf der ganzen Welt.[1] Mit seinem Team fand er heraus, dass überall, unabhängig von Alter, Geschlecht, Kultur oder Muttersprache, eine Variante des Begriffs »Flow« verwendet wird, um einen bestimmten Zustand zu beschreiben. »Die Flow-Erfahrung war also nicht bloß eine Besonderheit reicher Eliten in Industrienationen«, schrieb Csikszentmihalyi. »Sie wurde in grundsätzlich gleichen Worten von alten Frauen in Korea geschildert, von Erwachsenen in Thailand und Indien, von Teenagern in Tokio, von Navajo-Hirten, Bauern in den italienischen Alpen.« Csikszentmihalyi und sein Team haben uns ein Wort für ein subjektives Phänomen gegeben, das schwer zu untersuchen oder zu definieren ist, aber dennoch seit Anbeginn der Menschheitsgeschichte eine zentrale Rolle im menschlichen Erleben spielt.

Zwischen Ruhe und Flow besteht eine intuitive Verbindung. Wenn Jamal beschreibt, wie er einen Freiwurf versenkt oder den Ball von einem Mitspieler erhält, hat er den Lärm ohne Zweifel hinter sich gelassen. Aber es gibt auch eine weniger offensichtliche Gemeinsamkeit. Csikszentmihalyi und andere stellen fest, dass wir den Flow erleben, wenn Eustress herrscht. Wie die Mäuse bei der Studie im schalltoten Raum erreichen wir den Flow im optimalen Zustand zwischen Stress und Langeweile, wenn wir gefordert, aber nicht überfordert sind[2] – so wie Jamal und seine Mitspieler, wenn sie gegen ein Team antreten, dem sie gewachsen sind. Csikszentmihalyi und seine langjährige Kollegin Jeanne Nakamura beschreiben diesen »Optimalzustand« als »wahrgenommene Herausforderungen oder Handlungsmöglichkeiten, welche die vorhandenen Fähigkeiten fordern (weder über- noch unterfordern)«. Das ist der Moment, in dem wir unser gesamtes Bewusstsein auf die aktuelle Aufgabe richten und damit einen Zustand ungeteilter Aufmerksamkeit erleben.

Als wir damit anfingen, andere Menschen nach ihrem größten Ruheerlebnis zu fragen, dachten wir zunächst, wir würden etwas falsch machen. Warum, wunderten wir uns, berichtete man uns von schweißtreibenden Raves und Bergbesteigungen bei widrigen Witterungsbedingungen? »Vielleicht haben sie die Frage falsch verstanden«, dachten wir. »Das klingt sehr laut.« Mit der Zeit jedoch wurde uns klar, dass *wir* falschgelegen hatten. Die Antworten beschrieben das Erleben innerer Ruhe.

Unsere geistige Verfassung ist zwar ein subjektives Empfinden, doch in den geschilderten Erfahrungen lassen sich bestimmte Gemeinsamkeiten erkennen. Csikszentmihalyi beschreibt mehrere kennzeichnende Merkmale des Flows, von denen eines einen Kernaspekt der inneren Ruhe trifft. Er nennt es »Verlust des reflektierenden Selbstgefühls« und schreibt: »Das Selbstgefühl verlieren bedeutet also nicht, das Selbst zu verlieren, und ganz gewiss nicht einen Verlust des Bewusstseins, sondern einen Verlust der Bewusstheit von sich selbst.« Er verdeutlicht: »Die Vorstellung vom Selbst taucht unter die Wahrnehmungsschwelle, die Information, die wir benutzen, um uns als das darzustellen, was wir sind.« Das verschafft nicht nur Freude, sondern ermöglicht auch persönliches Wachstum. »Wenn man nicht mit sich selbst befasst ist«, schreibt Csikszentmihalyi, »hat man in der Tat die Möglichkeit, die Vorstellung dessen, was man ist, auszuweiten. Der Verlust des Selbstgefühls kann zur Selbsttranszendenz führen, einem Gefühl, dass die Grenzen des Seins ausgedehnt werden können.«

Das, was im Zustand der inneren Ruhe geschieht, lässt sich also noch anders beschreiben: Wir sprechen nicht mehr *mit* uns selbst *über* uns selbst.

Das liegt zum Teil daran, dass wir gar nicht dazu in der Lage sind. Wenn wir uns im Eustress des Flows befinden, haben wir keine Aufmerksamkeitsreserven übrig, um zu zweifeln, uns zu ärgern oder uns selbst zu loben. Nach Csikszentmihalyis Schätzungen lassen unsere Aufmerksamkeitsfilter rund 99,999 Prozent der erfassten Informationen durch[3], um die etwa 0,001 Prozent der relevanten Reize auszusieben.[4] Da die Aufmerksamkeit begrenzt ist, geht die Wissenschaft davon aus, dass anspruchsvollere Formen des Denkens – wie das reflektierende Ich-Bewusstsein – zu kostspielig sind. Uns bleiben keine kognitiven Kapazitäten, um uns auf die Vergangenheit, die Zukunft oder den Status des Ego zu fixieren.

Damit ist jedoch nicht gemeint, dass das Selbstgefühl ausgelöscht wird, wenn wir in den Flow eintauchen. Csikszentmihalyi beschreibt das Geschehen als eine Art Evolution. Ein Selbst zieht sich zurück, ein anderes kommt zum Vorschein. Das Selbst, das sich zurückzieht, ist dasjenige, das in seinem Selbstkonzept und seinen Eigeninteressen gefangen ist. Die lärmenden Fragen »Wie stehe ich da? Was denken die anderen? Was bedeutet das für mich?« halten es in ihrem Bann. Dort steckte Jamal nach dem Fehlwurf im letzten Spiel der Saison 2020 fest.

Das neue Selbst – das durch den Flow entsteht und das »einen Lauf« hat – ist sowohl »differenzierter«, mit einem gesunden Maß an Individualität und Einzigartigkeit, als auch »integrierter«, kann also die Verbundenheit mit anderen und die Gemeinschaft mit dem, was jenseits des eigenen Körpers liegt, wahrnehmen. Wenn Jamal wirft und die gegnerischen Verteidiger ausspielt, ist er immer noch Jamal, aber eine präsentere, verbundenere Version seiner selbst. Selbst auf dem Höhepunkt der ängstlichen Selbstabsorption – mit 14 Jahren – kann Jamal wie Houdini durch die Gitterstäbe des »reflektierenden Ich-Bewusstseins« schlüpfen und eine geistige Verfassung erreichen, die sich sehr weit anfühlt, nahezu grenzenlos.

Das ist Ruhe im lebendigen Geist.

ABBILDUNG DES GEISTIGEN LÄRMS

2014 erklärte der Autor und Forscher Michio Kaku im *Wall Street Journal*: »Das Goldene Zeitalter der Neurowissenschaften ist angebrochen.« Er meinte: »In den letzten 10 bis 15 Jahren haben wir mehr über das denkende Gehirn gelernt als in der gesamten Geschichte der Menschheit.«[5]

In den großen Zeitungen, Podcasts, Zeitschriften und akademischen Publikationen des letzten Jahrzehnts sind ähnlich begeisterte Schlussfolgerungen zu finden. Fortschritte in der Physik, Informatik,

Statistik und anderen Bereichen haben eine außergewöhnliche Fülle an neuen Technologien mit rätselhaften Abkürzungen ermöglicht – fMRT, PET, EEG, CT, DBS, TES –, mit denen die Wissenschaft nicht nur den physischen Aufbau des Gehirns entschlüsseln, sondern auch die neurobiologischen Auswirkungen von Gedanken und Funktionen des Nervensystems untersuchen kann. Diese Entwicklungen haben enorme Auswirkungen auf unser Wissen über das Gehirn sowie auf die Möglichkeiten, das Leben der Menschen in der Praxis zu verbessern — so etwa durch neuartige medizintechnische Hilfsmittel wie »Hirnschrittmacher« für Alzheimer-Patienten oder Exoskelette, mit denen Querschnittsgelähmte gehen können.

Trotz all dieser Fortschritte sollten wir uns jedoch nicht der Illusion hingeben, dass wir damit die großen Geheimnisse des menschlichen Bewusstseins enträtseln können. Als wir mit Neurowissenschaftlern über die Möglichkeit sprachen, mithilfe von Neuroimaging die geistige Verfassung bei innerer Ruhe zu entschlüsseln, bestritten sie das zumeist heftig. So gibt es zum Beispiel nach wie vor keine »tragbaren« fMRT-Geräte, die das Gehirn im aktiven Flow messen könnten – etwa, wenn Jamal einen Basketball versenkt. Selbst wenn die Hirnaktivität in Echtzeit zu sehen ist, sage das wenig darüber aus, was ein Mensch in diesem Moment *tatsächlich erlebt*, so Adam Gazzaley. Es ist möglich, dass eine lebensverändernde Erkenntnis oder ein lähmender Flashback »neural kaum wahrnehmbar« ist, meint er. Gleichzeitig könnte ein Messgerät ein Ereignis als »bedeutsam« registrieren, das die Testperson gar nicht bewusst wahrnimmt. Wir haben Gazzaley gefragt, ob es mit modernsten Neuroimaging-Technologien möglich wäre, Signale oder Kenngrößen zu ermitteln, die auf einen »ruhigen Geist« hinweisen.

»Nur sehr vage«, erwiderte er.

Auch wenn wir noch weit davon entfernt sind, bestimmte messbare Hirnaktivitäten direkt mit den entsprechenden Erfahrungen zu verknüpfen, lernt die Neurowissenschaft dennoch immer mehr über die »Geografie« des Gehirns. Wir können mittlerweile besser sagen, welche Regionen und Netzwerke des Denkorgans den größten Anteil an Angst, Sorgen und selbstbezogenem Denken aufweisen. Diese Fortschritte sind sehr wichtig, wenn wir ermitteln wollen, was Lärm und Ruhe für das Gehirn bedeuten.

Mark Leary, Professor für Psychologie und Neurowissenschaften an der Duke University, stellte einmal fest: »Hätte das menschliche Ich eine Mute-Taste oder einen Ausschalter, würde es dem Glück nicht so schaden.«[6] Diese Beobachtung hat uns dazu veranlasst, der folgenden Frage auf den Grund zu gehen: Gibt es einen neurobiologischen Mechanismus, der sich mit einem »Stummschalter« für das Gehirn vergleichen lässt? Und wenn ja, wo finden wir ihn?

Wir sprachen kürzlich mit dem Neurowissenschaftler Arne Dietrich von der American University in Beirut, der auf das Thema spezialisiert ist, welche neurokognitiven Mechanismen im Gehirn ablaufen, wenn man beispielsweise wie Jamal Sport treibt. Für das, was während der inneren Ruhe im Flow-Zustand geschieht, prägte er den Begriff »transiente Hypofrontalität«.[7] »Transient« heißt dabei, dass dieser Bewusstseinszustand nur vorübergehend andauert, und »hypo« steht für die Verlangsamung der Aktivität in der »Frontalität« – dem präfrontalen Kortex (PFK) im Gehirn, in dem das Bewusstsein für ein eigenständiges Ich formuliert wird. Laut Dietrich ist es im Flow-Zustand und anderen erweiterten Bewusstseinsformen – auch in geistigen Zuständen, die durch psychedelische und entheogene Substanzen hervorgerufen werden – leichter, sich eins zu fühlen, weil die Bereiche des Gehirns, in denen Ich-Bewusstsein und Zeitgefühl entstehen, außer Kraft gesetzt werden. Das ist paradox: Obwohl solche Geisteszustände oft als »höhere Bewusstseinsform« angepriesen werden, entstehen sie durch *verringerte* Aktivität unserer am weitesten entwickelten und besonders geschätzten Gehirnregion, des präfrontalen Kortex.

Ob Weiter- oder Rückentwicklung – das, was Dietrich erläutert, ist ein Weg zur Ruhe im Kopf. Er beschreibt einen biologischen Mechanismus, mit dem sich die innere Ablenkung überwinden lässt, die heutzutage so vielen Menschen zusetzt. Er spricht von einem möglichen »Stummschaltknopf«. Allerdings gibt es noch weitere Theorien zur neurobiologischen Grundlage innerer Ruhe. Zwar ist der präfrontale Kortex bei bestimmten Flow-Aktivitäten, die mit körperlicher Anstrengung verbunden sind, offenbar deaktiviert, doch in anderen Fällen – zum Beispiel beim Rechnen oder bei der Jazz-Improvisation – scheint für den Flow eine verstärkte Exekutivfunktion und *höhere* Aktivität im PFK erforderlich zu sein. Somit könnte es beim »Stummschalten« nicht nur darum gehen, einen Teil des Gehirns abzustellen, sondern möglicherweise muss im gesamten Organ ein komplizierter Reigen auf die Beine gestellt werden.

Im letzten Kapitel haben wir dargestellt, wie Adam Gazzaley und Larry Rosen das Hin und Her der Kräfte beschreiben, die auf die Aufmerksamkeit einwirken – Top-down und Bottom-up. Einige Studien, die sich mit dem Flow befassen, sprechen nicht von einer Einschränkung des PFK, sondern vielmehr von einer Art Synchronisierung verschiedener *Aufmerksamkeitsnetze* – zum Beispiel, wenn Jamal einen Drei-Punkte-Treffer landen will (Top-down-Ziel) und gleichzeitig den Verteidiger im Auge behält, der sich ihm nähert (Bottom-up). Diese Studien betonen auch die Rolle der *Belohnungsnetzwerke* mit Neurotransmittern wie Dopamin, die offenbar konzentrierte Aufmerksamkeit fördern und gleichzeitig Impulsivität und Ablenkung reduzieren. Diese »Synchronisierungstheorie« deutet darauf hin, dass der lärmende Geist ruhig wird, wenn verschiedene Funktionen und Aktivitäten elegant der Reihe nach ablaufen.[8]

Wichtige Hinweise darauf, wo genau sich ein möglicher »Stummschaltknopf« befinden könnte, stammen aus der Forschung, die sich in den letzten Jahrzehnten mit dem *Ruhezustand* des Gehirns befasst hat.

Bis vor Kurzem ging die Fachwelt gemeinhin davon aus, das Gehirn sei in »Ruhe« mit einem entspannten Muskel zu vergleichen: lebendig, aber weitgehend reglos bei geringem Energieverbrauch. Im Jahr 2001 wurde diese Annahme von Marcus Raichle, einem Neurologen von der Washington University School of Medicine, und seinem Team auf den Kopf gestellt. Sie wiesen nach, was in Teilen der Wissenschaft bereits vermutet wurde: Das Gehirn ist immer hochaktiv und verbraucht viel, sogar sehr viel Energie. Die Regionen im Gehirn, die mit passiven Zuständen in Verbindung gebracht werden – das Default Mode Network (DMN) –, sind sogar ein besonders großer Energiefresser.

Und sie sind laut.

In seinem Buch *Verändere dein Bewusstsein* fasst Michael Pollan die neuesten wissenschaftlichen Erkenntnisse kurz und bündig zusammen: »Das Default Mode Network scheint bei der Schaffung geistiger Konstrukte oder Projektionen eine Rolle zu spielen, deren wichtigstes das Konstrukt ist, das wir als Selbst oder Ich bezeichnen. Das ist der Grund, warum manche Neurowissenschaftler es das ›Ich-Netzwerk‹ nennen.«[9] Pollan spricht von reflektierendem Ich-Bewusstsein und den vielen Sorgen, Grübeleien, Selbsterzählungen und der Selbstbedeutung, die damit einhergehen. Da gibt es eine beunruhigende Aussage über das Wesen des Menschen: *Unser »Ruhezustand«, das DMN, ist von lärmenden Gedanken über das »Ich« geprägt.*

Jüngste Studien kamen zu dem Schluss, dass das DMN einen Gegenpol zu den Aufmerksamkeitsnetzen des Gehirns bildet. Mit anderen Worten: Wenn das DMN aktiviert ist, verstummen die Strukturen und Prozesse, auf denen unsere Fähigkeit zur Aufmerksamkeit beruht, und wenn die Aufmerksamkeitsnetze aktiv sind, schaltet das DMN zurück. Pollan benutzt dafür die Metapher einer Wippe. Auf der einen Seite sitzt das DMN, auf der anderen Seite die Aufmerksamkeit.

Dies deutet darauf hin, dass Aktivitäten, die unsere Aufmerksamkeits-
netzwerke beanspruchen und beispielsweise ein Flow-Gefühl erzeugen, die Aktivität des DMN und damit sämtliche selbstbezogenen Gedanken und die Beschäftigung mit dem Ich verringern.

Judson Brewer hat durch seine Forschungsarbeit ermittelt, dass
die lautesten Aspekte des menschlichen Bewusstseins in erster Linie
mit Aktivität in zwei Gehirnteilen zusammenhängen, die mit dem
DMN in Verbindung stehen: dem PFK und dem posterioren zingulären Kortex (PCK). Während der PFK für das verbalisierte Bewusstsein
für den eigenen Namen und die intellektuelle Identität zuständig ist,
sorgt der PCK eher für das »empfundene« Ich-Bewusstsein. Der PCK
wird mit dem Lärm des Ich-Bewusstseins in Verbindung gebracht,
das sich nicht in Worte fassen lässt – einer Art körperlichem »*Igitt*«,
das man empfindet, wenn das Selbst-Bild mit Schuldgefühlen oder
Unbehagen behaftet ist. Brewer, der Erfahrung mit der Meditation
hat, weiß genau, dass sich das eigene Erleben neuronaler Aktivität
oft erheblich von der Fremdwahrnehmung unterscheidet. Daher hat
er Studien mit der innovativen »Grounded Theory«-Methode durchgeführt, die neuronale Aufnahmen mit persönlichen Beschreibungen
des Geschehens kombiniert. Zum Beispiel lässt er die Probanden im
»Schnelldurchlauf« wenige Minuten lang in einem fMRT- oder EEG-
Gerät meditieren und fragt sie dann: »Wie haben Sie das Geschehen
erlebt?« So stellte er fest, dass bei der überwältigenden Mehrheit der
Fälle das Default Mode Network aufleuchtet, wenn die Testpersonen
nach eigenen Angaben in einen geistigen oder emotionalen Zustand
der *Bedrängnis* geraten – wenn sie etwa meditieren, sich dabei ärgern
und dann bemüht sind, es trotzdem »durchzuziehen«. Demgegen-
über erkannte er, dass das DMN und insbesondere der PCK weniger
aktiv sind, wenn die Probanden in geistige und emotionale Zustände
geraten, die als *Weite* empfunden werden – wenn Leichtigkeit, Mühe-
losigkeit und liebevolle Güte wahrgenommen werden.

In seinen Studien hat Brewer Menschen, die nicht meditierten, als Kontrollpersonen untersucht. Diesen Probanden wurde vormittags eine Meditationstechnik vermittelt, die sie dann nachmittags im Scan-Gerät umsetzen sollten. »Diese Personen waren in vielerlei Hinsicht interessanter als diejenigen, die Erfahrung mit dem Meditieren hatten«, sagte Brewer kürzlich in einem Interview mit dem Meditationslehrer und Autor Michael Taft. Er erläuterte, dass die Gehirnaktivität in der PCK-Region bei einigen dieser Meditationsnovizen buchstäblich von Rot (aktiv) auf Blau (inaktiv) umgeschlagen sei.[10] Das gelang ihnen nach nur neun Minuten – »tatsächlich drei Durchgänge à drei Minuten« – Neuroimaging-Feedback. Sie konnten sich ganz spontan anpassen. Brewer vermutet, dass sie erkannten, wie es sich anfühlt, wenn man *sich selbst im Weg steht oder sich Raum verschafft.* Die Probanden waren in der Lage, die PCK-Aktivität vorübergehend zu reduzieren, und das könnte neue Möglichkeiten zur Steuerung des »Ich-Netzwerks« bergen.

Eine einzige Meditationssitzung scheint also bereits eine *geistige Verfassung* hervorzurufen, die über unsere laute Default-Einstellung hinausgeht, und langfristiges Meditieren oder andere Formen der Konzentration können länger andauernde *mentale Eigenschaften* entstehen lassen. In einer Studie aus dem Jahr 2021 unter der Leitung von Kathryn Devaney, Postdoktorandin in Harvard, bekamen Personen, die schon lange Vipassana-Meditation praktizierten, und Probanden einer Kontrollgruppe zwei verschiedene Anweisungen: Zum einen sollten sie Konzentrationsaufgaben lösen (bei der die Aufmerksamkeitsnetze stark beansprucht wurden), zum anderen ohne explizite Aufgabe ausruhen (sodass das DMN aktiviert wurde). Dabei wurde festgestellt, dass die Meditierer im Ruhezustand weniger DMN-Aktivität aufwiesen als die Kontrollgruppe.[11] Devaney und ihr Forschungsteam fassen die Ergebnisse folgendermaßen zusammen: »Langfristiges Meditieren fördert die Gesundheit des Gehirns und das geistige

Wohlbefinden, indem es das ruminative DMN effektiv unterdrücken kann.« Auch Brewer kam zu dem Schluss, dass Menschen, die Meditation beherrschen, ihr Gehirn mit der Zeit so umprogrammieren können, dass das DMN auch in Ruhephasen weniger Aktivität aufweist.[12] Das ist eine gute Nachricht. *Wir können dafür sorgen, dass im Ruhezustand weniger Lärm herrscht.* Wir können die Fähigkeiten erwerben, die dazu nötig sind, und nach entsprechender Übung sind wir in der Lage, unser inneres Umfeld so umzugestalten, dass es weniger einengend und stattdessen ausgedehnter ist. Indem wir PFK und PCK trainieren, können wir nicht nur gelegentlich und vorübergehend die Mute-Taste drücken, sondern finden einen Weg, den alltäglichen Lärm in unserem Bewusstsein abzuschalten.

All diese Forschungsergebnisse deuten darauf hin, dass Ruhe im Kopf nicht intuitiv ist. Das, was wir uns gemeinhin unter »Ruhe« vorstellen, ist nicht unbedingt ruhig. Stellen Sie sich vor, Sie haben Ihr Telefon ausgeschaltet, auch Ihren Fernseher, Ihren Computer und alles andere in Ihrem Umfeld, das externe auditive und informationelle Ablenkung hervorruft. Das ist ein guter Anfang. Aber wenn Sie trotzdem mit einem Becher Eiscreme auf der Couch sitzen, Ihre schlimmste Paranoia ausleben und egozentrischen Fantasien freien Lauf lassen, dann herrscht in Ihrem Bewusstsein keine echte Ruhe. Abschalten kann lauter sein als alles andere.

Wir wollen hier nicht das gute alte Tagträumen schlechtreden. Kathryn Devaney und ihre Co-Autoren räumen ein: »Wenn die Gedanken wandern, ist das nicht immer Grübeln.« Es gibt auch andere Arten des unbefangenen Denkens, die wenig mit den düsteren Abwegen selbstbesessener Grübeleien zu tun haben – zum Beispiel, wenn wir in Erinnerungen schwelgen, uns neue Möglichkeiten ausmalen oder in dicken Wolken einen Hasen, einen Drachen und dann wieder einen Hasen sehen. Devaney und ihr Team kommen jedoch zu dem Schluss, dass Techniken wie Meditation oder einfach die bewusste Konzentration auf die Ruhe dabei helfen, den Lärm regelmäßig und zuverlässig zu überwinden. »Die Hauptergebnisse«, so schreiben sie, »entsprechen den positiven Auswirkungen der Meditation auf die Unterdrückung des DMN.« Auch wenn es keinen perfekten »Stummschaltknopf« gibt, können wir lernen, den Lärm einzudämmen.

DIE NEUROWISSENSCHAFT DER SELBSTTRANSZENDENZ

»Ein Fließen, das Gefühl, eins mit dem Atem zu sein.« So beschrieb eine in der Meditation erfahrene Teilnehmerin einen besonders eindrucksvollen Moment von Brewers Echtzeit-fMRT-Neurofeedback-Studien. Die Werte auf dem Monitor zeigten für diesen Moment eine deutlich verringerte Aktivität in ihrem PCK.

Obwohl wir Flow normalerweise mit körperlicher Betätigung assoziieren – zum Beispiel, wenn Jamal einen Basketball versenkt –, erscheint er auch im Zusammenhang mit Sitzmeditation logisch. Beim Flow geht es genau wie beim konzentrierten Atmen darum, sich im Hier und Jetzt zu erden. Darum, dass Geist und Körper eins werden. Auch Csikszentmihalyi hat oft geschrieben, dass sich mit Meditation für den Flow trainieren ließe.

Für fMRT-Studien ließen Brewer und andere die Testpersonen oft auf unterschiedliche Weise meditieren – unter anderem praktizierten sie die Meditation der »liebenden Güte«, bei der man sich auf das Mitgefühl mit sich selbst und anderen Menschen konzentriert. Auf den ersten Blick scheint dies nicht unbedingt die gleiche Flow-artige Körperlichkeit zu haben wie beispielsweise das bewusste Atmen. Dennoch wurde dabei in Studien eine ähnliche Reduzierung der Aktivität im PCK festgestellt.

Als wir kürzlich mit Brewer sprachen, wies er uns darauf hin, dass

Achtsamkeit und liebende Güte tatsächlich eine wesentliche Gemeinsamkeit haben, die direkt mit dem Flow zusammenhängt. »Wie fühlt es sich an, wenn Sie daran denken, dass jemand gütig zu Ihnen war?«, fragte Brewer; das ist ein wichtiges Element bei der Meditation der liebenden Güte. »Ist das ein Gefühl der Enge oder der Weite? Und wie fühlt es sich an, wenn man einfach nur ruht, während man den Atem oder einen Gegenstand bewusst wahrnimmt, ohne vom Geplapper im Kopf in Beschlag genommen zu sein? Ist das ein Gefühl der Enge oder der Weite?«

Für uns war die Antwort auf beide Fragen klar: Weite. Brewers Forschung zeigt, dass bei beiden Aktivitäten im Bewusstsein etwas Ähnliches entsteht. Nicht nur der Eustress des physischen Flows – wenn das Gehirn sich so sehr auf die aktuelle Aufgabe konzentrieren muss, dass ihm die Aufmerksamkeitsressourcen fehlen, um sich auch nur im Geringsten mit sich selbst zu beschäftigen oder sich Sorgen zu machen. Nein, es ist ein Gefühl der Weite, das über das starre Festhalten an einem als eigenständig wahrgenommenen Selbst hinausgeht.

Weite bringt den Geist zur Ruhe.

Ein neuer Bereich multidisziplinärer akademischer Studien befasst sich mit selbsttranszendenten Erfahrungen (STE)[13] – das sind Erfahrungen, die unter anderem geistige Zustände wie Flow, Achtsamkeit, Ehrfurcht und mystische Begegnungen betreffen.

In einem kürzlich erschienenen Artikel[14] bezeichnen David Bryce Yaden von der Johns Hopkins Medical School und sein Team STEs als »vorübergehende mentale Zustände mit verminderter Selbstwahrnehmung und/oder gesteigerter Verbundenheit«. Dabei werden zwei Unterkomponenten der STE definiert: eine »annihilatorische« Komponente, »welche die Auflösung des körperlichen Selbstgefühls durch das Schwinden der Grenzen des Selbst sowie die Selbstidentität betrifft«, und eine »relationale« Komponente, »die das Gefühl der Verbundenheit betrifft, bis hin zum Einswerden mit etwas, das über das

Selbst hinausgeht, üblicherweise mit anderen Menschen und Aspekten der eigenen Umgebung oder des Umfelds«. Die Selbsttranszendenz ist eine Art von »Zurechtrücken«. Die Bedeutung des Ego wird reduziert, während das Gefühl der Verbundenheit mit der Welt um uns herum wächst. Wir sind kleiner *und* größer zugleich – nur ein Tropfen im Ozean, aber dennoch ein Teil seiner unendlichen Weite. STE verschaffen uns – fast immer – dieses subjektive Gefühl der *Weite.* Doch sie bewirken noch etwas anderes: *Sie lassen uns verstummen.* So zum Beispiel die Ehrfurcht. Dacher Keltner, Psychologe an der UC Berkeley und Gründer des *Greater Good Science Centers,* und sein Kollege Jonathan Haidt definieren Ehrfurcht als Kombination aus zwei Faktoren: »empfundene Unermesslichkeit« und »Bedürfnis nach Anpassung«.[15] Der erste Faktor, die empfundene Unermesslichkeit, tritt auf, wenn »man mit Dingen zu tun hat, die unermesslich groß sind oder den eigenen Bezugsrahmen überschreiten – sei es räumlich, zeitlich oder hinsichtlich der Bedeutung«. Zum Beispiel, wenn wir ein dramatisches Gewitter bestaunen oder wenn wir die unwirkliche Schroffheit des Grand Canyon bewundern. Manchmal erleben wir die Grenzenlosigkeit und Erhabenheit des Universums, wenn wir an einem heiligen Ritual teilnehmen oder uns mit einem Konzept wie der Stringtheorie auseinandersetzen. Dann können wir uns nur mit einem »Aahh«, »Oohh« oder »Mmmm« äußern oder bleiben, wie es vermutlich am besten ist, ganz und gar still.

Das zweite Merkmal der Ehrfurcht, das Bedürfnis nach Anpassung, zeigt sich, wenn eine Erfahrung oder Erkenntnis unsere »Wissensstrukturen« übersteigt. Man kann sie nicht erfassen.« Keltner erklärt: »Man ist sprachlos, hat keine Worte.« Man ist nicht in der Lage, die Realität in saubere und ordentliche Kategorien einzuordnen. Der österreichische Logiker Ludwig Wittgenstein, ein Vorreiter auf dem Gebiet der Philosophie der Mathematik und der Philosophie des Bewusstseins, fasste dies in seinem Hauptwerk *Tractatus logico-philosophicus* zusammen:»Was sich überhaupt sagen lässt, lässt sich klar sagen; und wovon man nicht reden kann, darüber muss man schweigen.«[16] Das ist, als würde der turbogetriebene Motor der logischen Berechnung selig in die liebenden Arme des kosmischen Geheimnisses stürzen.

Diese Begegnung mit Wissensstrukturen, die über unseren derzeitigen Rahmen hinausgehen, erinnert an die Arbeit des Schweizer Psychologen Jean Piaget, der feststellte, dass Kinder sich dann weiterentwickeln, wenn sie ihr Weltbild erweitern müssen.[17] Sie lassen ihre bisherigen Paradigmen hinter sich, weil sie es müssen. Genauer gesagt lassen sie diese hinter sich *und* nehmen sie auf. Das bedeutet: Wenn eine Beobachtung oder Erfahrung nicht zu unserer bestehenden Denkstruktur passt, wachsen wir. Anders als Piaget und seine Zeitgenossen glaubten, geschieht das nicht nur in der Pubertät, sondern während des ganzen Lebens, wie eine neue Gruppe von Theoretikern und Psychologen bestätigt.[18]

Summer Allen, eine Kollegin von Keltner am *Greater Good Science Center*, schreibt, dass Ehrfurcht unsere Aufmerksamkeit von uns selbst ablenkt, uns das Gefühl gibt, Teil von etwas zu sein, das größer ist als wir selbst, und uns anderen gegenüber großmütiger macht. Aus psychologischer Sicht, so meint sie, scheint die Selbsttranszendenz durch Ehrfurcht zu bewirken, dass»der Mensch das Gefühl bekommt, mehr Zeit zur Verfügung zu haben, dass das Gefühl der Verbundenheit steigt, dass kritisches Denken und Skepsis gefördert werden, die positive Stimmung steigt und der Materialismus abnimmt«[19]. All das spricht für die Art von *Weite*, die Judson Brewer bei nachlassender Aktivität im PCK feststellte. Wenn wir nichts zu sagen haben und kein übermäßiges Ich-Bewusstsein besteht, schwindet alles, was uns einschränkt. Keltner unterstreicht, das Erleben von Ehrfurcht könne »die Stressphysiologie beruhigen, den Vagusnerv aktivieren, die Freisetzung von Oxytocin auslösen und die Dopamin-Netzwerke im Gehirn aktivieren«. Weiter sagt er, dass diese biologische Reaktion dabei helfen kann, die Welt zu erforschen, weil man freundlicher wird und mehr Staunen erlebt.

Die Deaktivierung des »Ich-Netzwerks« führt uns wieder zu den moralischen Dimensionen der Ruhe – zu Gandhis Vorstellung, dass das Elend der Welt zur Hälfte verschwinden würde, wenn wir, die besorgten Sterblichen, die Tugend des Schweigens kennen würden. Oder zum Empfinden von Sheena Malhotra, die Ruhe als »Ozean« beschrieb, der die Energie verlagert und selbst Tausende von Menschen mit Empathie durchdringt. Oder zu dem, was Rob Lippincott in der Ruhe bei »Geschäftsandachten« der Quäker wahrnimmt, die nach Einheit streben, indem sie »Zusammengehörigkeit trainieren«. Wenn wir uns von dem Lärm, der Enge und der Abspaltung lösen, die das Gehirn normalerweise erlebt, und uns Ruhe, Weite und Verbundenheit zuwenden, können wir nicht nur unser eigenes Ich wandeln, sondern auch unsere Beziehungen, Gemeinschaften und Gesellschaften.

In ihrer Arbeit von 2017 befassen sich Yaden und seine Mitautoren mit der intensivsten Variante der STE: *mystischen Erfahrungen.* »Einige Menschen berichten, dass das Gefühl des Ich bei mystischen Erfahrungen vollständig verschwindet und ein einzigartiges Gefühl der Einheit mit der Umgebung entsteht.« Solche Erfahrungen haben viele Namen, unter anderem religiöse Primärerfahrung, kosmisches Bewusstsein, Christusbewusstsein, Satori, Samadhi, nichtduale und transzendentale Erfahrungen. Zwar hat jede von ihnen einen eigenen Charakter und eine nuancierte Bedeutung, die von der Tradition geprägt ist, aus der sie stammt, doch Neurowissenschaft und Psychologie verweisen auf die Gemeinsamkeiten dieser Erfahrungen, zum Beispiel, dass sie die Perspektive der jeweiligen Person oft nachhaltig verändern.

Vor mehr als einem Jahrhundert beschrieb William James, der Harvard-Gelehrte, der heute gemeinhin als Vater der amerikanischen Psychologie gilt, die verbindenden Merkmale der mystischen Erfahrung.[20] James zufolge haben sie vier Eigenschaften gemeinsam. Zum einen sind sie *noetisch*. Die Erfahrungen fühlen sich real und wahr an, und sie »behalten das seltsame Gefühl der Realität auch in der Zeit danach«. Eine weitere Eigenschaft ist die *Vergänglichkeit*. Diese Erfahrungen sind kurz, aber wenn sie erneut auftreten, ist ein Element der »kontinuierlichen Entwicklung« möglich. Die nächste Eigenschaft ist die *Passivität* – das Gefühl, überwältigt oder ausgeliefert zu sein. Der Betroffene meint, »von einer höheren Macht ergriffen und gehalten zu werden«.

Der vierte und wichtigste Punkt ist für James die *Unaussprechlichkeit*: das Gefühl, dass die Erfahrung »nicht wiedergegeben werden kann«.

Für James war die mystische Erfahrung nicht nur für den Verstand heilsam, sondern eine Erweckung für das ganze Wesen. Zu Beginn des 20. Jahrhunderts sprach er an der Universität Edinburgh vor großem Publikum über mystische Erfahrungen und sagte: »Das Einzige, was [eine mystische Erfahrung] unmissverständlich bezeugt, ist, dass wir eine Einheit mit etwas erleben können, das größer ist als wir selbst, und in dieser Einheit unseren größten Frieden finden.« Die Suche nach diesem »größten Frieden« blieb für James bis an sein Lebensende eines der wichtigsten akademischen Forschungsinteressen.

Dennoch fiel es ihm genau wie anderen Gelehrten äußerst schwer, mystische Erfahrungen wissenschaftlich zu untersuchen. Der Grund dafür ist, dass diese Erfahrungen in der Regel spontan und fern von wissenschaftlichen Scannern und Geräten stattfinden. Selbst innovative Ansätze wie die von Brewer beschriebenen »Grounded-Theory«-Experimente können keinen großen Beitrag zur Entschlüsselung der neurobiologischen Mechanismen leisten, die bei einer echten mystischen Erfahrung zum Tragen kommen. Sie sind, wie schon William James wusste, *unaussprechlich.*

○

Kürzlich haben wir Grace Boda nach ihrem größten Ruheerlebnis gefragt.

Mit Tränen in den Augen sagte sie:»Ich erinnere mich daran, als wäre es gestern gewesen, denn es hat mein Leben verändert. Ich bin sechs Jahre alt. Ich bin in der ersten Klasse. Es ist Pause«, erinnert sie sich.»Der Rasen wurde gerade gemäht, und wir machen das, was wir dann immer tun: Wir tragen alle Grasreste auf einen großen Haufen zusammen, um ein Nest zu bauen und Vögel zu spielen. Alle Kinder schlagen mit den Armen und krächzen. Die Vogeljungen streiten sich um das Revier, die Vogelmädchen jagen nach Würmern, und ich, weil ich in der ersten Klasse die Kleinste bin, soll der Babyvogel sein. Deshalb stehe ich einfach da, eigentlich soll ich piepen, doch ich träume nur vor mich hin und halte nach vierblättrigen Kleeblättern Ausschau, und auf einmal, ganz plötzlich und ohne Grund, bin ich – *puff!* – nicht mehr in meinem Körper.«

Grace spricht jetzt langsamer:»Ich spüre, wie mein Ich, mein Bewusstsein, sich über ausnahmslos alles erstreckt. Ich weiß noch, wie erschrocken ich war, mir ging so etwas durch den Kopf wie: ›Oh, ich bin alles.‹ Es gibt nicht einmal ein Wort dafür. Mein sechsjähriger Verstand sagte mir: ›Das muss Gott sein‹, und ich erkannte einfach: ›Ich gehöre dazu.‹«

Grace beschreibt, sie habe eine reine Güte gespürt, und da sie selbst *alles* war, war auch sie diese Güte. Sie hatte das»Selbst« hinter sich gelassen und war eins mit der Ganzheit geworden. Dennoch wurde etwas von ihr verlangt.»Auch eine Frage war präsent«, sagt sie,»nicht in Worten, aber ich wusste, dass sie lautete: ›Bist du bereit? Bist du

wirklich bereit?‹« An der Antwort gab es für sie damals keinen Zweifel:»Ich wusste mit jeder Zelle meines Wesens, mit jeder Faser meines ganzen Seins, dass es ein absolutes, uneingeschränktes *Ja* war.
Ich meine: *Ja! Ja!*
Und dann höre ich, wie die Pausenglocke schellt: *BUMM!* Ich
komme zu mir. Es fühlte sich an, als ob ein Gummiband reißt. Ich
wurde zurück in meinen Körper und mein Ich als kleines Mädchen
auf dem Pausenhof gerissen, und meine Freunde rannten johlend und
kreischend und zwitschernd an mir vorbei, um sich aufzustellen, damit wir wieder ins Klassenzimmer gehen konnten. Und ich weiß noch,
dass ich dachte: ›Ich werde nie wieder derselbe Mensch sein.‹«

Grace wollte verstehen, was diese mystische Erfahrung zu bedeuten hatte.»Ich wurde katholisch erzogen und dachte, ich sei zur Pries-
terin berufen. Aber als ich das dem Pfarrer meiner Kirche erzählte,
tätschelte er mir die Schulter und sagte natürlich: ›Mädchen können
keine Priester werden.‹« Das hätte eine schwere Enttäuschung sein
können, doch so war es nicht.»Ich habe einfach nicht mehr davon gesprochen«, erzählt Grace.»Daran gezweifelt habe ich *nie*, denn es war
eine so unmittelbare, starke, mächtige Erfahrung« – genau wie William James das Noetische beschreibt.»Ich habe nicht eine Sekunde
daran gezweifelt, dass sie real war.«

Grace, die mittlerweile 60 Jahre alt ist, coacht sehr erfolgreich Führungskräfte, die sowohl beruflich als auch spirituell Beratung suchen,
weil sie sich im Leben mehr Klarheit, Orientierung und Sinn wünschen.»Sie war eine Initiation und eine Einsegnung«, sagt sie über
diese Erfahrung als Erstklässlerin.»Ich habe später noch viele andere
Erfahrungen gemacht, aber diese erste hat meinem Leben die Richtung gegeben und mein Wesen in einer Weise verändert, die ich nicht
beschreiben kann und die alles andere möglich machte.«

Sie kann das Erlebte»nicht einmal ansatzweise beschreiben«,
da es, wie William James sagen würde, unaussprechlich war.»Mein

Herz wurde so aufgerissen, wie sich mit Worten nicht ausdrücken lässt. Alle Worte versagen, weil ein Wort per Definition für eine Sache steht.«

Grace kann diese tiefste Ruhe nur als »Ort im Bewusstsein« bezeichnen. Seit mehr als 50 Jahren ist dies die Quelle, aus der sie schöpft, dieser Ort der »inneren Ruhe und inneren Fülle und inneren Ganzheit und des inneren Einsseins«. Der »Ort«, den Grace erlebte, war eine *entrückte Ruhe im Geist* – eine umfassende Befreiung vom Lärm auf jeder Ebene der Wahrnehmung.

Damit stellt sich die Frage: Ist es überhaupt sinnvoll, eine neurobiologische Erklärung für ein solches Ereignis zu suchen? Wahrscheinlich nicht.

Unserer Ansicht nach lässt sich die Bedeutung einer derartigen mystischen Erfahrung nicht nur auf äußerlich feststellbare Phänomene zurückführen. Und dennoch ist es möglich, das Mysterium zu respektieren und gleichzeitig nach Hinweisen darauf zu suchen, was in einem solchen Zustand in Gehirn und Nervensystem vor sich geht.

Natürlich ist es ausgeschlossen, mit bildgebenden Verfahren die Gehirnaktivität einer Person zu untersuchen, die eine spontane mystische Erfahrung macht – wie Grace auf dem Spielplatz –, doch mit neuen Entwicklungen in den Neurowissenschaften kommen wir dem erstaunlich nahe. Insbesondere die Renaissance der Psychedelika-Forschung liefert Erkenntnisse über die Neurowissenschaft der Selbsttranszendenz.

Im Jahr 2009 erhielt Robin Carhart-Harris in Großbritannien die Erlaubnis, die Auswirkungen von Psilocybin auf das Gehirn zu untersuchen. Für die Studien legten sich Freiwillige in fMRT-Geräte, nahmen synthetische Pilze und starteten den Flug mit dem Zauberteppich. Carhart-Harris ging davon aus, dass die Bilder starke Aktivität im Gehirn zeigen müssten und es »wie das träumende Gehirn« aussehen würde, sagte er Michael Pollan.[21] Stattdessen stellte er mit seinem

Team einen verringerten Blutfluss im DMN fest, was auf eine relativ geringe Aktivierung des »Ich-Netzwerks« hindeutet.[22] Intuitiv klingt das logisch. Psychedelische und entheogene Erfahrungen haben gemeinsam, dass das Empfinden eines eigenen Selbst oder einer fest umrissenen Ich-Identität schwindet oder ganz verloren geht.[23] Wie bei Grace' Kindheitserlebnis kann diese radikale Transzendenz des inneren Rauschens dauerhafte Veränderungen bewirken. Nicht nur der *Bewusstseinszustand* kann sich ändern, sondern auch die *Charaktereigenschaften*.

1962 wurden für das sogenannte »Karfreitagsexperiment« zwanzig Theologiestudierende in zwei Gruppen unterteilt. Die eine erhielt Psilocybin (das damals legal war), die andere ein aktives Placebo, also eines, das ähnliche Nebenwirkungen aufweist. Dann nahmen alle gemeinsam am Karfreitagsgottesdienst teil. Der bekannte Bürgerrechtler, Autor und Theologe Reverend Howard Thurman hielt die Predigt und erteilte der Studie seinen Segen.

Mike Young, einer der Teilnehmer, die Psilocybin bekamen, sagte, zum Zeitpunkt der Studie sei er unsicher gewesen, ob er wirklich Pfarrer werden wollte. Unter dem Einfluss von Psilocybin hatte er eine mystische Erfahrung, bei der er starb und wiedergeboren wurde. Er beschrieb es als »sehr schmerzhaft« und »herrlich«. Als er wieder nach Hause zu seiner Frau kam, wusste sie sofort, dass etwas Einschneidendes geschehen war. Fast 50 Jahre später hat das Experiment noch immer Nachwirkungen. »Ich bin Pfarrer der Unitarischen Universalkirche, und das liegt an« – Mike korrigiert sich – »liegt *zum Teil* an dieser Erfahrung unter Drogeneinfluss.« Das war nicht der *einzige* Grund, aber etwas in ihm hat sich für immer verändert.

Der renommierte Religionswissenschaftler Huston Smith nahm ebenfalls an der Studie teil und bekam ebenfalls eine Dosis Psilocybin. Er hat oft beschrieben, dass die Erfahrung prägende Wirkung hatte, und sagt, dass er stets »aufs Neue dankbar« sei, wenn er daran

zurückdenke. 35 Jahre später erklärte er, das Experiment habe sein »Erleben des Heiligen abgerundet, indem es mir die Möglichkeit gab, es auf persönliche Art zu erleben«. Weiter sagt er: »Das hat meinen Erfahrungsschatz dauerhaft erweitert. ... Seitdem bin ich in der Lage, diese klassische Form der Mystik empirisch zu verstehen.«
Natürlich gilt das nicht nur für die psychedelische Erfahrung. Mystische Erlebnisse sind durch Fasten, Singen, Atemarbeit, Prostratio (Niederwerfung), Entzug von sensorischen Reizen oder – wie bei Grace – durch spontane Mysterien möglich. Psychedelische Arbeit kann jedoch entscheidend dazu beitragen, mystische Erfahrungen wissenschaftlich zu verstehen, weil sie für randomisierte Kontrollstudien geeignet sind. Die fMRT-Aufzeichnungen zeigen dabei, dass mystische Erfahrungen mit einer starken Verringerung der Aktivität in den lautesten Teilen des Gehirns einhergehen.

Judson Brewer berichtete uns, dass er mit seinem Team »überall nach erhöhter Aktivität suchte«, als sie die Gehirne erfahrener Meditierer in erweiterten Bewusstseinszuständen betrachteten. Diese war jedoch nicht zu finden. »Ich glaube, dass unser Gehirn bei selbsttranszendenten Erfahrungen effizienter ist«, sagt er. Der Begriff »effizient« impliziert einen wichtigen Aspekt. Das, was sich als »mystisches Bewusstsein« bezeichnen lässt, ist erstaunlich »nützlich«.

In kognitiver Hinsicht sind laute Gedanken über das »Ich« die reinste Verschwendung.

○

Was also ist Ruhe im Geist?

Handelt es sich dabei um eine Verringerung der Aktivität im präfrontalen Kortex? Im posterioren zingulären Kortex? Im gesamten Default Mode Network?

Handelt es sich um einen aktiven Flow-Zustand auf dem Spielfeld, in dem man alle Verteidiger und alle selbstbezogenen Gedanken hinter sich lässt?

Handelt es sich um einen Zustand der Passivität, in dem wir die Unermesslichkeit des Daseins spüren, die mit unseren bisherigen geistigen Vorstellungen nicht zu fassen ist?

Ist es eine seltene mystische Begegnung, die uns kosmisch »zurechtrückt«, indem sie unser Gefühl der Eigenständigkeit und unsere egoistische Selbstüberschätzung abstellt?

Ja. Die Wissenschaft weist auf *all das* hin.

Dank entscheidender Fortschritte in der Neurobildgebung und unseres Wissens um die biologischen Grundlagen von Geist und Bewusstsein können wir die Bedeutung der Ruhe – insbesondere der inneren Ruhe – deutlich umfassender erforschen. Das ist etwas Gutes. Es hilft uns, die Welt besser zu verstehen.

Doch dass wir im »goldenen Zeitalter der Neurowissenschaften« leben, bedeutet noch lange nicht, dass wir die Geheimnisse der Ruhe im Geist irgendwie mechanistisch entschlüsselt haben. Schon Ludwig Wittgenstein, einer der strengsten logischen Denker der Geschichte, sagte, dass sich manches nicht analysieren, nicht mit Worten oder Logik erklären lässt. Das, was uns Dezibelmesser, Hydrophone, fMRT und EEG verraten können, hat seine Grenzen.

Und das ist in Ordnung.

Laut Wittgenstein müssen wir manches einfach »schweigend übergehen«.

TEIL III:
DAS WESEN
DER RUHE

7 Deshalb macht Ruhe Angst

Nehmen Sie sich einen Moment Zeit für ein Gedankenexperiment. Oder vielmehr ein Gefühlsexperiment.

Stellen Sie sich vor, Sie hätten sich gerade dazu verpflichtet, die nächsten fünf Jahre Ihres Lebens in völliger Stille zu verbringen.

Um die Logistik müssen Sie sich nicht kümmern. Ihr Lebensunterhalt und die Versorgung Ihrer Angehörigen sind sichergestellt, alle praktischen Aspekte sind bereits geklärt.

Was geht Ihnen spontan durch den Kopf?

Welche Gefühle entstehen, wenn Sie sich vorstellen, dass es wirklich so wäre? Wie reagiert Ihr Körper? Fürchten Sie Einsamkeit? Verspüren Sie Erleichterung? Oder erleben Sie etwas ganz anderes?

Wie würde sich Ihre innere Landschaft verändern, wenn Sie nichts sagen würden? Wohin würden sich Ihre Gedanken ohne Worte wenden?

Während Sie sich Ihre Fahrt auf das Meer der Ruhe ausmalen, sollten Sie sich noch eine weitere Frage stellen, obwohl wir die Antwort – zumindest in gewisser Weise – vermutlich schon kennen: *Macht das Angst?*

DER ERSTE ANSATZ DER KONTEMPLATION

Der Name Pythagoras mag unangenehme Erinnerungen an den Mathematikunterricht wecken, denn heutzutage denkt man dabei in erster Linie an das geometrische Theorem zur Bestimmung der langen

Seite eines rechtwinkligen Dreiecks. Doch von Pythagoras können wir noch viel mehr lernen.

Vor etwa 2 500 Jahren – ungefähr zu der Zeit, als Siddhartha Gautama Buddha und Konfuzius auf der Erde weilten – gelang Pythagoras von Samos etwas, das uns heute oft unmöglich erscheint. Er überwand die Kluft zwischen Wissenschaft und Spiritualität, indem er gottesfürchtige Kontemplation mit strenger Forschung verknüpfte. Pythagoras entwickelte nicht nur den berühmten Satz, der nach ihm benannt ist, sondern trug auch wegweisend zum Verständnis der numerischen Proportionen und der fünf regelmäßigen Körper in der Geometrie bei, die noch HEUTE zu den Grundlagen der modernen Mathematik zählen. Er erfand ein musikalisches Stimmungssystem, bei dem das Frequenzverhältnis zwischen den Noten 3:2 entspricht – diesem System wird eine einzigartige Harmonie mit den Proportionen der Natur zugesprochen. Pythagoras war der Erste, der die Welt in die fünf Klimazonen einteilte, die noch heute in der Meteorologie verwendet werden. Er erkannte richtig, dass Morgenstern und Abendstern derselbe Planet sind, die Venus. Man geht davon aus, dass er als erster Mensch in der Geschichte lehrte, dass die Erde rund und nicht flach ist.

Dabei war Pythagoras nicht das, was wir heute als empirischen Forscher bezeichnen würden. Er leitete eine Mysterienschule – eine Gesellschaft, in der Eingeweihte unterwiesen wurden, um esoterische Fragen über die Natur der Wirklichkeit zu untersuchen. Die Mitglieder der Schule studierten die spirituelle Wissenschaft der Metempsychose oder »Seelenwanderung«, ein Konzept der Reinkarnation. Sie entwickelten komplizierte Lehren rund um Numerologie und Astrologie, die allesamt auf eine Ordnung in der Natur, eine messbare kosmische Harmonie hindeuteten. Pythagoras ging beispielsweise von einer *musica universalis* aus – das ist die Vorstellung, dass sich die Planeten nach bestimmten mathematischen Gleichungen bewegen, durch die im Himmel eine schöne, wenn auch unhörbare Melodie entsteht.

Die Schule der Pythagoräer war revolutionär. Sie durchbrach das starre Patriarchat der damaligen Zeit und war die geistige Heimat der ersten bekannten Mathematikerin und Astronomin, Hypatia von Alexandria. Nach dem Tod ihres Gründers bestand die Schule noch viele Hundert Jahre, beeinflusste Sokrates, Plato und alle Lehrer, die auf sie folgten, und legte damit den Grundstein für weite Teile der westlichen Philosophie. Auch Mathematiker und Astronomen wie Kopernikus und Newton, die die moderne Wissenschaft prägen sollten, wurden von ihr beeinflusst.

Manche sagen, Pythagoras sei als erster Mensch im wahrsten Sinne des Wortes ein »Philosoph« gewesen – jemand, der »die Weisheit liebt«. Nach Manly P. Hall, der die Mysterienschulen der Welt erforschte, verstand Pythagoras unter »Weisheit« etwas ganz Bestimmtes: »Erkennen der Quelle oder Ursache aller Dinge«.[1] Um Weisheit zu finden, war es seiner Ansicht nach nötig, »den Intellekt so weit zu erhöhen, dass er intuitiv erkennt, wie sich das Unsichtbare durch das Sichtbare nach außen manifestiert«, bis er »fähig wird, eine Verbindung zum Geist der Dinge herzustellen statt nur zu ihren Formen«.

Wer in den inneren Kreis der pythagoräischen Schule aufgenommen werden wollte, musste sich verschiedensten Regeln unterwerfen, zum Beispiel Vorschriften zur Ernährung, zur Lehre, zur persönlichen Moral und zum Lebenswandel. Eine der Verpflichtungen, die für den Zugang zu den esoterischen Lehren erfüllt werden musste, war jedoch besonders streng: *Man musste fünf Jahre lang auf das Sprechen verzichten.*

»Lernt das Schweigen«, riet Pythagoras seinen Schülern. »Lasst euren stillen Geist lauschen und die Ruhe aufnehmen.« Im 15. Jahrhundert erklärte der Humanist Johannes Reuchlin, für Pythagoras sei die Stille »der erste Ansatz der Kontemplation« gewesen – die Voraussetzung für alle Weisheit. Laut Hall widmete sich auch Pythagoras selbst der tiefen Ruhe. Er zog sich regelmäßig monatelang in seinen Klausurtempel zurück ohne Schriftrollen, Schreibgeräte, Schreiber oder Gefährten, und ernährte sich nur von seinem eigenen gesunden Gemisch aus Mohn- und Sesamsamen, Narzissen, Malven, den getrockneten Schalen von Meerzwiebeln und einer Paste aus Gerste, Erbsen und wildem Honig.

Warum betrachtete Pythagoras die Ruhe als Schlüssel zur Weisheit? Warum durften seine engsten Schüler ihr formales Studium erst beginnen, nachdem sie fünf Jahre lang geschwiegen hatten? Wie genau Pythagoras darüber dachte oder welche Logik dahintersteht, ist nicht bekannt. Aber vielleicht können wir seine Argumentationsweise nachvollziehen.

Kommen wir noch einmal auf das »Gefühlsexperiment« vom Anfang dieses Kapitels zurück. Stellen Sie sich vor, Sie gehörten zu diesem engen Kreis von Eingeweihten.

Wie könnte sich die Struktur Ihres Geistes durch fünf Jahre Schweigen verändern?

In Meditationsretreats, während längerer Aufenthalte in der Natur und in anderen Phasen stiller Kontemplation haben wir mehrere Anhaltspunkte gefunden. Natürlich zwingt uns die Ruhe zur Begegnung mit uns selbst. Wenn es keine Ablenkung gibt, müssen wir lernen, mit unserem eigenen inneren Lärm umzugehen. Dann können wir uns auf das einlassen, was wirklich in uns selbst und um uns herum geschieht. Ohne Urteile, Vermutungen und Leistungsdruck wendet sich der Verstand wie ein magnetischer Kompass der Wahrheit zu.

Aber wir wollen nicht behaupten, dass dies ganz einfach ist. In tiefer Ruhe werden zunächst Unmengen vertrauter Muster und Gedankenformen, Fantasien, Ambitionen, Begierden und Verblendungen befeuert. Wir beide haben in der Stille schon den intensiven Drang verspürt, davonzulaufen oder irgendetwas Beliebiges zu tun, nur um den Raum zu füllen.

Im Englischen gibt es für Unterhaltung den Begriff *diversion*, ein Wort, das auch »Ablenkung« bedeutet. Ähnlich ist es in romanischen Sprachen; das Spanische *divertir* heißt »sich amüsieren« oder »unterhalten«. Das gibt uns zu denken: Wovon lenken wir uns ab, wenn wir uns amüsieren wollen? Langeweile? Verlust? Sterblichkeit? Wenn man sich auf tiefe Ruhe einlässt, muss man mit diesem Unbehagen allein sein und Energie aus den Teilen des Gehirns abziehen, die den ausgeprägten Sinn für das »Ich« schützen und ausschmücken – medialer präfrontaler Kortex und posteriorer zingulärer Kortex.

In *Zur Genealogie der Moral* schreibt Nietzsche über den *horror vacui*, den »Schrecken der Leere« oder das Grauen, das ein Mensch empfindet, wenn er keine sinnlichen Eindrücke und keine geistige Stimulation bekommt. Dieses Phänomen gibt es wirklich. In einer Studie aus dem Jahr 2014[2] ließ Timothy Wilson, Sozialpsychologe an der University of Virginia, Freiwillige 15 Minuten lang allein in einem leeren Raum ohne Mobiltelefon oder Unterhaltungsmöglichkeiten sitzen. Die Probanden hatten die Wahl: Sie konnten entweder allein in der Stille ausharren oder einen Knopf drücken, der ihnen einen schmerzhaften Stromschlag verpasste. Anfangs sagten alle, sie würden Geld dafür zahlen, um von dem Stromschlag verschont zu bleiben, doch letztendlich wählten 67 Prozent der Männer und 25 Prozent der Frauen den Stromschlag statt der Stille.

Dabei ging es nur um 15 Minuten. Stellen Sie sich fünf Jahre vor.

In der mystischen Tradition des Christentums gibt es einen Begriff für die Begegnung mit dem ungeduldigen, wilden Verlangen und der Abneigung gegen längerfristige tiefe Ruhe. Man spricht von der »dunklen Nacht der Seele«. Im Buddhismus wird dasselbe Phänomen manchmal »Grube der Leere« genannt.

In dieser Hinsicht ist Ruhe tatsächlich beängstigend.

Aber was können wir auf der anderen Seite finden?

DAS URPHÄNOMEN

Der Schweizer Schriftsteller und Philosoph Max Picard sagt, Schweigen sei »eine primäre Gegebenheit, die sich auf nichts zurückführen lässt. Es ist durch nichts anderes ersetzbar, es kann mit nichts vertauscht werden, es gibt nichts hinter ihm, auf das man es beziehen kann als den Schöpfer selbst.«[3] Johann Wolfgang von Goethe hatte für diese Art von Gegebenheit einen bestimmten Begriff: »Urphänomen«. Er betonte, dass zu diesen »Urphänomenen« – Phänomene, die von nichts anderem abhängen – auch die Liebe, der Tod und das Leben als solches gehören. Selbst in dieser eindrucksvollen Runde gebührt dem Schweigen der erste Rang. Schweigen ist das Phänomen, aus dem alles andere hervorgeht. Picard schreibt: »Man kann sich keine Welt vorstellen, in der nichts als das Wort ist, wohl aber eine Welt, in der nur das Schweigen ist.« Weiter sagt er, Schweigen habe »alles in sich selbst, es wartet auf nichts, es ist immer ganz da und füllt immer ganz den Raum aus, wo es erscheint«.

Goethe erklärte: »Vor den Urphänomenen, wenn sie unseren Sinnen enthüllt erscheinen, fühlen wir eine Art von Scheu, bis zur Angst.« Und wie sollte es auch anders sein? All die »Urphänomene«, die Goethe beschrieb – die Liebe, der Tod, das Leben –, können auf ihre eigene Art beängstigend sein. Unser kleines Ich, das sich mit Ablenkung und Täuschung zufriedengibt, sträubt sich, kratzt und zittert, wenn es mit der Unermesslichkeit der Wirklichkeit konfrontiert wird. Das Schweigen, die Mutter der Urphänomene, ist dabei vielleicht das beängstigendste, zumal wir an das rund um die Uhr verfügbare All-you-can-eat-Buffet der Sinnesablenkungen gewöhnt sind, das die moderne Welt ausmacht.

Goethes »Urphänomen« und Nietzsches *horror vacui* beschreiben das Verhältnis zwischen Ruhe und Angst eher abstrakt. Eine anschaulichere Erklärung finden wir dagegen in Horrorfilmen.

Stellen wir uns vor, die sympathische Hauptfigur wird von gefährlichen Raubtieren oder geistesgestörten Kerlen mit Kettensägen durch einen stockfinsteren Nadelwald gejagt. Regie und Ton verzichten in derartigen Szenen oft auf jegliche Geräusche oder andere Informationen, um besonders großen Schrecken zu erzeugen. Das liegt daran, dass in der Stille *Bezugspunkte fehlen*. Es gibt dann weniger Leitplanken, an denen man sich orientieren kann, weniger Anhaltspunkte, mit denen sich das Geschehen erfassen lässt.

In Alfonso Cuaróns oscargekröntem Film *Gravity* aus dem Jahr 2013 wird ein Spaceshuttle von rasenden Trümmerteilen getroffen, sodass die von Sandra Bullock verkörperte Figur in einem Raumanzug ganz allein durch das pechschwarze Vakuum des Weltraums trudelt. Die spektakuläre Zerstörung des Raumschiffs – von dem ihr Leben abhängt – ist deshalb so erschreckend, weil sie in völliger Stille stattfindet. Die Schallwellen der Explosion werden im Weltraum nicht übertragen. Die Szene ist nicht nur gruselig, weil sie ungewöhnlich ist, sondern weil der Eindruck entsteht, dass man nicht richtig begreift, was wirklich vor sich geht.

Die Angst vor der Ruhe ist die Angst vor dem *Unbekannten*. Gleichzeitig ist sie die Angst vor dem, was *bekannt werden könnte*.

Das gilt im Alltag genauso wie bei außerirdischem Schrecken im Kino. Auf die Frage nach einer alltäglichen Angst wird ein 15-Jähriger vermutlich »peinliches Schweigen« nennen – diese Situation, wenn man in Gegenwart eines anderen Menschen nicht weiß, was man sagen soll. Wenn es kein Drehbuch gibt, kein bestimmtes Anliegen, nur die bedrückende Intensität der ungeteilten Aufmerksamkeit. Auch als Erwachsene sind wir vor diesem Unbehagen nicht gefeit. Leighs Bruder Roman Mars, der den Podcast *99 % Invisible* ins Leben gerufen hat und moderiert, berichtet, dass die Aufnahme des »Raumklangs« – der beim Schneiden dazu dient, Übergänge zu glätten – normalerweise der unangenehmste Teil eines Interviews ist. Dabei müssen alle Anwesenden etwa eine Minute lang still sein. Irgendwann bricht dann jemand das Schweigen – und Roman gibt zu, das sei er oft selbst – mit den Worten:»Nun, das reicht vermutlich.« Meist sind dann kaum 30 Sekunden verstrichen.

Es ist nicht leicht, mit einem anderen Menschen im Vakuum zu sein. Schwieriger ist es jedoch, vollkommen allein zu sein.

Etwa 1700 Jahre vor Entstehung des ersten Horrorfilms machte Antonius, der erste Wüstenvater und Wegbereiter aller christlichen Klostertraditionen, Freddy Krueger heftig Konkurrenz. Der Mystiker, der im 3. und 4. Jahrhundert lebte, brachte 20 Jahre allein in der ägyptischen Wüste zu. Dort erlebte er mit ziemlicher Sicherheit die Glückseligkeit der Selbsttranszendenz, doch zum Teil erinnern seine Aufzeichnungen über diese Zeit der Stille an einen surrealistischen Horrorfilm aus den 1970er-Jahren. *Die Versuchung des Einsiedlers Antonius* von Matthias Grünewald, eine Bildtafel, die zum *Isenheimer Altar* aus dem 16. Jahrhundert gehört, zeigt den Heiligen mit blauem Mantel und buschigem Bart, wie er von zähnefletschenden wilden Tieren brutal über den Boden gezerrt wird. Vor einer apokalyptischen Kulisse mit brennenden Ästen und verhangenem Himmel reißen sie an seinen Haaren und schlagen mit furchteinflößenden Stöcken auf ihn ein. Der spirituelle Psychologe Robert Sardello meint zu der Tiersymbolik in der *Versuchung*: Wenn wir uns in die Ruhe begeben, stoßen wir auf »Angst, Furcht, Fantasien, dumme Gedanken und negative Impulsivität«.[4] In der Tiefe der Stille können diese Gedanken und Impulse zur Qual werden.

Dabei ist zu beachten, dass Antonius auf dem Gemälde nicht versucht, diese psychischen Bestien zu töten. Er läuft nicht einmal vor ihnen davon. Wenn man den Heiligen anschaut, wird ganz deutlich, dass es keinen Sinn hätte, den furchterregenden Kreaturen entkommen zu wollen oder sie abzuwehren. »Es liegt die Vermutung nahe«, so Sardello, »dass sie irgendwie einen Teil unserer Ganzheit ausmachen.«

Wenn intensive Ruhe herrscht, kommen unsere wilden Bestien zum Vorschein. Wir rufen die hungrigen Raubtiere herbei, die in den Tiefen unserer eigenen Psyche lauern. Wenn wir unser Leben im Lärm der Ablenkung verbringen, dann lassen wir die Bestien heimlich Amok laufen, sodass sie an unsichtbaren Stellen Schaden anrichten. Wenn wir uns jedoch in tiefe Ruhe begeben, hat das nicht unbedingt das Ziel, diese Bestien zu töten. Wir befreien sie aus den Tiefen, damit sie ans Licht kommen – vielleicht sogar, damit wir uns mit ihnen anfreunden.

Als wir kürzlich mit Roshi Joan Halifax sprachen, betonte sie, dass Ruhe beängstigend und wohltuend zugleich sein kann. In *Im Sterben dem Leben begegnen* schreibt sie:»Sogenannte Probleme sollten wir sogar erwarten, denn sobald wir in unserer gewohnten geistigen und körperlichen Aktivität innehalten und stillsitzen, sind unsere Schwierigkeiten deutlicher zu erkennen. Möglicherweise werden wir dadurch erst für das Leiden sensibilisiert und haben den Eindruck, dass wir auseinanderfallen könnten.« Weiter schreibt sie:»Doch was da möglicherweise auseinanderfällt, ist unser Ego – unsere Identität eines kleinen, abgetrennten Selbst –, doch der gesunde Teil von uns sollte das begrüßen.«[5] Für sie ist die direkte Begegnung mit der Ruhe eine heilende Medizin. In ihrem Buch *The Fruitful Darkness* schreibt sie:»Wenn wir Mut haben, nehmen wir Ruhe als Medizin, die uns von unseren gesellschaftlichen Leiden heilt, der Krankheit der egozentrischen Entfremdung. In der Ruhe, in der heiligen Ruhe, sind wir nackt wie Bäume im Winter, sind alle unsere Geheimnisse unter unserer Haut zu sehen. Und wie ein Baum im Winter wirken wir tot, sind aber lebendig.«[6]

RUHE BEI TRAUER

Manchmal ist diese schwierige Form von Ruhe nicht unsere freie Entscheidung. Manchmal zwingt das Leben uns zur Ruhe.

Am Morgen des 7. April 2021 erfuhr Justin, dass einer seiner besten Freunde unerwartet im Schlaf gestorben war, kurz vor seinem 35. Geburtstag. Mit diesem Freund hatte er eine ganz spezielle Sprache, eine ganz spezielle Art des Zusammenseins. Er konnte Justin zum Lachen bringen wie kein anderer, so sehr, dass er all seine Schutzmechanismen und Sorgen vergaß. Die beiden hatten sich in der dritten Klasse angefreundet, als sie im Garten gemeinsam Beatles-Songs sangen und wetteiferten, wer die längste und übertriebenste Beschreibung eines perfekten Fischsandwichs zustande brachte. Jahrzehntelang hatten sie die ungewöhnliche Gabe, ohne Worte beieinander zu sein.

Als Justin die Nachricht erhielt, frühmorgens im Bademantel vor dem großen Wacholderbaum in seinem Garten, verspürte er den unbeschreiblich starken Wunsch, mit seinem Freund zu sprechen, ihm noch ein paar letzte Worte zu sagen, ihn zum Lachen zu bringen, ihm seine Liebe zu zeigen. Aber das war nicht möglich. Die Tür war verschlossen. Der einzige Weg führte in die Stille. Also nahm Justin diesen Weg. In Minuten, die sich wie Stunden anfühlten, war die Stille greifbar. Sie war dicht. Sie füllte sich, bis es war, als würde sie platzen – mit Trauer und Wertschätzung und Unruhe und Dankbarkeit. Es war, als hätte die Stille ihre eigene Farbe – eine bräunlich-grüne Mischung verschiedener Schattierungen. Justin blieb nichts anderes übrig, als sie zuzulassen. Sie zu spüren. In ihr wehzuklagen.

Stille dient oft als Gefäß für Trauer. Sie ist der Raum, in dem wir am besten in unseren Gefühlen und Erinnerungen aufgehen können. Zwar mag es verlockend erscheinen, wegzulaufen und Ablenkung zu suchen, doch die Stille – wenn wir sie aushalten können – kann den Verlust verarbeiten. Wenn wir zulassen, dass Worte versagen, entsteht ein Sinn. Estelle Frankel, eine Schriftstellerin, Psychotherapeutin und jüdische Mystikerin, erläutert, warum Kulturen auf der ganzen Welt die Rolle des Schweigens in der individuellen und kollektiven Trauer wertschätzen:

Nach jüdischem Gesetz muss man schweigen, wenn man Hinterbliebene besucht – man darf nur sprechen, wenn man angesprochen wird. Indem den Trauernden der heilige Raum des Schweigens gewährt wird, können sie in ihrer Trauer aufgehen. Wenn wir schweigen, vermeiden wir die Gefahr, das Erleben der Trauernden mit unseren gut gemeinten, aber oft ungeschickten Worten zu bagatellisieren.[7]

Auch Leigh erlebte während der Arbeit an diesem Buch einen unerwarteten Verlust. Ihr Vater starb im November 2020 an COVID-19, als die Zahl der Todesopfer in den Vereinigten Staaten gerade die Marke 250 000 überschritten hatte. Wie so viele andere verstarb er allein auf der Intensivstation.

Flugreisen und Krankenhausbesuche waren nicht möglich, deshalb saß Leigh in den Tagen vor und nach seinem Tod reglos in ihrem Wohnzimmer und starrte ins knisternde Feuer. Ihre Tochter Ava und ihr Mann Michael kuschelten sich von Zeit zu Zeit zu ihr auf die Couch oder auf den Boden. Worte wurden kaum gewechselt. Leighs Vater hatte die Familie verlassen, als sie vier Jahre alt war. Sie hatte ihr ganzes Leben ohne ihn verbracht. Es gab *zu wenige* Geschichten zu erzählen.

Bekannte ließen sich wortreich darüber aus, was es bedeutete, einen Elternteil zu verlieren. Doch da sie diese ganz besondere Vater-Tochter-Beziehung nicht kannten, wurde Leigh durch diese »gut gemeinten, aber oft unbeholfenen Worte«, von denen Frankel spricht, schmerzlich klar, dass sie eigentlich ihr ganzes Leben lang um ihren Vater getrauert hatte. In der Stille erkannte sie, dass sie nun den Verlust einer Beziehung betrauerte, die *es nie gegeben hatte* und *nie geben würde*. Irgendwann würde sie diese Trauer in Worte fassen können. Doch anfangs konnte sie nur die Stille trösten.

William Blake schrieb: »Je tiefer der Kummer, desto größer die

Freude.« Er rät dazu, den Kummer ganz auszuleben, damit wir auch das ganze Ausmaß der Freude empfinden können. Hier zeigt sich: Wenn Stille herrscht, herrscht das Leben selbst. Wer sie spürt, nimmt die »Medizin«, von der Roshi Joan spricht. Wer sie spürt, öffnet sich für die ganze Bandbreite des Menschseins. Die Stille hat keine »Schattenseite«. Sie ist Ausdruck unserer Ganzheit, wie Sardello über die Qualen des heiligen Antonius sagt. Auch wenn sie sehr unangenehm ist – voller Angst und sogar Furcht –, kann Trauer, auf die man sich still einlässt, ein fruchtbarer Boden werden, auf dem Freude erblüht.

Der antike Apollo-Tempel in Delphi trägt eine Inschrift, die manchmal Pythagoras zugeschrieben wird: »Erkenne dich selbst.« Wir haben herausgefunden, dass diese Aufforderung in abgewandelter Form unter anderem auch in jüdischen, christlichen, muslimischen, buddhistischen und taoistischen Schriften zu finden ist. Stets wird dazu geraten, sich mit den eigenen Gedanken, Äußerungen und Handlungen zu befassen, um verstehen zu können, was jenseits des Selbst liegt.

In Kapitel 2 haben wir beschrieben, dass Cyrus Habib während seiner ersten Schweigeexerzitien als Novize bei den Jesuiten Wochen voller Ängste und Zweifel durchstehen musste. In der Ruhe prüfte er sich und fand den Ursprung seiner Qualen. Er hatte seine Erfüllung davon abhängig gemacht, was andere von ihm halten könnten. Als er die Ruhe in sich aufnahm, entstand in seinem Bewusstsein spontan die Frage: »Was willst du?«

Daraufhin kam die aufrichtige Antwort: »Genau da sein, wo ich gerade bin.«

Die Studie, bei der sich die Testpersonen in weniger als 15 Minuten eifrig Elektroschocks verpassten, zeigt, dass eine Zeit der Ruhe nicht immer auf direktem Weg zur Selbsterkenntnis führt. Wenn man unvermittelt in die Ruhe eintaucht, kann sich der innere Lärm sogar verstärken. Die Begegnung mit tiefster Ruhe ist, um es mit Cyrus' Worten zu sagen, ein aktiver Prozess, bei dem das »Signal« dessen, was

»ehrlich und wahrhaftig im Herzen ist«, vom »Rauschen« des gesellschaftlich konditionierten Gehirns zu unterscheiden ist. Es hat seinen
Grund, warum wir das oft vermeiden. Es erfordert Mut.

Pablo Neruda schreibt:

Wären wir nicht so beharrlich damit beschäftigt,
Unser Leben in Schwung zu halten,
Und könnten wir nur einmal nichts tun,
Vielleicht unterbräche dann eine gewaltige Ruhe
Unsere Trauer darüber,
Dass wir uns selbst nie verstehen.[8]

Was Neruda als »Trauer darüber, dass wir uns selbst nie verstehen«
bezeichnet, ist, so stellen wir fest, ein weit verbreiteter Schutzmecha-
nismus gegen eine Urangst: *dass wir nicht die sind, für die wir uns halten.* Der Dichter beschreibt unsere Neigung, uns vor dem zu schützen,
was wir entdecken könnten, wenn wir wirklich *aufmerksam sind.* Das
bedeutet nicht, dass uns in den Tiefen unserer Psyche unbedingt etwas »Schlechtes« erwartet. Vielleicht stoßen wir nur auf etwas Seltsames oder Unbequemes, etwas, das wir nicht leicht erklären oder
kontrollieren können. Oft lenken wir uns lieber mit einer Art Elektro-
schock-Knopf ab, als genau in uns hineinzuschauen und die schwierigen Fragen zu stellen, was in unserem Herzen ist und was wir wirklich
wollen. Doch Neruda deutet an, dass dieser Weg, der dazu führt, dass
wir »uns selbst [...] verstehen«, nötig sein kann, um »unsere Trauer«
zu unterbrechen. Vielleicht ist er sogar eine Voraussetzung dafür, dass
wir Freude empfinden können.

In der jüdisch-christlichen Tradition gibt es einen geheimnisvollen
Satz, der beschreibt, auf was wir stoßen, wenn wir die Aufmerksamkeit auf unser Inneres lenken. Estelle Frankel schreibt darüber wie

folgt:»In der Bibel wird Gottes Stimme auch als sprechende Stille bezeichnet, *kol dmamah dakah.*« Weiter erklärt sie:»Diese hebräische Wendung, die oft mit ›stille kleine Stimme‹ übersetzt wird, verdeutlicht das wesentliche Paradoxon der göttlichen Offenbarung: Gottes Stimme, *kol,* ist die Stimme der *dmamah,* des Schweigens und der Stille.«

Diese Wendung stammt aus der folgenden Stelle im Alten Testament:

> *Da zog der HERR vorüber. Ein starker, heftiger Sturm, der die Berge zerriss und die Felsen zerbrach, ging dem HERRN voraus. Doch der HERR war nicht im Winde. Nach dem Sturm kam ein Erdbeben. Doch der HERR war nicht im Erdbeben. Nach dem Beben kam ein Feuer. Doch der HERR war nicht im Feuer. Nach dem Feuer kam ein sanftes, leises Säuseln.*
>
> 1. Könige 19:11–12, Einheitsübersetzung

Diese Verse wirken geradezu hypnotisch, selbst in der Übersetzung. Sie hallen nach. Vor dem Hintergrund des Klimawandels und der Turbulenzen der heutigen Zeit wirken Erdbeben, Feuer und Sturm besonders eindringlich. Elia stößt auf Widrigkeiten, die seinen gewöhnlichen Verstand zermürben. Dann, als alles vorbei ist, erkennt er die göttliche Gegenwart: im »sanften, leisen Säuseln«. In anderen Übersetzungen ist von einem »ganz leisen Hauch« oder von einem »stillen, sanften Sausen« die Rede.

Schwester Simone Campbell, eine katholische Nonne, die sich als Anwältin im Kampf gegen Armut engagiert und eine gemeinnützige Organisation leitet, hat ihre Kirche in Fragen der reproduktiven Gesundheit von Frauen und der wirtschaftlichen Gerechtigkeit öffentlichkeitswirksam herausgefordert. Sie weiß, wie es ist, wenn man von Konflikten und erbarmungslosen weltlichen Ereignissen zermürbt wird. Resilienz und Klarheit verschafft ihr eine einfache Praxis: Sie sitzt in einem stillen Raum, lässt alle Schutzschilde fallen und lauscht auf das, was sie als »kleine Stimme« bezeichnet. Das allerdings, betont sie, ist keine typische Achtsamkeitsübung, sondern ein unberechenbarer Akt des Glaubens. »Inniges Zuhören«, so Schwester Simone, »ist eine riskante Sache, da es oft von uns verlangt, dass wir uns in gewisser Weise ändern.« Und Veränderung kann Angst machen.

Auch das gehört zu der »Medizin«, von der Roshi Joan spricht. Wenn wir uns selbst in der Stille begegnen, brauchen wir Mut, uns das bewusst zu machen, was bislang verborgen war. Die Vorstellung einer »stillen, kleinen Stimme« impliziert eine Art göttliche Offenbarung wie in der Bibel, dabei ist eigentlich etwas viel Vertrauteres und weniger Abstraktes gemeint: *Intuition*.

Elia war ein großer Prophet, aber wir alle sind in der Lage, stille Signale und Einblicke in unser eigenes Bewusstsein wahrzunehmen. Dann erkennen wir, wie Cyrus es ausdrückt, »was wirklich im Herzen ist«. Diese Fähigkeit trägt entscheidend dazu bei, dass wir uns selbst erkennen.

SPONTANES MÖNCHTUM

Auf unsere Frage nach dem tiefsten Ruheerlebnis aller Zeiten hörten wir oft von transzendenten, aber flüchtigen Erfahrungen: spontane mystische Ereignisse wie bei Grace Boda, die als Sechsjährige auf dem Spielplatz einen Blick in die Unendlichkeit erhaschte, unerwartete Entrückung auf der Kirchenbank oder das Verschwinden des Egos während psychedelischer Zustände. In solchen Augenblicken schlägt das Herz heftig und schnell, und zwar nicht unbedingt aufgrund einer kardiovaskulären Belastung. Der Körper reagiert damit auf den Verlust des vertrauten Selbst. Viele erleben bei solchen flüchtigen Erfahrungen eine Art Ruhe, die sich beinahe anfühlt, als würde sich der Schleier des Kosmos lüften. Der Körper bebt bei leuchtender Klarheit. Während wir uns mit der wissenschaftlichen, psychologischen und spirituellen Tragweite von Erfahrungen der Selbsttranszendenz – darunter mystische Erlebnisse, Flow-Zustände und Momente der Ehrfurcht – befassten, entdeckten wir verblüffende Ähnlichkeiten zwischen diesen kurzen Ereignissen und Phasen längeren Schweigens, wie Pythagoras sie seinem engeren Schülerkreis abverlangte. Dazu gehört zum Beispiel die Hinwendung nach innen und die Unmöglichkeit einer Ablenkung. Das Verschwinden unserer üblichen Impulse, für andere eine Rolle zu spielen oder Gegebenheiten und Ereignisse kontrollieren zu wollen. Das »Zurechtrücken«, das David Bryce Yaden von der Johns Hopkins University School of Medicine als »reduziertes Ich-Bewusstsein« bezeichnet[9] – wenn die Bedeutung des Egos schwindet. Und das, was William James »noetisch« nannte oder als »Erkenntnis der Tiefen der Wahrheit, die der diskursive Intellekt nicht ergründen kann«, beschrieb. All dies ist nicht nur bei längerfristiger Ruhearbeit, sondern oft auch bei flüchtigen Erfahrungen tiefer Ruhe gegeben.

Nur ist es dann *radikal komprimiert.*

Im Rahmen der *Wisdom-2.0*-Konferenz in San Francisco im Jahr 2019 untersuchte Roshi Joan in einer Podiumsdiskussion mit Michael Pollan und Dacher Keltner einen der weniger bekannten Aspekte der Ehrfurcht.[10] »Ich glaube, ein Merkmal der Ehrfurcht, auf das nicht so oft eingegangen wird, ist die *Angst,* wenn wir uns dem Unbekannten, dem Nicht-Wissbaren, dem Mysterium, dem Unvollkommenen öffnen«, sagt sie. »Wir erleben tatsächlich eine kurzzeitige Bedrohung unseres Ego. Das Ego wird dekonstruiert und bemüht sich nach Kräften, das zu verhindern.« Mit anderen Worten: Es ist ganz natürlich, Angst zu haben. Auf Grundlage seiner umfangreichen Forschungsarbeit zur Ehrfurcht schätzt Keltner, dass etwa 21 Prozent der Ehrfurchterfahrungen durch ein Gefühl der Angst gekennzeichnet sind. Im Wort »Ehrfurcht« steckt die »Furcht« – der Definition nach handelt es sich dabei um »hohe Achtung, achtungsvolle Scheu, Respekt vor der Würde, Erhabenheit einer Person, eines Wesens oder einer Sache«.

Ehrfurcht – die Keltner im letzten Kapitel als »empfundene Unermesslichkeit« und »Bedürfnis nach Anpassung« beschrieben hat – erfasst im Kern, warum Ruhe beängstigend ist. Ehrfurcht hinterfragt die Basis dessen, was wir wissen. Sie verlangt, dass wir uns ändern. Im vorigen Kapitel haben wir erfahren, dass die neurobiologische Gemeinsamkeit verschiedener Erfahrungen der Selbsttranszendenz darin besteht, dass sich die Aktivität im medialen präfrontalen Kortex und im posterioren zingulären Kortex erheblich verringert – also in den Teilen des Gehirns, die mit unserem Gefühl der Eigenständigkeit zusammenhängen. Dies wirft eine wichtige Frage auf: *Welcher Teil des Selbst bekommt bei solchen Erfahrungen eigentlich Angst?* Das sind nicht unbedingt *Sie selbst*, sondern das laute Default Mode Network, das eingeschränkte Ego-Ich. Es ist das »Ich-Netzwerk«, das die drohende Auslöschung spürt.

Estelle Frankel ist nicht nur eine erfahrene Lehrerin der jüdischen Mystik, sondern auch Musikerin. Musik ist für sie eine Metapher für das Verständnis von und den Umgang mit Angst. »Es gibt verschiedene Oktaven der Angst«, erklärt sie uns. »Die untere Oktave ist die Selbsterhaltung. Sie ist ein Überlebensmechanismus. Und die höhere Oktave ist Transzendenz. Man nimmt die persönliche Angst und bringt sie im Gebet, in der Meditation, vor die Majestät. Dann ist sie immer noch eine Art von Angst, aber es handelt sich um das Beben des sich auflösenden Selbst.«

»Furcht« auf der unteren Oktave »lässt unser Universum schrumpfen«, sagt sie. »Ehrfurcht, die höhere Oktave, erweitert es. Das individuelle Selbst transzendiert das Selbst. Der jammernde Mund spricht nicht mehr, stattdessen fällt uns die Kinnlade herunter. Wir sind sprachlos.« Ob spontanes, flüchtiges Erleben von Unermesslichkeit und Staunen oder langsame, bewusste Klausur über fünf Jahre, die zur Ehrfurcht führt, das Ergebnis ist erstaunlich ähnlich. Die vertrauten Geräusche verstummen auf beängstigende Weise, man erlebt eine Öffnung, bei der man sich auf größere, umfassendere und realere Erfahrungen einlässt.

EINE ANDERE ART VON WEISHEIT

Wenn Pythagoras heute noch leben würde, käme er wahrscheinlich nicht für eine Professur an einer großen Universität infrage. Mit seinen astrologischen und numerologischen Lehren und seinen ungewöhnlichen Ernährungsempfehlungen passt er nicht ins Bild des typischen Empirikers. Und doch war er in der Lage, sein Wissen um die Funktionsweise der Natur in Erkenntnissen zu formulieren, die das Leben der Menschen wirklich verbesserten – auf eine Art und Weise, wie es heute offenbar niemandem mehr zu gelingen scheint. Der mystische Wissenschaftler zeigte, was es bedeutet, das Erhabene und das Weltliche, das Spirituelle und das Materielle zu vereinen, und ist noch heute in so gut wie allen Mathematikbüchern der achten Klasse zu finden.

Die Erkenntnisse des Pythagoras stehen im Widerspruch zur modernen Vorstellung von Weisheit. Die heute vorherrschende Weltanschauung – das Paradigma von BIP-Wachstum und größtmöglicher Erzeugung von Kopfdingen – macht sich ihr Bild von der Realität anhand von Unmengen an erfassten und ausgewerteten Daten, endlosen Debatten, Artikeln in Fachzeitschriften und öffentlichen Vorträgen. Sogar in Sachen Spiritualität und Religion demonstrieren wir unsere Weisheit oft durch die Analyse der Bibel und der Philosophie:

indem wir predigen, lehren und Fernsehgottesdienste abhalten. Das, was wir heute als Weisheit betrachten, hat einen gemeinsamen Nenner: *Denken, Schreiben, Reden.*

Bei den Pythagoräern umfasste der Weg zur Weisheit drei grundlegende Schritte: *Entleeren, Öffnen, Empfangen.* Die Pythagoräer waren natürlich von einer äußerst strengen Ordnung und Praxis geprägt. Auch sie diskutierten und analysierten. Und doch erinnert ihre allgemeine Theorie zur Klärung des Bewusstseins eher an mystische Entrückung als an die hochgerühmten Produktivitätsgeheimnisse moderner Innovatoren.

Dies ist eine wichtige und zeitgemäße Lektion.

Wir leben in einer Zeit, in der die Menschheit das Oberflächliche leid wird. Wir haben kein Interesse mehr an Medikamenten, die nur Symptome bekämpfen, statt die tieferen Ursachen anzugehen. Uns geht langsam auf, dass selbst die beste App, das großartigste Wundermittel oder der komplizierteste Algorithmus keine dauerhaften Lösungen für den Klimawandel, die Polarisierung und das allgemeine Unbehagen liefern werden. Wir entdecken die Grenzen der neuesten »Life Hacks« und verlieren das Vertrauen in die cleveren Nullsummenstrategien der Politik. Mittlerweile wird deutlich, dass wir das brauchen, was Pythagoras am meisten schätzte: *Einsicht in den Ursprung der Dinge.* Wir brauchen Antworten, die aus dieser Tiefe hervorgehen.

Vor diesem Hintergrund sollten wir das beherzigen, was Pythagoras, eines der produktivsten Genies der Geschichte, riet:

Geh tief in die Stille.

Nimm sie auf.

Lass dich von ihr erschrecken.

Lass dich von ihr wandeln und erweitere dein Bewusstsein.

8 Lotusblumen und Lilien

»Reden ist Silber, Schweigen ist Gold.«

Zu Beginn dieses Buches haben wir angeführt, wie der schottische Philosoph und Mathematiker Thomas Carlyle den Leitspruch »Das Schweigen ist tief wie die Ewigkeit, das Reden ist seicht wie die Zeit« interpretiert.

Wenn von Silber und Gold, von Zeit und Ewigkeit die Rede ist, mag das wie ein Vergleich klingen – als wäre das eine wertvoller als das andere –, doch wir verstehen das nicht unbedingt so. Carlyle leugnet nicht, dass Sprechen etwas Heiliges ist. Silber ist ein kostbares Metall und Zeit ein heiliges Mysterium. Und doch wird das Mysterium der Zeit im Alltag ganz praktisch gemessen und verwaltet. Sprechen ist genau wie die Zeit immanent. Und Schweigen ist wie die Ewigkeit transzendent.

In der heutigen Zeit, in der die geistige Stimulation hemmungslos ausufert, herrscht unbestritten ein Mangel an Ruhe. Wie finden wir den Gegenpol zu all dem Denken und Reden? Wie können wir unserem von Hektik und Lärm geprägten Leben eine gesunde Dosis Ewigkeit verpassen?

Überall auf der Welt gilt in spirituellen und philosophischen Traditionen das Gleichgewicht von Reden und Schweigen als fließender Zustand zwischen den Welten. Zwar haben viele Religionen heilige Schriften – wie die Bibel, den Koran und buddhistische Sutras –, doch die überwiegende Mehrheit betrachtet auch den Raum, in dem sich Worte und Vorstellungen in Unwissenheit auflösen, als heilig. In der jüdischen Mystik zum Beispiel verehrt man das »schwarze Feuer« der geschriebenen Worte in der Tora, doch die offenen weißen Räume der Tora – das sogenannte »weiße Feuer« –, das zeitlose Reich des Schweigens, genießt die gleiche Bedeutung.

Wir haben festgestellt, dass viele der großen religiösen und philosophischen Traditionen in der Ruhe nicht nur einen *Weg zur Weisheit* sehen. Traditionsübergreifend wird in den tiefsten kontemplativen Praktiken die Ruhe selbst als *Essenz der Weisheit* gewürdigt. Rumi bezeichnete Ruhe als »Stimme Gottes« und alles andere als »schlechte Übersetzung«. Der große Visionär Black Elk, ein Medizinmann vom Volk der Oglala Lakota, fragte: »Ist nicht die Ruhe selbst die Stimme des Großen Geistes?« Das *Tao-Te-King* sagt, »der Name, der sich nennen lässt«, sei »nicht der ewige Name«, und in der Analyse der Kabbala gilt die »stille, fruchtbare Leere« als »Quelle« und »göttlicher Schoß allen Seins«.

Von indischen Sadhus bis hin zu Initiationsriten der australischen Aborigines – in fast jeder religiösen und spirituellen Tradition wird die Ruhe als heiliges, spirituelles Erlebnis verehrt. Warum ist das so? Warum sehen die Weisheitstraditionen die Ruhe nicht nur als Weg zur Erleuchtung, sondern letztlich als Erleuchtung selbst?

DIE FINGERSPITZE UND DER MOND

Im Lankāvatāra-Sūtra, einer Schrift des Mahayana-Buddhismus, die in den Zen-Traditionen einen wichtigen Stellenwert hat, lehrt der Buddha, »nicht an Worten zu haften, als wären sie ein vollkommener Ausdruck des Sinnes, denn Wahrheit ist nicht im Buchstaben«.[1] Er sagt, »wenn ein Mensch mit dem Finger auf etwas weist, so könnte die Fingerspitze irrtümlicherweise für das gehalten werden, auf das er zeigen will«. Wenn wir die »ultimative Wirklichkeit« begreifen wollen, so meint er, müssen wir in Betracht ziehen, dass es mehr geben könnte als das, was sich aussprechen lässt.

Der Zen-Meister Thích Nhât Hạnh interpretiert das Sutra wie folgt: »Ein Finger, der auf den Mond weist, ist nicht der Mond. Der Finger ist wichtig, damit man weiß, wohin man sehen muss, um den Mond zu sehen, doch wenn ihr den Finger mit dem Mond selbst verwechselt, dann werdet ihr niemals den wirklichen Mond kennen. Die Lehre ist lediglich ein Mittel, um die Wahrheit zu beschreiben.«[2] Er sagt: »Missversteht sie nicht als die Wahrheit selbst.« Diese buddhistischen Lehren geben den Worten zwar einen wichtigen Stellenwert in unserem Leben, verehren aber eine umfassendere Ebene des Seins.

Worte funktionieren nach einem bestimmten Prinzip. Sie unterscheiden zwischen dem Benannten und dem Nicht-Benannten, sodass wir erkennen, was was ist. Im Hebräischen heißt das »Wort« *milah;* das bedeutet »beschneiden« oder »schneiden«. Unsere Worte unterteilen und zerlegen, damit wir beschreiben und hinweisen können. Unsere gesamte menschliche Welt hängt davon ab, dass wir *zeigen können, was wir meinen* – wie der Finger den Mond. Und doch gibt es andere Ebenen der Wirklichkeit – unter, zwischen und über dem, was wir aussprechen können –, die über das Unterscheiden durch Benennen hinausgehen. Wir haben Estelle Frankel gebeten, uns dieses Konzept näher zu erläutern. »Wenn ich im Denkmodus bin, bei den Worten, sind die Dinge unterteilt. Ich bin in meinem ›Wissen‹.« Weiter sagt sie: »Aber wenn ich in der Stille bin, bin ich in meinem ›Nicht-Wissen‹; es liegt jenseits des begrifflichen Denkens.«

Stellen Sie sich vor, dass Sie die Welt wie ein Baby sehen und spüren. Stellen Sie sich vor, Sie sehen einen großen, sabbernden Hund oder einen Baum mit flauschigen Blüten, ohne dafür fertige Kategorien oder feste Vorstellungen zu haben. Was ein Baby wahrnimmt, richtet sich nicht nach dem, *was was ist*, sondern nach dem, *was ist.* Wenn Sie heute einen Wetterumschwung spüren oder ein ungewohntes Geräusch hören, können Sie sich dann auf eine Erfahrungsebene einlassen, die – wie die Wahrnehmung eines Babys – tiefer geht als alles, was Sie »wissen«?

Von Michael Taft, dem Meditationslehrer und Autor, hörten wir für dieses Phänomen erstmals den Begriff »konzeptionelle Überlagerung«. Er beschreibt, dass dies fast immer geschieht, wenn wir etwas sehen: Wir *denken* darüber nach, statt unsere Sinne zu benutzen, um das Gesehene umfassend *zu beobachten und zu erfahren.* Das ist vor allem dann der Fall, wenn uns etwas vertraut ist. »So hat sich das menschliche Gehirn entwickelt – damit es Energie spart«, versichert uns Taft. »Wenn man auf dem Weg zur Arbeit versuchen würde, jedes Objekt, dem man unterwegs begegnet, mit umfassender sensorischer Klarheit zu erfassen ... würde man niemals ankommen; man wäre vielleicht sehr glücklich, aber man würde niemals rechtzeitig sein Ziel erreichen.« Taft erklärt, wie wichtig es ist, die »konzeptionelle Überlagerung« – die geistige Kurzschrift – zu überwinden, um ein höheres Maß an »sensorischer Klarheit« zu erreichen. Wenn wir uns, und sei es nur kurz, in einen Zustand des »Nichtwissens« versetzen, können wir den Mond *direkt* durch unsere Sinne wahrnehmen. Wir geben uns nicht mit unserer »Vorstellung vom Mond« zufrieden. Wir werden ihn nicht mit dem Finger verwechseln, der darauf zeigt.

Wenn wir in einem Zustand des »Nichtwissens« innehalten und auf sensorische Klarheit setzen, entsteht eine direktere Beziehung zu dem, *was ist* – und nicht zu dem, von dem wir ausgehen, woran wir uns *erinnern,* vor dem wir uns *fürchten* oder das wir uns *wünschen.*

In dem Film *Der Mann mit der Todeskralle* hat Bruce Lee den Kern dieser Lehre so prägnant auf den Punkt gebracht wie vielleicht niemand sonst. Nach einer Lektion fragt Lee seinen Schüler, was er gelernt hat. Der Schüler legt die Hand ans Kinn und sagt: »Lass mich nachdenken.« Lee schlägt ihm auf den Kopf und sagt: »Nicht denken, fühlen sollst du! Es ist genau so wie bei einem Finger, der in Richtung auf den Mond zeigt. Du darfst dich nicht nur auf den Finger konzentrieren, denn sonst siehst du ja nichts von der himmlischen Pracht.«

Lee lenkt seinen Schüler weg von der konzeptionellen Überlagerung und hin zur sensorischen Klarheit.

Justin stieß zum ersten Mal auf die Finger-Mond-Metapher, als er im Alter von 19 Jahren ein altes Buch über Zen zur Hand nahm. Die Meditation faszinierte ihn, doch er wusste damals noch nicht, wie er aus den Paradigmen der von ungestümem politischem Aktivismus, skeptischem Säkularismus, Unmengen Fernsehen und ständigem Reden geprägten Welt der amerikanischen Vorstadt ausbrechen sollte, in der er aufgewachsen war. Das Bild von Finger und Mond war eine Einladung zu einer tieferen Ebene der Ruhe. Es war die seltene Bestätigung dafür, dass man nicht unablässig eine Rolle spielen, etwas beweisen oder auf vorgefasste Lebensziele hinarbeiten muss. Da Justin als Kind oft mit einem Rauschen der Angst – Grübeleien über die Vergangenheit und Sorgen um die Zukunft – gelebt hatte, empfand er diese Lehre als tröstlich. Sein Geist, der auf ständige Sorge um die Zeit konditioniert war, empfand dies als Einladung zur Entspannung in der Ewigkeit.

Als Leigh erstmals an einem Meditationsretreat teilnahm, betonten einige der Lehrenden, vor einer längeren Meditation sei es ganz wichtig, klare und feste Absichten zu formulieren. Leigh nahm sich das zu Herzen. Sogar etwas zu sehr. Sie schrieb stundenlang Tagebuch. Für jedes Retreat formulierte sie ein Thema aus, über das sie nachdachte – toxische Muster in romantischen Beziehungen, das Für und Wider der Elternschaft, die nächsten Schritte im Beruf und so weiter. An dem Tag, an dem eine Fliege in den sonst reglosen Meditationssaal gelangte, hatte Leigh einen felsenfesten Vorsatz. Aber die Fliege landete erst auf ihrem Kopf, dann auf dem einer Nachbarin, dann bei der nächsten Person und schließlich wieder auf Leighs Kopf. Das war ärgerlich. Ihr Gleichmut wurde jedes Mal gestört, wenn die Fliege wieder auftauchte. Leighs Bewusstsein malte sich aus, wie sie den summenden Plagegeist verscheuchen könnte (am besten so, dass es niemand bemerkte). Nach einer Weile wurde ihr klar, dass sie ihren Zielen für diesen Tag kein Stück nähergekommen war. Die Fliege hatte alles zerstört. Plötzlich hielt Leigh inne und ließ die Absurdität der Situation auf sich wirken. Sie musste über ihre eigene Hybris schmunzeln. Wieder einmal hatte sie versucht, dem Retreat durch ein überanalysiertes, zukunftsorientiertes persönliches Streben einen Sinn zu geben, obwohl es eigentlich um das Hier und Jetzt gehen sollte. Sie hatte sich auf die Bedeutung konzentriert, die sie dem Retreat verbal und intellektuell zumaß, und sich nicht auf die lebendige Realität der Erfahrung eingelassen.

Die Fliege hatte sie aus dem Lärm gerissen.

IN DER WOLKE DES NICHTWISSENS SCHWEBEN

Mit »Meditation« verbindet man fast immer Ruhe. Ob summende Fliegen oder nicht, man stellt sich vor, dass man dabei still auf einem Kissen sitzt – um die »konzeptionelle Überlagerung« im Kopf zu überwinden und Harmonie zu dem herzustellen, *was ist.*

Das Wort »Gebet« dagegen ist aktiver konnotiert: Man denkt an gefaltete Hände und gesprochene Worte. Für gewöhnlich verstehen wir darunter einen verbalen Akt des Bittens oder zumindest die Formulierung einer Bitte innerhalb eines inneren Monologs. Dieses Wort kann starke Gefühle wecken. Selbst die Frömmsten sind sich nicht einig, ob es ratsam ist, die höhere Macht um etwas zu bitten, das wir persönlich wollen. Wer sind wir denn, dass wir die höchste Ordnung der Dinge beeinflussen wollen?

1945 veröffentlichte der britische Schriftsteller und Philosoph Aldous Huxley ein Buch mit dem Titel *Die ewige Philosophie,* in dem er den mystischen Kern der großen religiösen Traditionen der Welt ermitteln wollte.[3] In diesem Buch beschreibt Huxley das Gebet nicht nur als eine, sondern als vier Praktiken, nämlich (1) das *Bitten*, wenn wir um etwas bitten, das wir für uns selbst wollen, (2) die *Fürbitte*, wenn wir um etwas für jemand anderen bitten, (3) die *Anbetung*, wenn wir das Göttliche preisen, und (4) die *Kontemplation*, wenn wir leer werden und einfach zuhören. Genauer gesagt beschreibt Huxley die Kontemplation als »wache Passivität, in der sich die Seele dem immanenten und transzendenten göttlichen Fundament aller Existenz öffnet«. Kontemplation geht nicht davon aus, dass wir die Ordnung der Dinge in irgendeiner Weise ändern können. Sie bedeutet, die »konzeptionelle Überlagerung« aufzugeben und sich auf das einzulassen, was ist. In gewisser Weise ähnelt die Kontemplation zwar der Meditation, doch dabei beobachten wir nicht unsere Gedanken, unsere Empfindungen oder das Auf und Ab unseres Atems. Es geht darum, dass wir im Ich Ruhe finden, um unser persönliches Handeln einem größeren Mysterium zu übertragen. Dabei unterscheiden wir nicht nur den Finger vom Mond, sondern lassen uns vielleicht in sein Licht sinken. Huxleys Überlegungen zur Bedeutung der Kontemplation führen ihn zu der Erkenntnis: »Das höchste Gebet ist das passivste.«

Das anonyme spirituelle Meisterwerk *Die Wolke des Nichtwissens* aus dem 14. Jahrhundert gibt Ratschläge dazu, wie sich ein Zustand tiefer Kontemplation erreichen lässt, ähnlich Huxleys Vision von der passivsten Art des Gebets. »Bei der allerersten Kontemplation«, sagt der anonyme Autor, »erlebt man nur Dunkelheit, wie eine Wolke des Nichtwissens.«[4] Statt zu versuchen, sich zu orientieren und mit Sinnen und Intellekt einen Weg zu finden, sollte man *alles vergessen*. Der Autor sagt, man solle sich einfach auf die »sanfte Regung« einlassen, alle Vorstellung von den Gegebenheiten und materiellen Inhalten des Lebens aufgeben und in völliger Anbetung der Essenz des Lebens – des Ursprungs des Lebens an sich – aufgehen.

Die Botschaft dieses spirituellen Textes lautet, dass die höchste

Wirklichkeit – man könnte sie Natur, das Göttliche, Gott nennen – über unseren Intellekt hinausgeht. Die höchste Wirklichkeit lässt sich nur durch unmittelbar erlebte Liebe erfassen. Nicht durch Sprache oder Denken, sondern durch tief empfängliche Aufmerksamkeit.

Der Franziskanermönch Richard Rohr, ein sozial engagierter mystischer Lehrer, betont, das Schweben in der Wolke des Nichtwissens bedeute keine Missachtung oder Geringschätzung des »denkenden Verstands«, der mit »Konzepten, Bildern, Worten und dergleichen arbeitet«. Es geht einfach darum, dass wir erkennen, dass unser zeitgebundener Verstand uns nicht ganz an das Ewige heranführen kann. »Gott lässt sich mit Konzepten nicht erfassen«, sagt er. Um weiter vorzudringen, müssen wir »das Paradox, das Mysterium oder die Weisheit des Nichtwissens und der Unsagbarkeit« annehmen.

In der Zen-Tradition gibt es eine Geschichte, in der Buddha eine Predigt auf dem Geierberg hält. Mönche, Bodhisattvas, Devas, himmlische Wesen und Tiere haben sich versammelt, um ihm zuzuhören. Alle warten konzentriert und ernst auf das, was er zu sagen hat. Buddha erhebt sich und hält eine einzelne weiße Blume hoch, sodass jeder sie sehen kann. Dann dreht er sie zwischen Daumen und Zeigefinger. Das ist alles. Die ganze Predigt besteht aus einer einfachen Geste mit einer Blume.

Einer der anwesenden Schüler, Mahakashyapa, bricht die ernste Stimmung und lächelt leise. Die Lehre ist zu ihm durchgedrungen. Ohne ein einziges Wort erfährt er Erleuchtung.

Etwa 500 Jahre nach Buddha steht Jesus vor seinen Jüngern am See Genezareth, als viele von ihnen damit beschäftigt sind, Nahrung zu suchen und andere materielle Bedürfnisse zu stillen. Im Matthäus-Evangelium sagt Jesus bei der Bergpredigt: »Lernt von den Lilien des Feldes, wie sie wachsen: Sie arbeiten nicht und spinnen nicht. Doch ich sage euch: Selbst Salomo war in all seiner Pracht nicht gekleidet wie eine von ihnen.«

Jesus fordert seine Jünger auf, keine Angst zu haben, sondern auf die Fülle der Schöpfung zu vertrauen. Und er zeigt ihnen ganz konkret, wie sie das tun können: *Lernt von den Lilien. Seid wie eine Blume.* Wir brauchen zum Leben zwar mehr als Sonnenlicht und Wasser. Doch unser wahres Wesen liegt in der gleichen göttlichen Schlichtheit. Welch radikale Vorstellung. Wenn du einen Blick auf die höchste Weisheit erhaschen willst, lerne von Lebewesen, die gar nicht sprechen können. Nimm sie dir zum Vorbild.

Die gesamte Religionsgeschichte ist geprägt von einem Balanceakt zwischen dem *kataphatischen* Weg des Wissens – mit Worten, Vorstellungen und Unterscheidungen – und dem *apophatischen* Weg der Stille, Symbole und Einheit. Wie Reden und Schweigen oder Zeit und Ewigkeit haben sowohl der *kataphatische* als auch der *apophatische* Weg ihren Platz und ihre Berechtigung.[5] Doch seit der Reformation und der Aufklärung neigt man in den meisten religiösen Traditionen des Westens dazu, mit Worten, Bildern und Unterscheidungen zu arbeiten. Die europäische Aufklärung setzte auf Rationalismus und die Vorherrschaft des gedruckten Wortes, sodass sich Kirchenführer wohl dazu gedrängt sahen, *kataphatischen* Formen wie Predigt und Bibelanalyse Vorrang gegenüber der entrückten Begegnung mit dem Unaussprechlichen zu geben. Wie sollte sich die himmlische, intuitive Form der Ruhe in einer von Empirismus, Rationalität und verbaler Konkurrenz geprägten Welt behaupten?

Die oben beschriebenen Lehren von Buddha und Jesus – Lehren von Lotusblumen und Lilien – stehen für den *apophatischen* Kern, der in den Weisheitstraditionen der Welt steckt. Richard Rohr betont, dass Religion diese lebendige Verbindung zum Unaussprechlichen braucht. Durch diese »Offenheit« wird die mystische Spiritualität »dynamisch, kreativ und gewaltfrei«. Sie steht in krassem Kontrast zu den starren

Gewissheiten und lauten Urteilen fundamentalistischer und fanatischer Religionen.

DAS AKTIVSTE ZUHÖREN ÜBERHAUPT

Die Lehren von den Lilien und Lotusblumen veranschaulichen Aldous Huxleys Auffassung, dass das höchste Gebet das passivste ist. Diese so sanften Lehren deuten auf etwas Präsentes hin und zeigen uns, wie wir den Lärm des selbstbezogenen Denkens und unsere Beschäftigung mit Vergangenheit und Zukunft überwinden können.

Doch bei allem Respekt vor Huxley sind wir uns nicht ganz sicher, ob »passiv« tatsächlich das richtige Wort ist.

Natürlich ist man in stummer Kontemplation empfänglich. Die Blume ist nicht »aktiv« in dem Sinne, dass sie Laute oder Bewegungen erzeugt. Aber wenn man eine Blume nachahmt, weicht man sehr radikal vom Normalzustand des Menschen ab. Ein solches Verhalten lässt sich kaum als »passiv« bezeichnen.

Der Ratschlag, den Pythagoras seinen Schülern gab – »Lasst euren stillen Geist lauschen und die Stille aufnehmen« –, erinnert uns seltsamerweise an die Erkenntnisse, die Professorin Kirste im Experiment mit den Mäusen erzielte. Sie beschrieb, wie »der Versuch, in der Stille zu hören, den auditorischen Kortex aktiviert«, wie das Lauschen auf das Nichtvorhandene die Entwicklung der Gehirnzellen anregt. Der Geist erweitert sich, wenn wir besonders empfänglich werden. Wenn wir in stiller Aufmerksamkeit aufgehen, erleben wir den von Kirste beschriebenen Eustress. Auch wenn Lauschen in tiefer Ruhe rezeptiv ist, findet es aktiv statt. Joshua Schrei, ein Mythologe und Moderator des Podcasts *The Emerald*, drückte das kürzlich so aus: »Die Stille der konzentrierten Aufmerksamkeit ist wach und entspannt zugleich.«

Wir sind bereits auf das Wort *nada* eingegangen: In einigen romanischen Sprachen bedeutet es »nichts«, im Sanskrit, einer anderen indoeuropäischen Sprache, dagegen »Klang«. Im Nada-Yoga wird intensiv und aktiv zugehört – man regelt den inneren und äußeren Lärm herunter, idealerweise bis auf null, damit die Essenz von allem, der Puls des Lebens, zu hören ist. Einige sehen darin den höchsten schöpferischen Akt des Menschen.

In Hindu-Traditionen ist die heiligste Art des Wissens, zu dem auch die vier Veden gehören, *shruti,* die göttliche Offenbarung. Spätere Texte gelten als *smriti* – Analysen und Abhandlungen. Dabei bedeutet *smriti* »das, woran man sich erinnert«, *shruti* dagegen »das Gehörte«. Dass *shruti* einen höheren Stellenwert genießt, hat damit zu tun, dass diese Grundweisheit nicht durch Denken oder auch spontane Eingebungen während der Meditation auf die Erde kam. Sie wurde *gehört.* Sie entstand, indem der ruhige Geist die Möglichkeit bekam, das aufzunehmen, was ist – indem man der Natur, der Luft, der grundlegenden Schwingung des Lebens die größtmögliche Aufmerksamkeit schenkte. Die alten Rishis (Seher, Weise) *stimmten sich darauf ein.*

Ein Kernstück des jüdischen Gottesdienstes ist das Gebet, das Schma, die Bekräftigung »Gott ist eins«. Wörtlich bedeutet *schma* »lauschen« oder »hören«. Während des Gebets sollen die Gläubigen ihre Augen bedecken, um »das Gesichtsfeld zu schließen, damit man die zehntausend Dinge nicht sieht«, so Estelle Frankel. »Hört zu. Hört auf das, was eins ist. Hört es«, sagt sie. So nimmt man die Einheit Gottes wahr. Indem man sich aktiv auf das Gehörte einlässt, meint Frankel, richtet man die gesamte Aufmerksamkeit darauf, »sich in der Göttlichkeit aufzulösen«. Das Judentum ist laut Frankel »eine auditive Religion«. Die höchste Erkenntnis erreicht man durch das lebendigste Hören, so wie es im Hinduismus durch *shruti* geschieht. »In einem Geräusch können mehrere Klänge zu

hören sein«, erläutert sie, »aber man nimmt sie als Einheit wahr.«
Diese Wahrnehmung der Einheit ist eine weitere Beschreibung der
höchsten Form des Gebets.

Wir wollen nicht behaupten, dass wir genau verstehen, wie es den
höchsten Weisen des alten Indien oder den größten kabbalistischen
Gelehrten gelungen ist, die zeitlose Offenbarung zu erreichen oder
»im Göttlichen aufzugehen«. Allerdings haben wir eine wohlbegrün-
dete Vermutung: *Übung.*

Sie haben sich gründlich darauf vorbereitet, ruhig zu sein.
Schrei sagt: »Die Rishis lebten in der Natur. Sie sangen viel. Sie er-
nährten sich auf ganz bestimmte Weise. All das sorgte für eine *Ein-
stimmung* ... Sie hatten ein genaues System, mit dem sie das Behältnis darauf vorbereiteten, den göttlichen Klang zu hören.« Er erklärt,
dass praktisch alle Weisheitstraditionen Ethik und Moral betonen und
zum Beispiel Lügen, übermäßigen Materialismus oder eine Schädi-
gung anderer Menschen ablehnen – und zwar nicht nur, um die gesellschaftliche Ordnung aufrechtzuerhalten. »Ethisches Verhalten ist
notwendig, damit man harmonische Ruhe erlebt«, sagt er. »Wer viel
lügt, wird durch inneren Lärm gehemmt.«

Es ist nicht so, dass die altindischen Weisen oder die großen Lehrer
des Judentums – oder die Meister der Kontemplation in anderen Traditionen – eines Tages einfach von der göttlichen Offenbarung über-
kommen wurden. Sie bereiteten sich darauf vor.

In verschiedensten Traditionen richteten die Weisen ihr ganzes Leben darauf aus, den Ort jenseits aller Geräusche zu erreichen, den Ort,
an dem es nicht mehr um das Ego geht, sondern an dem, wie Schrei es
ausdrückt, der ganze Körper *zur Stimmgabel* werden kann.

Die tiefste Art des Zuhörens ist in gewisser Hinsicht passiv. Sie ist
ein Akt des Nehmens. Um es mit Huxley zu sagen, geht es darum,
sich dem Kosmos »zu öffnen«. Doch wenn man sein gesamtes Leben darauf ausrichtet, den Lärm zu überwinden und sich ganz auf

die Großartigkeit des Hier und Jetzt einzulassen, ist man unbestritten *aktiv*.

MA

Lassen Sie uns noch einmal auf das »Gefühlsexperiment« aus dem
letzten Kapitel zurückkommen.

*Stellen Sie sich vor, wie fünf Jahre Schweigen die Architektur Ihres Geis-
tes verändern würden.*

Wenn wir uns diese tiefe Stille ausmalen, stellen wir uns natürlich vor,
dass wir viel weniger Energie darauf verwenden würden, Argumente
und Meinungen zu formulieren. Wir stellen uns vor, dass die »konzeptionelle Überlagerung« bei Unterscheidungen und der Benennung
von Dingen an Bedeutung verliert – dass wir weniger auf den zei-
genden Finger und mehr auf die gefühlte Wahrnehmung des Mondes
achten würden. In fünf Jahren, so stellen wir uns vor, würden wir den
altindischen Rishis etwas näherkommen, die die Grundschwingung
des Lebens hören konnten.

Selbst bei einer vergleichsweise kurzen Zeit der Ruhe stellen wir oft
fest, wie unser Geist sich allmählich von unseren eigenen Vorlieben,
Kategorien und Was-wäre-wenn-Szenarien löst und auf ein höheres
Maß an Präsenz einstimmt. Manchmal entdecken wir in einem kurzen Ruhemoment ein Stück dieses »Resets« – indem wir das gewöhnliche »Dazwischen« zu schätzen wissen.

Die Wertschätzung der Leere – der stillen Pausen – bildet in vielerlei Hinsicht ein Kernstück der traditionellen japanischen Kultur.
Man findet sie in ihrer Ästhetik, ihrer Architektur, in Zeremonien
und in der Kommunikation. Dabei handelt es sich nicht nur um

ein Stilelement, sondern um einen Ausdruck der apophatischen Erkenntnis.

Im Japanischen setzt sich das Wort *Ma* aus den Kanji-Zeichen für »Tor« und »Sonne« zusammen. Zusammen ergeben diese Schriftzeichen ein Bild: *goldenes Licht, das durch die Lamellen am Eingang eines Tempels strömt.* Eine gängige Definition für *Ma* ist »negativer Raum«. Man spricht auch von »Lücke«, »Pause« oder sogar von Ruhe an sich. *Ma* ist – wie die Ruhe – mehr als etwas Nichtvorhandenes. Eine bessere Beschreibung für *Ma* wäre vielleicht »reine Möglichkeit«. *Ma* dringt durch Raum und Zeit und erweitert die Wahrnehmung.

Ma beschreibt auch die Intervalle zwischen einzelnen Noten in der Musik – die Pausen, durch die Rhythmus und Melodie wahrnehmbar werden. Aus diesem Phänomen der Zeit und Schwingung gehen sämtliche Klänge hervor und wieder zurück. John Cages »4'33"« ist eine reine Ausdrucksform des *Ma*.

Im Ikebana, der traditionellen japanischen Kunst des Blumenarrangierens, beschreibt *Ma* die dynamische Ausgewogenheit von Formen, Farben und Beschaffenheit der Blumen sowie der leeren Räume, die sich dazwischen und rund um jedes sorgfältig platzierte Objekt befinden. Die Objekte – Zweige und Blumen – und der Raum – *Ma* – haben die gleiche Bedeutung. Wer das Werk bewundert, soll die Kreation in ihrer Gesamtheit erfassen.

Ebenso ist *Ma* ein Schlüsselelement der japanischen Kalligrafie, des Haiku, der Malerei, der Gärten, des traditionellen Erzählens, des Tanzes und des Theaters. Das Ziel besteht dabei darin, die »unsichtbare Energie« von *Ma* so dramatisch oder atemberaubend wirken zu lassen wie die Dialoge oder die Gestaltungselemente, die sie umgeben.

Die formelle Teezeremonie, die mit einer stillen Verbeugung beginnt und bis zu vier Stunden lang andauert, ist ein *Ma*-Ritual. Es geht dabei um die gemeinsame Wertschätzung der Ruhe. Der Gelehrte

Okakura Kakuzō betont in seinem Klassiker *Das Buch vom Tee* aus dem Jahr 1906, dass die Ruhe in der formellen Zeremonie als Brücke zwischen dem Alltäglichen und dem Heiligen dient. Die alltäglichen Handlungen Essen, Trinken und Waschen werden mit höchstem Bewusstsein geehrt.

Ma ist von so zentraler Bedeutung, dass ein Mensch *ohne Ma* im Japanischen als *manuke,* also als Schwachkopf, bezeichnet wird.

Die Wurzeln von *Ma* sind vielfältig. Zum Teil gehen sie auf die Grundsätze der Leere und Selbstlosigkeit zurück, die in verschiedenen buddhistischen Schulen zu finden sind, aber auch auf den in Japan heimischen Shintoismus, der sowohl die Harmonie in den Beziehungen als auch das Gleichgewicht mit der Natur betont. Der Shintoismus ist eine animistische Religion, in der alle Elemente – Wasser, Bäume, Felsen, Winde – handelnde Geister sind. Wenn nicht genug *Ma* vorhanden ist, kann ein Geist entscheiden, nicht auf die Erde herabzukommen.

Ma ist auch in der Landwirtschaft verwurzelt. Wenn Samen zu dicht nebeneinander ausgesät werden, wachsen die Pflanzen nicht so gut. Mit *mabiki,* dem Ausdünnen und Entfernen von überschüssigem Laub, wird Platz für *Ma* geschaffen. Leerer Raum ist unabdingbar, damit das Leben gedeiht. Nur so können die nötigen Elemente – Wasser, Sonnenlicht, Erde und Luft – zum heranwachsenden Keimling vordringen. Und natürlich ist Raum in einem kleinen und stark bevölkerten Archipel besonders wertvoll.

Wir wollen die japanische Kultur nicht in den Himmel loben. Wer schon einmal durch die überfüllten, geschäftigen, hyperkommerziellen, von Animes und *Hello Kitty* geprägten Straßen im Zentrum Tokios gelaufen ist, weiß genau, dass dort so viel Lärm und Reizüberflutung herrscht wie kaum anderswo auf der Welt. Doch selbst im modernen Japan findet man immer noch Elemente einer traditionellen Kultur, in der die Stille heilig ist. Es gibt Spuren einer Gesellschaft, die bewusst darauf ausgerichtet ist, sich auf den leeren »Zwischenraum« einzulassen.

Jahre vor ihrem Autounfall, als Faith Fuller noch ein Workaholic war, reiste sie regelmäßig nach Japan, um Schulungen abzuhalten. Sie weiß noch, dass sie die Gruppen zur Begrüßung meist leichthin fragte:»Wie geht es Ihnen heute Morgen?«

Auf diese Frage folgte in der Regel längeres Schweigen, bis schließlich eine Antwort kam.

»Ich dachte immer:›Die verstehen mich nicht. Ich muss es anders formulieren‹«, berichtet Faith. Ihre japanische Kollegin Yuri Morikawa bedeutete ihr durch einen dezenten Stoß in die Rippen, sie solle warten.»Nimm dir einen Moment Zeit, um mit der Person, die du begrüßt, Stille zu erleben.«

Yuri erteilte Faith eine Lektion in *Ma*.

Die Gruppe nahm die Frage »Wie geht es Ihnen heute Morgen?« oft zum Anlass, in sich zu gehen und nachzuhorchen, wie es ihnen *tatsächlich* gerade ging. Das dauerte seine Zeit. Da man sich in Japan nicht davor scheut, mit jemandem, den man gerade erst kennengelernt hat, zu schweigen, wurde der stumme Raum zum Teil der Unterhaltung.

Mittlerweile kann Faith darüber lachen. Obwohl sie die Welt bereist und sich intensiv mit interkultureller Kommunikation auseinandergesetzt hatte, war ihr dieses Phänomen in der Praxis völlig fremd. Sie kassierte etliche Stöße in die Rippen.

Im Laufe der Zeit erkannte Faith, dass diese vermeintliche kulturelle Eigenart in Wirklichkeit etwas Tiefergehendes zeigt. Wenn man sich im Schweigen eines anderen Menschen nicht unbehaglich fühlt, so stellte sie fest, wird eine Begegnung präsenter und authentischer. Es verhindert, dass die Schnellsten und Lautesten die Macht an sich reißen. Wenn sie ihren kulturell bedingten Drang, das Schweigen eilig zu brechen, unterdrücken konnte, ergoss sich goldener Sonnenschein in diese Begegnungen. Sie konnte Platz für die reine Möglichkeit schaffen.

○

Die Gesellschaft war nicht immer so laut wie heute. Aber unsere Frage, *wie wir inmitten des inneren und äußeren Lärms Ruhe erleben können,* ist dennoch uralt.

»Innerer Lärm«, sagt Papst Franziskus, »macht es unmöglich, jemanden oder etwas aufzunehmen.« Um die Menschheit und die Natur willkommen zu heißen – das Leben zu bejahen –, muss man bereit sein, im Unbekannten zu schweben, wie eine Blume zu sein, das Mysterium der Ruhe zu erfahren.

Wer sein Leben um ein klein wenig Ewigkeit bereichern will, muss nicht religiös sein und auch keinem philosophischen Geheimbund angehören. In den folgenden Kapiteln geht es darum, wie sich in einer Welt voller Lärm praktisch Ruhe finden lässt. Wir werden uns ansehen, wie sich, unter anderem durch Psychologie und Organisationsdesign, »alltägliche Ruhe« finden lässt, aber auch »entrückte Stille«, indem man Lehren mystischen Ursprungs auf das moderne Leben überträgt.

TEIL IV:
RUHE
IM INNEREN

9 Praxistipps für die Suche nach Ruhe

Raue Worte.

Klirrende Stahlgitter.

Alte Fernseher und billige Radios, aus denen eine zermürbende Kakophonie aus Partybeats und Sportkommentaren dröhnt.

Eine Lage Maschendraht als einziger Lärmschutz.

Im Jahr 2007 sprach immer mehr dafür, dass Jarvis Jay Masters das Verbrechen, für das er im Gefängnis von San Quentin in der Todeszelle saß, nicht begangen hatte. Der Oberste Gerichtshof von Kalifornien gab der Staatsanwaltschaft die ungewöhnliche Anweisung, alle Beweismittel in seinem Fall erneut zu begutachten, und legte damit den Grundstein für einen neuen Prozess. Aktivisten hatten schlüssige Beweise zusammengetragen und veröffentlicht, die darauf hindeuteten, dass Jarvis tatsächlich unschuldig war – dass man ihm vor über 20 Jahren ein Komplott zur Ermordung eines Gefängniswärters in die Schuhe geschoben hatte.

Mittlerweile war Jarvis hinter Gittern sehr geschätzt, er galt als Quelle der Ruhe und guter Ratschläge – sogar unter dem Gefängnispersonal.

Als sein Fall in die Berufung ging, wurde Jarvis aus der Einzelhaft – der Fachbegriff lautet »Adjustment Center«, kurz AC – in den Ost-Block verlegt, wo den Insassen relative Freiheiten gewährt wurden, darunter mehr Platz im Freien, gelegentliche Telefongespräche und Zugang zu einem Laden, der Schokoriegel und Ramen-Nudeln verkaufte.

Jarvis war 22 Jahre in Einzelhaft gewesen, länger als jeder andere in der Geschichte von San Quentin. Dass er das AC verlassen durfte, war ein persönlicher Triumph, auf den er jahrelang hingearbeitet hatte.

Doch als Jarvis in den Ost-Block kam, wurde er vom Lärm dort überwältigt. Er erlitt einen Anfall – den ersten seit Jahrzehnten und den schlimmsten seines Lebens. Obwohl er niemandem die Einzelhaft gewünscht hätte, wurde ihm klar, dass die schweren Zellentüren den Lärm von draußen ferngehalten hatten. Im Ost-Block hatte er keine solche Schallmauer. Er würde intensiver üben müssen.

Jarvis ist heute als »Buddhist im Todestrakt« bekannt – so lautet der Titel seiner kürzlich erschienenen Biografie.[1] 1991 legte er Gelübde bei dem tibetischen Lehrer Chagdud Tulku Rinpoche ab. Seit Jahrzehnten ist er Hauptschüler der amerikanischen buddhistischen Nonne und Schriftstellerin Pema Chödrön, die er liebevoll »Mama« nennt. Jarvis hat seine Autobiografie sowie mit dem PEN-Preis ausgezeichnete Gedichte über die Zähmung des Geistes in schwierigen Lebenslagen veröffentlicht. Als angehender Bodhisattva bemüht er sich nach Kräften, das Leiden aller fühlenden Wesen zu beenden. Im Laufe der Jahre ist er zu der Erkenntnis gelangt, dass diese Arbeit im kargen, 170 Jahre alten Hochsicherheitsgefängnis San Quentin genauso gut verrichtet werden kann wie irgendwo sonst.

In unserem Gespräch betonte Jarvis, dessen Fall noch in Berufung ist, der Lärm in San Quentin sei nicht nur auditiv. Dort vibriert die Angst – die schlimmste Form des inneren Lärms, die es gibt. Angst vor anstehenden Anhörungen, vor der Beurteilung der Führung und vor dem alltäglichen Zusammentreffen mit Gefängniswärtern und aufsässigen Inhaftierten. Manche leben in der existenziellen Angst vor dem drohenden staatlich sanktionierten Tod. Fast alle – auch Jarvis – verspüren den Nachhall von Traumata aus der Kindheit und den emotionalen Fluch gewalttätiger Elternhäuser oder liebloser Behandlung in Pflegeeinrichtungen.

»Hier drinnen *muss* man seinen Verstand ruhig halten«, sagt er uns. »Sonst wird man verrückt.«

Als er 1981 mit 19 Jahren zum ersten Mal in seine Zelle kam, reckte er den Arm hoch und konnte die Handfläche mühelos flach an die Decke legen. Er weiß noch, dass er dachte: »Als würde ich lebendig begraben.« Die Zelle fühlte sich an wie ein Sarg. Jarvis war klar, dass ihn dieser Weg direkt in den Wahnsinn führen würde – er musste ihn schleunigst verlassen.

Als wir kürzlich miteinander telefonierten, war im Hintergrund eine irritierende Mischung aus wütendem und überschwänglichem Gebrüll zu hören. »Die Typen in meinem Block wurden immer dann laut, *wenn ich meditierte*«, erzählt Jarvis heiter. »Ich dachte, sie hätten sich irgendwie gegen mich verschworen.« Heute kann er darüber lachen, weil er damals nicht durchschaute, warum die anderen offenbar immer *genau* wussten, wann er meditieren wollte. Mit der Zeit wurde ihm jedoch klar, dass der Lärm in erster Linie aus seinem eigenen inneren Geplapper bestand. »Es lag nur daran, dass in meinem Kopf Lärm herrschte«, sagt er. »Meine *Reaktionen* auf den Lärm waren vermutlich lauter als alles andere.« Diese Erkenntnis ist das eine – schwieriger ist es schon, einen anderen Kurs einzuschlagen. Doch Jarvis wusste, dass er diese Herausforderung meistern musste, um im Ost-Block zu überleben. »Ich arbeitete daran, den Lärm zum Schweigen zu bringen, indem ich *meine Reaktionen auf den Lärm zum Schweigen brachte*«, erzählt er uns.

Heutzutage kann ihn selbst der schlimmste Radau nicht mehr erschüttern. Er weiß, wie er damit umgehen kann. Jarvis beherrscht Techniken, mit denen er zur Ruhe findet und die über seine regelmäßige Sitzmeditation hinausgehen. So schrieb er den größten Teil seines Buches *Finding Freedom*[2] während wichtiger Sportveranstaltungen – zum Beispiel, wenn die Raiders gegen die 49ers spielten –, weil dann niemand seinen Namen rief oder sich dafür interessierte, was er gerade tat. Er findet Ruhe, wenn er in seiner Zelle Fitness- und Yogaübungen macht. Er findet sie, wenn er sich mit Astronomie befasst und überlegt, wann er beim Hofgang die nächste Sonnenfinsternis sehen könnte. Die Gegebenheiten, unter denen er lebt, verlangen, dass er in jedem Moment die Disziplin aufbringt, seine Wahrnehmungen und Reaktionen zu steuern. So lässt er den Lärm nicht an sich heran.

Jarvis weiß noch, dass seine Freundin, die Ermittlerin Melody, ihm vor einigen Jahrzehnten das Meditieren nahelegte. »Spinnst du?«, fragte er damals. »Willst du mich umbringen?« Er erklärte, im Gefängnis dürfe man auf keinen Fall die Augen schließen. Erst nach vielen Jahren mit persönlichen Rückschlägen und zufälligen Ereignissen fand er zur Kontemplation.

»›Meditieren‹ ist ein Wort, mit dem sich die Leute hier schwer identifizieren können«, erzählt Jarvis. »Kaum jemand findet: ›Wow, das ist ja cool‹«, meint er lachend. »Anfangs denken sie immer: ›Du tust doch nur so.‹ Denn sie können sich nicht vorstellen, dass man wirklich so ruhig sein kann ... Sie warten nur darauf, dass man einen Fehler macht.«

Jarvis will niemanden in San Quentin dazu überreden, seinem Beispiel zu folgen, aber hin und wieder wird er von anderen um Rat gefragt. »Meiner Erfahrung nach muss es erst Schwierigkeiten geben, ehe man aktiv wird.« In der Regel findet Jarvis nach solchen Schwierigkeiten die Möglichkeit, einem Mitgefangenen die Ruhe nahezubringen. Er schildert ein typisches Szenario: Ein aufbrausender Kerl, der kurz davor steht, »ins Loch« geworfen zu werden, weil er die Wärter beschimpft hat. Jarvis räumt ein, dass er früher genauso war. Auch wenn ein Insasse einen geliebten Menschen verliert, kann sich eine Veränderung einstellen. Trauer ist der große Gleichmacher. Dann wird Jarvis gefragt: »Wie schaffst du das nur? Mir gelingt das einfach nicht.« Er drängt niemanden dazu, Sutras zu lesen oder Mantras zu studieren, sondern gibt Ratschläge, wie man im Schmerz und Chaos ein wenig Ruhe für sich selbst finden kann. Ein echter Meilenstein, so sagt er uns, sei erreicht, wenn der andere erkennt, dass Reden und Jammern, Schuldzuweisungen und stures Beharren nicht weiterführen. Wer diese Erkenntnis gewonnen hat, nimmt sich meist vor: »Von jetzt an halte ich die Klappe.« Und das, sagt Jarvis, ist ein wirklich guter Anfang. Er fügt hinzu, dass wir alle an den Punkt gelangen müssen, an dem wir »keine schlechten Absichten mehr hegen wollen«.

O

Wenn Jarvis darüber nachdenkt, wie er mit dem Lärm von San Quentin umgeht, stellt er fest, dass etwas ihm zu einer erstaunlich wichtigen Ressource verholfen hat: Mitgefühl.

Durch die Ruhe, die er im Laufe der Jahre in seinem Bewusstsein gefunden hat, achtet er mehr darauf, was wirklich um ihn herum geschieht. Früher machte er sich keine großen Gedanken um die Vorgeschichte der Typen, mit denen er im Hof Basketball spielte oder Gewichte stemmte. Aber als der Lärm in seinem Kopf nachließ, erkannte er allmählich schwache Narben an ihren Händen oder in ihren Gesichtern. Er ahnte, dass zu jeder dieser Narben eine eigene Geschichte gehörte, und begann, vorsichtig und respektvoll Fragen zu stellen. Einige sperrten sich, andere dagegen öffneten sich und erzählten oft, dass sie als Kinder geschlagen und vernachlässigt worden waren. Jarvis erkannte, dass die Ruhe eine moralische Dimension hatte. Sie gab ihm die Möglichkeit, die Scheuklappen abzulegen und ein gewisses Maß an Empathie zu zeigen.

Anfangs, als der Tumult im Block seine Meditationsübungen noch sehr störte, waren seine Gedanken oft wertend. »Ich dachte: ›Die sind verrückt.‹« Dann jedoch, im Laufe der Zeit, wurde ihm klar, dass »sie in einer vier mal neun Meter großen Zelle gefangen sind, sie sitzen im

Todestrakt«. Er erkannte, dass »sie mit ihrem Geschrei und Gebrüll einem Teil ihres Wesens nachgeben, dass sie es herauslassen«. Jarvis begriff, dass dieses Verhalten unter den gegebenen Umständen wahrscheinlich ziemlich normal war.

Eines Tages stellte er sich die Frage: »Woran leiden diese Männer?« Erst führte er sich die Besonderheiten jedes Einzelnen vor Augen, dann betrachtete er das Gesamtbild. So wurde ihm klar, dass diese Frage auf den Ursprung allen Leids abzielte. »Was geht hier *wirklich* vor?«, fragte er sich. »Wann und wo hat ihre Verletzung ihren Anfang genommen?« Dann kehrten seine Gedanken zurück zu seiner eigenen Realität: »Woran leide *ich*?« Damit erkannte er, dass er sich gar nicht so sehr von allen anderen unterschied. Er nahm sich fest vor, aufmerksamer zuzuhören.

»Damit man *wirklich* hören kann, muss der Verstand ruhig werden«, sagte er uns.

Nach einigen Jahren der Übung wurde Jarvis klar, dass der Lärm ihn hart gemacht hatte. Er hatte sich angewöhnt, seine Umgebung wie ein Kloster zu sehen und die Geräuschkulisse von San Quentin aus seinem Bewusstsein zu verdrängen. Nun kam er zu dem Schluss, dass er sich nicht mehr gegen die Realität wehren durfte. Er musste sich dem Leben öffnen. Er musste andere Menschen in sein Herz lassen. Deshalb ließ er zu, dass das »Geschrei und Gebrüll« seine innere Wahrnehmung von Geräuschen und Reizen veränderte. »Von da an fühlte ich die Dinge sanfter«, sagt er.

Dann überlegt er kurz. »Von da an habe ich den Lärm eingeladen, damit er ruhiger wurde.«

○

Als wir Ende 2020 zum ersten Mal mit Jarvis sprachen, berichtete er, Anfang des Jahres habe er eine Ruhe erlebt wie nie zuvor. Damals war er an COVID-19 erkrankt – schwer erkrankt. Nach einigen glücklichen Monaten ohne einen einzigen Corona-Fall hatte das Virus San Quentin mittlerweile förmlich überrannt. Während der ersten Tage hatte Jarvis dem Bewohner seiner Nachbarzelle, einem Diabetiker, Mut zugesprochen. Aber dann »musste ich erleben, wie er krank wurde und schließlich starb«, erzählt er. »Das hat mir furchtbare Angst gemacht, weil ich mich zu der Zeit ebenfalls ansteckte.« Die Lage in San Quentin war katastrophal. Die *New York Times* berichtete über die Zustände:

> *Mehrere ältere Häftlinge haben vor ihren Zellen handgeschriebene Schilder mit der Aufschrift »immungeschwächt« aufgehängt, damit das Wachpersonal in ihrer Nähe Masken trägt. Andere Insassen verließen aus Angst vor dem Virus ihre Zellen nicht, berichtet ein Häftling, und neuerdings war mehrfach zu hören, wie Wärter »Mann am Boden« in die Funkgeräte riefen, weil erkrankte Insassen nicht mehr aufstehen konnten.[3]*

Jarvis hatte hohes Fieber und lähmende Migräneanfälle. COVID war erst drei Monate zuvor in die USA vorgedrungen, deshalb steckten die entsprechenden Behandlungsmöglichkeiten noch in den Kinderschuhen. Jarvis erinnert sich lebhaft, dass ein Arzt in seine Zelle kam und ihm verschreibungspflichtige Tabletten in einem Fläschchen gab, auf dessen Rückseite die Nebenwirkungen alle aufgeführt waren. »Ich warf einen Blick darauf und dachte nur: ›Diese Pille wird mich *umbringen!‹* ... Es drohten Leberschmerzen, Kopfschmerzen, Herzbeschwerden, Bluthochdruck, erhöhtes Herzinfarktrisiko, Taubheitsgefühl in den Füßen und Beinen ... Ich dachte echt: ›Was ist das nur für ein Zeug?‹« In einer Mischung aus Erschöpfung, Krankheit und Trauer war er wie in Trance und starrte immer wieder auf das Etikett mit den schlimmen Nebenwirkungen, während ihm gleichzeitig durch den Kopf ging, wie viele Menschen auf der Welt an der gleichen Krankheit litten.

Dann hörte er die Worte: »Es geht gerade nicht um dich.«

In diesem Moment wurde sich Jarvis der vielen Menschen bewusst, die an Vorerkrankungen litten wie sein Zellennachbar, der als erster Häftling in San Quentin an COVID gestorben war. »So viele Menschen sind kränker als du«, wurde ihm klar.

Er dachte an »Menschen mit schwachem Herz, die in diesem Augenblick einen Herzinfarkt erlitten«. Er dachte an »die vielen Mütter, die ihre Kinder verlieren würden – die vielleicht genau in diesem Moment ein Kind verloren«. Er öffnete sein Herz. Er nahm Anteil an ihrem Leid und fühlte sich als Teil von etwas, das viel größer war als er selbst. Er drückt das so aus:

> *Es war, als würde ich so vielen leidenden Menschen mein Beileid aussprechen, und von da an sagte ich mir unablässig: »Du bist nicht allein. Du bist nicht allein ... Du kannst das durchstehen.«*
> *Und das hat mich einfach zur Ruhe gebracht.*
> *Ich wusste nicht einmal, ob ich wach war oder schlief.*
> *So ruhig war ich.*
> *Ich brauchte dieses Gefühl, um die Krankheit zu überwinden.*

Wir haben mit Jarvis lange über die Bedeutung dieses Erlebnisses gesprochen – dieser seltsamen, unerwarteten, heilenden Erfahrung der Ruhe. »Ich würde es nicht als Wunder bezeichnen«, sagte er zu seiner Eingebung. »Aber es war für mich ein Geschenk: dass ich das wahrnehmen, das annehmen konnte.«

DER BEREICH DER MACHT

Wie finden wir Ruhe in einer Welt voller Lärm?

Die Antwort ist für jeden Menschen anders.

Manchmal gelingt es spontan. Normalerweise jedoch muss man sich gezielt darum bemühen. Wir Menschen haben unterschiedliche Möglichkeiten, Ruhe zu finden. Selbst Jarvis, der Meditation lehrt, räumt ein, dass stilles Meditieren nicht der einzige Weg ist.

Wir alle können in unterschiedlichem Maß selbst bestimmen, wie wir unsere Zeit verbringen und unser Leben gestalten. Eine alleinerziehende Mutter, die Vollzeit für den Mindestlohn arbeitet, muss den Tag anders strukturieren als ein Rentner, eine Studentin oder ein Kleinunternehmer. Dieser unterschiedliche Grad an Autonomie wirkt sich darauf aus, wie und wann wir im Alltag Ruhe finden können.

Jarvis lebt am äußersten Rand dieser Bandbreite an Autonomie. Er bringt jeden Tag 23 Stunden in seiner Zelle zu. Die Anstaltsleitung kontrolliert so gut wie jeden Aspekt seines Lebens, sogar ob er duschen darf. Lärmpegel und Ablenkungen in seinem Umfeld stehen außerhalb seiner Macht. Und doch hat Jarvis die Fähigkeit erworben, den Lärm in seinem Leben zu steuern. Er kann für Zeiten der Ruhe sorgen. Er moduliert die heftigen Vibrationen der Angst und Furcht. Obwohl Momente der stillen Gelassenheit selten sind, kann er sich auf diese Momente mit inniger Aufmerksamkeit einlassen. Und was vielleicht am wichtigsten ist: Er ist in der Lage, für gnädige Ruhe präsent zu sein, wenn sie ihn beehrt – wie damals, als er die Nebenwirkungen las und die Worte »Es geht gerade nicht um dich« hörte. Er habe sie »wahrnehmen« und »annehmen« können, sagt er voller Dankbarkeit.

»Experten« für Stille würden viele am ehesten unter Mönchen oder Einsiedlern in einsamen Hütten vermuten. Aber damit hätten sie das

Wesentliche nicht verstanden. Wir berichten gerade deshalb von Jarvis, weil er an einem höllisch lauten, schrecklichen Ort lebt. In einer entlegenen Einsiedelei im Himalaya lässt sich leicht Ruhe finden – inmitten von Angst, belastenden Geräuschkulissen, Furcht und Trauma ist das weitaus schwieriger. Und darauf kommt es für die meisten Menschen heutzutage an.

Für Jarvis bestand der Schlüssel zur Ruhe darin, dass er den *Bereich seiner Macht*[4] ermittelte. Als er am ersten Tag dachte: »Ich werde lebendig begraben«, wusste er instinktiv, dass dieser Gedanke katastrophal war – auch wenn er sicherlich ein Fünkchen Wahrheit enthielt. Jarvis musste sich in den Griff bekommen und die Willenskraft aufbringen, diesen Gedanken auszulöschen. Und das gelang ihm. Zwar sollte es noch viele Jahre dauern, bis er seinen Geist durch buddhistische Übungen richtig geschult hatte, doch schon damals hatte er ein persönliches Leitmotiv, das aus einem Song des *Funkadelic*-Frontmanns George Clinton stammt: »Free Your Mind and Your Ass Will Follow« – *Wenn der Kopf frei ist, folgt der Rest.* Jarvis verstand das so, dass er einen Ansatzpunkt finden musste, um seine Gedanken zu steuern. Nur dann würde es ihm gelingen, ein gewisses Maß an Macht über seine Lebensumstände zu erreichen. Nur dann konnte er etwas Freiheit finden.

Wir sehen die Begriffe »Macht« und »Kontrolle« normalerweise kritisch.

Wir leben in einer von Probabilismus geprägten Welt, in der Milliarden sichtbare und unsichtbare Kräfte alles um uns herum gestalten – von mikroskopisch kleinen Lebewesen in unserem Gedärm über die Zinspolitik der Bundesbank bis hin zu den Konstellationen der Planeten und Sterne am Himmel. Dennoch kann es in einer lauten Welt hilfreich sein, von einem gewissen *Maß an Macht* auszugehen.

Als Justin einmal in einer Notlage steckte, konnte Leigh ihm mit dieser Vorstellung weiterhelfen. Justin hatte damals beruflich mit einem regelrechten Vulkan zu tun – einem Mann, der in der Politik großen Einfluss hatte, aber jederzeit in die Luft gehen konnte. Ihre gemeinsame Arbeit sollte ein soziales Anliegen unterstützen, an das Justin glaubte, und sie war für seine junge Familie finanziell sehr interessant. Allerdings bedeutete sie für sein Leben unbarmherzigen Lärm.

Ein Teil des Lärms war nicht weiter ungewöhnlich: eine Flut an E-Mails, Textnachrichten, Telefonaten und Videokonferenzen. Aber es gab auch subtilere Herausforderungen, zum Beispiel die ungesunde Erwartungshaltung des Mannes, Justin müsse rund um die Uhr verfügbar sein, und seine Angewohnheit, ganz normale, gewöhnliche Interaktionen in angespannte, ja geradezu feindselige Auseinandersetzungen zu verwandeln. Um Konflikte zu vermeiden, behielt Justin sein Telefon immer bei sich und schaltete es nie stumm. Mit der Zeit wurde der ständige Blick aufs Handy geradezu zwanghaft – in der Hoffnung, diese unterwürfige Dienstbarkeit könnte die Spannungen abbauen. Doch im Gegenteil: Je mehr Justin sich bemühte, desto schlimmer wurde der Lärm in seinem Bewusstsein. Im inneren Monolog käute er schwierige Gespräche wieder und malte sich Horrorszenarien aus. Seine Nerven summten wie Hochspannungsleitungen.

Stressige Arbeit war für Justin nichts Unbekanntes, und er praktizierte und lehrte schon lange Meditation. Folglich verfügte er über eine breite Palette an Bewältigungsmechanismen. Glaubte er zumindest.

Wenn er sich eine kurze Auszeit zum Meditieren gönnte oder eine kognitive Umdeutung vornahm, dachte er stets, nun sei er wieder in ruhiges Fahrwasser gelangt. Doch beim nächsten Kontakt mit dem Kunden fand er sich sofort im Strudel des inneren Lärms wieder. Er bemerkte, wie sich dieses Schema zum Teufelskreis entwickelte. Unerwünschte Gespräche und der ständige Blick aufs Handy lösten neue Sorgen und Grübeleien aus. Verzweifelt versuchte Justin, dieses Chaos durch weiteren Lärm zu kaschieren, beschwerte sich in Telefonaten mit Freunden über seine Lage oder lenkte sich damit ab, dass er sich spätabends auf Netflix stundenlang Lateinamerikas tollste Foodtrucks am Meer ansah.

In diesem Sog machte Justin bei sich selbst eine Feststellung, die ihn zutiefst beunruhigte. In diesen Phasen hätte er keine Ruhe gesucht, *selbst wenn er gekonnt hätte.* Er wollte sich nicht mit sich selbst auseinandersetzen. Es war ihm angenehmer, Ablenkung zu suchen, als sich der Realität zu stellen.

Als Leigh zufällig einmal mit Justin telefonierte, fragte sie ihn, wonach er sich in seiner jetzigen Situation sehne – was wäre der Idealfall, den er sich vorstellen könne? Justin verstummte und musste sich setzen. Er atmete ein paarmal tief durch. Er sehnte sich nicht nur nach einer Pause oder nach einer besseren Work-Life-Balance. Vielmehr war es ein bestimmtes Gefühl, fast eine Energie, nach der er sich sehnte. Er sah sie in Form eines Bildes, das ihn am frühen Morgen vor einem ruhigen Meer zeigte. Als er diese Sehnsucht beschrieben hatte, fragte Leigh, was er am meisten *fürchte.* Justin sagte, er habe Angst, weiterhin diesen Lärm ertragen zu müssen und dieses ozeanische Gefühl des »Neustarts« nicht zu erleben.

Leigh schilderte Justin ein Bild: die *Zielscheibe* beim Bogenschießen. Der innerste Kreis, sagte sie, sei das, was in seiner *Macht* läge, der mittlere Ring das, auf das er *Einfluss* habe, und der äußere Ring sei *alles andere.* Konzentriere dich auf die beiden inneren Ringe, riet sie.

Für Justin kam es nicht infrage, dem anderen den Job vor die Füße zu werfen. Er konnte nicht kündigen, zumindest nicht kurzfristig. Also machte er sich daran, systematisch zu prüfen, welche *Macht* und welchen *Einfluss* er hatte – wo er noch eigenständig entscheiden konnte, um wieder die Ruhe zu finden, die er für sein Leben brauchte.

Nach dieser Vorstellung von *Macht* achtete Justin genauer auf das, was sein Körper spürte und was in seinem Kopf zu hören war, wenn der Lärm lockte. Er machte nicht mehr nur hin und wieder spontan eine Zentrierungsübung, sondern setzte konsequent eine Reihe von Strategien ein, um im Alltag zur Ruhe zu finden – Atemübungen, die er vor langer Zeit gelernt hatte, kurze Pausen im Sonnenschein und regelmäßige Wanderungen ohne Handy. Er überlegte auch, wie er die Situation *beeinflussen* könnte, indem er sich kritisch über die Nachhaltigkeit des Arbeitsverhältnisses äußerte. Während er darüber nachdachte, welche Folgen der Lärm für seinen Geist und seinen Körper hatte, handelte er mit dem Kunden neue Rahmenbedingungen aus. Das Gespräch verlief besser, als er erwartet hatte. Justin sicherte sich die Möglichkeit, wieder etwas Ruhe in sein Leben zu bringen.

Am wichtigsten war jedoch, dass er feststellte, dass etwas sehr Wertvolles in seiner *Macht* lag. Er konnte den Lärm zum Schweigen bringen, indem er seine Reaktionen auf den Lärm zum Schweigen brachte, wie Jarvis es ausdrücken würde. Er konnte seine Wahrnehmungen und Reaktionen geschickter einsetzen. Der Lärm war nicht von Grund auf böse. Sicher, er war lästig – auch unangenehm. Aber der Lärm zeigte auch, was sich an der zugrunde liegenden Situation ändern musste. Mit etwas Abstand konnte Justin erkennen, dass der schlimmste Lärm – der innere Lärm – auf eine gestörte Beziehung zum Kunden und zur Arbeit selbst zurückzuführen war. Er war zu sehr auf die Ergebnisse fixiert. Und Justin allein hatte die Macht, das zu ändern.

○

Wenn wir wissen, was wir ändern können und was nicht, verschafft uns das eine gewisse Erleichterung. Auf komplexe Systeme wie Aktienmärkte und globale kulturelle Vorlieben haben wir persönlich in der Regel keinen *Einfluss;* sie liegen auf der Zielscheibe im Bereich »*alles andere*«. Lokalpolitik und das Verhalten unseres Partners gehören oft zu den Dingen, die wir *beeinflussen* können. Aber wenn man nicht Angela Merkel, Warren Buffett oder Beyoncé ist, beschränkt sich die *Macht* meist auf einige wenige Faktoren. Das ist jedoch in Ordnung. Ein kleiner Bereich in der Mitte der Zielscheibe ist genug, denn die wichtigste Arbeit geschieht im Inneren.

Um den Lärm dieser Welt hinter uns zu lassen, brauchen wir mehr als hochwertige, maßgefertigte Ohrstöpsel oder »digitales Detox« in einer Hütte ohne Mobilfunkempfang. Wie bei Justin ist in gewisser Weise ein »Bogenschießen« mit Herz und Verstand nötig. Nicht nur die Beherrschung von Pfeil und Bogen, sondern auch die innere Treffsicherheit wird immer besser, je mehr man trainiert.

Der Lärm des Lebens ist bis zu einem gewissen Grad unvermeidlich. Dennoch können wir eine ruhige innere Geräuschkulisse anstreben, ein ruhiges Bewusstsein. Wir können erkennen, was in den Bereich unserer *Macht* und unseres *Einflusses* fällt, und entsprechende Strategien anwenden, um unser Leben auf das auszurichten, was wir wollen, während wir *alles andere* loslassen.

Vom nächsten Kapitel an werden wir uns mit spezifischen Strategien für die Suche nach Ruhe beschäftigen. Doch ehe wir diese Strategien anwenden können, müssen wir erkennen, wann sie nötig sind – mit anderen Worten, wann tatsächlich zu viel Lärm herrscht.

LÄRMSIGNALE

Jarvis geht nicht nach einem starren Plan vor. In dem Bemühen, mit dem Lärm zurechtzukommen – herauszufinden, wann und wie er *Macht* oder *Einfluss* ausüben kann –, ist ihm ein Ausgangspunkt besonders wichtig: *Aufmerksamkeit.* Er prüft die Gedanken in seinem Kopf und die Gefühle in seinem Körper. Er weist darauf hin, dass wir auf *Signale* achten müssen, auch auf ganz kleine, damit wir ständig steuern und den Kurs korrigieren können.

In Kapitel 4 haben wir den Unterschied zwischen *Signalen* und *Lärm* erläutert – zwischen Klängen und Reizen, die auf Notwendiges hinweisen, und anderen, die das Bewusstsein unerwünscht in Anspruch nehmen. Eine bestimmte Art von wichtigen Signalen können wir in uns selbst aufspüren, in unserem eigenen Geist und Körper. Dabei handelt es sich um persönliche Signale dafür, dass zu viel Lärm in uns eingedrungen ist, dass wir überreizt oder abgelenkt sind. Diese Signale müssen wir erkennen und dann entsprechend handeln. Jarvis geht mit uns ein Beispiel durch.

»Mittlerweile sind es meist kleine, unbedeutende Dinge, die mich aufregen«, erzählt er. »Zum Beispiel, wenn ich Frühstück bekomme und sehe, dass auf meinem Tablett keine Butter ist.« Er schildert uns die Szene:

»Wo ist die Butter?«

»Du hast keine Butter bekommen, Jarvis«, sagen die anderen.

Oder noch schlimmer: »Sie ist auf deinem Tablett« – obwohl das nicht stimmt.

Das regt mich jedes Mal auf. Ich verliere die Fassung. Ich mache eine größere Sache daraus, als sie es eigentlich ist, versteht ihr?

Das Gefühl, dass er »sich an Kleinigkeiten hochzieht«, ist für Jarvis ein wichtiges Signal. Zum Glück weiß er durch jahrelange Übung, wie er sich schnell wieder in den Griff bekommt. Er hat es sich zur persönlichen Aufgabe gemacht, seine Gedanken, Gefühle und Verhaltensweisen zu verstehen – die Signale zu erkennen, die ihm zeigen, dass es ihn »erwischt« hat. Eine solche Selbsterkenntnis ist in San Quentin nicht üblich (und auch anderswo nicht), doch Jarvis meint, ohne sie könne man nicht überleben. Sein sonst so heiterer Ton wird ernst, als er sagt: »Nur zwei Sekunden können dein ganzes Leben verändern – vor allem hier drin ... In nur zwei Sekunden kann ich irgendwo in einem Verlies landen.«

Ein weiteres wichtiges Signal für zu viel Lärm besteht für Jarvis darin, dass er zu sehr »im Kopf steckt« – wenn er sich in intellektuelle Begründungen für richtig und falsch verstrickt, darin, wer die Schuld trägt oder warum sich das Leben so und nicht anders entwickelt.

»Logik ist wie eine Droge«, meint er lachend.

Das Problem ist nicht das Denken an sich, sondern das quälerische Grübeln. »Wir können uns sehr, sehr gut selbst aufpeitschen«, so Jarvis. »Darin sind wir wahre Meister.«

Dennoch, sagt er weiter, denken wir oft zu viel nach, »weil uns die Menschen in unserem Umfeld am Herzen liegen und die Dinge, für die wir stehen«. Die »Signale« an sich sind nicht das Problem. Sie teilen uns etwas mit – etwas Wichtiges. Jarvis rät nicht dazu, die Signale zu unterdrücken. Er rät vielmehr dazu, genau hinzuschauen und angemessen zu handeln, damit wir unsere Reaktionen steuern können.

Auch wir beide achten genau auf unsere Signale. Wir erkennen verräterische Anzeichen für zu viele äußere Reize und inneres Geplapper: *Reizbarkeit und Unruhe, starres Denken und Verhalten, reflexhafte Abwehrhaltung und mangelnde Bereitschaft zum Zuhören* (wie unsere Ehepartner und Angehörigen bestätigen werden). Oft gehen diese Signale mit Anspannung im Nacken, im Zwerchfell, im Becken oder im unteren Rückenbereich einher. Manchmal atmen wir auch flach oder fühlen uns gehetzt.

Diese körperlichen Empfindungen sind an sich schon wichtige Signale. Am Rande unseres Bewusstseins leben die lauten Emotionen – diejenigen, die wir am häufigsten verdrängen, wie Wut und Verzweiflung. Diese Emotionen können bei Leigh bewirken, dass sie mitten in der Nacht eine Panikattacke bekommt. Justin presst dann den Kiefer so fest zusammen, dass er chronische Schmerzen bekommt. Unsere automatische Reaktion auf diese Signale besteht darin, dass wir irgendwo sind, nur nicht hier, und das irgendwann, nur nicht jetzt – dabei sind sie wichtige Hinweise auf eine grundlegende Disharmonie, und wenn wir sie ignorieren, werden sie höchstwahrscheinlich immer wiederkommen. Sie können davon ausgehen: Wenn etwas verändert werden muss, werden diese Signale lauter werden und mehr Aufmerksamkeit fordern.

Wir können warten, bis die Signale uns finden, oder wir können sie aktiv suchen. Wir können eine »Bestandsaufnahme« des Lärms vornehmen, indem wir uns Fragen stellen:

Welche Art von Lärm herrscht gerade? Akustischer? Informationeller? Innerer?

Was spüre ich? Welche Signale entstehen?

Wie fühlt sich der Lärm in meinem Körper an? Welchen Einfluss hat er auf meine Stimmung, meine Sichtweise, meinen Fokus?

Wie spiegelt sich der Lärm in meiner Arbeit und meinem Verhalten? Im Ton meiner Beziehungen?

Sobald Sie spüren, welcher Lärm in Ihrem Leben herrscht, können Sie im Rahmen Ihrer Möglichkeiten Veränderungen bewirken, und seien sie auch noch so klein. Das läuft in kleinen Schritten ab – waschen, spülen, wiederholen; oder in diesem Fall: Ziel setzen, *Macht*- und *Einfluss*Bereich ermitteln, Signale wahrnehmen, wiederholen.

○

Jarvis erklärt uns Grundprinzipien, mit denen sich auch in extremem Lärm Ruhe finden lässt. Er ermittelt die Art von Lärm, die wir erleben – auditiven, informationellen und inneren. Er vermittelt Strategien, mit denen sich die eingehenden Signale genau wahrnehmen und umschiffen lassen.

In den nächsten Kapiteln werden wir auf dieser Grundlage einen Praxisleitfaden für die Suche nach Ruhe liefern. Wir werden genau erläutern, wie eine Bestandsaufnahme unserer inneren und äußeren Geräuschkulisse abläuft, und praktische Ansätze erkunden, mit denen wir *Macht* oder *Einfluss* ausüben können, um den Lärm hinter uns zu lassen – als Individuum, als Familie, als Team oder gar als Gesellschaft insgesamt. Wir befassen uns mit Techniken zur Bewältigung des *augenblicklichen* Lärms, mit Ritualen, die *im Laufe eines Tages oder einer Woche* zur Ruhe führen, und mit Möglichkeiten, die entrückende Ruhe zu entdecken, die unser Leben *im Laufe eines Jahres oder in noch längerer Zeit* verändern kann.

10 Die gesunde Alternative zur Zigarettenpause

Leigh muss etwas gestehen.

Sie hat früher geraucht.

Im Grunde muss sie nicht das Rauchen an sich gestehen – sondern die Tatsache, dass sie es *liebte*. Sie liebte den sanften Kuss der Zigarette, der an ihrer Lippe hing. Sie liebte das »Knistern« beim ersten Zug. Sie liebte, wie sich der Rauch in Sonnenstrahlen und im Lichtschein kräuselte. In ihrer Familie kursiert zwar eine andere Geschichte, aber in Wahrheit hat Leigh beim Rauchen – und nicht beim Yoga – gelernt, tief ein- und auszuatmen.

Trotzdem gab es reichlich Gründe, mit dem Rauchen aufzuhören: der hartnäckige Husten, die immer höheren Kosten, der Qualmgeruch in den Haaren, wenn sie sich nachts ins Bett kuschelte. Und natürlich vor allen Dingen der große Wunsch, ein langes und gesundes Leben zu führen.

Wenn sie sich im Nachhinein fragt, wieso sie so lange brauchte, um mit dem Rauchen aufzuhören, landet Leigh bei dem einen großen Vorteil des Rauchens: *Es verschaffte ihr eine kleine Nische der Ruhe.*

Wenn man diese Nischen grob zusammenrechnet, kommt man auf insgesamt zweieinhalb Stunden pro Tag. Das ist keine Nische mehr, sondern eher ein gewaltiges Loch.

Die vielen Nikotinsüchtigen, die in den letzten Jahrzehnten das Rauchen aufgaben, gaben damit auch die gesellschaftlich sanktionierten Rauchpausen auf – vor allem am Arbeitsplatz.

Kürzlich wurde eine qualitative Studie der Universität Edinburgh und der schottischen Abteilung des führenden britischen Zentrums für unabhängige Sozialforschung veröffentlicht, in der es darum ging, warum sich junge Menschen heute für den Zigarettenkonsum entscheiden. Als Titel der Publikation wurde das vielsagende Zitat eines Studienteilnehmers gewählt:»Sag, dass du rauchst, dann hast du öfter Pause.«[1] Die Studie kam zu dem Schluss, dass in »bestimmten beruflichen Kontexten, insbesondere im Gastgewerbe und bei ununterbrochenen Tätigkeiten wie in Call-Centern, das Rauchen den maßgeblichen Vorteil kurzer Pausen verschaffte und manchmal sogar die einzige Möglichkeit für eine Pause war«. Weiter heißt es:»Dabei handelt es sich in der Regel um schlecht bezahlte, gering qualifizierte Berufe, bei denen im Allgemeinen weniger Rechte gelten.«

Denken Sie kurz darüber nach. Viele Menschen entscheiden sich bewusst für den Konsum erwiesenermaßen krebserregender Substanzen, weil es schlichtweg keine andere Möglichkeit gibt, sich eine kurze Auszeit zu nehmen. In Bezug auf das unerfüllte Bedürfnis nach Ruhe spricht das Bände.

Außerdem wirft es eine Frage auf: *Was ist die gesunde Alternative zur Zigarettenpause?*

Mit anderen Worten: Wenn Sie das Gefühl haben, dass der Beruf, der Haushalt oder die Sorgen in Ihrem Kopf einen Lärm verursachen, der Ihnen schlichtweg zu viel wird – was tun Sie dann, wohin gehen Sie, und wie können Sie sich neu ausrichten?

Wie können wir im Alltag die Nischen der Ruhe finden, die wir brauchen?

Vielleicht haben Sie fünf Minuten Zeit, sich vom Computer zu lösen. Vielleicht auch nur 15 Sekunden, solange Ihr Kind von einem Spielzeug gefesselt ist. Achten Sie dabei nicht auf die Dauer der Ruhe, sondern auf ihre *Qualität* – so flüchtig sie auch sein mag. Wie tief können Sie in die Räume zwischen den vielen Geräuschen und Reizen eintauchen?

In diesem Kapitel werden wir Ihnen verschiedene Strategien vorstellen, mit denen Sie im Alltag Nischen der Ruhe finden. Sie sind nicht als strenge Vorschriften gedacht, sondern eher als Denkanstöße und Inspirationen. Nur Sie selbst kennen Ihre Lebensumstände, Ihre Vorlieben und Ihre Bedürfnisse. Nur Sie wissen, in welchen Bereichen Sie *Macht* und *Einfluss* haben. Was Ihnen nützlich und ansprechend erscheint, setzen Sie gerne um, aber behalten Sie bitte im Hinterkopf, dass Sie genauer hinschauen sollten, wenn Sie spontan mit »*Nein! Auf keinen Fall!*« reagieren. Eine starke Reaktion will Ihnen vielleicht etwas sagen. Vorerst werden wir noch nicht darauf eingehen, wie man die tiefste, besonders transformative Ruhe findet; das kommt erst im nächsten Kapitel. Aber denken Sie daran, dass sich unsere Fähigkeit, die tiefste Ruhe zu erkennen und zuzulassen, wenn es so weit ist, durch diese auf den Moment beschränkten Übungen – diese kleinen Nischen der Stille – stetig erhöht.

Ebenso werden wir uns hier noch nicht damit befassen, wie man mit Lärm in Beziehungen, Familien und Organisationen umgeht. Auch das kommt später. Den Anfang machen Übungen für uns selbst, denn hier haben wir die größte *Macht.* Damit schaffen wir die Grundlage für alles Weitere.

Bevor es losgeht, möchten wir ein paar allgemeine Empfehlungen geben.

Erstens: *Bleiben Sie aufgeschlossen.* Erinnern Sie sich an den Mann, der tiefe innere Ruhe findet, wenn er mit der Motorsäge schnitzt? Wenn das Gerät rattert und die Späne fliegen, verschwindet bei ihm der innere Lärm. »Ruhe ist das, was jemand für Ruhe *hält*«, erklärt uns Joshua Smyth. Wenn wir uns also mit Übungen befassen, die zur Ruhe führen, sollten wir nicht vergessen, dass das, was der eine als Lärm empfindet, für jemand anderes Ruhe bedeuten kann. Ihr Stil darf gerne eigenwillig sein.

Zweitens: *Probieren Sie verschiedene Übungen aus.* Der Lärm der

Welt hat viele Formen und wirkt auf mehreren Ebenen. Daher ist es nur natürlich, dass man eine breite Palette an Werkzeugen braucht, um sich in den unterschiedlichsten Situationen zurechtzufinden. Je nach Art des Lärms, mit dem Sie es zu tun haben, dem Ort, an dem Sie sich befinden, Ihrer Stimmung oder dem, was sich aktuell im Bereich Ihrer *Macht* oder Ihres *Einflusses* befindet, könnten unterschiedliche Übungen geeignet sein.

Drittens: *Beachten Sie all Ihre Signale.* Wir müssen nicht nur auf Signale in Körper und Geist achten, die auf zu viel Lärm hinweisen, sondern auch *positive* innere Signale liefern wertvolle Erkenntnisse – die Hinweise darauf, dass wir in stillen Momenten Ruhe, Nahrung und Klarheit finden. Manchmal sind diese angenehmen Signale sogar schwieriger zu erkennen. Wir sind meist wahre Profis darin, unerwünschte oder unangenehme Reize festzustellen. In der Kognitionswissenschaft bezeichnet man das als Negativitätsbias (oder als Positiv-Negativ-Asymmetrie), und diese Neigung sichert uns in vielen Situationen das Überleben. Doch auch die angenehmen Signale sind wertvolle Hinweise. Sie zeigen uns, wann wir auf dem richtigen Weg sind, was in unserem Leben gut läuft und wie wir das, was Wirkung zeigt, weiter ausbauen können.

Viertens und letztens: *Tun Sie das, was Ihnen Freude macht.* Wir haben uns unter anderem deshalb zu diesem Buch entschlossen, weil Achtsamkeit für viele Menschen inzwischen zu einem »Muss« geworden ist, das manchmal sogar regelrechten Selbsthass auslöst. So war es bei Zana, der Mutter eines Mädchens, das mit Leighs Tochter Volleyball spielt. Die beiden Frauen waren auf Anhieb auf einer Wellenlänge. Zana war kürzlich Partnerin in einer großen Anwaltskanzlei in San Francisco geworden. Sie arbeitete bis zu 70 Stunden pro Woche und hatte einen schrecklich langen Arbeitsweg, während sie gleichzeitig zwei Töchter alleine großzog. Trotzdem war sie bei fast jedem Spiel dabei. Als Zana hörte, dass Leigh ein Buch über Ruhe schrieb, ließ sie eine Tirade mit Selbstvorwürfen vom Stapel. »Ich weiß! Ich weiß, ich weiß! Ich muss unbedingt meditieren! Es muss sein. Das hatte ich schon längst vor. Ich weiß selbst nicht, *warum* ich es nicht mache.« Eine solche Selbstkasteiung ist in unseren gesellschaftlichen Kreisen weit verbreitet. Aber das muss nicht sein. Unsere Übungen können und sollten entspannend, bereichernd und – wenn wir so sagen dürfen – genussvoll sein. Ohne ein gewisses Maß an Disziplin geht es vermutlich nicht, aber suchen Sie sich die Übungen aus, die Sie sich gerne fest vornehmen, und machen Sie sich keine Vorwürfe wegen derjenigen, die Sie nicht ansprechen.

Behalten Sie diese vier Ratschläge im Sinn, wenn Sie sich mit den Grundsätzen und Geschichten auf den folgenden Seiten befassen, und überlegen Sie, was Sie mühelos – und sogar mit Freude – in Ihr Leben integrieren können.

IDEE 1: EINFACH LAUSCHEN

Es war im Mai 2020. Die ganze Welt befand sich im Lockdown. In den Städten waren die Straßen so gut wie leer. Am Himmel war es still, die Flughäfen waren geschlossen. Aber für viele von uns tönte das Leben lauter als je zuvor.

Wie ein dressierter Affe drückte Justin immer wieder auf die Stummschalttaste, um die ausufernde Geräuschkulisse bei sich zu Hause vor den anderen Teilnehmern seiner Telefonkonferenz zu verbergen. Babys weinten, Milchbrei brannte an, der Saugroboter surrte, und ein Disney-Musical dröhnte. Justins dreijährige Tochter hatte ein interaktives Bilderbuch, aus dem mit blechernem Klang Lieder aus dem Film *Frozen* ertönten – einmal ließ sie es fast eine Stunde lang in Dauerschleife laufen.

Justin war kurz davor, dem einen Riegel vorzuschieben, als er in

dem penetranten Geplärre plötzlich eine wichtige Aufforderung erkannte. »Lass es los! Lass es los!«, schmetterte die Stimme aus dem Buch.
Justin befolgte diesen Ratschlag. Er ging nach draußen in die strahlende Mittagssonne und vergaß einen Augenblick lang die Arbeit und die Haushaltspflichten. Im
Garten waren ferne Straßengeräusche und leises Vogelgezwitscher
zu hören. Vor allem hörte Justin die Brise, die die knospenden Früh-
lingszweige rascheln ließ. Er meditierte nicht im eigentlichen Sinn,
sondern lauschte einfach – horchte auf *nichts Bestimmtes*.

Die Tradition des Nada-Yoga, die es in Indien seit Jahrtausenden
gibt und die auch »Klang-Yoga« genannt wird, haben wir bereits erwähnt. In manchen Beschreibungen heißt es, man solle sich dabei auf
den »Klang der Stille« einlassen. Ajahn Amaro, der Theravada-Buddhismus lehrt, erläutert, wie das geht: »Richte deine Aufmerksamkeit auf das, was du hörst. Wenn du die Geräusche um dich herum
aufmerksam wahrnimmst, hörst du vermutlich einen dauerhaften
hohen Klang in deinem Inneren, wie ein weißes Rauschen im Hintergrund.« Amaro sagt weiter: »Grübele nicht darüber nach, woher
diese innere Schwingung kommen mag. Richte einfach deine Aufmerksamkeit darauf.«[2] Für Amaro ist die Art von Zuhören eine »andere Form der Meditation ... Lenke deine Aufmerksamkeit auf den
inneren Klang und lass zu, dass er die gesamte Sphäre deines Bewusstseins füllt«.

Dieses einfache Lauschen – bei dem man die Ohren und damit die
Aufmerksamkeit für das öffnet, was in einem selbst und in der unmittelbaren Umgebung ist – wirkt reinigend und erweckend. Ähnliches
hat Imke Kirste durch ihre Forschungsarbeit entdeckt – dass sich die
Entwicklung der Neuronen beschleunigt, wenn man *ins Nichts lauscht*.
Wenn wir *einfach nur zuhören*, machen wir uns keine Gedanken über
den Ursprung des Klangs. Stattdessen stimmen wir uns mit unserem

gesamten Instrument – Ohren, Aufmerksamkeit, Körper und Wesen – auf die Schwingung des Lebens ein. Dabei gibt es kein Richtig und kein Falsch.

Jay Newton-Small hatte noch nie etwas von Nada-Yoga gehört. Aber sie hat eine eigene Technik entwickelt, die ihr seit Langem hilft. Jay war viele Jahre Washington-Korrespondentin für die Zeitschrift *Time* und Reporterin für *Bloomberg News*. Mittlerweile hat sie ein Unternehmen gegründet, das unter anderem durch das Berichten von Lebensgeschichten die Patientenversorgung verbessern will. In den Jahrzehnten, in denen sie in New York und Washington ein stressiges, lärmintensives Leben führte, stellte sie fest, dass dieser ständige Druck ein »statisches Rauschen« verstärkte – wenn sie sich die Zeit dazu nahm, konnte sie es tatsächlich hören. Jay gewöhnte sich an, sich nach Feierabend zu Hause auf die Couch zu setzen und einfach dem Klingeln in ihren Ohren zu lauschen. In den ersten ein oder zwei Minuten empfand sie es meist als Wand aus intensiven Klängen, die sie im ganzen Körper spürte. Aber wenn sie etwa fünf Minuten lang nur zugehört hatte, merkte sie, dass die Lautstärke nachließ. Dann erhob sie sich von der Couch und machte sich daran, das Abendessen zuzubereiten.

Jay hatte etwas Wichtiges erkannt: Bloßes Zuhören kann bewirken, dass der Lärm nachlässt. Das Klingeln in den Ohren stand für die Anspannung, die nach einem hektischen Tag über den Feierabend hinaus andauerte. Jay merkte, dass sich diese Energie weitestgehend auflöste, wenn sie ihre Aufmerksamkeit darauf lenkte und sie einfach hinnahm. Ihr Nervensystem fand zurück zur Balance. Der Lärm der Welt ließ sich leichter bewältigen.

Ob wir genau zuhören – Lärm und Ruhe einfach wirken lassen –, liegt für die meisten von uns in den allermeisten Situationen im *Bereich der Macht*. Nehmen Sie sich zwei oder drei Minuten Zeit. Vielleicht gehen Sie dazu ins Freie, wie Justin an jenem Frühlingstag im Jahr 2020, oder setzen Sie sich nach der Arbeit auf die Couch, wie Jay es sich angewöhnt hat. Halten Sie inne und lauschen Sie auf die Geräusche um Sie herum und in Ihrem Inneren. Seien Sie aufmerksam. Lassen Sie los.

IDEE 2: KLEINE GESCHENKE DER RUHE

Im Frühjahr fallen dort, wo Leigh wohnt, die bernsteinfarbenen Blätter der kalifornischen Steineiche sanft zu Boden und düngen den Boden für das sommerliche Wachstum. Dann setzt wie auf Kommando ein schräger Chor aus kleinen Verbrennungsmotoren ein. Die Laubbläser in Leighs Wohngegend sind mehr als nur ein Hintergrundgeräusch. Sie sind so unerträglich, dass sie in der Nachbarstadt Berkeley gänzlich verboten wurden.

Vielleicht gibt es bei Ihnen etwas Ähnliches. In New York sind es oft die Müllwagen. In Neu-Delhi ist es das Hupen. Die meisten dicht besiedelten Orte sind von irgendeiner Form unablässiger, menschengemachter akustischer Kopfschmerzen betroffen. Natürlich nehmen wir diese Geräusche sehr subjektiv wahr, wie der Akustikberater Arjun Shankar erklärt:

> *Wenn Sie Ihren Rasen mähen, ist es ein Geräusch,*
> *wenn Ihr Nachbar seinen Rasen mäht, ist es Krach,*
> *und wenn Ihr Nachbar Ihren Rasen mäht, ist es Musik.*

Leigh empfindet die Kakophonie der Laubbläser anderer Leute ganz klar als Lärm. Hin und wieder gibt es jedoch eine kleine Erholungspause. Manchmal eine Minute, manchmal auch nur zehn Sekunden. Der Lärm hört plötzlich auf. Wenn Leigh diese Pause bemerkt, ist das ein Geschenk. Ihre Amygdala beruhigt sich. Ihr Atem geht tiefer. Fast so, als könnte sie eine ganz kurze Auszeit genießen.

Diese Laubbläser-Geschichte steht metaphorisch für eine weiter gefasste Frage zur menschlichen Wahrnehmung: *Wie können wir die Momente auskosten, in denen kein Lärm herrscht? Wie können wir diese unerwarteten »kleinen Geschenke« optimal nutzen? Und vielleicht die wichtigste Frage: Wie können wir diese Geschenke überhaupt erkennen und annehmen?*

Brigitte van Baren verdient ihr Geld damit, dass sie Führungskräfte großer multinationaler Unternehmen dazu bringt, ihre Typ-A-Persönlichkeit hinter sich zu lassen und kleine, unerwartete Momente der Ruhe zu schätzen. Ihre 1992 in den Niederlanden gegründete Beratungsfirma war die erste Organisation überhaupt, in der Zen einen festen Platz in der Unternehmenskultur hatte. Ein Kernelement ihrer Arbeit besteht darin, ihren Klienten dabei zu helfen, das Scheitern ihrer – großen und kleinen – Pläne zu akzeptieren und sogar positiv zu sehen. Fast alle, mit denen sie arbeitet, hassen »Zeitverschwendung«. Sie hassen es, wenn Flugzeuge und Züge nicht pünktlich sind, wenn andere zu spät zu Terminen kommen, wenn sie Schlange stehen müssen oder in der Warteschleife stecken, und alle anderen Arten des unfreiwilligen Stillstands. »Sie *denken*, dass sie alles im Griff haben, und sie *wollen* alles im Griff haben, aber in Wirklichkeit ist das nicht der Fall«, so Brigitte. Sie erklärt ihren Klienten, dass sie bei einer vermeintlichen Zeitverschwendung zwei Möglichkeiten haben: Sie können (1) frustriert und emotional reagieren und Energie verlieren oder (2) diese Zeit dazu nutzen, in der Ruhe Klarheit und Erholung zu finden.

»Ruhe ist immer bei euch«, schärft sie ihnen ein. Diese scheinbaren Verzögerungen sind Geschenke – wenn man sie als solche sehen kann. Brigitte ist davon überzeugt, dass eines unserer größten Talente in der Fähigkeit liegt, Ruhe zu finden, vor allem bei unvorhergesehenen Ereignissen. Sie liefert ein paar einfache Anweisungen, wie sich diese Fähigkeit trainieren lässt, wenn etwas nicht nach Plan läuft:

- Sehen Sie das jeweilige Ereignis als sanften Hinweis darauf, dass Sie nicht alles im Griff haben.
- Ärgern Sie sich nicht, sondern betrachten Sie die Verzögerung als Chance, einen unverplanten Augenblick zu genießen. Gehen Sie der Versuchung aus dem Weg, ihn ausfüllen zu müssen.
- Fragen Sie sich: »Wie kann ich diesen Moment nutzen, um neue Energie zu tanken?« Wenn wir solche Momente als kleine Geschenke annehmen, so Brigitte, müssen wir sie nicht mehr fürchten, sondern können uns darauf freuen.

Als Justin neulich während einer Autofahrt einen Podcast hörte, brach die Wiedergabe unvermittelt ab. »Ruft mich jemand an?«, fragte er sich. »Ist das Bluetooth kaputt?« Er spürte die physiologische und psychologische *Verengung*, in der Judson Brewer ein Symptom des inneren Lärms sieht. Als der Podcast nach etwa drei Sekunden wieder ertönte, merkte Justin, wie er wieder ausgeglichener wurde. Doch im Nachhinein fragte er sich, warum er sich in dieser unerwarteten Pause nicht einfach entspannen konnte. Könnte er sich antrainieren, einen Moment ohne Geräusche und Reize nicht als einengend, sondern als erweiternd zu empfinden?

In einem ihrer Bücher beschreibt Pema Chödrön, die buddhistische Lehrerin, die Jarvis »Mama« nennt, wie wir die Fähigkeit erwerben können, im offenen Raum Ruhe zu bewahren, selbst »wenn alles zusammenbricht«.[3] Damit meint sie in erster Linie bedeutsame Lebensereignisse, in denen unser Bild von der Realität ins Wanken gerät und wir den Halt verlieren – zum Beispiel, weil wir entlassen werden oder eine Beziehung unerwartet in die Brüche geht. Unser Beispiel mit dem Podcast ist im Vergleich dazu vollkommen belanglos, und doch läuft die Reaktion nach dem gleichen Grundmuster ab. Können wir verhindern, dass wir instinktiv die Lücke füllen müssen, wenn wir die Orientierung verlieren? Können wir uns öffnen? Können wir uns der Ruhe hingeben?

Ob in trivialen Augenblicken – wenn die Laubbläser kurz schweigen – oder in größeren – wenn wir uns der eigenen Sterblichkeit bewusst werden –, die Fragestellung bleibt gleich: *Wie können wir aufmerksamer und empfänglicher für die Ruhe werden, die uns begegnet?* Wie beim einfachen Lauschen besteht auch hier der wichtige erste Schritt darin, dass wir *aufmerksam* sind. Das bedeutet, dass wir darauf achten, wann sich solche unerwarteten Öffnungen auftun. Wenn wir sie entdecken, können wir lernen, sie zu schätzen. Wir können unsere Einstellung zu diesen offenen Räumen ändern und sie als Geschenke betrachten.

IDEE 3: WAS SIE OHNEHIN SCHON TUN – NUR INTENSIVER

»Wo ich meine Ruhe finde? Ich finde sie *dazwischen* – im Atmen«, sagt der Sufi-Lehrer Pir Shabda Kahn.

Nach seiner spirituellen Ausrichtung verrät das Atmen alles, was man über seinen inneren Zustand wissen muss. »Wer sich mit der Mystik des Atmens befasst, wird feststellen, dass jede störende Emotion – wenn man es so nennen will – den Rhythmus des Atmens unterbricht.« Weiter erklärt er: »Wer einsam ist, stockt beim Ausatmen. Wer wütend ist, stockt beim Einatmen, und so weiter.«

Wenn Pir Shabda vom »Dazwischen« des Atmens spricht, meint er den Moment zwischen dem Einatmen und dem Ausatmen, der »Wechsel« vom einen zum anderen. »Wo ich auch bin – ob an einem betriebsamen Flughafen oder an einem anderen belebten Ort –, meine Atmung führt mich auf der Stelle in mein Bewusstsein und lässt mich den Weg zur Ruhe finden.« Er sagt, es sei »ein Allheilmittel, wenn man sich langes, rhythmischen Atmen angewöhnt«. Die Gestaltung des »Wechsels« in der Atmung ist Diagnose und Therapie zugleich.

Dieser »Wechsel« erfolgt alle paar Sekunden. Und wenn wir uns tief genug darauf einlassen, können wir jederzeit umfassende Ruhe finden. Pir Shabda meint, wir sollten ihm zumindest ein wenig Aufmerksamkeit schenken.

Stephen DeBerry hatte 1999 keine Zeit für Ruhe. Er hatte nicht einmal Zeit, ans Atmen zu denken. »Ich habe einfach so viel zu tun. Und ich bin so wichtig. Ich bin eine Art CEO«, sagt er und muss darüber herzlich lachen.

Stephen ist studierter Anthropologe, Vater, Spitzensportler und ein Pionier des Social Impact Investment in der Technologiebranche. Vor nicht allzu langer Zeit wurde er von den Zeitschriften *Ebony* und *The Root/Washington Post* unter die 100 einflussreichsten Afroamerikaner in den Vereinigten Staaten gewählt. Stephen war – und ist – vielbeschäftigt, engagiert und wichtig.

In dieser anstrengenden Zeit im Jahr 1999 arbeitete Stephen mit einer Assistentin der Geschäftsleitung zusammen, die gleichzeitig Yogalehrerin war. Er weiß noch, wie sie irgendwann sanft intervenierte. »Sie sagte: ›Hör zu, wichtiger Mann, ich habe einen Life-Hack für dich: Mach immer, wenn du daran denkst, *drei Atemzüge*. Du atmest ohnehin. Aber *achte darauf*‹, betonte sie. ›Nur drei. Dafür wirst du trotz aller Verpflichtungen wohl Zeit finden, oder?‹« Das war die Sprache des Silicon Valley, das ganz auf »Hacks« und Effizienz setzt, deshalb musste Stephen notgedrungen zuhören.

Er dachte darüber nach und erkannte: »Stimmt, ich atme ohnehin. Also kann ich auch darauf achten. Und das hat mich verändert«, berichtet er uns. Vermutlich ist es nur dieser Bewusstseinsveränderung zu verdanken, dass er weiter so intensiv arbeiten konnte, ohne seiner Gesundheit zu schaden.

Seitdem setzt Stephen auf spontane Atem-Achtsamkeit, die ihm jederzeit innere Ruhe verschaffen kann. Er hat den Ratschlag seiner Kollegin beherzigt: Dreimal ein- und ausatmen. Ganz bewusst. Das macht er in Meetings, auf dem Weg zur Arbeit, sogar während unseres Gesprächs. Dieser Raum verschafft ihm Ruhe in seinem hektischen Alltag. »Im Prinzip mache ich das schon seit über zwanzig Jahren so«, stellt er fest. Uns gefällt, wie unkompliziert Stephens Technik ist: Er achtet einfach etwas genauer auf ein paar der Atemzüge, die er ohnehin tut.

Indem Sie Ihre Aufmerksamkeit auf das Ein- und Ausatmen richten – und insbesondere auf den Raum dazwischen –, entsteht im Bewusstsein Ruhe. Sie nehmen einfach wahr, was geschieht.

Und wenn Sie ein paar Minuten Zeit haben und ein wenig mehr tun wollen, können Sie auch tiefer in den Atem eintauchen und eine intensivere Form der inneren Ruhe erleben.

Der exzentrische, weithin bekannte holländische Wellness-Guru Wim Hof (auch *The Iceman* genannt, weil er stundenlang in eiskaltem Wasser ausharrt und mit freiem Oberkörper auf den Mount Everest stieg) hat eine Art yogische Atemübung populär gemacht, bei der man etwa 30-mal schnell hintereinander tief ein- und ausatmet und dann mit leeren Lungen so lange wie möglich auf das Luftholen verzichtet. Wenn Justin eine solche Atemübung macht – den Körper so umfassend wie möglich mit Sauerstoff versorgt und dann eine oder zwei Minuten lang ausharrt –, erlebt er manchmal eine unerwartet intensive innere Ruhe. Dann ist es, als müsste er einen Augenblick lang gar nichts mehr tun – nicht einmal mehr atmen. Um mindestens 30 Sekunden lang in dieser Ruhe auszuharren, ohne nach Luft zu schnappen, darf Justin keine lauten Gedanken hegen; er darf seine Gedanken nicht in die Vergangenheit oder Zukunft schweifen lassen.

Er muss präsent bleiben. Seine Zwerchfellreflexe zeigen ganz automatisch, wenn er wieder in Grübeleien abdriftet. Diese Übung gelingt nur, wenn innere Ruhe herrscht.

Es gibt im Yoga Dutzende von Atemtechniken unterschiedlicher Intensität, die das Bewusstsein für die Ruhe schulen. Sie können sich im traditionellen Pranayama unterweisen lassen oder einfach Übungen wie »Quadratatmung« oder »Zwerchfellatmung« recherchieren, die allesamt den Körper und den Geist zur Ruhe bringen. Die meisten dieser Übungen kosten weniger Zeit als eine Zigarettenpause am Arbeitsplatz.

Ob wir spontan auf unseren Atem achten oder gezielt intensiveres Atmen üben – der Rhythmus, in dem Luft in unseren Körper und wieder hinausströmt, verschafft uns oft ganz unmittelbar und unkompliziert Zugang zur Ruhe. Es ist ein einfacher Weg zu einem tieferen Empfinden und Körperbewusstsein, zum inneren Gefühl der Erweiterung. Für uns wird mit diesen Übungen etwas optimiert, was wir ohnehin ständig tun – *atmen*. Nur eben etwas intensiver.

IDEE 4: RUHE IN BEWEGUNG

Ruth Denison war eine wegweisende Vipassana-Lehrmeisterin und eine der ersten westlichen Frauen, die die buddhistische Lehre verbreiteten. In den 1960er-Jahren studierte sie in Japan Zen und bekam später eine Dharma-Übertragung von dem burmesischen Vipassana-Meister U Ba Khin. Damit wurde Ruth in einer Zeit initiiert, als die Meditation sehr streng betrieben wurde. Damals hielt man die Sitzhaltung strikt ein. Bewegung war weitestgehend verboten, man durfte sich nicht einmal zwischen den Meditationsphasen recken. Reglosigkeit galt als Attribut der *Edlen Stille*.

Denison war zwar eine weltweit geachtete Lehrerin, die die

überlieferten Traditionen in Ehren hielt, doch sie brach auch mit einigen etablierten Normen. Wenn man sie aufsuchte, konnte es sein, dass sie mit ihren Schülern gerade unterwegs ins örtliche Schwimmbad war, um dort Synchronschwimmen zu üben. Manchmal ließ sie alle in Formation tanzen oder sich wie Würmer am Boden winden. Denison war Wegbereiterin für viele der unterschiedlichen achtsamen Bewegungsformen, die heute weitaus üblicher sind, zum Beispiel Gehen, Stehen, Springen, Liegen, Yoga-Asanas, achtsames Essen und Lachen.

Falls der Buddha wollte, dass seine Schüler *nur* in reglosem Sitzen praktizieren, dann ist seine Botschaft bei Ruth nicht richtig angekommen.

»Ich stellte fest, dass ich von Natur aus den Drang verspürte, mit meinem Körper in Kontakt zu bleiben«, sagte sie der Zeitschrift *Insight* im Jahr 1997. »Trotz meiner Rückenprobleme, die das Sitzen extrem schmerzhaft machten, konnte ich mit meiner körperlichen Wahrnehmung in Kontakt bleiben und immer tiefere Ebenen der Konzentration erfahren.«

Ruth sah in tiefer Körperarbeit eine notwendige Grundlage für Achtsamkeit und einen Weg, die grundlegenden Lehren des Buddha zu würdigen. Wenn ihre Schüler Synchronschwimmen übten oder über den Boden krochen, sollten sie dabei die Edle Stille bewahren und sich so weit wie möglich auf ihre unmittelbaren Empfindungen einlassen.

In Kapitel 6 haben wir beschrieben, dass der *Flow*-Zustand mit Ruhe im Kopf vergleichbar ist. Wenn unser Freund Jamal »einen Lauf hat«, wenn »jeder Wurf sitzt«, dann ist »sein Kopf ruhig«, sagt er uns. Ob beim Basketball oder beim Synchronschwimmen – der Eustress, der durch die intensive körperliche Bewegung entsteht, nimmt den Großteil der Aufmerksamkeit in Beschlag. Unsere Aufmerksamkeitsfilter müssen deshalb die überwiegende Mehrheit der erfassten Informationen durchlassen und können nur eine winzige Menge an relevantem Material herausfiltern. Schon Csikszentmihalyi erklärte, dass bei solchen Aktivitäten wenig Kapazität für lautes Grübeln über die Vergangenheit oder Zukunft zur Verfügung steht.

Justins Freund Clint, der kürzlich mit dem Jiu-Jitsu angefangen hat, drückt das anders aus:»Wenn ich meine Gedanken schweifen lasse, habe ich keine Chance.« Wenn Clint in seinem eigenen Lärm gefangen ist, landet er auf der Matte. Wie viele andere körperliche Betätigungen trainieren Kampfsportarten Geist und Nerven auf innere Ruhe – nicht nur in diesem einen Augenblick, sondern im Leben insgesamt.

»Nach dem Training«, so Clint,»spüre ich mindestens einen Tag lang tiefe Ruhe in Kopf und Körper.«

Die Wissenschaft ist gerade erst dabei, dem Zusammenhang zwischen körperlicher Bewegung und innerer Ruhe auf den Grund zu gehen. Doch die Verbindung ist intuitiv. *Haben Sie schon einmal einen Spaziergang gemacht, um den Kopf frei zu bekommen?* Sicher, ein Spaziergang ist nicht so intensiv wie ein Slam Dunk beim Basketball oder ein Jiu-Jitsu-Kampf. Aber der einfache Bewegungsablauf, mit dem Sie einen Fuß vor den anderen setzen, und die damit verbundene erhöhte Atem- und Herzfrequenz können grundlegende Elemente des Flow bewirken: das, was Csikszentmihalyi als »Verschmelzung von Handlung und Bewusstsein« bezeichnet, sowie eine Neigung zur »autotelischen Erfahrung«, bei der die Aktivität zum »Selbstzweck« wird. Judson Brewer stellte bei den Probanden, die nach eigenen Angaben einen Flow erlebten, eine erheblich verringerte Aktivität des posterioren zingulären Kortex fest. Genauso dämpft körperliche Bewegung, die das Bewusstsein für den gegenwärtigen Moment fördert, vermutlich die Aktivität in den Geräuschzentren des Gehirns, einschließlich der Regionen, die das Default Mode Network bilden.

Ihre körperliche Betätigung muss nicht der Inbegriff des sportlichen Eustress sein; es reicht schon, wenn Sie wie ein Wurm durch den Meditationsraum kriechen.

Wichtig ist, dass Sie mit Leib und Seele bei der Sache sind.

IDEE 5: MOMENTE DES MA

Aaron Maniam hat einen VIP-Platz bei einem der lautesten Sport-
ereignisse der Welt. In seiner Heimat Singapur war er als hochrangiger
Beamter an der Organisation der weltberühmten – und unglaublich
lauten – Formel-1-Rennen beteiligt. Aaron, ein preisgekrönter Dichter, ist für seine Innovationen in Sachen e-Governance und Ausbildung im öffentlichen Dienst bekannt und mittlerweile hochrangiger
Beamter im Ministerium für Kommunikation und Information. Den
Geräuschen und Reizen der modernen Welt ist Aaron damit genauso
ausgesetzt wie jeder andere, doch wenn man etwas Zeit mit ihm verbringt, bemerkt man die Klarheit der Ruhe, die von ihm ausgeht. Sie
zeigt sich in seiner Poesie, im Gefühl und Rhythmus seiner Sprache.[4]

Auf die Frage, wie er in seiner so lauten Welt Ruhe findet, erläutert
Aaron einige einfach Methoden. Wie Pir Shabda Kahn und Stephen
DeBerry setzt auch Aaron auf bewusstes Atmen. Allerdings konzentriert er sich dabei gezielt auf die *Übergänge*. Wie die japanische Kultur
des *Ma* legt er großen Wert auf die *Zwischenräume*.

»Ich glaube daran, immer erst tief Luft zu holen, bevor ich etwas tue – wenn ich daran denke«, so Aaron. »Ob ich nun die Tür
öffne, aufstehe und hinausgehe, den Wasserhahn aufdrehe oder das
Licht an- oder ausschalte – ein tiefer Atemzug. Das dauert nur zwei
oder drei Sekunden.« So geht er auch im Arbeitsalltag vor. »Ehe ich
ein neues Dokument anfange oder eine neue E-Mail lese – ein tiefer
Atemzug, dann geht es weiter.« Aaron hat diese Technik von dem
Autor David Steindl-Rast, einem Benediktinermönch, gelernt. Obwohl er selbst praktizierender Muslim ist, gibt es in seiner großen,
weit verzweigten Familie in Singapur auch Katholiken. Besonders
tiefe Ruhe erlebte Aaron bei Exerzitien in Benediktinerklöstern.
Diese Konzentration auf die *Übergänge* bietet ihm die Möglichkeit,
etwas Klösterliches in sein alles andere als ruhiges Berufsleben ein-

zubauen. »Ich stelle mir gerne konzentrische Kreise der Ruhe vor, die sich vom kleinsten Mikro- in den größten Makrobereich erstrecken«, erklärt er uns.

Aaron zeigt, wie man sich Momente der Ruhe, Momente des Übergangs, zunutze macht. Bruder David lehrt, dass wir tief in den Mikro-Moment eintauchen können – so tief, dass die *Zeit* tatsächlich *dekomprimiert* wird. Wie sehr können Sie in der Fülle eines Moments der Ruhe aufgehen? Können Sie sich so sehr konzentrieren, dass Sie in zwei oder drei Sekunden ein Stück Ewigkeit finden?

Wir selbst haben festgestellt, dass wir die Zeit allzu oft nicht dehnen und genießen, sondern hindurchrasen wie angehende Formel-1-Champions. Wir neigen dazu, Übergänge und unverplante Augenblicke als Lücken zu betrachten, die wir dringend füllen müssen. Schon die kürzeste Unterbrechung weckt in uns den Drang, E-Mails zu checken, SMS zu verschicken oder kurz einen Blick auf die aktuelle Nachrichtenlage zu werfen. Dabei ist in diesen verborgenen Räumen die Verbindung zur Ewigkeit zu finden, wie die Weisheit des *Ma* uns sagt. Obwohl Aaron im Beruf hauptsächlich mit prosaischer Politik zu tun hat, versucht er, seinen Alltag möglichst poetisch zu gestalten, sodass *das Ungesagte* den gleichen Stellenwert bekommt wie das Gesagte, der *Zwischenraum* genauso wertvoll ist wie die Sache an sich.

IDEE 6: BEWUSST HANDELN

Schluuup.

»Ist das nicht ein herrliches Geräusch?«, fragt Faith Fuller, als sie den Deckel eines Vakuumbehälters aufzieht.

Sie kocht Kaffee – eine ganz gewöhnliche Tätigkeit, die sie als erstaunlich transzendent erlebt.

Jeden Morgen schlurft Faith in die Küche. Sie nimmt die Behälter –

einen mit normalem und einen mit koffeinfreiem Kaffee – aus dem Schrankfach. Sie genießt das Geräusch, wenn sie die Deckel hebt.

»Das Schönste ist das Schnuppern«, sagt sie, als würde sie ein Geheimnis verraten. »Ich begegne dem Geruch, und er begegnet mir. In diesem Moment gehe ich im Genuss dieser Verbindung auf.«

Sorgfältig löffelt sie Kaffeepulver heraus, streift den Messlöffel ab und gibt das Pulver in ihre ausgesprochen unspektakuläre, handelsübliche Kaffeemaschine. Sie misst sechs Tassen Wasser ab und öffnet den Wasserbehälter, um es hineinzugießen. »Wenn ich das Wasser dazugebe, ist das für mich ein Moment voller Respekt und Präzision«, erklärt sie.

Faith schwärmt davon, dass wir selbst entscheiden können, wie wir eine noch so alltägliche Tätigkeit angehen. »Achten Sie nicht auf das Ziel, sondern auf den Weg«, sagt sie. »Wenn ich mich auf das Ziel – das Ergebnis der Handlung – konzentriere, entgeht mir der Geruch des Kaffees, der gerade aufbrüht.« Dann würde ihr auch das Sauggeräusch entgehen, das sie so liebt, die schokoladenbraune Farbe des gemahlenen Kaffees, das Funkeln des Wassers, der kraftvolle Druck auf den Startknopf – ganz zu schweigen vom Geschmack des Kaffees selbst.

»Eine Handlung ist niemals nur eine Handlung, sondern immer eine Abfolge von vielen einzelnen Handlungen«, erklärt Faith. »Und fast jede ›Einzelhandlung‹ ist ein Weg zu einem Moment der Befriedigung.«

Für Faith ist die Befriedigung sinnlicher Natur. Diese Momente verschaffen ihr Genuss, das gibt sie ohne Reue zu. »Im Buddhismus«, so sagt sie, »führen die fünf Sinne zur Erleuchtung. Anders als bei den Puritanern sind sie kein Problem.«

Das Kaffeekochen ist für die allermeisten Menschen eine lästige Alltagspflicht. Wir bringen sie so schnell wie möglich hinter uns, verschütten das Pulver und verspritzen Wasser. Schalten hektisch die piepende Mikrowelle aus. Schimpfen über die geronnene Milch.

Faith rät dazu, aus den kleinen alltäglichen Handlungen ein Ritual zu machen. Sie will erreichen, dass wir im Gewöhnlichen das Heilige erleben.

Das Wort »Ritual« hat seine Wurzeln im Sanskrit-Begriff *rta*, der »natürliche Ordnung« oder »Wahrheit« bedeutet. Rituale dienen nicht nur dazu, positive Gewohnheiten zu verankern, die sich täglich oder wöchentlich wiederholen, sondern auch zur Verbindung mit etwas Höherem. Etwas, das wir regelmäßig aufmerksam und ehrfürchtig tun, bringt uns näher zu dem, was *ist*.

»Rituale geben dem Leben Halt«, schreibt der koreanisch-deutsche Philosoph Byung-Chul Han. »Sie machen die Welt verlässlich. Sie sind für die Zeit das, was ein Haus für den Raum ist: Sie machen die Zeit bewohnbar.« Ob alltägliche »Zwischenräume« oder seltenere Ehrfurchtsmomente bei einmaligen mystischen Erfahrungen: Die Rituale, mit denen wir – im Großen wie im Kleinen – Ruhe finden, geben unserem Leben tatsächlich Halt. Sie machen Raum und Zeit »verlässlicher« und »bewohnbarer«.

»Das Kaffeekochen ist für mich ein wichtiges Ritual«, so Faith. Damit startet sie unkompliziert in den Tag – ehe der Alltag komplexer wird. Es ist für sie ein Puffer. Sie erklärt: »Rituale verbinden *Struktur* oder Gewohnheit mit *Herz*. Man braucht beides. Bei Struktur ohne Herz fehlt die Präsenz, man ist nicht ganz bei der Sache. Herz ohne Struktur dagegen bedeutet, dass der Kaffee nicht gut wird …«

In Kapitel 8 haben wir beschrieben, dass das, was uns vertraut und bekannt ist, besonders oft zu *konzeptioneller Überlagerung* führt – dem subtilen Lärm, der entsteht, wenn wir Dinge gewohnheitsmäßig benennen, statt sie mithilfe unserer Sinne umfassend wahrzunehmen und zu erfahren. Indem wir einfache tägliche Rituale schaffen, Momente genauer Aufmerksamkeit und Verbundenheit, können wir für eine direkte, ruhige Begegnung sorgen. So können wir das kultivieren, was Michael Taft »sensorische Klarheit« nennt. Wenn Faith sich morgens ihren Kaffee kocht, ist sie nicht im Raum der Verbalisierung, nicht einmal im Raum des Denkens. Sie ist im Raum des unmittelbaren Gefühls. Nicht der Finger, sondern der Mond. Bruce Lee würde ihr von ganzem Herzen zustimmen.

IDEE 7: RUHE IN DEN WÖRTERN

In seinem 2010 erschienenen Buch *Surfen im Seichten: Was das Internet mit unserem Hirn anstellt*[5], das heute aktueller ist denn je, beklagt der Journalist und Soziologe Nicholas Carr, wie das Online-Leben von Unterbrechungen geprägt ist. Das bedeute eine grundlegende Veränderung der Art und Weise, wie wir Informationen verarbeiten. Zwar steigt die Effizienz, wenn wir Informationen online lesen, doch laut Carr sind wir nicht mehr in der Lage,»langsamer, kontemplativer zu denken«. Er erklärt, dass wir Erkenntnisse nicht mehr dadurch gewinnen, dass wir Zusammenhänge herstellen, sondern lediglich nach vermeintlichen Fakten stöbern. So hätten wir seiner Meinung nach die Fähigkeit des»tiefen Lesens« verloren.

Angesichts dessen, was wir bisher über die Funktionsweise von Wörtern erfahren haben, mag das Konzept des»tiefen Lesens« paradox klingen. Wenn Sprache zwangsläufig dem Finger entspricht, der auf den Mond zeigt, und zwischen»dem Benannten und dem Nichtbenannten« unterscheidet, wie soll sie dann zur vereinenden Erfahrung der inneren Ruhe führen?

Diese Frage wollen wir mit einer anderen Frage beantworten: *Haben Sie jemals so gelesen, dass Sie dabei in eine Art Flow geraten sind?*

Wir selbst haben das häufig auf langen Flugreisen oder in anderen Situationen erlebt, in denen es für eine bestimmte Zeit keine Ablenkung gibt – nichts, was um unsere Aufmerksamkeit buhlt. Wir haben das erlebt, wenn wir ganz und gar in eine gute Geschichte eingetaucht sind. Dem Lesen fehlt zwar der typische körperliche Aspekt des Flow, bei dem Handeln und Bewusstsein eins werden, kann jedoch zur Selbsttranszendenz führen. Sicher, Lesen ist eine Form von geistigem Anreiz, doch wenn wir ganz und gar darin aufgehen, kann es bewirken, dass wir innere und äußere Ablenkung hinter uns lassen. Selbst wenn der Verstand auf einzelne Details und größere Themen achtet, sind wir dennoch *in* der Geschichte. Äußere Geräusche und Informationen dringen nicht zu uns durch. Wir befassen uns nicht mit Urteilen und Erwartungen, die unsere persönliche Vergangenheit oder Zukunft betreffen.

Nakamura und Csikszentmihalyi haben neue Forschungen zu sogenannten »Mikro-Flows« angestoßen,[6] zum Beispiel beim Lesen oder Kritzeln. Ihrer Ansicht nach könnten solche Tätigkeiten »eine wichtige Rolle bei der Optimierung der Aufmerksamkeitsregulation spielen«.

In der katholischen und anglikanischen Tradition gibt es die *lectio divina* – der lateinische Begriff lässt sich mit »göttliches Lesen« übersetzen.[7] Dabei handelt es sich um die bewusste Kontemplation des geschriebenen Wortes: Man liest mit größtmöglicher Konzentration einen Abschnitt eines heiligen Textes und denkt dann über dessen Bedeutung nach. Wie beim »tiefen Lesen« geht es darum, die Worte so unmittelbar wie möglich aufzunehmen, mit möglichst geringer konzeptioneller Überlagerung.

Manchmal lässt sich eine ähnliche Erfahrung im gesprochenen Wort machen. Estelle Frankel sagt: »Ein guter Vorbeter flicht zwischen den Gebeten Phasen der Stille ein.« Sie beschreibt einen von Gesängen geprägten Gottesdienst ihrer religiösen Strömung, die *Jewish Renewal* genannt wird: »Der Gesang nimmt alle Sinne in Beschlag. Er bringt den Geist zur Ruhe, sodass er bereit ist, in die Stille zu versinken.« Ähnlich sei es, so sagt sie, bei heiligen Geschichten. »Stellen wir uns vor, Sie erzählen eine chassidische Geschichte, und

Sie erzählen sie *gut.* Danach gibt es einen Moment der Stille, wie bei einem Koan im Zen, in dem der Verstand sich einen Reim darauf machen will und dann irgendwie aufgibt.« Als Vorbeterin genießt sie diese Momente. »Der Verstand muss langsamer werden; ein guter Gesang, ein gutes Gebet, eine gute Geschichte verändert die geistige Verfassung und bereitet sie auf die Stille vor«, sagt sie.

Das gilt auch für ein gutes Gedicht.

»Lyrik kommt aus der Stille und führt uns zurück zur Stille«, sagte die erzählende Dichterin Marilyn Nelson in einem Interview mit Krista Tippett.[8] »Die Stille ist der Ursprung von so vielem, das wir brauchen, um unser Leben zu meistern.« Weiter erklärt sie: »Lyrik besteht aus Worten und Phrasen und Sätzen, die auftauchen wie aus dem Wasser. Sie tauchen vor uns auf und rufen etwas in uns hervor.« Die mit dem Pulitzer-Preis ausgezeichnete Dichterin Tracy K. Smith, die zweimal *Poet Laureate* der USA war, sagte in einem Interview: »Lyrik ist die Sprache, die Gefühlen, für die es keine Sprache gibt, am nächsten kommt.«[9] Sie versucht das Unmögliche. Für Smith ist Lyrik das, was wir in den ergreifendsten, unbeschreiblichsten Momenten des Lebens suchen, bei Geburt, Tod, spirituellem Erwachen, Verliebtheit.

In jeder Form der Lyrik – unabhängig von Rhythmus oder Wortzahl – hat Stille ihren Platz. Sie findet sich auf den Seiten, zwischen den Versen, zwischen den Worten. Ein gutes Gedicht hält die kreative Spannung zwischen dem Gesagten und dem Ungesagten. Es hüpft durch die Zeit wie ein glatter Stein, der über die Wasseroberfläche flitscht. Es lässt Raum für das, was bei *einem ganz bestimmten Menschen* entsteht, der es an *einem ganz bestimmten Tag* in *einem ganz bestimmten Moment* liest.

Wenn Sie meinen, dass Sie Lyrik noch nie »verstanden« haben, erkundigen Sie sich bei Freunden oder Angehörigen nach ihrem Lieblingsgedicht und fragen Sie nach, was genau sie daran lieben. Und wenn Sie diese Lieblingsgedichte lesen oder vorgelesen bekommen, *achten Sie auf die Stille.* Hören Sie auf die Schnittstelle zwischen Sprache und Raum. Das Gleichgewicht zwischen »Silber« und »Gold«. Der Dichter David Whyte schreibt: »Lyrik ist die verbale Kunst, mit der wir tatsächlich Stille schaffen können.« Die Schriftstellerin und Intellektuelle Susan Sontag sagte, die höchste Form der Kunst, Prosa oder Lyrik, »lässt Stille zurück«.[10]

Indem man ganz einfach jeden Morgen ein Gedicht oder einen Textabschnitt liest, lässt sich die Stimmung für den gesamten Tag vorgeben. Was Sie kurz vor dem Schlafengehen lesen, kann als Saat für Ihre Traumlandschaft dienen. Selbst wenn Sie nicht die alleranspruchsvollste Literatur lesen, sollten Sie sich bemühen, dem Lesen selbst höchste Aufmerksamkeit zu schenken – sodass es »Stille zurücklässt«.

IDEE 8: EINE SCHNELLE DOSIS NATUR

»Was ist mit Vogelgezwitscher?«

In den vielen Jahren, in denen wir uns bei anderen erkundigt haben, wie sie Ruhe finden, kam diese Frage in unzähligen Varianten. Wenn sie die Ruhe eines Sonnenaufgangs, eines unberührten Sees oder einer abgelegenen Hütte beschreiben, schwärmen viele vom Vogelgezwitscher, fragen dann jedoch unsicher: »Moment mal, zählt das als Ruhe?« Es stimmt schon, Vogelgezwitscher ist keine akustische Stille. Es kann sogar als ausgesprochen laut empfunden werden. Wenn der männliche Weißglöckner im Amazonasgebiet um ein Weibchen balzt, erreichen seine Rufe bis zu 125 Dezibel, also eine Lautstärke, die irgendwo zwischen einem Martinshorn und einem Düsentriebwerk liegt.

Aber wenn sie Vögel hören, entsteht bei vielen Menschen ein Gefühl, das sie als Ruhe empfinden.

Für manche ist es sogar der Inbegriff der Ruhe.

Seit jeher hat es die Menschen überall auf der Welt verzaubert und inspiriert, Vögel zu beobachten und ihrem Gesang zu lauschen. Neuerdings erfreut sich das erstaunlicher Beliebtheit. Während der Corona-Pandemie konnten viele Stadt- und Vorstadtmenschen endlich die Singvögel im eigenen Garten hören. Im Jahr 2020 drehte sich eine Vielzahl von Artikeln um die Frage, ob die Vögel plötzlich lauter geworden seien. Nein, sagte die Wissenschaft. Nicht die Vögel haben sich verändert, sondern wir. Wir sind endlich leiser geworden.

Im Frühjahr 2020 machte Christian Cooper Schlagzeilen, ein Schriftsteller, Redakteur bei *Marvel Comics* und passionierter Vogelbeobachter. Cooper, der dunkelhäutig ist, war im New Yorker Central Park, um Vögel zu beobachten, als er einer Weißen mit nicht angeleintem Hund begegnete. Er forderte die Frau auf, den Hund an die Leine zu nehmen, wie es die Parkordnung vorschreibt. Sie jedoch wählte den Notruf und behauptete, sie würde bedroht. Cooper filmte das Geschehen in aller Ruhe mit dem Handy und postete das Video auf Twitter, wo es innerhalb weniger Tage von mehreren Millionen angesehen wurde. In einem Interview mit der *New York Times* berichtete Cooper während eines Spaziergangs durch den Central Park sowohl von den allgegenwärtigen Problemen mit systemischem Rassismus als auch von der Gnade einer zweiten Chance. »Wenn es vorwärts gehen soll, müssen wir solche Dinge ansprechen, und wenn dieser schmerzhafte Prozess uns dabei helfen kann ...« Unvermittelt rief er aus: »Da ist ein Goldwaldsänger!« Mitten im Interview zog Cooper ein Fernglas hervor und betrachtete den Vogel. In den vielen Gesprächen mit ihm fiel uns auf, wie es ihm gelang, innerhalb weniger Minuten sowohl auf die individuelle Verantwortung der weißen Frau als auch auf die komplexen Zusammenhänge des systemischen Rassismus einzugehen und gleichzeitig eines seiner persönlichen Anliegen zu betonen: die Förderung der Vogelbeobachtung, vor allem für People of Color. Seine

Ruhe – das Vogelbeobachten – war gestört worden, aber seine ruhige Klarheit wurde dadurch nicht beeinträchtigt.

Der Vorfall ereignete sich während des Corona-bedingten Lockdowns, als ein sprunghafter Anstieg der Downloads von Apps zur Vogelbeobachtung zu verzeichnen war[11] und so viele Foto- und Audioaufnahmen von Vögeln rund um das Haus veröffentlicht wurden wie nie zuvor.

Auch die Schauspielerin Lili Taylor pries die Vogelbeobachtung kürzlich als umfassendes Heilmittel für die Gesellschaft. »Es ist nicht leicht, Zeit zum Meditieren zu finden … Aber eine Minute kann man sich ganz bestimmt nehmen – und sei es, wenn man bei der Arbeit am Computer sitzt. Man kann aus dem Fenster schauen und sieht vielleicht ein paar Vögel«, sagte sie. »Wenn man ihnen zuschaut – nur für ein paar Minuten –, kommt das Gehirn ein wenig zur Ruhe.«

Der Schriftsteller Jonathan Franzen drückt es so aus: »Vögel sind unsere letzte, allgegenwärtige Verbindung zur wilden Natur. Wenn in Ihrem Garten im Sommer ein Vogel brütet, wissen Sie, dass es ein ganzes Ökosystem geben muss, von dem er lebt.« Franzen kommt zu dem Schluss: »Wenn der Vogel da ist, dann ist auch die Wildnis da.« Vor gar nicht allzu langer Zeit hing unser tägliches Überleben von Vögeln ab. Ihr Verhalten und ihr Gesang verrieten uns, wie das Wetter werden würde und wo sich Raubtiere aufhielten.

Auch wenn diese Informationen heute nicht mehr lebensnotwendig sind, brauchen wir die Vögel trotzdem. Wir brauchen immer noch die gesamten Ökosysteme, für die sie stehen. Wir brauchen immer noch die Verbindung zur Wildnis.

»Wildnis« klingt nach tiefem Eintauchen in die Natur, doch wir können sie oft auch in einer »kleinen Dosis« erleben, zum Beispiel, wenn wir einfach Vogelgezwitscher lauschen. Durch diese Verbindung – so kurz sie auch sein mag – findet das Bewusstsein ganz unmittelbar Ruhe. Zum Glück gibt es dazu so viele Möglichkeiten.

Joan Blades, Mitbegründerin von *MoveOn, MomsRising* und *Living Room Conversations*, erzählt uns, dass sie am besten zur Ruhe findet, wenn sie »Köpfe abschneidet«. Leigh war erst ein wenig irritiert, doch Joan meinte damit die verwelkten Blütenköpfe von mehrjährigen Pflanzen, die sie abschneidet, um das Wachstum zu fördern. »Es gibt nichts Entspannenderes«, so Joan.

Fachleute gehen davon aus, dass Gärten schon 2000 Jahre vor Christus in Mesopotamien »zur Beruhigung der Sinne« genutzt wurden. Sie dienen allerdings nicht nur der Beruhigung, sondern auch der Heilung, wie zur Zeit von Florence Nightingale allgemein bekannt war. Nightingale hatte ihr Leben lang großes Interesse an Botanik – zum Teil wegen der medizinischen Eigenschaften der Pflanzen, aber auch, weil sie gerne Blumen pflückte und presste (der Fingerhut war ihre Lieblingsblume). Im Jahr 1860 schrieb sie über die Heilkraft von Gärten und Grünpflanzen:

> *Es heißt, die Wirkung beschränke sich auf den Geist. Das stimmt nicht. Die Wirkung betrifft auch den Körper.*

Bei den von ihr versorgten Kranken hatte Nightingale die Vorzüge aus erster Hand erlebt – 100 Jahre vor Roger Ulrich, der in seiner Studie zeigte, dass es die Genesung nach einer Operation beschleunigt, wenn die Patienten durch ihr Zimmerfenster ein Stück Natur sehen können.[12] Wieder einmal zeigt sich, dass wir auf Florence hören sollten.

Mittlerweile beschreiben zahlreiche Bestseller, wie Waldbaden oder Baumöle, die sogenannten Phytonzide, Beschwerden unserer modernen Zeit lindern können, aber auch, dass die »Natur-Defizit-Störung« bei Kindern und Erwachsenen ein schwerwiegendes Problem ist. Studien im Vereinigten Königreich und in den Niederlanden kamen zu dem Schluss,[13] dass in Gemeinden mit mehr Grünflächen weniger Mittel gegen Angstzustände und Depressionen verordnet wurden, und Schottland ist seit 2018 das erste Land der Welt, in dem bei solchen Beschwerden *Natur ärztlich verordnet* werden kann.[14]

Ming Kuo, Dozentin für Natur- und Umweltwissenschaften an der University of Illinois, meint: »Wenn jemand nur fünf Minuten lang mit Erde spielt, lässt sich feststellen, dass sich die Aktivierung des parasympathischen Nervensystems verändert« – von »Kampf oder Flucht« hin zu »Tend and Befriend«[15], also »beschützen und anfreunden«. Ursprünglich beschäftigte Kuo sich mit Lärm und Übervölkerung, doch die Datenlage brachte sie immer wieder zurück zur Wirkung der Natur auf den Menschen. Sie räumt ein, dass sie die Natur anfangs lediglich als »netten Pluspunkt« sah. Nach Dutzenden von wegweisenden Studien und 30 Jahren Forschung proklamiert sie nun die psychologischen, gesellschaftlichen und physischen Vorteile von innerstädtischen Grünflächen und Naturerfahrungen, insbesondere für vulnerable Bevölkerungsgruppen. Die Forschung zeige, so Kuo, dass der Blick ins Grüne die Herzfrequenz senkt, selbst wenn man sich im Haus aufhält. Mit anderen Worten: Bereits eine kleine Dosis Natur zeigt Wirkung.

Justin holt sich eine solche kleine Dosis Natur, indem er Schuhe und Strümpfe auszieht und Gras oder Erdboden unter den nackten Füßen spürt. So verbindet er sich mit der Erde. Wenn er den Boden richtig spürt, kann er die stressigen Schwingungen des Arbeitsalltags in die Weite von Fels und Erde übertragen. Das mag nach einer abgehobenen New-Age-Masche klingen, doch mittlerweile sprechen immer mehr empirische Beweise für diese Form der »Erdung«.

2019 spürten Probanden in einer randomisierten, kontrollierten Studie nach eigenen Angaben erhebliche Vorteile, nachdem sie über längere Zeit »Körperkontakt mit dem Boden hatten, zum Beispiel barfuß über feuchte Erde oder Gras liefen«, darunter »eine signifikante Zunahme der körperlichen Funktionsfähigkeit und Energie und einen signifikanten Rückgang von Erschöpfung, depressiver Stimmung, Müdigkeit und Schmerzen im Vergleich zum nicht geerdeten Zustand«[16].

Der Kontakt zur Natur lässt den Geist zur Ruhe kommen. Er hilft uns, mit der lauten Illusion aufzuräumen, dass das Leben nur aus den Kopfdingen der menschenzentrierten Gesellschaft besteht. Eine ruhige Pause, in der wir eine staubige blaue Wegwarte betrachten, die sich durch einen winzigen Riss im Bürgersteig zwängt, kann uns vor Augen führen, dass das Leben ein Wunder ist. Es verdient unsere Ehrfurcht.

So klein Ihre Dosis Natur auch sein mag, die Forschung unterstreicht, dass sie dennoch nicht trivial ist. Versuchen Sie, mindestens einmal am Tag Folgendes zu tun:

1. Nehmen Sie Kontakt zu etwas auf, das *größer ist als Sie selbst*, zum Beispiel zu einem hochgewachsenen Baum oder den Sternen am Nachthimmel.
2. Nehmen Sie Kontakt zu etwas auf, das *kleiner ist als Sie selbst*, zum Beispiel zu einer neuen Blüte, einer Ameisenstraße oder einem Sperling.

Durch die Kontaktaufnahme mit der Natur können wir unsere Größe »zurechtrücken« – damit das egoistische Ich kleiner wird und wir uns mit der Weite des Lebens verbinden.

IDEE 9: ZUFLUCHTSORTE IN RAUM UND ZEIT

Als Michelle Millben unter Präsident Obama im Weißen Haus tätig war, schien es ihr oft unmöglich, Zeit für Stille und ruhige Besinnung zu finden. Doch als praktizierende Pfarrerin und Berufsmusikerin wusste sie, dass Ruhe eine spirituelle Notwendigkeit ist. Während ihrer Arbeit in Washington, wo sie in den letzten Jahren von Obamas Amtszeit die Beziehungen zwischen dem Präsidenten und dem Kongress pflegte, musste sie sich ihre Tage bewusst so gestalten, dass ihr Freiräume blieben. In einigen Fällen plante sie ganz gezielt winzige Ruhephasen ein. Diese Momente der Ruhe, so flüchtig sie auch waren, waren unerlässlich. Sie hatten großen Anteil daran, dass Michelle bei ihren Entscheidungen ihren ethischen Grundsätzen treu blieb – dass sie in ihren Beziehungen zu anderen Menschen positiv und authentisch sein konnte. Michelle wird still, atmet tief ein und schließt die Augen. »Das ist mein eigenes kleines Kraftfeld«, sagt sie. Auch heute, als Gründerin und Geschäftsführerin von *Explanation Kids* – einem Start-up, das altersgerechte Antworten auf die Kinderfragen zu Weltgeschehen und Nachrichtenmeldungen liefert –, schützt sie diese Zufluchtsorte weiterhin ganz bewusst.

Seit dem College macht Michelle mithilfe von Tabellenblättern einen »Realitätscheck«, der ihr zeigt, wann sie im Laufe eines Tages eine Ruhepause einlegen kann. Üblicherweise entspricht jede Zelle einem Zeitfenster von 15 Minuten zwischen 5.00 Uhr morgens und 22.00 Uhr abends. Zunächst trägt Michelle ein, was sie tun *muss* – ihre wichtigsten beruflichen Pflichten, regelmäßige Anrufe bei ihrer Mutter und Mahlzeiten –, dann ein wenig von dem, was sie tun *möchte*, darunter auch Selbstfürsorge. Wenn sie sich den Zeitplan dann in Ruhe anschaut, stellt sie immer wieder fest, dass ihr tatsächlich kleine »Zeitnischen« bleiben.

In ihren eigenen vier Wänden kann sie diese »Zeitnischen« am besten schützen. Deshalb nimmt sie sich jeden Morgen ein wenig Zeit, um Bibelstellen und inspirierende Zitate zu lesen. Danach folgt eine stille Kontemplation, damit sich »Gott um meinen Geist kümmern kann«, wie Michelle es ausdrückt. Dann beginnt ihr Alltag.

Excel-Tabellen wecken normalerweise kein Gefühl von Ruhe. Michelle jedoch helfen sie dabei, ihre Zufluchtsräume abzugrenzen – vor allem seit ihrer Tätigkeit im Weißen Haus. Wir können Ruhephasen im Kalender einplanen wie jeden anderen wichtigen Termin. Der frühere US-Außenminister George Shultz pflegte sich während seiner Amtszeit eine Stunde pro Woche von sämtlichen Besprechungen und Verpflichtungen freizuhalten – in dieser Zeit hatte er nur einen Stift und Papier bei sich und dachte über alles nach, was ihm in den Sinn kam. Seine Sekretärin sollte in dieser Stunde sämtliche Anrufe abweisen, »es sei denn, es geht um meine Frau oder den Präsidenten«.

In Dutzenden von Gesprächen hörten wir, wie wichtig ein Refugium ist – sei es ein gewisser Raum oder ein Zeitfenster. Viele Menschen möchten die »Morgenstimmung« bewahren, einen Raum ungestörter Aufmerksamkeit vor Sonnenaufgang, der nicht von anderen Gedanken beeinträchtigt wird. Anderen dagegen ist es sehr wichtig, sich am Ende des Tages eine Zeit der Ruhe zu gönnen, um den Geist zu leeren und den Lärm abzubauen, der sich noch im Bewusstsein befindet. Cyrus Habib, den Sie in Kapitel 2 kennengelernt haben, erzählt uns von dem jesuitischen Gebet, das man Examen nennt; dabei nimmt man sich abends Zeit, um alles Revue passieren zu lassen, was im Laufe des Tages geschehen ist, und darüber nachzudenken, wo man Gnade und Verbindung gespürt hat. Justin hat schon häufiger etwas Ähnliches getan, indem er überlegte, wo er im Laufe des Tages friedliche Ruhe empfand, und sich mit der Veränderung des Bewusstseins befasste.

Ein Refugium sollte einfach sein. Schaffen Sie einen physischen Raum, an dem Sie sich strecken, baden, lesen, Tagebuch schreiben, auf der Terrasse sitzen, auf dem Boden liegen oder eine andere entspannte und ruhige Art des Seins pflegen können. Schaffen Sie Platz in Ihrem Kalender. Versuchen Sie, etwas früher aufzuwachen oder den Abend für gezielte »Entleerung« einzuplanen. Halten Sie die Verabredung mit sich selbst ein, und zwar so, als ob Sie einen wichtigen Kollegen oder eine liebe Freundin treffen würden.

Frühaufsteher und Nachteulen erscheinen uns oft als gegensätzlich. Dabei schätzen beide Typen die stillen Stunden des Tages, in denen keine Ansprüche von außerhalb gestellt werden. Wer Gedichte schreibt oder die Wahrheit sucht, preist oft die »Stille um 4 Uhr nachts«. Ohne ihre Refugien in Zeit und Raum, insbesondere die kostbaren Morgenstunden, hätte Michelle im Weißen Haus und jetzt in ihrem Start-up nicht so viel erreichen können. In diesen Phasen stellt sie ihre Prinzipien auf den Prüfstand. »Weil ich Ruhe erlebe und Ruhe praktiziere, kann ich in schwierigen Situationen bessere Entscheidungen treffen und wirkungsvolle Strategien entwickeln – besonders in Zeiten, in denen das Gute, das man in der Welt bewirken will, schlechte Karten hat«, sagte sie.

IDEE 10: SICH MIT DEM LÄRM ANFREUNDEN

Zu Beginn dieses Buches haben wir Lärm als »unerwünschte Ablenkung« definiert. Wir haben die auditiven, informationellen und inneren Störungen beschrieben, die unsere Aufmerksamkeit von dem ablenken, was wir wirklich wollen. Zwar gibt es unzählige Möglichkeiten, Störungen zu umgehen und zu überwinden, aber unserer Ansicht nach darf man eine einfache Tatsache nicht übersehen: *Lärm ist unvermeidlich.*

Jarvis weiß das besser als jeder andere. Vor dem Gebrüll im Ost-Block des Gefängnisses und dem Geplärre aus den alten Fernsehern und Radios gibt es kein Entrinnen. Obwohl er seit Jahrzehnten meditiert, macht es ihm nach wie vor Angst, dass er nicht weiß, ob und wann er jemals freikommen wird.

Doch Jarvis wurde klar, dass seine »Reaktionen auf den Lärm« alles nur noch lauter machten. Er blieb im Gefühl der Enge gefangen und beschäftigte sich nur noch mit den unerwünschten Geräuschen und Reizen.

»Also hieß ich den Lärm willkommen, um ihn zu *dämpfen*«, erzählt Jarvis. Alles andere war damals außerhalb seines *Machtbereichs*. Doch dieses Umdenken bewirkte einen tiefgreifenden Wandel.

Der irische Dichter Pádraig Ó Tuama begrüßt grundsätzlich alles, was sich in seinem Leben ergibt. »Ich glaube, dieses Begrüßen ist eine uralte Technik. Rumi hat sie eindeutig befürwortet«, erzählt er schmunzelnd. Gemeint ist damit Rumis Gedicht »Das Gasthaus«, in dem der große Sufi-Mystiker uns auffordert, Besucher zu »begrüßen und zu bewirten«, ganz gleich, wie unangenehm sie sind. Das kann bewirken, dass man »für neue Wonnen« gereinigt wird, so Rumi.

Pádraig drückt das so aus: »Es kann sehr wichtig sein, dass wir einen Weg finden, die Dinge in unserem Leben zu begrüßen; besonders, wenn es sich um Dinge handelt, die wir nicht begrüßen wollen.« In seinem Buch *In the Shelter* findet sich eine Litanei von Begrüßungen, die dem Willkommenheißen Farbe und Form geben. Pádraig schreibt:

> *Also sag Hallo zu alten Wunden, Hallo zu unserer Machtlosigkeit, Hallo zu diesem Umstand, der sich offenbar nicht so bald ändern wird, Hallo zu dem unerwarteten Telefonanruf, Hallo zu der unerwarteten Traurigkeit, Hallo zu dem unerwarteten Glück und Trost.*
> *Und wenn man Hallo sagt, dann sagt man:* »*Du bist hier*«, *und:* »*Ich bin auch hier, bei dir.*«
> *Und was bedeutet das?*
> *Wir sind gefordert, ganz radikal die einfache Wahrheit der Gegenwart zu benennen.*[17]

Wenn wir das, was da ist, respektvoll begrüßen, nehmen wir ihm etwas von seiner Härte. Wir werden auch selbst weniger hart. Indem wir das, was ist, beobachten und zur Kenntnis nehmen – die Bereitschaft haben, mit dem Lärm zu leben, der sich schlichtweg nicht vermeiden lässt –, können wir uns vielleicht sogar damit anfreunden.

Im Rahmen ihrer Beratungstätigkeit fragt Leigh eine Organisation nicht nur, was sie *will*, sondern auch, was sie *befürchtet*. Die Gesichter sprechen dann oft Bände: »Will sie schlechte Stimmung machen? Sollten wir uns nicht auf das Positive konzentrieren?« Leigh legt großen Wert darauf, Dinge ans Licht zu bringen und zur Kenntnis zu nehmen – sie zu begrüßen –, weil es oft kontraproduktiv ist, Ängste, Zweifel oder Störungen zu verdrängen. Was eilig unterdrückt wird, kommt fast unweigerlich zurück, oft sogar noch stärker als zuvor.

Im Gespräch betont Pádraig, das Begrüßen einer Schwierigkeit oder einer Störung bedeute »nicht, dass man sie kontrolliert ... aber auch nicht, dass man sich von ihr kontrollieren lässt. Man nimmt sie einfach hin und lässt sie in ihrem Kontext sprechen.«

Den Neurowissenschaftler Judson Brewer, der seit vielen Jahren meditiert, haben wir gefragt, wie sich seine Forschungsergebnisse auf sein eigenes Verhalten auswirken. Er sagt, dass er nun einfach darauf achtet, ob er sich gerade geistig oder körperlich *eingeengt* oder *erweitert* fühlt. Dabei ist es ganz wichtig, dass er nicht reagieren muss, wenn er dieses Gefühl der Einengung wahrnimmt – das Gefühl, das mit innerem Lärm verbunden ist. Er verurteilt es nicht. Er versucht nicht, es zu verdrängen. Er schenkt ihm einfach nur Aufmerksamkeit. Schon allein die Tatsache, dass er die Einengung wahrnimmt, sich den inneren Lärm bewusst macht, bewirke eine Wandlung, erklärt er.

Justin steckte kürzlich sage und schreibe dreieinhalb Stunden in der Warteschleife eines Kundendienstes. Währenddessen konnte er zwar andere Dinge erledigen, musste jedoch ununterbrochen den seltsam schwülstigen Klängen einer spanischen Gitarre und der schmeichelnden Stimme lauschen, die versicherte: »Vielen Dank für Ihre Geduld. Wir sind gleich für Sie da.« Natürlich machte er dabei die Phasen durch, die wir alle kennen: Wut, Resignation, die feste Absicht, eine negative Bewertung abzufassen, und schließlich die Erkenntnis, wie absurd die ganze Situation war. Aber er musste durchhalten, ihm blieb nichts anderes übrig. »Soll das eine kosmische Lehrstunde in Geduld sein?«, fragte er sich nach etwa 180 Minuten. Die nervtötende Bandansage erschien ihm respektlos – als ob sich niemand um ihn scherte –, und auch das löste laute Gefühle aus. Schließlich holte er tief Luft und machte sich das Gefühl der körperlichen und geistigen Einengung bewusst. Er schenkte ihm seine ganze Aufmerksamkeit. Er begrüßte es widerwillig. Hat Justin sich mit dem Lärm des unglaublich rücksichtslosen Kundendienstes angefreundet? Nein. Doch als er das Gefühl begrüßte, veränderte sich etwas. Er wurde weicher und erfuhr mehr über den Ursprung des inneren Lärms. Dieses Buch soll Ihnen helfen, den Lärm der modernen Welt zu überwinden, aber uns ist klar, dass das manchmal nur gelingt, wenn wir uns darauf einlassen.

EINE NEUE VERSION DER ZIGARETTENPAUSE

Kürzlich hat uns ein Raucher eine düstere Wahrheit offenbart. Wer heutzutage eine Zigarettenpause einlegt, genießt nicht die tiefen Züge oder den Sonnenschein. Nein, er schaut auf sein Smartphone. Unsere idealisierte Vorstellung von der letzten gesellschaftlich sanktionierten Zeit des »Nichtstuns« ist leider nur Nostalgie.

Deshalb ist es für uns höchste Zeit, eine neue, gesunde, gesellschaftlich akzeptierte und allgemein anerkannte Pause vom Alltag zu schaffen. Man könnte sie als »Moment der Ruhe« bezeichnen. Sie könnte sich nach den Bedürfnissen des jeweiligen Tags richten. Diese Zeit könnte dazu dienen, tief zu atmen, konzentriert zu lesen, in eine Bewegung einzutauchen oder einfach nur zu lauschen. In welcher Form auch immer, sie sollte fest in jeden Tag eingeplant werden.

Der Vipassana-Lehrer und Autor Phillip Moffitt, ehemaliger Chef-redakteur der Zeitschrift *Esquire*, hat als Coach für CEOs treffend auf den Punkt gebracht, warum wir uns so oft keine Ruhe gönnen. *Wir denken oft fälschlicherweise, wer keinen Stress hat, lebt nicht richtig.*

»Unbewusst glauben wir, dass unser Leben nur dann einen Sinn hat, wenn unser Geist einem nahezu unablässigen Strom von Reizen ausgesetzt ist«, erklärt Moffitt. »Selbst wenn die Stimulation von Geist und Körper als unaufhörlicher Druck oder belastender Stress emp-funden wird, sehen wir darin den Beweis, dass unser Leben tatsäch-lich stattfindet.« Er warnt: »Diese Deutung ist falsch. Der Geist kann durch alles Mögliche stimuliert werden – ob gesund oder ungesund.«

Der Verstand, so betont Moffitt, »nährt« sich gerne von selbst er-zeugten Gedanken, ob sie richtig und wertvoll sind oder nicht. Der spontane Gedanke mag harmlos sein. Aber schon bald folgt der nächste und dann ein weiterer. Zum Glück, sagt Moffitt, »lässt sich die Eigendynamik des Geistes unterbrechen, und sobald das gelun-gen ist, geht es dem Geist besser«. Er fügt hinzu: »Sobald wir aus dem ›Fluss der Reize‹ herausfinden, werden Geist und Körper ganz natür-lich ruhiger.«

Moffitt hat einen Vorschlag für eine gesunde Alternative zur Zi-garettenpause. Er schildert »die Unterbrechung«, eine Übung, die er regelmäßig mit seinen Meditationsschülern durchführt. Dabei setzt man sich ein Ziel, das man in einem bestimmten Zeitfenster errei-chen möchte, zum Beispiel in 60 oder 90 Minuten. Man stellt sich einen Timer, und wenn die Zeit abgelaufen ist, achtet man auf seine Konzentration, seine Stimmung und alle körperlichen Empfindungen, die man dabei verspürt. Ist man sehr konzentriert, verfolgt man den Gedanken weiter oder sucht sich einen ruhigen Platz, um die Arbeit zum Abschluss zu bringen. Steht es um die Konzentration schlecht, unterbricht man die Tätigkeit. Man legt eine Pause ein und tut Geist und Körper etwas Gutes: eine Tasse Tee, Atemübungen, Dehnübungen oder etwas Bewegung. »Ich rate den Leuten: ›Machen Sie einen kurzen Spaziergang, stehen Sie auf und strecken Sie sich, schließen Sie eine halbe Minute lang die Augen‹ und vor allem: ›Schenken Sie Ihren Gedanken ganz bewusst keine Beachtung. Sie brauchen eine Pause – eine Auszeit von dem Wust an Gedanken –, selbst wenn Sie das selbst nicht merken.‹« Kurz gesagt, tun Sie etwas, das Ihr Bewusstsein zur Ruhe bringt.

Mögen diese Ideen eine Palette an Möglichkeiten aufzeigen – Möglichkeiten, die im Bereich Ihrer *Macht* liegen –, damit Sie Ihre ganz persönliche gesunde Alternative zur Zigarettenpause finden.

11 Entrückte Ruhe

Matthew Kiichi Heafy ist für sein ultra-lautes Gebrüll bekannt. Die barocken Melodien und die unfassbar komplexen Taktarten seiner rasanten Gitarrensoli mit durchdringenden Overdrive- und Wah-Wah-Effekten, die aus den mächtigen Verstärkern in überfüllten Clubs und schweißdurchtränkten Stadien schallen, sind legendär.

Mit Matt, dem Frontmann der Grammy-nominierten und mit Multiplatin ausgezeichneten Metal-Band *Trivium*, haben wir darüber gesprochen, wo er in seiner Musik die meiste Kraft findet.

»Das Schwerste an den lautesten Songs sind die Breakdowns, die Stellen, an denen der Krach und die Intensität durch einen Moment der Stille unterbrochen werden«, erzählt er. »Man geht so darin auf, dass man es gar nicht richtig merkt, bis die Stille einsetzt.«

Um das zu verstehen, muss man sich von Klang und Reiz lösen.

Matt, der als Sohn einer japanischen Mutter und eines amerikanischen Vaters in Japan geboren wurde und in den USA aufwuchs, erläutert uns lebhaft das japanische Prinzip *Ma*. Er sagt, sein Gehirn sei schon immer zu aktiv gewesen, und er habe deshalb oft unter Angstzuständen gelitten. Matt beschreibt die *Ma*-Momente in seinem Leben als Momente des Flows. Wie die »Breakdowns« in seinen intensivsten Songs sind das Momente, in denen er den Lärm des selbstbezogenen Bewusstseins hinter sich lässt und das, was geschieht, richtig wahrnimmt. »Dann ist mein Gehirn ruhig, fast so, als würde ich mich selbst von außen beobachten. Aber wenn man bemerkt, dass man sich gerade in diesem Zustand befindet, ist er vorbei. Er verschwindet einfach.«

Matt sucht dieses persönliche *Ma* meist beim Jiu-Jitsu im Kampf gegen einen ebenbürtigen Gegner. Manchmal erlebt er es auch in einem Augenblick der stillen Meditation, bevor er Musik macht. Oder auch im privaten Alltag, wenn er mit seinen kleinen Zwillingen herumalbert. In ganz seltenen Fällen findet Matt seine Ruhe – uneingeschränkte Präsenz und Klarheit – tatsächlich auf der Bühne, vor Tausenden von begeisterten Metal-Fans.

»Wenn ich auf die Bühne gehe, schwirren in meinem Kopf normalerweise die Gedanken. ›Treffe ich die Töne?‹ ›Habe ich mir alles richtig eingeprägt?‹ ›Habe ich es heute drauf?‹ ›Habe ich vor der Show zu viel gegessen?‹« Aber es gibt auch Momente, in denen – inmitten des tosenden Beifalls, des donnernden Schlagzeugs und der dröhnenden Gitarren – all diese Gedanken verschwinden.

Matt weiß noch genau, wie er vor mehr als zehn Jahren zum ersten Mal auf einem großen Festival in Großbritannien auftrat. Die Band spielte zwei Eröffnungssongs, dann trat er ans Mikrofon, um zur Menge zu sprechen. In Erwartung seiner Worte wurde es leiser. Er ließ den Moment deutlich länger werden als erwartet. »Ich stand da auf der Bühne, mitten in dieser intensiven Show, und spürte einfach Ruhe.«

Dieser unwahrscheinliche Moment ungeteilter Aufmerksamkeit war kein reiner Zufall, sondern gezielt vorbereitet. »Bei Auftritten bemühe ich mich um diese Art von Ruhe. Und ich erreiche sie nur, wenn ich fünf Tage die Woche übe, bis zu sechs Stunden am Tag, so sehr, dass die Musik in mir steckt wie ein Muskelgedächtnis. *Dann kann ich einfach loslassen.*«

Ein solcher Moment bedeutet für Matt nicht nur vorübergehende Klarheit, sondern eine lehrreiche Erfahrung. In dieser tiefsten Stille wird die rasende Uhr langsamer. Das Ego lockert seinen Griff. All die alltäglichen Sorgen und Unwägbarkeiten rücken in den Hintergrund.

Solche Momente sind für Matt der Leitstern für das Leben.

○

Der legendäre Gelehrte Huston Smith, der sich mit den Weltreligionen befasste, schrieb einst, Ziel spiritueller Praktiken und Rituale seien »nicht andere Bewusstseinszustände, sondern andere Eigenschaften«[1].

Diese Aussage war für die Generation der 1960er-Jahre eine wichtige Orientierungshilfe und ist nach wie vor für alle relevant, die eine Vorliebe für ekstatische Erfahrungen haben. Smith sagt damit nicht, es sei falsch, nach funkelnden Momenten der Transzendenz zu streben. Er sagt lediglich, dass solche Erfahrungen uns den größten Vorteil bringen, wenn sie in den größeren Kontext des Lebens eingebettet sind, wenn sie uns helfen, die Realität besser zu verstehen oder mehr Liebe und Sorgfalt ins Leben zu bringen.

Im letzten Kapitel ging es um spontane, alltägliche Praktiken, mit denen wir unseren »Bewusstseinszustand« beeinflussen können – alltägliche Erfahrungen mit Lärm und Ruhe in Geist und Körper. Insgesamt können sie dazu beitragen, unsere »Eigenschaften« zu prägen. Wenn wir in unserem alltäglichen Leben für Nischen der Ruhe sorgen, indem wir unseren *Macht-* und *Einflussbereich* ermitteln, können wir mit der Zeit unsere Aufmerksamkeit, unser Einfühlungsvermögen und unsere Geduld erhöhen. *Diese Erfahrungen verändern, wer wir sind.*

Doch Ruhe kann unsere Wahrnehmungen und Vorlieben nicht nur ganz allmählich beeinflussen. Manchmal bewirkt eine einzige tiefgehende Erfahrung der Ruhe – ein mystisches Erlebnis oder ein Moment der Ehrfurcht –, dass sich *unsere Eigenschaften verändern*. Ruhe kann unsere Überzeugungen infrage stellen und unsere Perspektive verändern. Sie kann uns auf einen neuen Weg bringen.

Allerdings ist – wie die Erfahrung von Matt Heafy beweist – unter Umständen gründliche Vorbereitung nötig, damit man tiefe Ruhe findet. Manchmal erfordert sie ein gewisses Maß an Planung und Logistik, vielleicht auch Abstand von der Arbeit oder den häuslichen Pflichten.

Um tiefste Ruhe zu finden, müssen wir uns oft ernsthaft mit unseren Ängsten auseinandersetzen.

In diesem Kapitel befassen wir uns mit Grundlagen und Techniken, mit denen wir eine ungewöhnliche und transformative Ruhe finden können. Dabei gelten die gleichen allgemeinen Ratschläge wie zu Beginn des letzten Kapitels: *Seien Sie aufgeschlossen, probieren Sie verschiedene Techniken aus, achten Sie auf die Signale in Geist und Körper,* und *tun Sie das, was Ihnen Freude bereitet.* Wie im letzten Kapitel sind diese Ideen weniger als Vorschriften gedacht, sondern eher als Anregungen. Einige der vorgestellten Techniken können Sie wöchentlich oder sogar täglich umsetzen, aber das meiste hier Beschriebene ist eher langfristig ausgerichtet – einmal im Monat, einmal im Jahr, vielleicht sogar einmal im Leben.

Es gibt keine allgemeingültige Definition von »entrückter« Ruhe. Sie ist eine persönliche, subjektive Erfahrung. Wie bei der in Kapitel 6 behandelten Selbsttranszendenz gehört dazu ein »vermindertes Ich-Bewusstsein und/oder ein gesteigertes Gefühl der Verbundenheit«. Man kann sie in einer abgeschiedenen Einsiedelei, auf einem Berggipfel oder auf der Bühne eines großen Heavy-Metal-Konzerts erleben. Sie ist unverkennbar; man erkennt sie, wenn man sie *spürt.* Wenn man das eigenständige Selbst hinter sich lässt und gleichzeitig eins mit etwas Größerem wird – mit der Welt der Natur, der gesamten Menschheit oder dem Kosmos –, erlebt man »Entrückung« (auch wenn sie, wie wir in Kapitel 7 erfahren haben, mit Angst behaftet sein kann). Letztendlich überwinden wir – und sei es nur für einen kurzen Moment – die Illusion eines starren, eigenständigen Selbst. Das haben wir bei unseren Nachforschungen sowohl in der spirituellen Lehre als auch in der Neurowissenschaft festgestellt. Und das bestätigen unsere eigenen Erfahrungen sowie die Erlebnisse anderer.

Es geht dabei um eine Art von Ruhe, die unsere Wahrnehmungsfähigkeit schärft.

Manchmal wird tiefe Ruhe mit »Einsamkeit« assoziiert, doch entrückte Ruhe ist etwas ganz anderes. Wenn überhaupt, dann handelt es sich um eine Transzendenz der gewöhnlichen Kräfte, die bewirkt, dass wir uns einzeln und allein fühlen.

IDEE 1: GEHEN SIE MIT IHRER TO-DO-LISTE WANDERN

Gordon Hempton erkennt ganz leicht, ob sein Leben außer Kontrolle geraten ist. Er schaut nach, ob seine To-do-Liste mehr als 13 eng bedruckte Seiten umfasst.

Als wir kürzlich miteinander sprachen, hatte der Akustikökologe, der bedrohte natürliche Klanglandschaften katalogisiert, gerade eine arbeitsintensive Phase hinter sich. Seine Liste umfasste 23 Seiten, mehr als je zuvor.

Zum Glück hatte Gordon für solche Fälle eine feste Strategie. Er druckte die Liste aus, schnappte sich einen Stift, fuhr mehrere Stunden mit dem Auto und wanderte dann etliche Kilometer in den grünen, moosbewachsenen Hoh-Regenwald im Olympic National Park im Bundesstaat Washington – so weit entfernt von Straßen und Flugrouten, dass er als »ruhigster Ort der Vereinigten Staaten« gilt.[2] Dort nahm sich Gordon Zeit, einfach nur zu lauschen. Er ließ sich auf das Hier und Jetzt ein und wurde eins mit diesem besonderen Ort – wurde wieder »mein Sein«, wie er uns erzählt.

Dann zückte er den Stift und nahm sich die 23 Seiten vor. Wie ein Superheld in einem rasanten Actionfilm löschte er gnadenlos eine unfassbare Menge an gesellschaftlichen und beruflichen Verpflichtungen heraus. Als er die Liste dann zusammenfaltete und in seiner Brusttasche verstaute, um noch vor Einbruch der Dunkelheit zurückzuwandern, hatte er Punkte von der To-do-Liste gestrichen, die ihn *vier oder fünf Monate* in Beschlag genommen hätten. Er hatte sich einen Tag freigenommen und dadurch fünf Monate gespart.

Es ist schon komisch, wie unser Umfeld unsere Wahrnehmung

prägt. Zu Hause am Computer hatte Gordon den Eindruck, dass alles, was auf diesen 23 Seiten stand, auch wirklich dorthin gehörte. Aber im entlegenen Regenwald konnte er sich auf das einlassen, was in seinem Leben wirklich wichtig war. Er musste nicht an jeder Konferenz teilnehmen, jede Gelegenheit zur Online-Veröffentlichung wahrnehmen oder jedes Interview geben.

»Die Antworten liegen in der Ruhe«, meint Gordon.

Wenn Justin daran denkt, wie die Macht der Ruhe alltägliche Pflichten und Überzeugungen des Lebens verändern kann, fällt ihm ein heißer Sommertag in Washington im Jahr 2015 ein. Damals aß er vor dem großen Marmorgebäude, in dem sich die Union Station befindet, ein thailändisches Reisnudelgericht. Seine Freundin Elif, die neben ihm saß, machte eine Bemerkung, die vieles von dem, was er empfand, ins richtige Licht rückte.

»Ich glaube, du erlebst gerade die Saturn-Rückkehr«, sagte sie und erläuterte, das könne bedeuten, dass er eine Phase intensiver Veränderungen mit Fragen nach Sinn und Richtung des Lebens durchmache.

Justin verstand nicht viel von Astrologie. Aber was Elif sagte, klang trotzdem richtig. Er und seine Frau Meredy spürten, dass es Zeit war, Washington zu verlassen und in den Westen zu ziehen. Es war Zeit, sich vom hektischen Arbeitsalltag und feuchtfröhlichen Wochenenden zu verabschieden, eine Familie zu gründen, der Natur näher zu kommen und die spirituelle Seite des Lebens ernster zu nehmen. Die Frage war nur: Wie? Wie sollten sie ihren Lebensunterhalt verdienen? Würden sie den Anschluss verlieren? Was war mit dem Freundeskreis, den sie sich in D. C. aufgebaut hatten?

Dass er nicht wusste, was er tun sollte, machte Justin gereizt; er empfand den Lärm der Stadt als besonders lästig und konnte sich nicht richtig konzentrieren. Deshalb verstand er Elifs astrologische Beobachtung als klaren Hinweis: Geh in den Wald.

Justin fuhr für ein paar Tage in eine Hütte in die waldigen Hügel im

Nordwesten Virginias. Dort brachte er die meiste Zeit damit zu, auf der Holzterrasse zu liegen und hinauf in die Wipfel der Eichen und Kiefern zu schauen. Er lauschte den Grasmücken und Spechten. Er spürte die Wärme der Sonne. Kein Handysignal. Kein Wi-Fi. Keine Bücher. Wenig bis gar keine Worte. Nur ein Notizblock und ein Stift.

Als Erstes bemerkte er, dass ihm das Atmen leichter fiel. Das lag nicht nur an der frischen Luft, sondern hatte auch physiologische Gründe. Die Enge in Brustkorb, Zwerchfell und Magen war verschwunden. Die Luft drang in sämtliche Lungenbläschen. Nach nur einem Tag war sein geistiges Geplapper deutlich leiser geworden. Justin hatte den Drang, zum Notizbuch zu greifen.

Seltsamerweise notierte er sich ohne tiefgreifende Analyse einen ziemlich ausführlichen Plan für eine berufliche Neuorientierung, durch die er örtlich flexibel sein würde, sich aber immer noch für die Dinge engagieren konnte, die ihm wichtig waren. Dieser Plan bildet immer noch die Grundlage für sein Leben.

Justin hat seine To-do-Liste nicht so streng beschnitten wie Gordon. Er hatte unwissentlich auf einen kosmischen Download gewartet. Letztlich hinterfragte er die Logik, die die Basis für sein Verhalten bildete. Dazu brauchte er die Art von Raum, die sich nur in der Ruhe finden lässt.

Als Justin nach D. C. zurückkehrte, hatte sich etwas verändert. Vielleicht hatte Saturn seine Umlaufbahn gekreuzt. Genauso gut ist es möglich, dass die Begegnung mit der Natur ihn dazu gebracht hatte, sich von einer Fülle alter Pläne, Erwartungen und Prioritäten zu verabschieden. Das Leben erschien ihm nicht mehr so festgefahren. Ein Schritt nach vorn war möglich.

Gehen Sie mit Ihren Sorgen und Überzeugungen in die Natur, wo immer das auch sein mag. Wenn Sie möchten, können Sie Ihre To-do-Liste oder Ihr Notizbuch mitnehmen, vielleicht auch nur die Gedanken, die Ihnen im Kopf herumschwirren. Nehmen Sie sich dort etwas

Zeit. Saugen Sie die Stille in sich auf, wie Pythagoras es seinen Schülern riet. Achten Sie darauf, was das bewirkt.

IDEE 2: LEGEN SIE EINEN SCHWEIGETAG EIN

Wir haben bereits darüber gesprochen, dass Gandhi einmal in der Woche einen Tag lang »stumm« blieb. In dieser Zeit verzichtete er nicht auf jegliche äußeren Einflüsse oder geistigen Anstrengungen, sondern meditierte, dachte nach oder traf sich sogar mit anderen. Aber er sprach nicht. Gandhi glaubte, dass unsere übliche Form des verbalisierten Bewusstseins – Reden, Argumentieren, eine Rolle spielen – die Erkenntnis der Wahrheit behindert. Sie widerspricht der tiefsten Art des Dienens. »Ich habe immer wieder erkannt«, schrieb Gandhi, »dass ein Wahrheitssucher schweigen muss.« Dieses wöchentliche Ritual war für ihn manchmal entrückend. Die Menschen in seinem Umfeld erkannten die tiefe Wirkung seines »Schweigetags« an der Klarheit und Kraft der Worte, die er am nächsten Tag von sich gab.

Daher also eine Technik, die von Gandhi inspiriert ist: Versuchen Sie, einen Tag lang nicht zu sprechen.

Wenn das nicht möglich ist, weil der Beruf es nicht zulässt, weil Sie Kinder haben oder ältere Menschen betreuen, legen Sie einfach ein paar Stunden Schweigen ein. Versuchen Sie, in dieser Zeit zu spüren, weshalb Gandhi meinte, bei der Suche nach Wahrheit müsse man schweigen.

Gandhi hat sich zwar für den Montag entschieden, aber uns ist klar, dass der erste Tag der Arbeitswoche meist besonders anstrengend ist. Ein »mäuschenstiller Mittwoch« ist in unseren Augen eine gute Möglichkeit, in der Mitte der Woche neue Kraft zu schöpfen.

Ein Tag der vollständigen oder teilweisen Ruhe ist etwas anderes als ein gewöhnliches Schweige-Retreat. Es geht vor allem darum, sich selbst zu hinterfragen. Um sicherzustellen, dass Ihre Gedanken, Worte und Handlungen im Einklang stehen. Um Ihre Beziehungen auf den Prüfstand zu stellen und zu testen, ob Sie richtig zuhören. Und um herauszufinden, ob Sie genug innere Ruhe haben, um sich auf Ihre tiefste Intuition einzulassen. »Das göttliche Radio spielt immerzu, wenn wir uns auf die Musik einstimmen«, schrieb Gandhi. »Ohne Stille ist das Zuhören jedoch unmöglich.«

Wir betrachten den Schweigetag als kleine Auszeit von der Verpflichtung, überlegen zu müssen, was man sagen soll. Es ist eine Gelegenheit, diese Aufmerksamkeit zu nutzen, um die Umgebung wahrzunehmen, die eigenen authentischen Gefühle und Bedürfnisse, und darüber nachzudenken, wie man sich selbst und andere behandelt. Es ist eine Gelegenheit, aus gewohnten Abläufen und festgefahrenen Beziehungen auszubrechen, die Polarität von Richtig und Falsch zu überwinden und sich auf die wahren Signale in Ihrem Leben einzulassen.

Für Gandhi war diese einfache Gewohnheit ein wesentliches Element seiner Arbeit, mit der er die Welt veränderte, und sie kann jedem von uns helfen, sich immer wieder auf sich selbst zu besinnen.

Vor ein paar Jahren entschloss sich Leigh zu einem Schweigetag, als sie mit ihrer Familie einen einmaligen Sommerurlaub machte: elf Tage Rafting auf den Flüssen Tatshenshini und Alsek, die durch unberührte Wildnis in Alaska und im kanadischen Yukon-Territorium fließen, dem größten geschützten Parkgebiet der Welt.[3]

Ungefähr am fünften Tag überkam Leigh eine Welle der Traurigkeit. Die Reise verging wie im Flug, und bislang verspürte sie noch keine Verbundenheit zu der einzigartigen Tierwelt in dieser Gegend. Ihre zwischenmenschlichen Beziehungen waren gerade in bester Ordnung: Ihrer Familie ging es sichtlich gut, die Gruppe aus drei Guides und neun Mitreisenden verstand sich bestens. Wahrscheinlich lag es sogar am freundschaftlichen Geplänkel, dass eher scheue Geschöpfe wie Steinadler und Elche Abstand hielten. Leigh spürte, dass sie sich um ihre Beziehung zur Natur kümmern musste.

Als am Nachmittag ein Pausentag angekündigt wurde, saß Leigh mit Blick auf den *Noisy Mountain* – den »lauten« Berg, der so heißt, weil herabstürzende Felsen und Eisbrocken durch das Tal hallen –, während sich hinter ihr der weitläufige *Netland*-Gletscher erstreckte. Sie hatte das Gefühl, buchstäblich und im übertragenen Sinn zwischen Lärm und Ruhe zu stecken.

Beim Abendessen berichtete Leigh der Gruppe von ihrer Absicht, vom Nachtisch an bis zum Nachtisch am nächsten Abend zu schweigen. Sie wusste, dass sie niemanden um »Erlaubnis« bitten musste, hoffte jedoch auf Unterstützung, um Missverständnisse zu vermeiden. Leigh erzählte ein wenig von diesem Buch, um die Zusammenhänge klarer zu machen. Die anderen bestärkten sie und waren geradezu fasziniert. Sie hatten verschiedene Fragen, zum Beispiel: »Wirst du trotzdem mit uns essen?«, »Machst du stattdessen Gebärden?«, und: »Kann ich mitmachen?«

Leigh antwortete »Ja.« »Nein.« Und »Natürlich!«

Während des abendlichen Kartenspiels behielten fast alle das Kiesufer auf der anderen Flussseite im Auge, weil sie hofften, einen Grizzly beim Fischfang zu erspähen. Der Abend war mit Abstand der ruhigste, den die Gruppe bisher verbracht hatte. Leigh fürchtete, ihr Schweigen könne den anderen auf die Stimmung schlagen. Weil sie niemanden beeinflussen wollte, ging sie früher als üblich in ihr Zelt. Im Gehen hörte sie, wie jemand leise sagte: »Für ihren Mann ist das sicher sehr schwierig.« Darüber musste Leigh schmunzeln. »Wohl kaum!«, dachte sie im Stillen.

In dieser Nacht drehte sich der Wind und wehte nun eisige Luft direkt vom Gletscher herab. Leigh zitterte vor Kälte. Sie wälzte sich im Zelt neben ihrem Mann Michael hin und her. Jede Zelle ihres eisigen Körpers wollte ihn wecken und ihm sagen: »Mir ist sooo kalt. Ich erfriiiere.« Dann jedoch fiel ihr wieder ein, dass sie sich zum Schweigen verpflichtet hatte und erst am Abend wieder mit ihm sprechen konnte. Aber wozu dann noch? Leigh nickte ein und wachte mit dem gleichen unbezwingbaren Drang, dem gleichen inneren Dialog und der gleichen Schlussfolgerung wieder auf.

Der nächste Tag war herrlich. Es wurde wärmer, der Himmel klarte auf. Leigh holte sich einen Kaffee und stellte ihren Campingstuhl so hin, dass sie das Kiesufer unterhalb des Noisy Mountain im Blick hatte, das häufig von Grizzlybären aufgesucht wurde. Die Guides hatten ein starkes Fernrohr mitgebracht. Alle waren ein wenig enttäuscht, dass sich bislang nur Schwarzbären gezeigt hatten, vor allem die Tierfotografen. Leigh verspürte etwas, das sie nur als »Kribbeln« beschreiben konnte. »Mir ist, als wäre Bärenzeit«, dachte sie im Stillen. Sie griff zum Fernglas, und fast im gleichen Augenblick tauchte auf der anderen Seite des Flusses ein großer Grizzly aus dem Wald auf. Leigh sprang aus dem Stuhl und deutete wild auf den Bären. Eine Frau rief: »Leigh hat einen Grizzly entdeckt!« Die Gruppe sprang auf und beobachtete, wie der Bär etwa 20 Minuten lang umherschlenderte, etwas aus dem Fluss fischte, langsam auf die andere Seite des Kiesfelds trottete und dann wieder im dichten Kiefernwald verschwand.

An diesem Tag gingen Leigh und ihre zwölfjährige Tochter Ava nicht mit, als der Rest der Gruppe eine Wanderung unternahm. Leigh stellte fest, dass sich ihr innerer Dialog auf ein dünnes Rinnsal reduzierte, wenn die anderen nicht in der Nähe waren. Mit Ava betrachtete sie stundenlang die weißen Wolken, ohne ein Wort zu sagen. Ein traumhaftes Erlebnis.

Leigh war zum ersten Mal inmitten von Gletschern, die die »große Zeit« in sich trugen. Zehntausende von Jahren. Die Weite des Schweigens schuf eine starke Verbundenheit mit diesem Ort. Leigh empfand Dankbarkeit dafür, dass man das Schutzgebiet geschaffen hatte. Sie wollte mehr über die ursprünglichen Bewohner dieser Region erfahren – wie hatten sie die Flüsse befahren und die Winter überstanden?

Als die anderen von ihrer Wanderung zurückgekehrt waren, bereiteten einige das Abendessen vor, während der Rest darauf hoffte, erneut einen Grizzly zu sehen. Leigh schaute immer wieder in den Himmel, bis sie noch einmal dieses »Kribbeln« verspürte. Sie setzte sich auf, griff zum Fernglas und sah, dass sich wieder ein Grizzly auf der anderen Seite des Flusses befand. Fünf andere hielten ebenfalls Ausschau, hatten das Tier jedoch nicht bemerkt. »Siehst du, was passiert, wenn man still ist?«, bemerkte eine Frau. Durch ihr Schweigen spürte Leigh eine größere Verbundenheit.

Der Essayist und Naturforscher Barry Lopez beschreibt die Dynamik, die dazu führt, dass der Grizzly an einem Schweigetag leichter zu entdecken ist:

> *Wenn ein Beobachter das, was seine Sinne ihm vermitteln, nicht umgehend in Sprache verwandelt, in das lexikalische und syntaktische Gefüge, das wir alle verwenden, um unsere Erfahrungen zu umschreiben, besteht eine weitaus größere Chance, dass kleine, zunächst vielleicht unwichtig erscheinende Details lebhaft im Vordergrund eines Eindrucks bleiben und die Bedeutung eines Erlebnisses später vertiefen.*[4]

Im Gegensatz zu Gandhi hielt Leigh nach 24 Stunden keine großartige Rede und traf auch keine weitreichende Entscheidung. Sie genoss einfach nur den Nachtisch und beteiligte sich wieder an den verbalen Nettigkeiten innerhalb der Gruppe. Doch durch den Schweigetag veränderte sich der Ton der Reise ein wenig. Sie konnte nun besser auf Einzelheiten achten und sie »lebendig im Vordergrund« halten. Leigh fühlte sich stärker geerdet und zentriert. Ihr Tag des Schweigens gab dem Erlebnis eine »tiefere Bedeutung«.

IDEE 3: SCHWEBEN SIE IN DER WOLKE DES NICHTWISSENS

Mit der *apophatischen* Theologie ist es so: Sie lässt sich nicht ohne Weiteres in den Alltag einbauen.

Der *apophatische* Ansatz der Spiritualität – die stumme Auflösung des eigenständigen Selbst in der Gesamtheit des kosmischen Mysteriums – ist in der Regel viel weniger zugänglich als der *kataphatische* Ansatz, bei dem verbalisierte, begriffsbezogene Vorgänge wie Schriftlesung, Predigt oder auch die meisten Arten von Gebeten oder angeleiteten Meditationen im Vordergrund stehen.

Die *Wolke des Nichtwissens* haben wir bereits vorgestellt – ein über 500 Jahre altes, spirituelles Buch eines anonymen Verfassers.[5] Ein mittelalterlicher Text der christlichen Mystik, der in rätselhafter, altertümlicher Sprache verfasst ist, hat natürlich nur wenig mit dem kulturellen Kontext zu tun, in dem die meisten von uns aktuell leben. Und doch findet sich in dem alten Wälzer ein Schlüssel, der den *apophatischen* Weg, die Theologie des Schweigens, praktisch zugänglich machen kann.

Der Schlüssel liegt in dem Wort »Vergessen«.

Eine zentrale Botschaft des Textes haben wir bereits offenbart: »Bei der allerersten Kontemplation erlebt man nur Dunkelheit, wie eine Wolke des Nichtwissens.« Statt zu versuchen, Dinge zu spüren, zu umschiffen oder durch Denken zu durchschauen, soll man *alles vergessen*. Der Autor rät, wir sollen uns auf die »sanfte Regung der Liebe« einlassen und jegliche Vorstellungen oder Sorgen über die materiellen Lebensumstände fahren lassen. Wir sollen unsere Geschichten und Erzählungen über das, was wir sind und was in unserem Leben geschieht, loslassen. Nur in der liebevollen Essenz des Lebens selbst schweben.

Die Botschaften der *Wolke des Nichtwissens* inspirieren zu Praktiken, die sich im Alltag umsetzen lassen, auch in kurzen Ruhephasen.

Das zentrierte Gebet beispielsweise ist eine christliche Meditation, bei der es darum geht, alle Gedanken aufzugeben und das Bewusstsein wieder und wieder auf ein kurzes, tröstliches Wort Ihrer Wahl zu richten. Natürlich finden sich im Buddhismus und anderen Meditationstraditionen ähnliche Anleitungen, um einen Weg aus den eigenen Gedankengängen und verbalen Analysen zu finden.

Wir wissen, dass es nicht leicht ist, den Raum der tiefen Kontemplation zu erreichen, in dem man vorübergehend alle Inhalte des Lebens »vergessen« kann, um »in der Wolke des Nichtwissens zu schweben«. Eine solche Tiefe des Gebets oder der Meditation erfordert Vorbereitung. Dazu fällt uns ein, was unser Freund, der Mythologe Josh Schrei, von den altindischen Rishis berichtete: Sie lebten in der Natur, sangen, aßen nur ganz bestimmte Dinge und befolgten eine strenge Ethik, um sich so einzustimmen, dass sie die Veden *hören konnten*. »Ethik ist notwendig, um harmonische Ruhe zu erfahren«, sagt er. Auch wenn Sie nicht die gleiche entrückte Ruhe suchen wie die Rishis im alten Indien, können Sie sich dennoch ein wenig vorbereiten.

Das könnte wie folgt gelingen: Nehmen Sie sich ein paar Stunden Zeit für Ruhe – in der Natur oder an einem friedlichen Ort, an dem Sie ganz allein sind. Schützen Sie diese Zeit. Merken Sie sie im Kalender vor. Sorgen Sie dafür, dass Sie dabei möglichst ungestört sind. In diesem Raum der gezielten Ruhe können Sie sich der Atmung, der Meditation oder Gebeten widmen. Sofern Sie damit Erfahrung haben und geistige Verfassung und Umgebung stimmen, können Sie gegebenenfalls bewusst heilige Pflanzen oder Psychedelika einsetzen. Oder Sie ruhen sich einfach aus und entspannen sich. Wichtig ist nur, dass Sie alle Probleme und Sorgen hinter sich lassen. Sie gestalten die Zeit als sicheren Raum, in dem Sie *alles vergessen können*.

Zur Vorbereitung sollten Sie zunächst einige Übungen durchführen, die die innere Ruhe fördern. Dabei gibt es nicht die eine richtige Methode. Wie Sie sich auf die innere Ruhe vorbereiten, hängt von Ihrem persönlichen inneren Lärm ab. In den Tagen oder auch Wochen vor dieser besonderen Zeit der Ruhe könnten Sie beispielsweise über wichtige Beziehungen in Ihrem Leben nachdenken. Sie könnten eine Weile überlegen, welche ungelösten Probleme es gibt und ob es in Ihrem *Macht-* oder *Einflussbereich* liegt, diese zu lösen. Natürlich werden Sie keine jahrzehntealten Schwierigkeiten mit Eltern oder Partner beseitigen können, aber vielleicht nehmen Sie sich fest vor, eine wichtige Beziehung zu festigen, und machen ein oder zwei kleine Schritte in die richtige Richtung. Vielleicht streichen Sie einige wirklich wichtige Dinge von Ihrer To-do-Liste. Unmittelbar vor der Ruhephase könnten Sie Körper und Geist vorbereiten, indem Sie Sport treiben, Yoga machen, singen oder Tagebuch schreiben.

Hier ein einfacher Tipp: Wenn Ihnen klar ist, dass Sie keine innere Ruhe finden werden, solange Sie die E-Mail nicht abgeschickt, den Müll nicht rausgebracht oder den Kühlschrank nicht aufgeräumt haben, dann tun Sie das einfach.

Sie müssen auch nicht zu ehrgeizig sein. Versuchen Sie einfach, einige der schlimmsten Auslöser von innerem Lärm zu beseitigen, zumindest auf der obersten Bewusstseinsebene.

Das Ziel besteht darin, aktiv die richtigen Voraussetzungen zu schaffen, damit Sie auf der Wolke schweben können. Es geht darum, das »Behältnis« für die Ruhe vorzubereiten.

Eine Pause vom hektischen Alltag, in der man versucht, spontan »alles zu vergessen« und in das *apophatische* Reich jenseits aller Gedanken und Begrifflichkeiten zu gelangen, ist das eine. Etwas anderes ist es dagegen, Zeit und Mühe zu investieren, um das eigene Leben so gut wie möglich zu korrigieren, zu organisieren und so zu gestalten, dass man – wenn auch nur vorübergehend – getrost *bon voyage* sagen kann.

IDEE 4: GANZ EINTAUCHEN

Das Wort »Rückzug« hat einen militärischen Ursprung: Wer sich zurückzieht, gibt auf oder legt die Waffen nieder. Diese Assoziationen drängen sich auf, wenn es darum geht, das normale Leben hinter sich zu lassen. Es klingt, als wären wir Soldaten, die ihre verzweifelten Kameraden an der Front im Stich lassen. Es erscheint uns unverantwortlich, unsere Arbeit, unsere Verantwortungen und unsere Bürgerpflichten aufzugeben, um uns persönlichen Interessen zu widmen, die manchmal an Hirngespinste erinnern.

»Rückzug« leitet sich von dem Verb »zurückziehen« ab. Das klingt, als wollte man den Pflichten des Lebens aus dem Weg gehen. Aber bei genauerer Betrachtung entdeckt man eine andere Sichtweise. Im »Rückzug« steckt auch »Zug« im Sinne von »Zugkraft«. Wir ziehen uns zurück, um zu entdecken, was uns wichtig ist, und unser Leben auf ein zugkräftiges Ziel hin auszurichten.

Wenn wir »Rückzug« in diesem Sinne begreifen, ergeben sich ganz neue Möglichkeiten. Vielleicht geht es weniger um das, was man zurücklässt, als vielmehr darum, *Zugkraft zu entwickeln, damit es vorangeht.*

Längere Zeiten des Rückzugs sind jahrtausendealte Rituale – Quellen der Erleuchtung bei indigenen Übergangsriten, für Sufi-Mystiker, vedische Meister, buddhistische Schüler und Wüstenväter und -mütter. Auch heutzutage werden sie von Kulturschaffenden, Kreativen und Berufstätigen aller Art genutzt.

Der renommierte Autor, Historiker und Gesellschaftstheoretiker Yuval Noah Harari verbringt jedes Jahr 60 Tage in Schweigeklausur. Manchmal auch länger. »Dort gibt es keine Ablenkungen, kein Fernsehen, keine E-Mails. Keine Telefone, keine Bücher. Man schreibt nicht«, sagte er dem Journalisten Ezra Klein. »Man kann sich einfach jeden Moment auf das konzentrieren, was gerade wirklich passiert, auf das, was Realität ist. Man stößt auf Dinge, die man an sich selbst nicht mag, auf Dinge, die man an der Welt nicht mag, die man schon lange ignoriert oder verdrängt.«

Kaum vorstellbar, dass einer der bekanntesten Intellektuellen der Welt es fertigbringt, zwei volle Monate des Jahres ohne Kontakt zur Außenwelt zu leben. Doch Harari stellt klar, dass diese Auszeit keineswegs im Widerspruch zu seinem schriftstellerischen Erfolg steht – im Gegenteil, sie ist sogar der Schlüssel zu seinem Erfolg. Obwohl seine Zeit so gefragt ist, kann Harari sich jedes Jahr zwei Monate lang zurückziehen, wenn er das möchte. Er hat beschlossen, dass es in seinem *Machtbereich* liegt.

Und was ist mit uns anderen?

Sheila Kappeler-Finn hat es sich zur Aufgabe gemacht, persönliche Rückzugsorte zu demokratisieren. In Kürze wird ihr Buch erscheinen, in dem sie erklärt, wie man sich ein ganz persönliches »Mini-Retreat« schafft – eine Möglichkeit zum Rückzug, der höchstens eine Woche dauert, manchmal sogar nur acht Stunden. Sie liefert eine Reihe kostengünstiger Vorschläge, zum Beispiel:

- Eine Woche Haustier-Sitting im Haus der Nachbarn.
- Zwei Tage Wohnungstausch mit einem Freund oder einer Freundin.
- Ein ganzer Tag in der öffentlichen Bibliothek.
- Ein Rückzug ins Grüne in einem nahe gelegenen Park.

Tapetenwechsel ist immer möglich. »Wenn Sie nicht wegfahren können, stellen Sie bei sich zu Hause die Möbel um«, rät Sheila. »Hängen Sie Bilder anders auf, gestalten Sie die Wohnung ruhiger oder lebhafter. Schaffen Sie eine Pflanze an oder kaufen Sie sich einen Blumenstrauß«, zählt sie auf. Der Grundgedanke bleibt dabei gleich: »Wenn sich der Raum anders *anfühlt*, hat das in psychologischer Hinsicht große Wirkung. Dann *ist* er ein Rückzugsort.«

Janet Frood möchte das, was sie tut, lieber nicht als »Rückzug« bezeichnen. Diesen Fehler hat sie schon einmal gemacht. »Wenn ich sage: ›Ich nehme mir einen Monat frei‹, gehen alle davon aus, dass ich einfach Urlaub mache«, betont sie. »Dann heißt es: ›Du Glückliche!‹ Wenn ich dagegen sage: ›Ich mache ein *Sabbatical*‹, dann klingt das sehr ›offiziell‹.« Jetzt, da sie ihre Worte sehr genau wählt, reagieren ihre Mitmenschen mit Interesse und zeigen ganz anderen Respekt vor ihrer Entscheidung. Und wieso sollten nur Akademiker in diesen Genuss kommen?

Janet leitet bereits zum zweiten Mal ein eigenes Beratungsunternehmen. Beim ersten Mal – vor mehr als 20 Jahren – machte sie alles falsch. Sie nahm sich nie eine Auszeit. Ihr Credo lautete damals: »Überleben kann ich nur, wenn ich *erreichbar* bin.« Doch als ihre Mutter krank wurde und schließlich an Krebs starb, zeigten sich die Kehrseiten dieses Credos immer deutlicher. Janet kümmerte sich um ihre Mutter, während sie zwei kleine Kinder großzog und ein Unternehmen aufbaute. »Ich selbst ging dabei verloren«, erzählt sie uns.

Im Jahr 2000 traf sie die schwierige Entscheidung, den Laden dichtzumachen. In den nächsten fünf Jahren verdiente sie sich ihren Lebensunterhalt bei einer anderen Organisation, doch es war ihre Berufung, ein eigenes Unternehmen zu leiten. Also begann sie 2005 von Neuem – nur war diesmal jedes Jahr ein einmonatiges Sabbatical eingeplant. Den Monat, in dem sie keine Einnahmen erzielt, kalkuliert Janet als Kosten für nachhaltige Unternehmensführung ein. Er ist nicht verhandelbar. Sowohl neue als auch potenzielle Kunden werden von vornherein darauf hingewiesen. Seit sie diesen Entschluss gefasst hat, so Janet, sei sie »niemals schwach geworden«.

Janets selbst gemachte Sabbaticals haben einige gemeinsame Merkmale: Zugang zu einem Gewässer (nichts liebt sie mehr, als sich im Huron-See treiben zu lassen), die Möglichkeit, eine Hängematte aufzuhängen (das Schweben ist die perfekte Ergänzung zum Treiben im Wasser) und reichlich Zeit zum Lesen, Dösen und Wolkenbeobachten. Janet badet, schaukelt und lässt sich treiben. Weiter nichts. Das genügt. Sie pflegt die vergessene Kunst des Nichtstuns. In einem guten Jahr wird sie vom vielen Ausruhen sogar richtig müde.

In ihrem Buch *Überwintern: Wenn das Leben innehält* führt uns Katherine May vor Augen, dass wir uns manchmal auch unfreiwillig »zurückziehen«.[6] Nicht nur, wenn uns der Boden unter den Füßen weggezogen wurde, wie es Janet bei der Krebsdiagnose ihrer Mutter erging. Wir versuchen, den Winter auf unbestimmte Zeit zu verschieben. Wir verleugnen das Auf und Ab des Lebens. May schreibt: »Pflanzen und Tiere kämpfen nicht gegen den Winter. Sie tun nicht so, als würde der Winter gar nicht einziehen, sie versuchen nicht, genauso weiterzuleben wie im Sommer.«

Tricia Hersey, die Verfechterin des Nickerchens, die Sie in Kapitel 4 kennengelernt haben, legte im Sommer 2020 ganz spontan eine dreiwöchige »Sabbatphase« ein. Der Begriff »Sabbatical« stammt von »Sabbat«, dem heiligen Ruhetag im Judentum. Und ein gutes *Sabbatical* ist des Sabbats »würdig«. Herseys Kindheit war von der Black Church geprägt, ihr Vater war Pfarrer und Pastor. Der wöchentliche Sabbat steckt ihr deshalb im Blut, obwohl sie sich erst kürzlich einen längeren Sabbat gönnte.

Tricia hatte alle in ihrem Umfeld – auch ihre 500 000 Instagram-Follower – drei Monate im Voraus informiert. Und das waren ihre Pläne für den Sabbat: ausschlafen, Ruhe genießen, täglich ein Nickerchen halten, viele Entgiftungsbäder nehmen, Bücher lesen, nicht über Arbeit und Karriere reden, ein wenig schreiben, Zeit mit Freunden und Familie verbringen und es sich zu Hause gemütlich machen. Um all das zu schaffen, wollte sie sich »von allen sozialen Medien fernhalten; es wird keine Veranstaltungen geben, keine E-Mails, keine Diskussionen über meine Arbeit, keine Buchungen und keine Reisen«. Ihre einzige »Aufgabe« bestand darin, im Nachhinein ein wenig darüber zu berichten, was sie in dieser Zeit gelernt hatte.

Nach ihrer Rückkehr beschrieb sie ihre Erfahrung in ihrem Blog. Obwohl sie die Auszeit angekündigt hatte, waren »während des Sabbats tatsächlich mehr berufliche E-Mails, Textnachrichten und Anfragen eingegangen, als wenn ich verfügbar gewesen wäre und gearbeitet hätte. Ich fand das faszinierend.« Sie staunte darüber, dass wir nicht nur uns selbst keine Ruhe gönnen, sondern auch nicht wissen, wie man andere unterstützt, die sich Zeit für sich nehmen wollen. Sie war darüber nicht verärgert, sondern verwundert. Tricia meint, dass man uns alle hinters Licht führt. Wir müssen dringend dafür sorgen, dass wir Ruhe nicht mehr »als Luxus oder Privileg betrachten. Das ist sie nicht; sie ist ein Menschenrecht. Je mehr wir Ruhe als Luxus ansehen, desto stärker glauben wir an diese systemischen Lügen.« Die Ursachen sieht sie – dank ihres ausgeruhten Blicks – ganz deutlich:

> *Mir ist klar, dass nicht eine bestimmte Person dafür verantwortlich ist, dass Sie nicht zur Ruhe kommen. Es ist nicht Ihre Schuld, dass Sie im Alltagstrott gefangen sind oder in ein toxisches System geboren wurden, das Sie als Maschine betrachtet. Nichts davon ist Ihre Schuld. Aber zum Glück können Sie sich umprogrammieren und von den Fesseln befreien.*

In der Ruhe programmieren wir uns um.

Wenn wir innehalten, befreien wir uns von den Fesseln.

Hersey schreibt: »Ruhe hilft dabei, die Stille zu genießen. Stille und Ruhe nehmen die Schleier von unseren Gesichtern, sodass wir wirklich sehen können, was vor sich geht.«

Nennen Sie es also, wie Sie wollen – Rückzug oder Mini-Retreat, erzwungener oder bewusst gewählter Winter, *Sabbatical* oder Sabbat. Sie haben ein Anrecht darauf. Sie verdienen es genauso wie jedes andere Lebewesen.

IDEE 5: KUSCHELIGE WELPEN, DIE DAS GESICHT ABLECKEN

Früher erlebte Jon Lubecky einen Flow meist bei Death Metal oder auf dem Dirtbike.

Doch im Irak hat sich sein Verhältnis zur Lautstärke verändert.

2005 und 2006 war er Unteroffizier einer Artillerieeinheit der US-Armee am Luftwaffenstützpunkt Balad im Zentrum des sunnitischen Dreiecks – dem Gebiet, in dem die Sektierer besonders gewaltsam vorgingen. Der Stützpunkt stand so oft unter tödlichem Beschuss, dass die Soldaten ihn *Mortaritaville* nannten – nach dem englischen Wort *mortar* für »Granate«. Das Dröhnen der Granaten, Raketen und Sanitätshubschrauber machte den Soldaten ihre Sterblichkeit jederzeit überdeutlich bewusst. Alle sehnten sich nach einem gewissen Maß an Ruhe. Alle waren nervös.

Eines Abends im April 2006 saß Jon erschöpft auf einem Chemieklo, als ganz in der Nähe eine Granate einschlug und ihn kurzzeitig bewusstlos machte. Sein Körper wurde glücklicherweise nicht getroffen, doch er erlitt ein Schädel-Hirn-Trauma.

Zurück in der Heimat sollte er eigentlich Ruhe finden, doch schnell brach Lärm ganz anderer Art über ihn herein. Seine Ehe ging in die Brüche. Sein Konzentrationsvermögen war so schlecht, dass er keinen Beruf ausüben konnte. Er nahm 42 Tabletten pro Tag – Benzodiazepine, Antidepressiva, Muskelrelaxantien und dergleichen. Aber nichts half. In seinem Kopf schwirrte es vor Selbstkritik und Zweifeln. Er litt unter der lähmenden Angst, jeder Passant mit einem Rucksack auf dem Rücken könne ein Selbstmordattentäter sein.

»Bei PTBS gibt es keine Ruhe«, sagt Jon. »Je schlimmer das Trauma, desto lauter der innere Lärm – und desto eher ist man bereit, alles zu tun, damit er ein Ende nimmt.«

Am Weihnachtsmorgen 2006, zwei Monate nach seiner Rückkehr aus dem Irak, beschloss er, sich das Leben zu nehmen. Als der Hahn seiner Beretta 9 mm fiel, empfand er die bislang tiefste Ruhe seines Lebens.

»Alles war vorbei. Es gab keinen Lärm mehr. Einfach nur Frieden.« Etwa 30 Sekunden lang dachte Jon, er sei tot.

Doch das laute Geräusch war nur ein Zünderknall gewesen. Aufgrund eines Produktionsfehlers der Munition blieb er am Leben. Noch viermal unternahm er einen Selbstmordversuch. Jedes Mal überlebte er.

Sein Kampf ging weiter.

Als Jon wieder einmal das Veteranen-Krankenhaus aufsuchte, war sein üblicher Psychiater nicht im Dienst, sodass er mit einer jungen Ärztin sprach, die gerade erst ihr Medizinstudium abgeschlossen hatte. Sie sagte, sie habe seine Akte studiert. Dann schob sie ihm einen Zettel zu und bat ihn: »Lesen Sie das bitte, wenn Sie die Klinik verlassen haben. Ich darf Ihnen nichts davon erzählen, deshalb stecken Sie den Zettel einfach ein.« Darauf stand: »Googeln Sie MDMA PTSD.«

Jon befolgte ihren Rat und wurde in eine offiziell genehmigte Studie aufgenommen, in der von PTBS Betroffene mit MDMA-unterstützter Psychotherapie behandelt wurden.[7] Dazu gehörten drei Termine in gemütlicher Umgebung in Charleston, South Carolina sowie eine Reihe von Psychotherapiesitzungen vor und nach den Behandlungsterminen. Jon erzählt, dabei erlebte er nicht nur »Trips« oder »Highsein«.

Sicher, er habe sich gefühlt »wie in den Armen des Menschen, der mich mehr liebt als jeder andere auf diesem Planeten, während mir kuschelige Welpen das Gesicht ablecken«. Gleichzeitig jedoch wurden systematisch Quellen des lähmenden Lärms in seinem Bewusstsein aufgedeckt und abgestellt.

In der ersten Sitzung, so weiß er noch, »stellten die Psychiater unverfängliche Fragen, zum Beispiel nach dem Wetter im Irak«.

»Dann fängt man an zu reden und redet weiter«, berichtet er. In physiologischer Hinsicht, so erklärt er uns, unterdrückt die Droge die »Kampf-oder-Flucht-Reaktion in der Amygdala, sodass man mit Dingen umgehen kann, die einen sonst in Panik versetzen würden«. Mit anderen Worten: MDMA sorgt dafür, dass man sich sicher fühlt, wenn man eine Erinnerung abruft, die sonst zu schmerzhaft wäre.

Diese Therapie war weit mehr als ein Ausflug in den »veränderten Bewusstseinszustand« eines Serotoninrausches – auch wenn die Serotoninausschüttung zu einem großen Teil für Jons »Welpen«-Gefühl und das Gefühl der Sicherheit verantwortlich war, das ihm den Mut gab, sich zu öffnen. Unter der Aufsicht von zwei geschulten Beratern gelang es ihm, mit MDMA den ganzen Lärm vorübergehend auszublenden und sich ganz bewusst an Orte zu begeben, an die er sich sonst nicht vorgewagt hätte. An diesen Orten konnte er Erinnerungen neu codieren und Ängste neu formulieren. Er konnte seine Erfahrungen mit einer gesunden Distanz betrachten. Das bewirkte eine grundlegende Veränderung seiner Gesamtperspektive. Diese Veränderung war von Dauer – eine »veränderte Eigenschaft« – und nicht nur vorübergehend.

Jon entschlüsselte den Ursprung seines Lärms.

»Ich habe über Dinge geredet, über die ich vorher mit niemandem gesprochen hatte. Und das hat mich geheilt.«

Seine messbaren Depressionswerte gingen während der Studie im Laufe von sechs Monaten konstant zurück. Eines Tages fiel ihm auf, dass er keine Angst mehr vor Rucksackträgern auf der Straße hatte. Er hatte nie wieder das Bedürfnis nach MDMA. Das schlimmste Trauma habe er überwunden, berichtet er uns. Seine Perspektive habe sich geändert. Er verfügt jetzt über die inneren Ressourcen, die ihm die weitere Genesung ermöglichen. Und bei Bedarf hat er nun die wichtigste Ressource überhaupt: die Fähigkeit, um Hilfe zu bitten.

»Man kann auf einen Berg steigen, ohne sein Handy mitzunehmen, und sich in akustische Stille begeben. Oder man kann sich in eine Kammer setzen, in der keine Sinneseindrücke existieren«, so Jon. »Aber innere Stille kann man nicht von außen bewirken.« *Man muss sie sich erarbeiten.*

Die »Arbeit«, von der hier die Rede ist, besteht darin, die zugrunde liegenden Quellen des internen Lärms zu ermitteln und abzustellen.

Die »Arbeit« gestaltet sich bei jedem Menschen anders.

Jons besonderer Weg zur Heilung – MDMA-unterstützte Psychotherapie – gab ihm die Möglichkeit, über seine Gefühle auf eine Weise zu sprechen, die keine Kampf-oder-Flucht-Reaktion bei ihm auslöste. Das Team und der sorgfältig festgesteckte Rahmen gaben ihm Halt. Er fühlte sich sicher. Ruhig. Still.

Zum ersten Mal seit sehr langer Zeit konnte Jon Ruhe erleben. Das war ein entrückendes Gefühl.

IDEE 6: TIEFES SPIEL

»Es gibt eine Art des Betrachtens, die eine Form des Gebets ist.« Das sagt die Naturforscherin und Dichterin Diane Ackerman.[8] »Seele und Herz hinken nicht.« Diesen heiligen Zustand der Wahrnehmung beschreibt sie wie folgt:

> *Kein Analysieren oder Erklären. Kein Streben nach Logik.*
> *Keine Versprechen. Keine Ziele. Keine Beziehungen. Keine Sorgen.*
> *Völlige Offenheit für das Drama, das sich entfalten mag.*
> *Was das Gefühl auslöst, spielt keine Rolle – ob man das Balz-*
> *verhalten von Albatrossen beobachtet oder den flammenden*
> *Himmel bei einem spektakulären Sonnenuntergang. Wenn*
> *es geschieht, erleben wir ein Gefühl der Offenbarung und der*
> *Dankbarkeit. Gedanken oder Worte sind überflüssig.*

Diese Momente des Betrachtens – in denen »Gedanken und Worte überflüssig sind« – sind in unserem verbal ausgeschmückten, sorgengetränkten Erwachsenenleben selten geworden.

Doch als Kinder konnten wir sie regelmäßig finden. Als Leigh die dritte Klasse besuchte, waren ihre Eltern schon lange geschieden. Sie, ihr Bruder Roman und ihre Mutter Rickie zogen in die Nähe von Verwandten in »die Carolinas« – zwischen North und South machten sie keinen Unterschied, weil die Familie auf beiden Seiten der Grenze lebte und der genaue Staat nur eine Rolle spielte, wenn man Feuerwerkskörper kaufen wollte. Ihre Mutter arbeitete an einer Tankstelle knapp einen Kilometer von ihrem Wohnort entfernt, und wenn sie Spätschicht hatte, musste Leigh oft auf ihren kleinen Bruder aufpassen. Der Höhepunkt jeder Woche war der »Ausflug«, den die drei unternahmen. Das Ziel spielte dabei keine Rolle, und wenn es nur eine halbe Stunde zu der Stelle war, an der an der Autobahn der *Peachoid* gebaut wurde, ein riesiger, pfirsichförmiger Wasserturm.[9]

Wie in vielen Haushalten mit nur einem Elternteil kämpften die Geschwister erbittert um den Platz auf dem Beifahrersitz. Da vorne gab es nur Vorteile – uneingeschränkte Sicht, Beinfreiheit, Radio, CB-Funkgerät, Kassetten und vor allem die Möglichkeit, sich nützlich zu machen, zum Beispiel, indem man nach einem Regenguss mit einem alten Lappen die Windschutzscheibe freiwischte.

Etwa die Hälfte der Zeit musste sich Leigh jedoch mit der Rückbank begnügen. Dort war ihr, als säße sie in einem hermetisch abgeriegelten Tresorraum. Der alte Chevy war eine furchtbar laute Rostlaube. Schalldämpfer und Auspuff waren löchrig, sodass der Wagen wie ein getuntes Rennauto röhrte, während das Fahrgestell langsam unter den Fußmatten zerbröselte. Es rumpelte so laut, dass keine Unterhaltung zwischen Vorder- und Rücksitzen möglich war. Das Verliererkind war akustisch in einem eigenen Universum gefangen.

Und dort fand Leigh Ruhe – oder besser gesagt, die Ruhe fand Leigh.

Wenn nach der Mittagshitze Regen hereinbrach, beobachtete Leigh die Tropfen, die über das Seitenfenster liefen. Jeden einzelnen stattete sie mit bestimmten Charaktereigenschaften, Beweggründen und sogar Wünschen aus. Sie sah genau, wie sie erwartungsvoll zitterten. Leigh malte sich aus, die Tropfen hätten das Ziel, über die Fensterscheibe hinwegzusausen und sich in den Kosmos zu stürzen. Nur die cleversten schafften das, meist, indem sie sich mit anderen zusammentaten. Einige mühten sich vergeblich und kamen nicht vom Fleck. Andere verschwanden ganz.

Dieser Trancezustand war sehr angenehm. Unerwünschtes inneres Geplapper über Finanzen und Schulprobleme löste sich auf. Im lauten Motordröhnen fand Leigh einen wunderbaren Raum der Ruhe.

Zu Hause erlebte Leigh die gleiche entrückte Aufmerksamkeit in der Natur. Sie ging oft zum »Sumpf« hinter ihrem Haus. Der schmale Pfad führte durch die von Kudzu überwucherten Bäume. Die Umgebung erinnerte sie an Dagobah, die Heimat von Yoda. Von einem trockenen Plätzchen aus beobachtete sie das flüchtige Leben winzig kleiner Kreaturen. Die meisten bewegten sich kaum hörbar oder ganz lautlos. Die Dramatik war faszinierend. Die Ameisen waren sehr freundlich und hatten immer Zeit für ein Schwätzchen. Der Käfer wartete ganz geduldig. Der Wasserläufer war ein Angeber, aber von einer Kreatur, die über Wasser laufen konnte, durfte man wohl nichts anderes erwarten. Leigh weiß noch, dass sie manchmal stundenlang reglos dasaß – bei höchster Aufmerksamkeit.

Einmal erlebte sie mit, wie ein Ochsenfrosch die Larve einer Kranichfliege verspeiste, ehe er wiederum selbst von einer Kupferkopfschlange verschlungen wurde – so vermutete sie zumindest. Sie rannte nach Hause, konsultierte die *Encyclopaedia Britannica* und fand heraus, dass der Ochsenfrosch genauso gut den Kupferkopf hätte fressen können, wenn er nicht so sehr mit den saftigen Larven beschäftigt gewesen wäre. In der Stille des Sumpfes wurde Leigh bewusst, wie prekär das Leben ist und wie dicht das Unheimliche und das Wundersame in solchen Momenten beieinanderlagen. Dabei war die Welt nicht vollkommen still. Manchmal brachen innere Ängste durch das Zirpen der Grillen. Manchmal flüchtete sie zurück ins Haus. Aber meistens blieb sie so lange wie möglich, sogar bis Einbruch der Dunkelheit, und beobachtete, wie sich die Geheimnisse des Lebens entfalteten. Dies war eine besondere, kindliche Art der Betrachtung. Rückblickend war es tatsächlich eine Art Gebet.

In diesem und im vorherigen Kapitel haben wir erkundet, wie jeder Einzelne Ruhe in großen und kleinen Dosen finden kann, entweder inmitten des Alltags oder als »besonderen Anlass«. Manchmal jedoch ist die tiefste Ruhe ganz einfach – sie liegt in den Augenblicken, in denen, wie Diane Ackerman es ausdrückte, »Gedanken und Worte überflüssig« sind – wenn wir wieder mit den Augen eines Kindes sehen.

In ihrem Buch *Deep Play* schreibt Ackerman über das »Spiel« als »Zufluchtsort vor dem Alltag, ein Heiligtum des Geistes, in dem man von den Sitten, Methoden und Bestimmungen des Lebens befreit ist«. Und »tiefes Spiel« ist für sie eine ekstatische Form des Spiels, eine Erfahrung, die uns in den gebetsähnlichen Zustand des Betrachtens versetzt.

Ackerman sagt zwar, das »tiefe Spiel« lasse sich eher anhand der Stimmung als anhand der Aktivität beurteilen, doch bei bestimmten Aktivitäten entsteht es besonders leicht: »Kunst, Religion, risikoreiche Tätigkeiten und bestimmte Sportarten – vor allem solche, bei denen Abgeschiedenheit, Ruhe und Schwebezustände eine Rolle spielen wie Tauchen, Fallschirmspringen, Drachenfliegen und Bergsteigen.«

Man könnte meinen, ekstatische Erholung sei das Gegenteil von Ordnung. Allerdings hat das tiefe Spiel oft einen ausgeprägten Sinn für Ordnung, denn es markiert eine bestimmte Zeit oder einen einzigartigen Ort.

Ehe wir in einem Spiel – zum Beispiel Musik oder Bergsteigen – aufgehen, müssen wir seine Regeln beherrschen. Auch Matt Heafy probt so intensiv, dass die gesamte Musik im Muskelgedächtnis verankert ist und er auf der Bühne in einem Zustand tiefer Ruhe »loslassen« kann. Und Charlie Parker, der mittlerweile verstorbene große Saxophonist, sagte: »Lerne alles, dann vergiss den Mist und spiel.«

Die anderen Methoden, die wir auf den vorangegangenen Seiten beschrieben haben – beispielsweise kurze Auszeiten –, können das tiefe Spiel erleichtern. Manchmal muss man andere Verpflichtungen verbannen, um Raum für das Vergessen zu schaffen und mit ungeteilter Aufmerksamkeit das kindliche Bewusstsein annehmen zu können.

Jon Lubecky ist es gelungen, Zugang zu den bisher verschlossenen Tiefen seiner Psyche zu finden. Er musste das Trauma überwinden, das seine Wahrnehmung verzerrte und verhinderte, dass er im Hier und Jetzt lebte. Jon nahm die psychoaktive Substanz unter strenger medizinischer Kontrolle ein, doch ein aufrichtiger, verantwortungsbewusster Konsum von Substanzen, die Bewusstsein und Herz öffnen, kann auch zur Entrückung führen. Wann ist der Konsum aufrichtig? Unserer Erfahrung nach läuft es darauf hinaus, dass man nach einer dauerhaften Veränderung streben sollte, die Empathie und Ethik fördert. Das ist etwas anderes als die Suche nach billigem Rausch oder schlichte Neugier.

Ganz allgemein dienen die hier beschriebenen Methoden dazu, sich auf den Puls des Lebens einzulassen – so wie früher, ehe wir uns die Uniformen und Perspektiven von »ernsthaften Erwachsenen« übergestreift haben.

Deshalb überlegen Sie nun, wie Sie vom Lärm der Namen und Unterscheidungen zur Ruhe der reinen sensorischen Klarheit gelangen können.

Wann sind Sie einer kindlichen Sicht auf die Welt am nächsten?

Welche Aktivitäten, Menschen oder Geisteshaltungen tun Ihnen gut?

Wie können Sie diese Art der Betrachtung in den Alltag einbauen?

VERÄNDERTE EIGENSCHAFTEN

Skylar Bixby brachte den ganzen Tag im Zelt zu und lauschte darauf, wie im Wechsel Regen und Schnee auf das Dach fielen. Kurz vor Einbruch der Dämmerung hörte der Niederschlag auf. Alle krochen aus den Zelten und stiegen auf einen nahe gelegenen Hügel. Der Himmel klarte auf und füllte sich mit goldenem Licht, als die Sonne über den kiefernbestandenen Granitbergen unterging.

Dass eine Gruppe von zwölf Teenagern ohne Handys völlig stumm beieinandersteht, würde man normalerweise als seltsam, vielleicht sogar als lächerlich empfinden. Aber hier wirkte es ganz natürlich. Nach den ersten 13 Tagen einer dreimonatigen Expedition in die Wildnis der Rocky Mountains waren alle für derartige Momente sensibilisiert – Momente, die Ehrfurcht auslösten.

Skylar blieb auch nach Sonnenuntergang, als die anderen schon ins Lager zurückgekehrt waren, noch auf dem Hügel. Er beobachtete das Farbenspiel am frühabendlichen Himmel und lauschte in die Luft. In diesem Moment stellte er etwas fest: Sein Geist war nicht mehr der gleiche wie noch vor ein paar Wochen.

»Damals grübelte ich über die Schule nach, darüber, welche Memes ich an Freunde schicken sollte oder wie es mir gelingen konnte, ich selbst zu sein«, beschreibt er die typische Highschool-Welt. Nach langen Monaten mit Distanzunterricht per Video, Ungewissheit über die weitere Zukunft und pandemiebedingt eingeschränkten sozialen

Kontakten war das verständlich. Nun jedoch waren all diese Sorgen nur noch eine schwache Erinnerung. Der Drang, am Computer zu spielen oder sich auf Discord zu treffen, war verschwunden.»Ich habe gemerkt, wie sich dort meine Prioritäten verlagert haben. Ich hatte auf einmal ganz andere Prioritäten als im normalen Leben.«

In den drei Monaten abseits der Zivilisation bemerkte Skylar zunächst, dass der auditorische und informationelle Lärm des Alltags verschwunden waren. Dann wichen auch die subtileren inneren Geräusche in Form von Gedanken an die Zukunft, Sorgen und Grübeleien. Stattdessen gab es eine Reihe neuer Aufgaben, auf die er seine Aufmerksamkeit richten konnte: Wasser finden, Rationen abzählen, die Navigation leiten, sich warmhalten, Bären aus dem Weg gehen.

Als wir einige Wochen nach seiner Rückkehr mit Skylar sprachen, war er dankbar und geradezu erstaunt, dass er dieses Grundgefühl noch immer verspürte – obwohl er wieder wie ein Teenager im 21. Jahrhundert lebte.»In Momenten der Ruhe brauche ich jetzt keine Ablenkung«, sagt er und fügt hinzu:»Nichtstun ist eine *Fähigkeit*, und diese Fähigkeit habe ich jetzt erworben.«

Für Skylar war es nicht so einfach, sich diese Fähigkeit anzueignen. Er musste seinen bequemen, vertrauten Alltag verlassen und sich monatelang körperlichen Strapazen in den Bergen aussetzen. Wie Matt Heafy und Jon Lubecky stellte er fest, dass er sie sich *erarbeiten* musste. Er merkte, dass es sich lohnte, Unannehmlichkeiten und Unbequemlichkeiten auf sich zu nehmen, um so etwas wie den Sonnenuntergang auf dem Berggipfel zu erleben. In dieser glühenden Ruhe wurde ihm klar, dass er seinen Geist grundlegend verändert hatte. Er hatte nicht nur einen anderen *Bewusstseinszustand* erreicht, sondern auch andere *Eigenschaften* entwickelt.

Diane Ackerman beschreibt derartige Erfahrungen mit dem Wort »hingerissen«. Das klingt relativ gewaltsam, sagt sie, als würde man von einem mächtigen Raubvogel gepackt und mitgerissen.

Erstaunlicherweise entspricht das so gar nicht der üblichen Vorstellung von Ruhe.

Wenn wir aber wahre Ruhe als unmittelbare Begegnung mit dem *Wahrhaftigen* sehen, dann bedeutet sie einen tiefgreifenden Bruch mit dem üblichen Leben im 21. Jahrhundert. Sie stellt einen radikalen Gegensatz zu den Tricks der sozialen Medien und der hyperschnellen Informationsgesellschaft dar.

Sie ist eine Kraft der Veränderung. Deshalb ist es nur natürlich, davon »hingerissen« zu sein.

In den kommenden Kapiteln werden wir uns weiter mit der Ruhe – sowohl der alltäglichen als auch der nur selten vergönnten – befassen, und zwar nicht nur für den Einzelnen, sondern in Situationen, in denen Ruhe gemeinsam erlebt wird.

TEIL V:
GEMEINSAM RUHIG SEIN

12 In Ruhe arbeiten

Wenn Sie im Sommer 1787 in Philadelphia an der Independence Hall vorbeigekommen wären, hätten Sie etwas Seltsames bemerkt. Auf der Straße vor der Versammlungshalle – in der viele der Gründer der Nation gemeinsam an der Verfassung der Vereinigten Staaten arbeiteten – befand sich ein riesiger Erdhaufen.[1] Die Delegierten des Verfassungskonvents hatten diesen Lärmschutz aus Erde errichten lassen, weil sie meinten, die Geräusche der Kutschen, Straßenhändler und Unterhaltungen würden ihre intensiven Beratungen und die Textarbeit stören. Sie strebten allerdings nicht nach klösterlicher Stille. Aus den historischen Aufzeichnungen geht hervor, dass es zahlreiche erbitterte, lautstarke Meinungsverschiedenheiten gab. In Anbetracht der damaligen Sitten mag es sogar vorgekommen sein, dass die Delegierten ihren Emotionen freien Lauf ließen, sich anbrüllten oder Dinge durch die Gegend warfen – vielleicht zerknülltes Papier oder Obststücke. Dennoch war man sich insgesamt einig, dass man Ruhe brauchte, um gemeinsam über schwierige Themen nachdenken zu können. Der Erdhaufen war ein Versuch, das zu ermöglichen.

Springen wir 235 Jahre weiter, müssen wir feststellen, dass die Lage in der Gesetzgebung der USA heutzutage eine ganz andere ist. Als Leiter der Legislative für drei Kongressabgeordnete merkte Justin immer wieder, dass es auf dem Capitol Hill zu laut zum Nachdenken war. Aus Fernsehern dröhnt (je nach Parteizugehörigkeit des Büros) *Fox News* oder *MSNBC*, schrille Sirenen kündigen Abstimmungen im Plenum an, während Lobbyisten bei Empfängen mit reichlich Alkohol schmeichelnd und schulterklopfend ihre Anliegen vortragen – heutzutage herrscht im Kongress eine vollkommen andere akustische Umgebung als damals, als die Gründerväter an der Verfassung arbeiteten. Ganz zu schweigen von dem informationellen Lärm, dem moderne Gesetzgeber ausgesetzt sind: endlose dringende E-Mails von Aktivisten, Treffen mit der Wählerschaft, Diskussionen über Wahlstrategien, Telefonate zur Geldbeschaffung, Presseveranstaltungen und der allgegenwärtige Druck, der von Netzwerken, Politik und Medienmanagement ausgeübt wird. Die paar Straßenhändler im Philadelphia des 18. Jahrhunderts können längst nicht so störend gewesen sein wie all das, was heutzutage im Kongress die Aufmerksamkeit ablenkt. Doch anders als im Verfassungskonvent herrscht heute nicht mehr die Auffassung, dass man zum klaren Denken Ruhe braucht. Man ist sogar stolz darauf, wenn man viel Lärm macht.

Vor einigen Jahren nahm Justin an einem kleinen Experiment teil, das die Kultur im Kapitol verändern sollte. Im Rahmen eines neuen Achtsamkeitsprogramms, das der Abgeordnete Tim Ryan mit einer Handvoll Partner ins Leben gerufen hatte, brachte Justin politischen Größen die Meditation nahe. Er weiß noch, dass die erste Sitzung an einem besonders angespannten Montagnachmittag stattfand, als gerade Haushaltsstreitigkeiten und eine heftige Debatte über das umstrittene Handelsabkommen Trans-Pacific Partnership tobten. Etwa 40 Personen aus Legislative und Kommunikation waren gekommen, darunter progressive Demokraten von der Westküste mit ansehnlicher Yoga-Erfahrung, aber auch Republikaner aus den Südstaaten und dem Mittleren Westen, die im Finanz- oder Rechtswesen zu schätzen gelernt hatten, wie sich Stress am Arbeitsplatz durch Meditieren lindern lässt. Hier, wo normalerweise streng nach ideologischer Tendenz und sozialer Clique unterschieden wird, trafen erstaunlich unterschiedliche Menschen aufeinander.

Als sie eintrudelten, spürte Justin die typische Energie des Regierungsviertels – die Leute waren nervös, in ihren Köpfen schwirrten

Gedanken an Büropolitik, Karrierespielchen und die umstrittenen Abstimmungen, die später am Tag anstanden. Nicht wenige von ihnen fragten sich vermutlich: »Was *mache* ich hier eigentlich?« Unterdessen begrüßte Justin alle Anwesenden und gab eine kurze Einführung in die Meditationspraxis. Ihm bot sich ein beeindruckender Anblick: In dem kleinen Besprechungsraum, der mit blauem Teppich, dunklen Holzmöbeln unter Neonlicht und einer amerikanischen Flagge sehr offiziell wirkte, hockten dicht nebeneinander angespannte Amtsträger in förmlicher Kleidung – die meisten auf Stühlen, einige im Schneidersitz auf dem Boden.

Dann begann die 20-minütige Sitzmeditation, Ruhe machte sich breit, und etwas veränderte sich. Die Amygdalae der Politiker, die sonst auf Hochtouren liefen, wurden langsamer. Justin meinte, das sei nicht auf eine bestimmte Achtsamkeitstechnik zurückzuführen, sondern einfach darauf, dass die Gruppe beisammensaß und nichts sagen musste.

Indem wir einen winzigen Bruchteil der Bundesregierung für 20 Minuten zum Schweigen bringen, lässt sich ganz sicher nicht die Klarheit erreichen, die nötig ist, um das »System« zu verbessern. Aber dieses kleine Experiment zeigt uns, was unter den unwahrscheinlichsten Gegebenheiten möglich ist.

Wir können *gemeinsam ruhig* sein.

○

Verständlicherweise wird »Ruhe« manchmal mit »Einsamkeit« gleichgesetzt. Geräusche und Impulse sind in zwischenmenschlichen Beziehungen ganz normal. Wenn wir mit anderen zusammen sind, verhalten wir uns so, wie es unsere Art ist: Wir scherzen, kichern, streiten, bedauern.

Allerdings haben wir einige der ergreifendsten Momente der Ruhe im Beisein anderer erlebt: *Momente gemeinsamer Trauer oder atembe-raubender Schönheit, Momente des Schocks oder des Staunens.* In diesen Momenten schwindet meist unsere gesellschaftliche Pflicht, zu verbalisieren, zu rationalisieren, zu unterhalten und zu analysieren. Wertvoll ist gemeinsames Schweigen jedoch nicht nur in diesen seltenen Momenten, die uns sprachlos machen.

Es gibt einen Grund, warum Menschen regelmäßig zusammenkommen, um schweigend zu meditieren, auch wenn es viel bequemer wäre, allein zu Hause zu sitzen. Einfach ausgedrückt: Wenn man Ruhe mit anderen erlebt, entsteht eine gewisse Chemie. Aus dem Grau des Alltags kann etwas Goldenes zum Vorschein kommen. Wenn zwei oder mehr Menschen die »konzeptionelle Überlagerung« fallenlassen und gemeinsam tiefere und feinere Wahrnehmungsebenen erreichen, stellt sich ein einzigartiges Gefühl der Erweiterung ein.

Die Kraft der Ruhe verstärkt sich, wenn man sie gemeinsam erlebt.

In den vorherigen Kapiteln ging es um Strategien, mit denen man für sich allein Ruhe finden und schaffen kann. Nun schauen wir uns an, wie man mit Lärm in Gruppen umgeht und wie man gemeinsame Ruhe findet.

Die folgenden Strategien werden zeigen, dass es bei der Suche nach »gemeinsamer Ruhe« darum geht, unsere *Normen* und *Kulturen* zu verstehen und zu verfeinern.

Bei dem Wort »Kultur« denken wir in der Regel an die Kunst, Küche oder Literatur, die eine Gesellschaft hervorbringt. Kultur kann aber auch unsere gemeinsamen, gewöhnlichen, alltäglichen Normen meinen: erklärte und unausgesprochene Regeln, Bräuche, Stile, Rituale, Rhythmen, Standards, Vorlieben und Erwartungen, die überall dort entstehen, wo wir regelmäßig mit anderen Menschen zusammentreffen. Im Bereich der Organisationsentwicklung heißt es oft, dass die Kultur eines Unternehmens immer präsent ist und zum Vorschein kommt, ganz gleich, ob man sich dessen bewusst ist oder nicht. Gleiches gilt für die Kultur eines Freundeskreises, einer Familie oder eines Paares. Da Normen sich im Allgemeinen organisch und unbewusst herausbilden und weiterentwickeln, lohnt es, sie regelmäßig zu beleuchten und ihre Entstehung und Manifestation bewusster zu gestalten. Es ist gut, das, was als Norm gilt, zu hinterfragen.

Der US-Kongress ist heutzutage unbestritten ein Arbeitsplatz, an dem Normen des Lärms herrschen. Es ist vollkommen normal, dass die ganze Zeit der Fernseher läuft. Es ist ganz normal, dass man laut redet, obwohl andere arbeiten, oder eine Textnachricht liest, während man sich unterhält. Es ist üblich, nach Feierabend Nachrichten zu versenden und eine sofortige Antwort zu erwarten. Alle sind meist so mit ihren aktuellen Aufgaben oder ihrem nächsten Karriereschritt beschäftigt, dass sie sich keine Zeit nehmen, um mit etwas Abstand zu überlegen, welche Störungen und Beeinträchtigungen von dieser Klang- und Informationslandschaft ausgehen. Justins experimentelle Sitzung wirkte so ungewöhnlich, weil gemeinsame Ruhe rein gar nicht zur gängigen Kultur in Regierungskreisen passte.

Für die Teilnehmer des Verfassungskonvents von 1787 hingegen war bei Beratungen Ruhe die Norm. Ein gemeinsames Ziel bestand darin, uneingeschränkte Aufmerksamkeit zu fördern. Der große Erdhaufen führte ihnen – und der Öffentlichkeit – vor Augen, dass die Versammlung Störungen vermeiden musste, um wichtige Aufgaben erledigen zu können.

Normen des Lärms, wie sie auf dem Capitol Hill herrschen, sind in der heutigen Gesellschaft üblich. Allerdings gibt es nach wie vor auch Kulturen der Ruhe. Denken Sie an Klöster, Bibliotheken oder kleine, abgeschiedene Bauernhöfe. In einem solchen Umfeld haben die Menschen klare Regeln und Erwartungen in Bezug auf Lärm, die dem Zweck und den Werten des jeweiligen Ortes entsprechen. Diese Normen dulden keine plärrenden Nachrichtensendungen und keinen zwanghaften Blick auf TikTok. Um gemeinsame Ruhe zu finden, muss man nicht in einen strengen religiösen Orden eintreten, sich zwischen Bücherregale zurückziehen oder aufs Land auswandern. Sie können Regeln und Erwartungen mitgestalten, die in Ihrer aktuellen Lebenssituation Elemente der Ruhe schaffen – bei der Arbeit, zu Hause, im Freundeskreis. Allerdings braucht es dazu etwas Kreativität. Vor allem aber braucht es den Mut, das anzusprechen, was nicht in Ordnung ist, und konstruktiv zu überlegen, wie eine Lösung aussehen könnte.

WIE MAN ÜBER RUHE SPRICHT

Seit Jahren hatten sie sich auf den Umzug gefreut. Leighs Mutter Rickie und ihre Frau Betty zogen aus Ohio in den Norden Kaliforniens. Sie wollten bei Leigh und ihrer Familie wohnen, bis sie eine bezahlbare Seniorenwohnung gefunden hatten. Im Großraum San Francisco wäre eine solche Wohnung ein wahres Wunder, aber sie waren überzeugt, dass es das wert war – vor allem wegen der Enkelkinder.

Schon bald hatten alle eine Routine entwickelt. »Meine Mom« und »meine Betty«, wie Leigh die beiden liebevoll nennt, waren großartige Gäste. Sie machten Frühstück und putzten das Haus. Sie übernahmen den Fahrdienst und halfen ihrer Enkelin Ava bei den Hausaufgaben. Sie füllten das Haus mit Gelächter und dem süßen Duft von Schokoladenkuchen. Da nun vier Erwachsene und nur ein Kind im Haus waren, dachte Leigh, sie würde endlich die nötige Zeit finden, um an diesem Buch zu arbeiten.

Abgesehen von Bettys entzückendem Gackern sind sowohl sie als auch Rickie eher ruhige Menschen. Sie bleiben meist unter sich und beschäftigen sich mit Lesen, Kreuzworträtseln und Wortspielen. Sie benutzen keine Freisprecheinrichtungen und diktieren auch keine Texte, wenn andere in der Nähe sind. Es würde ihnen nicht im Traum einfallen, laut Musik zu hören, solange nicht einstimmig eine »Tanz-party« beschlossen wurde. Rickie und Betty sind sehr rücksichtsvoll. Allerdings gilt das nicht für ihre elektronischen Geräte.

In fast allen Ecken ihrer Wohnung hörte Leigh nun Klingeln, Bim-meln, Surren und – das war das Schlimmste – Tastengeklapper. Leigh wusste, dass sie das Thema ansprechen musste, um nicht den Ver-stand zu verlieren, aber sie scheute sich davor. Ihre Gäste sollten sich willkommen fühlen und die Gastfreundschaft der Südstaaten genie-ßen, mit der sie aufgewachsen war. Ihre Reise quer durch das Land hatte nicht wie geplant zwei Wochen, sondern ganze sechs gedauert, denn Betty war unerwartet am Auge operiert worden, sodass eine Zwangspause in Arizona nötig gewesen war. Die beiden hatten es verdient, sich wohlzufühlen. Leigh beschloss, ihre Probleme für sich zu behalten.

Aber der Lärm wurde immer schlimmer. Besonders unerträglich fand Leigh die Klingeltöne, die etwa alle 30 Minuten in voller Laut-stärke ertönten – ein schrilles Hair-Metal-Gitarrenriff aus den 80ern (ihre Mutter) oder zuckersüße Harfenmusik (ihre Betty). Bei den An-rufern handelte es sich meist um Callcenter oder Computerstimmen.

Leigh witterte eine Chance. Sie wusste bestens Bescheid, wie man Nummern blockiert und Anrufer sperrt, und bot an, diese Einstellun-gen vorzunehmen. Allerdings empfanden die beiden Frauen diese An-rufe gar nicht als störend. »Das ist doch nicht nötig. Wir legen einfach auf, wenn es nur Werbung ist.«

Leigh wartete auf einen ruhigen Moment. Sie holte tief Luft. Dann äußerte sie Verständnis dafür, dass Rickie und Betty ihre bimmelnden, klickenden und surrenden Geräte mochten und sich nicht einmal an automatisierten Anrufen störten. Sie respektierte ihre Vorlieben und Entscheidungen. Aber sie erklärte auch, dass es ihr immer schwerer fiele, sich zu konzentrieren, zu arbeiten, ein Gespräch zu führen oder in Ruhe zu essen.

»Wärt ihr bereit, eure Geräte wieder auf Werkseinstellungen zurückzusetzen?«, bat Leigh zuckersüß. Die beiden überlegten kurz. »Sicher. Wenn es *dir* so wichtig ist, Liebes.«

Das war es.

○

So paradox es auch klingt, aber um gemeinsam Ruhe zu finden, muss man zunächst mehr reden. Manchmal sind eine Menge Gespräche nötig. Sorgfältige Kommunikation ist wichtig, da Lärm oft ganz unterschiedlich wahrgenommen wird und das Bedürfnis nach Ruhe ebenfalls unterschiedlich sein kann. Rickie und Betty hatten mit ihren Normen kein Problem. Erst als die Kultur ihrer Beziehung mit der Kultur in Leighs Haushalt zusammentraf, wurde es schwierig. Im Idealfall werden solche Unterschiede im Gespräch über Lärm und Ruhe gewürdigt, ohne dass eine Partei darauf beharrt, dass ihr Weg der einzig richtige ist.

Diese Gespräche geben uns die Möglichkeit, unsere jeweiligen Werte herauszustellen. In dem kleinen Beispiel aus Leighs Privatleben hatten Rickie und Betty noch nie über Lärm oder das Bedürfnis nach Ruhe gesprochen. In ihrer Beziehung existierte keine feste Norm, weil daran früher kein Bedarf bestanden hatte. Aber da sie auf unbefristete Zeit in einem anderen Haushalt lebten, wurde das Gespräch notwendig.

Rickie und Betty mussten einige kleine Verhaltensänderungen vornehmen, um sich einer neuen Norm anzupassen, und waren ohne Weiteres dazu bereit. Leigh war es auch wichtig, sich zu vergewissern, was ihre Bitte für die beiden bedeutete, um das gute Verhältnis nicht zu trüben. Sie sorgte dafür, dass Rickie und Betty positives Feedback bekamen, denn ihr selbst bedeuteten diese Verhaltensänderungen unglaublich viel. Sie konnte sich jetzt besser auf ihre Arbeit konzen trieren. Sie war nicht mehr so unruhig. Bald erkannten alle, dass das Zusammenleben als Familie ein wenig besser geworden war.

Uns ist klar, dass sich Konfliktsituationen nicht immer so reibungslos lösen lassen wie bei Leigh. Ein solches Gespräch kann sehr unangenehm sein oder zu Konfrontationen führen, im schlimmsten Fall sogar die Karriere gefährden. Wer beispielsweise versucht, gegen den üblichen Lärm in einem Büro auf dem Capitol Hill vorzugehen, steht vor einer komplexen und riskanten Aufgabe, denn das könnte bedeuten, dass eingefahrene Abläufe über den Haufen geworfen oder empfindliche Egos verletzt würden. Im Zuge der COVID-19-Pandemie mussten viele Menschen derartige Gespräche über Normen im häuslichen Bereich führen, weil der Wohnraum gleichzeitig auch als Büro und als Klassenzimmer diente. Selbst – oder vielleicht gerade – innerhalb der Familie war das schwierig. Aber dafür sind wir jetzt bestens gerüstet, über Lärm – ob auditiv oder informationell – in verschiedensten Lebenslagen zu sprechen.

Je nach Kontext stehen bei diesen manchmal schwierigen Gesprächen über Normen und Kultur unterschiedliche Aspekte im Vordergrund. Im Beruf geht es oft um Erwartungshaltungen, zum Beispiel hinsichtlich der Erreichbarkeit – wann darf man offline sein, wann ist es in Ordnung, sich Räume für ungestörte Aufmerksamkeit zu reservieren? Zu Hause, in der Familie und im Freundeskreis ist häufig Thema, ob beim gemeinsamen Essen Smartphones genutzt werden dürfen oder ob der Fernseher ausgeschaltet werden sollte. Kontextübergreifend könnten tiefergehende kulturelle Fragen zur Sprache kommen, zum Beispiel, ob man gemeinsam schweigen kann, anstatt jeden Moment der Stille rasch auszufüllen, oder ob man beispielsweise auf sein Handy schauen darf, wenn jemand anderes etwas erzählt.

Wir haben festgestellt, dass in allen Bereichen und Situationen einige allgemeine Grundsätze zu beachten sind, wenn man gemeinsam Ruhe erleben will.

Der erste lautet: *Schauen Sie in sich hinein.*

Ein Gespräch über gemeinsame Ruhe sollte nicht nur dazu dienen, die lauten Gewohnheiten anderer anzuprangern. Der beste Ausgangspunkt für die Erörterung gemeinschaftlicher Normen besteht darin, dass man sich selbst prüft. Welchen Anteil haben *Sie* an der auditiven, informationellen und sogar inneren Geräuschkulisse der Gemeinschaft? Sie könnten sich fragen:»In welcher Hinsicht verursache *ich* Lärm, der sich negativ auf andere auswirkt?«

Vielleicht lassen Sie, wie Rickie und Betty, unwissentlich Klingeltöne und Benachrichtigungen in voller Lautstärke ertönen. Vielleicht denken Sie»laut« oder haben die Angewohnheit, andere zu unterbrechen. Vielleicht posten Sie unüberlegt in sozialen Medien oder senden übermäßig viele Textnachrichten oder E-Mails, die auf Antwort drängen. Vielleicht hören Sie im gemeinschaftlichen Bereich Musik oder Podcasts, ohne andere zu fragen, oder führen wichtige berufliche Telefonate, während Ihre Tochter in unmittelbarer Nähe Hausaufgaben macht. So etwas passiert jedem Menschen hin und wieder. Achten Sie einfach darauf, inwiefern Sie für sich selbst und für die Menschen in Ihrem Umfeld Lärm verursachen. Hinterfragen Sie sorgfältig, ob eine bestimmte lärmauslösende Gewohnheit wirklich notwendig ist oder ob sie vielleicht nur auf einen unüberlegten Impuls zurückzuführen ist – eine Einstellung, die Sie zurücksetzen sollten. Wenn Ihre Selbstbeobachtung keine klaren Erkenntnisse liefert, fragen Sie andere in Ihrem Leben, in welcher Hinsicht Sie sich bessern könnten.

Zweitens: *Ermitteln Sie Ihre »goldenen Regeln«.*

Überlegen Sie, was in Ihrem *Machtbereich* liegt und wie Sie ihn nutzen können, um den Lärm in Ihrer gemeinsamen Umgebung zu minimieren. Stellen Sie dazu zunächst Ihre ganz eigenen persönlichen Normen auf, die festlegen, wie Sie zu Hause, am Arbeitsplatz oder in anderen Lebensbereichen Geräusche und Reize erzeugen. Persönliche Normen können Sie sich als ganz persönliche *goldene Regeln* zur

Lärmminderung oder zur bewussten Schaffung von Ruhe vorstellen. Stellen Sie sich vor, wie die Welt im Idealfall aussehen würde. Anfangs könnten Sie das als kleines persönliches Experiment gestalten, und was sich bewährt, könnte zum Leitprinzip für Ihr alltägliches Verhalten werden.

Susan Griffin-Black, Co-Geschäftsführerin von EO Products, einem Unternehmen für natürliche Körperpflegeprodukte, erzählt uns, sie habe sich vor Jahren geschworen, »niemals am Telefon oder Computer zu sein, wenn jemand mit mir spricht – kein Multitasking, wenn ich mit anderen zusammen bin«. Sie hält sich an ihre goldene Regel, obwohl sie mehr als 150 Beschäftigte, eine Familie und eine Menge gesellschaftliche Verpflichtungen hat.

Überlegen Sie also, was Ihnen in Bezug auf Lärmminderung und Ruhe am wichtigsten ist. Welche persönliche goldene Regel erkennen Sie darin? Oder überlegen Sie alternativ, welche lauten Gewohnheiten Sie am meisten stören. Mit welcher goldenen Regel ließen diese sich abstellen?

Wenn Sie Ihre persönlichen Normen ausgearbeitet haben, sind Sie gut gerüstet, Gespräche über Gruppennormen zu führen. Dann können Sie Veränderungen der Kultur in Ihrem Haushalt oder Ihrem Arbeitsteam glaubwürdiger einleiten.

Drittens: *Achten Sie auf andere.*

Sofern es in Ihrem *Einflussbereich* liegt und nicht unangemessen wäre, überlegen Sie, wie Sie sich für mehr Ruhe einsetzen können – nicht nur innerhalb der Organisation insgesamt, sondern gezielt für Menschen, denen die Möglichkeit fehlt, ihr Umfeld selbst zu gestalten. Vielleicht sind Sie in Ihrer Firma in der Lage, darauf hinzuweisen, dass eine Ingenieurin oder ein Werbetexter unter der Geräuschkulisse leidet und einen geschützten Arbeitsplatz benötigt. Vielleicht haben Sie den Eindruck, dass Ihr introvertierter Neffe bei ausgelassenen Familienveranstaltungen gelegentlich eine Auszeit braucht, und können

Ihre Geschwister behutsam darauf hinweisen. Wenn Sie sich in einer relativ privilegierten Position befinden – weil Sie beispielsweise erwachsen sind oder eine Führungsrolle in einem Team innehaben –, sollten Sie Ihren Einfluss nach Möglichkeit sinnvoll nutzen, um den gemeinsamen kognitiven und emotionalen Raum zu schützen. Zwar können Sie allgemeine Gruppennormen und Kultur nicht eigenmächtig anhand Ihrer eigenen Prioritäten festlegen, aber Sie können Vorschläge mit neuen Ideen unterbreiten oder aufzeigen, wie sich die Geräuschkulisse reduzieren oder die Atmosphäre verbessern ließe – insbesondere im Interesse derjenigen, denen es an derartigem Einfluss fehlt.

Behalten Sie diese drei Leitprinzipien – in sich hineinschauen, die eigenen »goldenen Regeln« ermitteln und auf andere achten – im Kopf, wenn wir nun anhand zahlreicher Beispiele erörtern, wie man gemeinsam Ruhe finden kann. Zu Beginn dieses Kapitels geht es um das *Arbeitsleben*; dazu gibt es fünf Ideen, wie sich kollektiver Lärm bewältigen und eine Kultur der ruhigen Klarheit fördern lässt. Natürlich ist kein Arbeitsumfeld wie das andere, doch Sie sollten überlegen, wie Sie die ruhefördernden Strategien in diesen Beispielen an Ihre spezifische Situation anpassen könnten.

IDEE 1: EXPERIMENTIERFREUDE

Michael Barton war dabei, als das moderne Großraumbüro erfunden wurde. Als langjähriger Unternehmensleiter und Berater ist er auf die Optimierung der Kultur und Abläufe in Unternehmen spezialisiert und weiß noch genau, welche hochgesteckten Erwartungen mit dem Konzept einhergingen: Dass man die Wände einriss, sollte der »Silo-Mentalität« entgegenwirken und die Kooperation fördern. Obwohl diese Vorzüge hin und wieder tatsächlich festzustellen waren, glaubt Michael, dass Lärm und Ablenkung in Großraumbüros einen zu hohen Preis verlangen. »Bei Telefonaten wurde ich schon gefragt: ›Wollen Sie mich vielleicht später zurückrufen, wenn Sie nicht mehr am Flughafen sind?‹ Und ich habe dann erwidert: ›Ich bin gar nicht am Flughafen. Ich sitze im Büro!‹«

In den 1990er-Jahren bemerkte Michael als leitender Angestellter bei Citysearch (das heute zu Ticketmaster gehört), wie andere Beschäftigte – vor allem Programmierer und Entwickler – unter dem Lärm und den häufigen Störungen litten, und nahm sich vor, ihnen zu mehr Ruhe zu verhelfen. Eine junge Analystin des Unternehmens hatte eine Idee: Jedes Teammitglied sollte eine »rote Schärpe« bekommen – einen Streifen aus leuchtend rotem Stoff, einen Meter lang und zehn Zentimeter breit –, die als »Bitte nicht stören«-Schild diente. Wer die Schärpe aus der Schublade holte und sie sich umhängte, signalisierte damit, dass er nicht angesprochen werden wollte, und niemand durfte das übelnehmen. Michael sprach mit der Geschäftsleitung, und sie erklärte sich bereit, die Idee auszuprobieren.

Die rote Schärpe war kein Allheilmittel. Sie konnte nicht alle Probleme mit Lärm und Störungen beseitigen. Aber sie war ein Anfang, auf den mehrere weitere Experimente folgten, darunter ruhige Mini-Arbeitsplätze von der Größe einer Telefonzelle und eine hermetisch abgeriegelte »Technik-Höhle« für die Programmierarbeit. Vor allem jedoch leitete die rote Schärpe eine Sensibilisierung für das Lärmproblem ein und brachte ein wichtiges Thema auf den Tisch. Vertriebspersonal, das sich nie Gedanken über Lärm und Störungen gemacht hatte, zeigte plötzlich Verständnis für die Nöte von Analysten, Textern und Technikern. So wurde deutlich, dass die stillschweigende Übereinkunft im Großraumbüro – dass jeder jederzeit ansprechbar ist – nicht für alle von Vorteil war. Das Experiment mit den roten Schärpen und die anschließenden Gespräche sorgten dafür, dass das Unternehmen seine unvorteilhaften Normen allmählich abschaffte.

Man kann es sich heute kaum noch vorstellen, aber Michael erzählt uns, dass das Großraumbüro einst als Ideal galt. Die Verfechter argumentierten, es würde »Kommunikation, Offenheit und Transparenz verbessern; es verbessert den Austausch zwischen einzelnen Abteilungen«. Man meinte, es würde für flache Hierarchien und für Gleichberechtigung sorgen, wenn der Schreibtisch des Geschäftsführers in einem Meer von anderen Schreibtischen stünde oder die Tische nach dem Prinzip »Wer zuerst kommt, mahlt zuerst« vergeben würden.

Im Nachhinein können wir feststellen, dass die Techno-Utopie der 1990er-Jahre die Kollateralschäden für die menschliche Konzentration außer Acht gelassen hat. Damals war es jedoch nicht so leicht, gegen den Strom zu schwimmen und der Ruhe Vorrang vor Prioritäten wie »zufällige Interaktion« und »kreatives Aufeinanderprallen« zu geben. Wer sich diesem Trend widersetzte, galt als nicht teamfähig. So albern ein kleines Stück roter Stoff auch erscheinen mag, es war sehr mutig, dass die junge Analystin das Thema ansprach und dass Michael es in die Chefetage trug.

Unabhängig von der Zukunft der Großraumbüros liegt die Konsequenz hier auf der Hand: Überlegen Sie, was Sie wirklich wollen oder brauchen. Bringen Sie das Thema auf den Tisch. Überlegen Sie sich ein Experiment. Setzen Sie es um, optimieren Sie es, wiederholen Sie es. Einige Unternehmen haben einen »E-Mail-freien Freitag« oder »Meeting-freien Mittwoch« eingeführt. Andere erwarten mittlerweile nicht mehr, dass die Belegschaft am Wochenende oder nach Feierabend erreichbar ist und am Bildschirm sitzt. Manchmal lässt sich durch eine Umgestaltung der Arbeitsplätze erreichen, dass die nötige Konzentration möglich ist. So könnte man im Laufe eines Arbeitstages für unterbrechungsfreie Arbeitsphasen sorgen oder die offenen Büroflächen aufgeben und mit dem gesamten Büro in ein anderes Gebäude umziehen. Anderen wiederum käme es entgegen, wenn weniger per E-Mail kommuniziert würde; stattdessen könnte man zweimal täglich zu einem kurzen Meeting zusammenkommen oder ein elektronisches System einführen, bei dem man den Kopf frei behält.

Wir können also festhalten, dass sich scheinbar unüberwindliche Normen des Lärms mit etwas Kreativität und Experimentierfreude durchaus verändern lassen.

IDEE 2: MA IM BERUF

Seit 1939, als der New Yorker Werbefachmann Alex F. Osborn zum allerersten Mal Zusammenkünfte zur Ideenfindung oder »Brainstorming-Sessions« abhielt, gibt es Zweifel an deren Effektivität. Jahrzehntelange akademische Forschung zeigt nun, wie sozialer Druck – zum Beispiel, dass man lieber zustimmt als widerspricht und dazu neigt, den Lautesten oder Ranghöchsten nachzugeben – der Kreativität schadet. Sitzungen, in denen auf Kommando spontane Ideen zusammengetragen werden, mögen für konventionelles Denken geeignet sein, doch sie sind Gift für neuartiges, innovatives Denken, wie man es für die meisten komplexen Herausforderungen braucht.

Trotz des wachsenden Bewusstseins für diese Probleme setzen die meisten Teams immer noch auf Brainstorming wie zu Osborns Zeiten. Wenig Platz für Reflexion oder Selbstbeobachtung. Wenig Zeit und Raum.

Wir sind bereits auf *Ma* eingegangen, das in der japanischen Kultur einen so hohen Stellenwert genießt – die Verehrung der leeren Räume »dazwischen«. Dieses Prinzip, dieser Wert zieht sich durch die gesamte traditionelle Kunst und Kultur, von der Musik bis zur Teezeremonie, vom Theater bis zum Blumenarrangieren. Der Wert von *Ma* findet sich auch in der Arbeitskultur des Landes. In Japan gibt es in Sitzungen und Gesprächen oft Momente der Stille, die Raum für das Ungesagte lassen.

Stellen Sie sich kurz vor, was es bedeuten würde, wenn wir unsere üblichen Brainstorming-Prozesse mit ein wenig *Ma* anreichern würden.

Das könnte bedeuten, auch in einer Gruppendiskussion etwas Zeit für ruhiges Nachdenken vorzusehen.

Es könnte bedeuten, dass man sich die Möglichkeit bewahrt, etwas »zu überschlafen« und am nächsten Tag noch einmal aufzugreifen.

Es könnte bedeuten, nonverbale Rückmeldungen zu geben, zum Beispiel über eine Galerie von Klebezetteln mit Ideen, die sich alle Anwesenden in Ruhe anschauen können, ehe sie anonym abstimmen.

Es bedeutet mit ziemlicher Sicherheit, *Raum zu schaffen*, damit auch leisere Stimmen und ungewöhnlichere Perspektiven eine Chance bekommen. Schon Gandhi war felsenfest davon überzeugt, dass die Suche nach Wahrheit zumindest ein klein wenig Ruhe erfordert.

Das gilt natürlich nicht nur für Brainstorming. Ein Blick in den Terminkalender zeigt bei den meisten Leuten, dass es in vielen Organisationen Usus ist, ein Meeting auf das nächste folgen zu lassen. Das »Dazwischen« erfährt im beruflichen Umfeld meist wenig Wertschätzung. *Ma* in die Berufswelt zu bringen, bedeutet, leere Räume zu schaffen – zur *Vorbereitung* auf das Kommende, zur *Integration* des gerade Geschehenen und zur *Reflexion* über den jetzigen Augenblick.

Vor allem aber brauchen wir *Ma* am Arbeitsplatz, damit wir zuhören können.

○

Die Ärztin Rupa Marya berichtet uns von einer Studie, nach der Mediziner ihre Patienten im Schnitt spätestens nach elf Sekunden unterbrechen. »Wir lernen in der Ausbildung, *nicht zu* schweigen«, meint sie, »sondern im Patientengespräch eine Menge Lärm im Kopf zu haben, der sich um das vermeintliche Problem dreht.«

Das beobachtet sie auch bei sich selbst. »Wenn ich mit Patienten spreche, merke ich, wie oft ich sie am liebsten unterbrechen möchte – damit sie auf den Punkt kommen oder mir das sagen, was ich wissen will«, sagt sie. »Aber was in einem anderen Menschen vorgeht, kann man nur richtig hören, wenn man aktiv schweigt.«

Im Reservat Standing Rock wurde Rupa deutlich, wie schädlich diese Gewohnheit ist. Sie war nach South Dakota gereist, um indigene Gemeinschaften, die gegen die *Dakota Access Pipeline* protestierten, medizinisch zu betreuen. Bei diesem Einsatz fragte eine alte Oglala-Lakota-Frau Rupa, ob sie für Kritik offen sei. Die Großmutter erklärte, der »Ansatz der Kolonialherren« würde in ihrer Gemeinschaft nicht funktionieren. Sie erläuterte, was sie damit meinte:

> *Wenn Sie nur darauf warten, dass jemand eine Pause macht,*
> *damit Sie Ihre eigenen Gedanken einbringen können, um*
> *zu beweisen, wie schlau Sie sind, oder um das Gespräch in*
> *eine bestimmte Richtung zu lenken, aber nicht schweigen,*
> *nachdem jemand gesprochen hat.*

Rupa wunderte sich über die offene Kritik, erkannte jedoch das Gewicht dieser Worte. »Wenn man schweigt, nachdem jemand gesprochen hat«, fuhr die Frau fort, »zeigt das Demut, ohne die keine respektvolle Kommunikation möglich ist.«

Rupa nahm sich diesen Rat zu Herzen, und die alten Lakota-Frauen im Lager bemerkten das. Sie baten Rupa, ihnen beim Aufbau einer Klinik zu helfen, und heute, vier Jahre später, unterstützt sie diese Arbeit immer noch.

Von da an achtete Rupa genau darauf, wann ihre Lakota-Patienten »dichtmachten« und verschlossen wurden. Ein solcher Bruch in der Beziehung zu ihren Patienten war für sie »das Gegenteil von Heilung«. »Die Arbeit mit indigenen Menschen hat mich demütig gemacht und immer wieder ›geschult‹, denn ich muss meinen Verstand darauf trainieren, *nicht* so ›clever‹ zu sein, sondern offen, empfänglich und still.« Rupa berichtet uns voller Begeisterung von dieser Erkenntnis; sie ist bereit, diese Aufgabe anzugehen – dieses »Verlernen«, wie sie es nennt. Kürzlich hat sie sich mit dem Bestsellerautor Raj Patel zusammengetan, um in ihrem Buch *Inflamed: Deep Medicine and the Anatomy of Injustice* das »Verlernen« zu beschreiben, das in der westlichen Medizin fehlt.[2] Für Rupa besteht *tiefe* Medizin darin, langsamer zu werden und Raum zum Zuhören zu schaffen. Sie weiß aus erster Hand, dass das zur Heilung führt.

Rupa ist nicht die Einzige, die durch einen Weckruf dazu veranlasst wurde, *Ma* in Form aktiveren Zuhörens in ihre Arbeit einzubauen. Eine ganz ähnliche Botschaft erhielt Leigh in einem völlig anderen Kontext: Es ging um das Pilotprogramm für das Klima-Team im Goddard Space Flight Center der NASA.

Von Goddard aus werden das Hubble-Weltraumteleskop und das James-Webb-Weltraumteleskop betrieben. Zudem steuern die Forschungs- und Technikteams von dort über 50 weniger bekannte Raumfahrzeuge, die unsere Sonne, das Sonnensystem, das Universum insgesamt und die klimatischen Veränderungen unseres Planeten erforschen. Löblicherweise kümmert sich die NASA um die Weiterentwicklung der »Soft Skills« ihres technisch hochversierten Personals.

Die Belegschaft der NASA ist ungewöhnlich, denn dort arbeiten *vier* Generationen. Und das aus einem ganz einfachen Grund: Niemand geht in den Ruhestand. Deshalb sollte eine Schulung auf die Kommunikationsprobleme eingehen, die bei generationsübergreifenden Teams häufig auftreten. Anfangs versuchten Leigh und ihre Kollegin, die Inhalte einer zweiwöchigen Schulung in zwei Tage zu stopfen. Dabei blieb kein Platz zum Nachdenken, Verdauen oder gar

Protestieren. Es gab kein *Ma*. Das gesamte Programm war vollkommen *Ma*-frei.

Leigh sah in dem Auftrag eine großartige Chance. Sie fühlte sich sehr geehrt und war gleichzeitig wie erstarrt. Leider war wohl dieser »erstarrte« Teil am Ruder, als Leigh den Programmablauf festlegte, und wollte durch die schiere Masse an Inhalten überzeugen.

Dabei übersah Leigh das Offensichtliche: Im Publikum war die überwiegende Mehrheit *introvertiert* – laut einer internen Statistik der NASA über 75 Prozent. Nach dem ersten Schulungstag wirkten die Leute so ausgelaugt und mitgenommen, als wären sie in einen Wirbelsturm geraten. Hurrikan Leigh war über sie hinweggefegt – mit einer heftigen Ladung Hochstaplersyndrom, verstärkt durch eine kräftige Portion ungezügelter Extrovertiertheit.

Letztendlich wurde die Schulung ein Erfolg – nach einer umfassenden Umstellung. Leigh und ihre Kollegin strichen den Inhalt zusammen. Sie planten Pausen ein. Sie fügten kurze Unterbrechungen zur stillen Beobachtung hinzu. Kurzum, sie ergänzten das *Ma*. Leigh setzte das Programm noch viele Jahre fort, voller Dankbarkeit für das Gelernte und für die Geduld, die man ihr entgegenbrachte, als sie noch lernte – oder »verlernte«, wie Rupa sagen würde.

Das Wort *Ma* existiert zwar nur im Japanischen, doch gewisse Aspekte dieses Wertes finden sich in so gut wie jeder Kultur. Im Westen wird er durch das Sprichwort »Schweigen ist Gold« verkörpert. In einigen Kulturen – darunter die vieler indigener Völker und Ureinwohner der Welt sowie der Menschen in Skandinavien und Südostasien – ist er von grundlegender Bedeutung. Manche Personengruppen, zum Beispiel introvertierte NASA-Ingenieure, brauchen von Natur aus reichlich Raum und Ruhe. Doch wenn man sich die Fallstricke moderner Protokolle und Abläufe ansieht – von Brainstorming im Büro über Meeting-Zeitpläne bis hin zu Arztterminen –, wird deutlich, dass praktisch jeder Mensch mehr *Ma* vertragen kann.

IDEE 3: GEMEINSAM TIEFE ARBEIT LEISTEN

Marie Skłodowska, die heute als Marie Curie bekannt ist, war das Kind liebevoller polnischer Pädagogen, die schon bald den außergewöhnlichen Intellekt ihrer Tochter erkannten. Nach dem frühen Tod ihrer Mutter gelobte Marie, ihrer älteren Schwester Bronya ein Medizinstudium in Paris zu ermöglichen, indem sie als Gouvernante arbeitete und verschiedene Fächer und Sprachen unterrichtete. In ihrer Freizeit widmete sich Marie ihren eigenen Studien, führte chemische Experimente durch und knobelte an mathematischen Gleichungen. Dabei orientierte sie sich an den Anweisungen, die ihr Vater ihr in seinen Briefen gab. Als Bronya ihr Medizinstudium abgeschlossen hatte, ließ sie im Gegenzug Marie bei sich wohnen, während sie an der Sorbonne studierte.

Marie hatte nicht nur die vielen Hürden zu überwinden, mit denen sie als eine der wenigen Frauen an einer weltweit führenden Universität konfrontiert war, sondern auch mehrere Jahre wissenschaftlichen Lernens nachzuholen, das ihr entgangen war. Außerdem musste sie ihre Französischkenntnisse verbessern. Sie erkannte, dass der Lernaufwand größer war als erwartet. Sie musste, wie sie sagte, »die perfekte Konzentration finden«.

Im Haus von Bronya gab es ständig Besuch, Musik und Patienten, die sich zu den unmöglichsten Zeiten behandeln lassen wollten. Unter diesen Umständen konnte Marie keine »vollkommene Konzentration« finden, deshalb machte sie sich auf die Suche nach einem eigenen Zimmer und fand eine Dachgeschosswohnung. Dort war sie dem Verhungern und Erfrieren nahe, weil sie lieber Lampenöl kaufte, um lernen zu können, statt Geld für Lebensmittel oder Kohle zum Heizen auszugeben. Doch ihre Opfer zahlten sich aus. Sie holte den Rückstand auf und überflügelte die anderen in ihrem Jahrgang sogar. In ihrer Biografie über das Leben ihrer Mutter schreibt Eve Curie:

»Aufmerksamkeit und Stille, das ›Klima‹ des Labors, liebte sie leidenschaftlich und zog es bis an ihr Lebensende allem anderen vor.«[3] An der Sorbonne lernte Marie den Professor und Physiker Pierre Curie kennen, den sie 1895 heiratete. Basis ihrer Ehe war die gemeinsame Liebe zu diesem »Klima« des Labors – dem gemeinsamen Raum der »Aufmerksamkeit und Ruhe«, in dem sie bahnbrechende Forschungen auf dem Gebiet der Radioaktivität durchführten. Im Jahr 1903 erhielten sie den Nobelpreis für Physik. Französische Wissenschaftler hatten ursprünglich nur Pierre für die Auszeichnung vorgeschlagen, doch er bestand darauf, gemeinsam mit Marie gewürdigt zu werden. All ihre bahnbrechenden Arbeiten führten die beiden gemeinsam durch.

Einige Jahre nach der Verleihung des Nobelpreises wurde Pierre von einer Pferdekutsche überfahren und verstarb. Marie war zwar untröstlich, setzte ihre Arbeit jedoch noch mehr als zwei Jahrzehnte lang fort. Sie bekam die Stelle ihres Mannes und wurde damit die erste Professorin an der Sorbonne. Ihr Schwiegervater unterstützte sie bei der Erziehung ihrer Töchter Irène und Eve, sodass Marie »vollkommene Konzentration« finden und ihr Lebenswerk fortsetzen konnte. Sie war nicht nur die erste Frau, die einen Nobelpreis erhielt, sondern auch der erste *Mensch*, der mit zwei Nobelpreisen in zwei wissenschaftlichen Kategorien – Physik und Chemie – ausgezeichnet wurde.

Die ältere Tochter der Curies, Irène, erwies sich als vielversprechende Wissenschaftlerin und arbeitete bald mit ihrer Mutter im Labor. Während des Ersten Weltkriegs brachte Irène als Jugendliche gemeinsam mit ihrer Mutter mobile Röntgengeräte zu den Feldchirurgen an die Front, damit diese Kugeln, Granatsplitter und gebrochene Knochen aufspüren konnten. Diese Krankenwagen wurden als *Les Petites Curies* bekannt. Mit 200 gesicherten Fahrzeugen und 150 ausgebildeten Frauen wurden Schätzungen zufolge mehr als eine Million verwundete Soldaten untersucht.

Marie gründete später das Radium-Institut, an dem Irène andere Wissenschaftler ausbildete, darunter auch Frédéric Joliot. Die beiden verliebten sich, heirateten und arbeiteten Seite an Seite – wie Marie und Pierre – in einem »Klima« der Begeisterung in ihrem gemeinsamen Labor.

1935 erhielten Irène und Frédéric Joliot-Curie den Nobelpreis für Chemie – 22 Jahre nach Irènes Mutter und 32 Jahre nach ihren Eltern. Insgesamt wurde die Familie Curie mit fünf Nobelpreisen ausgezeichnet – bis heute hat das keine andere Familie erreicht. Sie trotzten Hindernissen wie Armut und Krieg, geschlechtsbedingten Hürden in der Ausbildung und gesellschaftlichen Normen für berufstätige Frauen. In der Familie Curie galt eine gemeinsame Norm, die die Kraft der »perfekten Konzentration« betraf. Nicht nur für den Einzelnen, sondern auch gemeinsam; nicht nur für Männer, sondern auch für Frauen und Mädchen.

Dieses Beispiel zeigt, was eine Kultur der ruhigen Klarheit bewirken kann.

○

In seinem 2016 erschienenen Buch *Konzentriert arbeiten: Regeln für eine Welt voller Ablenkungen* beklagt Cal Newport den Verlust der ungeteilten Aufmerksamkeit – wie bei den Curies – und gibt Ratschläge, wie man sie zurückgewinnen kann. Newport spricht von »Deep Work« als »berufliche Aktivitäten, die in einem Zustand ablenkungsfreier Konzentration ausgeübt werden und Ihre geistigen Kapazitäten an ihre Grenzen bringen. Diese Leistung schafft neuen Wert, verbessert Ihre Fähigkeiten und ist schwer zu kopieren.«[4] Mit Blick auf diesen Leitstern des »Deep Work« untersucht Newport die wahren Kosten von Großraumbüros und der Erwartung, ständig erreichbar zu sein. Am Beispiel von historischen Persönlichkeiten, aktuellen Vordenkern,

Kreativen und Entscheidungsträgern zeigt er, warum »Deep Work« der Inbegriff sinnvoller und effektiver Arbeit ist. Newport betont, dass es dabei nicht nur um eine Steigerung der Produktivität geht. Seiner Ansicht nach lassen sich mit ungeteilter Aufmerksamkeit die Angst und das Unbehagen überwinden, die in der immer oberflächlicheren Online-Welt allgegenwärtig sind.

Kürzlich berichtete Newport von Tom, der in einem Technologieunternehmen mit einer besonders lauten Kultur beschäftigt war. Tom hatte den Eindruck, dass alle beruflichen E-Mails und Nachrichten auf der Stelle eine Antwort verlangten – auch wenn er gerade mit etwas anderem beschäftigt war. »Wer nicht schnell genug reagierte, galt als faul«, so Tom.

Nach wochenlangem Zaudern fasste Tom sich ein Herz und sprach mit seiner Chefin. »Wie viel Zeit soll ich täglich für Forschung und Schreiben aufwenden? Und wie viel Zeit für E-Mails und Chats mit den Teamkollegen?« Für seine Chefin war die Antwort sonnenklar. Toms Aufgabe bestand darin, zu forschen und zu schreiben; dafür wurde er bezahlt. Mit ihrem Segen plante Tom vormittags und nachmittags jeweils anderthalb bis zwei Stunden ein, in denen er sich ununterbrochen seiner Arbeit widmete. Als andere davon erfuhren, baten sie um die gleichen Möglichkeiten. Alte Normen veränderten sich. »Das Problem war überhaupt nur deshalb entstanden, weil wir die Erwartungen niemals bewusst formuliert hatten«, erinnert sich Tom.

Seine Branche erlebt wie so viele andere gerade einen Umbruch. Zwar wissen wir nicht, wie der nächste Arbeitsplatz aussehen wird, aber in einer positiven Zukunft muss es möglich sein, »perfekte Konzentration« zu finden und »Deep Work« zu leisten. Der Begriff »Deep Work« mag nach einsamer Tätigkeit klingen, doch wir sind davon überzeugt, dass wir die gesellschaftlichen Dimensionen einer solchen ungetrübten Aufmerksamkeit bedenken sollten. Die Curies fanden die größte Kraft, wenn sie sich gemeinsam still in etwas vertieften –

genau das also, was Cal Newport »Deep Work« nennt. Der Erdhaufen vor dem Verfassungskonvent legt nahe, dass bei dieser gemeinsamen Arbeit zumindest ein gewisses Maß an »Deep Work« stattfand. Heutzutage liegt das Problem nicht nur darin, dass vielen von uns die individuelle Disziplin oder das Interesse an der reinen Aufmerksamkeit fehlt, wir müssen darüber hinaus auch herausfinden, wie wir im Team, als Organisationen und sogar als Gesellschaften insgesamt gemeinsame Werte und Vorgehensweisen formulieren können, in denen »Deep Work« verankert ist.

IDEE 4: MITTEN IM FEUER

Pádraig Ó Tuama leitete fünf Jahre lang die historische Corrymeela Community, die älteste Friedensinitiative in Nordirland. Damit stand er im Mittelpunkt der Bemühungen, einen gewaltsamen Konflikt zu heilen, der bereits seit mehreren Generationen andauerte. Diese Position brachte schwierige administrative Aufgaben und die große Verantwortung mit sich, seinen Mitmenschen bei der Überwindung des jahrzehntelangen Kriegstraumas zu helfen.

Doch Pádraig ging nicht wie ein typischer NGO-Leiter, Therapeut oder Mediator vor.

Er ging die Aufgabe wie ein Dichter an.

Pádraig arbeitete daran, die passenden Worte und Narrative zu finden, damit die Menschen sich öffneten. Er suchte nicht nur ermutigende Worte und Geschichten, sondern schuf auch Räume der Ruhe, in denen sie einander richtig zuhören konnten – und vielleicht sogar festgefahrene Positionen oder in Stein gemeißelten Hass überdachten.

Pádraig lud die Menschen in den »Grenzbereich des Selbst« ein und hielt sie dazu an, ihre Geschichten kritisch zu prüfen, mit Fragen wie

»Habe ich das schon einmal mit anderen Augen gesehen?« Er forderte sie auf, ihre guten Absichten genauer unter die Lupe zu nehmen: »Haben diese Absichten tatsächlich etwas Gutes bewirkt?«

»Ich glaube, wir alle brauchen eine Prise Anarchismus, um uns zu fragen: ›Tue ich *wirklich* Gutes?‹« Pádraig schmunzelt und sagt dann: »Vielleicht sollten wir sogar fragen: ›Was, wenn *wir* die Bösen sind?‹«

Für Pádraig ist Ruhe ein wesentlicher Faktor bei derartiger Versöhnungsarbeit, mit sämtlichen inneren und äußeren Dimensionen. »Ruhe«, so sagt er, »bedeutet, in sich selbst genug Raum zu haben, um sich seltsame Fragen zu stellen.«

Er schreibt: »Wie gut eine erzählte Geschichte ist, hängt davon ab, wie gut man den Menschen zuhört.« Es geht nicht nur darum, Geschichten zu erzählen, sondern auch darum, Geschichten wirklich zu *erfassen*. Hier findet der Wandel statt. In der Fähigkeit, etwas aufzunehmen.

In seinem Buch *Sorry for Your Troubles*[5], das sich mit der Arbeit für Corrymeela befasst, setzt Pádraig in den Titeln seiner Gedichte Leerzeichen zwischen die einzelnen Buchstaben, »um auf die Bedeutung von Ruhe, Zuhören, Trauer und all das hinzuweisen, was über Worte hinausgeht«. In den kleinen Zwischenräumen wird Heilung möglich.

Wir geben es gerne zu: In Krisensituationen oder bei moralischer Empörung ist unser erster Impuls oft, *laut zu werden*. Aufmerksamkeit zu erregen. Die Verantwortlichen anzuprangern. Auf Veränderung zu drängen. Dieser Grundimpuls hat seine Berechtigung. Man muss für Probleme sensibilisieren. Man muss oft schnell handeln, wenn es um Verfolgung, Krieg oder Umweltzerstörung geht. Genauso muss man oft schnell und entschlossen agieren, um kleinere Ungerechtigkeiten und Demütigungen am Arbeitsplatz oder in einer Gruppe abzustellen.

Und doch, so Pádraig, gibt es eine Ebene der Klärung und Heilung, die nur im offenen Raum stattfinden kann – durch intensive Aufmerksamkeit und Zuhören.

Wir haben bereits von der Wissenschaftlerin und feministischen Aktivistin Sheena Malhotra berichtet, die im Sommer 2020 bei einer *Black-Lives-Matter*-Demonstration in Los Angeles mit Tausenden anderen neun Minuten lang still dasaß. In diesem Raum der Ruhe drang sie tiefer in den Schmerz und die Empörung ein, die sie und andere empfanden. »Ruhe ist wie ein Ozean«, sagt Sheena. »Sie kann ihre Form verändern. Ruhe gibt dir den Raum, in dem Gefühle sich wandeln können. Sie gibt dir den Raum, die Energie der Menschen um dich herum in dich aufzunehmen.«

Cyrus Habib berichtet uns von dem beispiellosen Wiedergutmachungsprozess der Jesuiten. Der Dialog zwischen den »Nachfahren der Versklavten und den Nachfahren der Versklavenden« reguliert die Auszahlung von mehr als 100 Millionen Dollar. Und das geschieht, so Cyrus, durch »eine ganze Menge Schweigen«. Damit meint er einen Raum zum Zuhören, für gemeinsame Gebete und Kontemplation sowie zum eingehenden Nachdenken über das richtige Vorgehen. Die sogenannte »wiedergutmachende Gerechtigkeit«, zum Beispiel Versöhnungsarbeit in Nordirland oder diese Wiedergutmachung der Jesuiten, ist in Schulen, Gemeinden und sogar in formellen Rechtssystemen immer häufiger anzutreffen. Die wiedergutmachende Gerechtigkeit ist oft von den Methoden indigener Räte in aller Welt inspiriert und stellt das *Zuhören* in den Mittelpunkt. Es geht nicht vorrangig um Bestrafung, sondern darum, dass alle Beteiligten die Ursachen und Auswirkungen eines Unrechts so gut wie möglich verstehen. Nicht die unterschiedlichen »Seiten« stehen im Vordergrund, sondern das Ziel besteht letztendlich darin, wieder Ganzheit zu schaffen. Erfolg ist nur dann möglich, wenn man in Ruhe beisammen sein kann.

Rob Lippincott, der Quäker, den Sie in Kapitel 4 kennengelernt haben, beschreibt Schweigen als Kraft, die in Versammlungen Zorn und Spaltung lindert. Wenn bei strittigen Fragen deutlich wird, dass die Anwesenden einander nicht mehr zuhören – wenn sie auf ihren

Standpunkten beharren oder sich aufregen –, schaltet sich der Schreiber ein, der bei den Quäkern die Sitzung leitet, und bittet um Schweigen. Rob sagt, er sucht dann seine innere Mitte, atmet ein paarmal tief durch und macht sich den höheren Zweck des Treffens bewusst. Das Schweigen erzwingt keine Lösung, wenn die Gruppe noch nicht dazu bereit ist. Es sorgt lediglich dafür, dass alle präsent sind und zuhören. Durch die Ruhe werden sie gezwungen, ihre in Worte gefassten Positionen und Argumente aufzugeben und sich auf die grundlegende Energie des gemeinsamen Raums einzulassen. Das entspricht der Weisheit, die »konzeptionelle Überlagerung« aufzugeben und »sensorische Klarheit« zu finden, hier jedoch im Kontext von Gespräch und Erörterung.

»Ruhe« kann in manchen Fällen Rückzug bedeuten, doch in diesem Fall bedeutet sie höchstes Engagement, hier beweist Ruhe den Mut, sich dem Unangenehmsten überhaupt zu stellen. Man wagt sich ins Feuer. Sei es in einem großen Konflikt oder in einer banalen Auseinandersetzung am Arbeitsplatz, wir müssen in der Lage sein, »gemeinsam zu schweigen« – die furchteinflößende Blöße des gemeinsamen Schweigens auszuhalten –, um direkte, dauerhafte Lösungen zu finden.

IDEE 5: IMMER LANGSAM, WIR HABEN NICHT VIEL ZEIT

Inmitten der Mammutbäume an der Küste Kaliforniens lässt sich bestens über ein wichtiges, komplexes Problem nachdenken. Die weiche Rinde und das herabgefallene Laub der sanften Riesen scheinen die Stille zu hüten. Dort spürt man Ruhe und Klarheit, selbst dann, wenn man darüber nachgrübelt, wie sich die drängendsten ökologischen Herausforderungen bewältigen lassen.

Seit 2013 kommt Arlene Blum, eine Bergsteigerin und biophysikalische Chemikerin, regelmäßig mit ausgewählten Personen aus der Wissenschaft, von staatlichen Regulierungsbehörden, NGOs, Einzelhandel und Fertigungswirtschaft hierher, um Fragen zu analysieren und Lösungen für das weltweite Problem mit giftigen Chemikalien zu suchen. Leigh ist dafür zuständig, diese alljährlichen viertägigen Klausurtagungen zu konzipieren und zu leiten.

Wir möchten kurz darauf eingehen, *warum* wir alle gesünder werden, wenn wir das Problem mit giftigen Chemikalien lösen. In den Vereinigten Staaten stecken in alltäglichen Produkten Zehntausende von ungeprüften und nicht regulierten Chemikalien. Wasserabweisende Mittel, Flammschutzmittel, Bisphenole und andere Chemikalien in Konsumgütern begünstigen Krebs, Fettleibigkeit, einen Rückgang der Spermienzahl sowie neurologische, reproduktive und immunologische Beschwerden. Der Kontakt zu einem einzigen brandhemmenden Stoff hat amerikanische Kinder im Durchschnitt fünf IQ-Punkte gekostet – das bedeutet für die Vereinigten Staaten pro Jahr einen Produktivitätsrückgang von schätzungsweise 266 Milliarden Dollar.

Chemieunternehmen in den USA müssen nicht nachweisen, dass die Substanzen in Konsumgütern unbedenklich sind. Chemikalien gelten so lange als sicher, bis das Gegenteil wissenschaftlich bewiesen ist, und dieser Nachweis ist zeitaufwändig und teuer.

Doch selbst wenn das Regulierungssystem funktioniert, schafft es das Problem nicht aus der Welt: Die Wissenschaft trägt Daten zusammen, weist eine schädliche Wirkung nach und setzt sich erfolgreich für die schrittweise Abschaffung einer chemischen Substanz ein – so geschah es kürzlich mit BPA (Bisphenol A) in Wasserflaschen. Und dann?

Die schnelle und kostengünstige Lösung besteht für die meisten Hersteller darin, nach einem Ersatz für diese Chemikalie zu suchen – etwas mit ähnlicher Struktur und Funktion. Diese Ersatzstoffe haben jedoch meist die gleichen schädlichen Eigenschaften wie die ursprünglichen Stoffe. Ein Beispiel: BPS (Bisphenol S), der Ersatz für BPA, ist genauso schädlich wie sein Vorgänger. Sobald man eine Substanz aus dem Verkehr zieht, taucht ein enger Verwandter auf. Und wenn auch dieser Vetter verbannt wurde, kommt der nächste Ersatz, der vielleicht genauso schlimm oder noch schlimmer ist. Das ist eine regelrechte Sisyphusarbeit.

Die meisten Konferenzen zu diesen Themen sind von katastrophalen Daten und wachsender Panik geprägt. Arlene und Leigh bemühen sich um einen ruhigen und besonnenen Ton. Ihr Motto lautet:»Immer langsam, wir haben nicht viel Zeit.«

Jede der Tagungen umfasst hochkonzentrierte Sitzungen am Vormittag und Nachmittag, in denen es um Strategie und Problemlösung geht. Doch jeden Nachmittag sorgen Leigh und Arlene mit Angeboten wie Wanderungen durch atemberaubende Landschaften und Strandausflügen für etwas Ruhe; alternativ gibt es immer die Möglichkeit, in der Hütte ein Nickerchen zu machen. Die Arbeitssitzungen werden durch dreiminütige Tanzpartys, Gedichtvorträge, kreative Improvisationen und Zeit zum stillen Nachdenken aufgelockert. Dieses Wechselspiel aus heiteren und ruhigen Aktivitäten soll die Gruppe auf den komplexen, schwierigen Weg vorbereiten, der vor ihr liegt. Zunächst sorgt diese Tagesordnung oft für Erstaunen. Einige der Teilnehmenden reisen vom anderen Ende der Welt an, um dieses globale Problem anzugehen – *sollte das nicht anstrengend sein?*

Und ja, manchmal ist es das.

Doch Lösungen, die wirklich einen Wandel einleiten, findet man am besten in einer Atmosphäre mit Raum und Ruhe – einer Atmosphäre, in der die Anwesenden ihre Amygdala beruhigen und das hektische Denken des Default Mode Network hinter sich lassen können. Wichtig ist, empfänglich zu sein und Antworten entstehen zu lassen, anstatt einfach»durchzuziehen«.

Am letzten Morgen schickt Leigh die Teilnehmenden für eine halbe

Stunde allein in die Natur. Dazu gibt sie zwei einfache Anweisungen: (1) *erinnert euch daran, warum ihr hier seid,* und (2) *hört zu.* Manche empfinden den Mangel an geistiger Anregung schon während dieser kurzen Zeitspanne als schwierig. Doch während die Minuten verstreichen, gelingt es den meisten, sich zu *besinnen.* Sie machen sich bewusst, *warum* sie sich diese Aufgabe gestellt haben. Viele erkennen, welche Änderungsmöglichkeiten in ihrem *Macht-* und ihrem *Einflussbereich* liegen. Der Ingenieur Mike, ein ausgesprochener Vernunftmensch, der zuvor keinerlei Interesse an mystischen Erfahrungen oder ganzheitlichem Denken hatte, verkündete anschließend, die Mammutbäume hätten ihm »gesagt«, er solle ein Buch schreiben, um die Geschichte der giftigen Chemikalien in der Industrie zu dokumentieren. Die anderen Teilnehmenden applaudierten und riefen begeistert: »Ja! Wir *brauchen* dieses Buch!«

Bei dieser ersten Veranstaltung gelang es, Chemikalien in sechs »Familien« mit ähnlicher Struktur oder Funktion zu unterteilen, die mittlerweile als »sechs Klassen« bekannt sind.[6] Ein Beispiel – die schlimmsten überhaupt – sind PFAS, die Erzeugnisse schmutz- und wasserabweisend machen. Allerdings werden sie in der Umwelt nie abgebaut, und die wenigen Varianten, die analysiert wurden, sind giftig. Im Fall von PFAS kann man sich nicht nur auf eine einzige Chemikalie konzentrieren, denn es gibt *Tausende.* Es gilt, eine Regelung für die gesamte Klasse zu finden. »Als wir das 2013 überlegten, sprachen wir von der ›Großen Idee‹ – das Konzept war so neuartig. Mittlerweile jedoch wurden diese Klassen allgemein übernommen«, so Arlene. »Als IKEA beispielsweise erfuhr, wie schädlich PFAS sind, beschloss das Unternehmen, die gesamte Klasse dieser Chemikalien aus all seinen Produkten weltweit zu verbannen.« Neun Monate später rief IKEA bei Arlene an und verkündete: »Geschafft!« Der Konzern hatte seine Lieferketten analysiert und alle Produkte mit PFAS ermittelt. Duschvorhänge und Regenschirme wurden nun mit ungiftigen

Alternativen wasserdicht gemacht. Für fettbeständige Tischdecken gab es keine Ersatzstoffe, deshalb entschied IKEA, solche Tischdecken einfach nicht mehr zu verkaufen. Und so ist es gekommen.

Für Arlene, die sich selbst als »extrem extrovertiert« bezeichnet, waren die Ruhephasen während der Tagung gegen ihre Natur. Aber Arlene ist auch außerordentlich ergebnisorientiert, und sie stellte fest, dass die Gruppe durch das langsamere Vorgehen mit entsprechender Ruhe Ergebnisse erzielte, die ihre Erwartungen übertrafen. Die gesellige, ergebnisorientierte, skeptische Wissenschaftlerin weiß mittlerweile die Kraft der Ruhe zu schätzen, die neues Denken und wegweisende Strategien fördert.

MODERNE ERDBARRIEREN

Je länger Justin auf dem Capitol Hill Achtsamkeitskurse leitete, desto intensiver nahm er den Lärm wahr, der dort herrschte. »Deep Work« war selten möglich. Wer unter dem Lärm und der Reizüberflutung litt, konnte nicht auf rote Schärpen zurückgreifen. Die Vorstellung, benachteiligte Parteien durch bewusstes gemeinsames Schweigen auszusöhnen, war geradezu abwegig.

Aber warum eigentlich? Wenn es in der amerikanischen Regierung doch eine Tradition der ruhigen, konzentrierten Aufmerksamkeit gab, die bis ins 18. Jahrhundert zurückreichte, wieso stellte dann niemand die modernen Normen des Lärms infrage?

Eines Tages beschloss Justin bei einer Achtsamkeitssitzung, über das zu sprechen, was in Regierungskreisen möglicherweise das »schmutzigste Wort überhaupt« ist.

»Aufgeben.«

Im Kongress geht es im Prinzip immer nur ums Gewinnen: *die Auseinandersetzung gewinnen, bei der Wahl den Sieg davontragen, fähiger und gerissener zu sein als die Konkurrenz.* Mit Gesprächen allein waren die Normen des Lärms nicht zu ändern.

An jenem Tag jedoch sprach Justin davon, dass sich mit dem Wort »aufgeben« tatsächlich so vieles abstellen ließe, was die Menschen in der amerikanischen Legislative quälte. »Nehmt euch einen Moment Zeit, um Sorgen und Spekulationen aufzugeben und im Atmen und im Hier und Jetzt aufzugehen«, sagte er. »Mal schauen, ob wir starre, kämpferische Wesenszüge und verwickelte Machtverhältnisse aufgeben können, um einfach da zu sein.«

Wie auch an zahllosen anderen Arbeitsplätzen wurden die Normen und Bedürfnisse im Kongress noch nicht systematisch untersucht. Vielleicht wäre es relativ einfach, gemeinsame Werte herauszuarbeiten und sich auf einige wenige Normen zu einigen – wie es Rickie und Betty, Michael Barton und der jungen Analystin Rupa und den Lakota-Großmüttern, Leigh und den NASA-Ingenieuren, Tom und seinem Chef und vielen anderen gelungen ist.

Vielleicht braucht es einige Zeit, eine Weile im Feuer, um zu entdecken, was uns gemeinsam betrifft, und Normen und Kulturen zu finden, die einen Weg nach vorne aufzeigen.

Aber in manchen Situationen, zum Beispiel im Kongress, liegen die Probleme noch tiefer.

Wir wollen nicht behaupten, wir wüssten ganz genau, wie man das extreme Konkurrenzdenken ändern kann, das an überaus lauten Orten wie dem US-Kongress fest verankert ist. Doch die Ideen, die wir in diesem Kapitel vorgestellt haben, können die ersten kleinen Schritte bedeuten.

Gehen Sie aufeinander zu. Sprechen Sie ganz ehrlich über Lärm und Ruhe.

Experimentieren Sie. Wieder und wieder. *Hören Sie zu.*

13 In Ruhe leben

Alle Jubeljahre gelingt es Jarvis, mit den zum Tode Verurteilten in San Quentin ein wenig zur Ruhe zu kommen. Eines Abends, vor vielen Jahren, war sogar der Mond dafür verantwortlich.

Jarvis befand sich im gefürchteten Adjustment Center, als seine Nachbarn laut johlten, weil der Vollmond aufging. In dieser Jahreszeit stand der Mond so tief, dass er fast gegenüber den Zellenfenster am Himmel hing.»Das Ding war so nah«, erzählt Jarvis.»Ich hätte nie gedacht, dass der Mond so nah kommen kann.«

Alle wussten, dass Jarvis sich für Astronomie begeisterte. Also wurde er mit Fragen gelöchert:»Warum sieht er so groß aus? Wo wandert er jetzt hin?« Jarvis witterte eine Chance und packte sie am Schopf.»Ich behauptete: ›Ja, stimmt, das ist der Mond, aber er ist fünf Minuten zu spät dran‹, und erzählte dann einfach weiter.« Jarvis tat so, als würde er Tempo und Route genau kennen. Er sagte den anderen, sie sollten genau auf die Schatten auf dem Mondgesicht achten, und beschrieb in blumigen Worten, wonach sie Ausschau halten mussten. Und dann erklärte er den wichtigsten Aspekt der richtigen Mondbeobachtung:»*Ihr müsst leise sein.* Jede Frage, die ihr mir stellt, lenkt mich ab!«

Die anderen verstummten wie artige Messdiener.

Das war verblüffend, erinnert sich Jarvis. Er schaffte es, dass die gesamte Etage – 15 inhaftierte Männer – fast 20 Minuten lang schweigend den Himmel beobachtete. Normalerweise, so erzählt er, hält in San Quentin niemand länger als zehn Sekunden die Klappe.

Einer der Wärter war fasziniert und sah ebenfalls hinauf. Da standen sie also: ein Haufen zum Tode Verurteilter und ein Angestellter des Staatsgefängnisses, der dafür zuständig war, sie in Schach zu halten.

Sie beobachteten den Mond.

Gemeinsam.

Schweigend.

Die Trance hätte noch länger dauern können, doch einer hatte schließlich genug.

»Das Mistding kann doch eh nichts hören«, rief er aus und meinte damit den ohrenlosen Mond. Er begriff, dass man ihn hereingelegt hatte, damit er still war. »Das Spiel war aus«, erzählt Jarvis, »aber zwanzig Minuten habe ich mir gesichert!«

○

Das Lotos-Sutra, ein alter buddhistischer Text, erzählt ein Gleichnis von einem reichen Mann, dessen Haus brennt. Im Haus sind viele Kinder, die nicht wissen, dass ihnen Gefahr droht. Sie wissen nicht, was Feuer bedeutet, und nicht einmal, was ein Haus überhaupt ist. Der Mann kann nicht alle Kinder hinaustragen und sie auch nicht überreden, allein hinauszulaufen, deshalb erzählt er ihnen, dass draußen drei Spielzeuge stehen – ein Ziegenkarren, ein Hirschkarren und ein Ochsenkarren. Die Kinder laufen aus dem Haus, doch dort sind keine drei Karren. Stattdessen wartet ein einziger juwelenbesetzter Wagen mit einem weißen Ochsen, der sie in Sicherheit bringen soll.

Diese Geschichte soll nicht dazu anhalten, Halbwahrheiten zu verbreiten oder Kinder zu bestechen. Vielmehr wird mit diesem Gleichnis oft erklärt, dass manche Übungen nicht die ultimative Wahrheit vermitteln, sondern eher ein Mittel zum Zweck sind, um anderen Leid zu ersparen und ihnen zur Erleuchtung zu verhelfen. Im Buddhismus wird dies *upaya* oder »geschickt eingesetztes Mittel« genannt. Wir verstehen *upaya* so, dass man respektieren muss, wo ein Mensch auf seinem Weg steht – was er verstehen kann oder zu hören bereit ist –, und dann die Sprache verwendet, die für ihn angemessen ist.

Zwar raten wir dazu, nach Möglichkeit offen über das Bedürfnis nach mehr Ruhe zu sprechen – so wie Leigh es mit ihrer Mutter und ihrer Betty getan hat –, doch wir merken auch in unseren eigenen Lebenssituationen mit kleinen Kindern, Teenagern, Partnern, Mitbewohnern, Freunden und Verwandten, dass es nicht immer möglich ist, die lauten Normen direkt zu thematisieren. In einer Welt, in der die meisten von uns mit ständigen Gesprächen und unablässiger elektronischer Stimulation sozialisiert wurden, müssen wir oft geschickte Mittel einsetzen, damit Freunde und Verwandte die Lautstärke reduzieren und sich an Ruhe gewöhnen. Wie bereits erwähnt, sieht unser *Machtbereich* ein wenig anders aus, wenn es um zwischenmenschliche Beziehungen geht. Hier haben wir in der Regel eher *Einfluss* als Macht.

Jarvis setzte bei seinen Mithäftlingen in San Quentin auf *upaya*. Er stellte den aufgehenden Mond als fantastisches Ereignis dar, um eine seltene Gelegenheit für Ruhe und Bewunderung zu nutzen. Weder wir noch Jarvis wollen Sie dazu bringen, etwas zu erfinden, damit Ihre Freunde, Nachbarn oder Angehörigen kurzzeitig Aufmerksamkeit zeigen. Aber wir möchten Sie dazu bringen, kreativ zu werden.

Wenn Justin mit seiner fünfjährigen Tochter wandern geht, sagt er manchmal:»Der Wind ist heute nicht so wie sonst. Komm, wir hören ihm zu. Hörst du, wie er in den Baumwipfeln tanzt?« Dann halten die beiden einen Moment inne und lauschen gemeinsam. Oder Justin bemerkt, dass seine Tochter die gleiche Strategie bei ihm anwendet. Als er bei einer Wanderung laut redete, zeigte seine Tochter auf einen großen Spalt im Stamm einer Schwarzpappel.»Da ist ein Feenhaus, Daddy. Dort wohnt eine Fee. Du musst leise sein, damit du sie nicht störst.« Pflichtbewusst hielt Justin den Mund.

Wir verwenden auch »geschickt eingesetzte Mittel«, um für *uns selbst* Ruhe zu finden. Manchmal müssen wir uns loseisen, wenn die Arbeit ruft oder unwichtige Nachrichten locken. Wir reden uns ein, das Wetter sei perfekt für einen Herbstspaziergang oder es sei ein Zeichen, dass der Computer gerade jetzt Zicken macht. Vielleicht ist Merkur rückläufig, sodass wir unsere elektronischen Verbindungen für eine Weile kappen sollten. Leigh sagt oft im Scherz, ihr *heutiges Ich* sei erstaunt, wenn es feststellt, dass ihr *vergangenes Ich* ihr *zukünftiges Ich* zu einem Wochenendausflug angemeldet hat. Ja, wir müssen manchmal kreativ nach Möglichkeiten suchen, unsere eigene Neigung zum Lärm zu überwinden. Insgeheim wissen wir, dass wir eigentlich nur unser Bestes wollen.

○

Als wir uns vornahmen, andere Menschen nach ihren Ruheerlebnissen zu fragen, gingen wir davon aus, dass wir von Erfahrungen hören würden, die sie allein gemacht hatten. Wir hatten nicht damit gerechnet, dass die meisten der tiefsten Ruhemomente in Gesellschaft stattfanden. Dann allerdings erkannten wir, dass auch wir selbst die tiefste Ruhe mit anderen erlebt hatten – wie Justin, als er zum ersten Mal seine neugeborenen Zwillinge Haut an Haut spürte. Diese ursprünglichen, intimen und manchmal Ehrfurcht einflößenden Begegnungen haben das folgende Kapitel inspiriert.

Auf den nächsten Seiten werden wir weiter darauf eingehen, wie wir gemeinsam den auditiven, informationellen und inneren Lärm herunterregeln können, indem wir das Augenmerk darauf richten, was es bedeutet, zu Hause, in der Freizeit und im Leben mit Familie und Freunden gemeinsam Ruhe zu finden. Wir werden genauer darauf eingehen, wie sich Voraussetzungen für gemeinsame Ruhe schaffen lassen, zum Beispiel, indem wir uns bewusst für Normen und gemeinsame Kulturen entscheiden, die unsere sich ständig weiterentwickelnden wahren Bedürfnisse respektieren. Wir werden sieben Ideen vorstellen, mit denen wir in unserem Leben und in unserem Zuhause einen Raum schaffen können, der zu entrückter Stille einlädt.

IDEE 1: PUMPERNICKEL!

Rosin Coven ist eine Musiktruppe mit wechselnder Besetzung, die jede Kategorie sprengt. Frontfrau Midnight Rose beschreibt die Band so: »Wir sind das beste heidnische Lounge-Ensemble der Welt.« Während sich die Frage nach dem Genre nicht eindeutig beantworten lässt, besteht an der Musikalität der Mitglieder kein Zweifel. Die meisten von ihnen haben eine formale Ausbildung genossen, manche spielten früher in großen Orchestern. Sie beherrschen Gesang und unzählige Instrumente, darunter Cello, Kontrabass, Posaune, Geige, Akkordeon, Trompete, Vibraphon, Schlagzeug, Harfe, Gitarre, Schlagwerk sowie diverse Gerätschaften, die man eher in der Küche oder auf dem Schrottplatz erwarten würde. Den Ensemblemitgliedern ist klar, dass man das geballte Talent nicht gleichzeitig präsentieren kann. Erfolgreich können sie nur sein, wenn sie sich den gemeinsamen Raum teilen. »Das trägt entscheidend dazu bei, ob ein Ensemble gut klingt«, sagt Midnight Rose. »Niemand muss die ganze Zeit im Mittelpunkt stehen.«

Die Musiker von *Rosin Coven* komponieren und arrangieren seit 25 Jahren gemeinsam, und für den Fall, dass das Teilen nicht richtig klappt und die Klangkulisse ausufert, gibt es ein bestimmtes Codewort. Dann ruft jemand: »*Pumpernickel!*«

Mit »Pumpernickel!« wird die Reißleine gezogen. »Das bedeutet: Wir müssen sofort eine Stufe zurückschalten, um Raum und Ruhe zu schaffen«, erklärt Midnight Rose. Der französische Komponist Claude

Debussy sagte einst:»Musik ist die Stille zwischen den Noten.«Bootsy Collins, der legendäre Bassist der Band *Parliament*, soll gesagt haben, dass genau in dieser Stille»der Funk liegt«. Beide Äußerungen stützen die These, auf der die Pumpernickel-Strategie beruht. Man»zieht die Bremse«, wenn die Musikalität verloren geht. Das reduziert das Zuviel an Klang, beruhigt die Nerven und schärft die Wahrnehmung.

Als wir genauer darüber nachdachten, kamen wir beide zu dem Schluss, dass wir mit diesem Buch der ganzen Welt»Pumpernickel!« zurufen wollen.

Damit kommen wir zurück auf die Frage nach Normen und Kultur. »Pumpernickel!« ist eine exzentrische Norm, die der exzentrischen Kultur von *Rosin Coven* entspricht. Die Truppe hat diese Norm übernommen, weil sie ihrem gemeinsamen Bedürfnis Rechnung trägt, das zu benennen, was sie behindert.

Das wiederum führt uns zu einer berechtigten Frage: *Wie können wir*»*Pumpernickel!*«*rufen, wenn das Orchester unseres Lebens unharmonisch und viel zu laut ist?*

In vielen Familien ist eine Äußerung wie»Hier wird es zu laut« strikt tabu und würde eher als persönlicher Angriff denn als Sehnsucht nach wertvoller Zeit gedeutet. Deshalb schrecken viele davor zurück, ihr Bedürfnis nach Ruhe zu kommunizieren; es scheint unmöglich, übermäßigen Medienkonsum, einen übervollen Kalender oder übertriebenen Redefluss einzudämmen. Es fehlt eine allgemein akzeptierte Möglichkeit,»Pumpernickel!« zu rufen.

Hier könnte es sinnvoll sein, mit Techniken wie der roten Schärpe zu experimentieren. Vielleicht überlegen Sie sich mit Ihren Lieben eine eigene Variante. Erfinden Sie ein eigenes albernes Wort – es muss ja nicht der Name für ein westfälisches Roggenbrot sein. Was auch immer Sie ausprobieren, mit Experimentierfreude und etwas Sinn für Humor lassen sich die Normen einer Gruppe so erweitern, dass vieles möglich wird, zum Beispiel auch gemeinsame Ruhe.

IDEE 2: DU SOLLST DEN FEIERTAG HEILIGEN

Als junge Erwachsene fühlte sich Marilyn Paul ständig einem quälenden Druck ausgesetzt, dem unablässigen Gefühl, nicht »Schritt zu halten«. Objektiv betrachtet ging sie »vorneweg«: Sie hatte an renommierten Hochschulen studiert, einen guten Job und ein reges Sozialleben. Doch mit der Zeit fühlte sie sich so erschöpft, dass sie körperlich nicht mehr in der Lage war, das Bett zu verlassen. Schließlich wurde ein Immunschwächesyndrom diagnostiziert, das auf ihr erbarmungsloses Arbeitstempo zurückzuführen war. Kurz nach der Diagnose bat ein Freund, Marilyn solle sich einen Abend freinehmen und zum gemeinsamen Schabbat-Essen kommen. Als säkulare Jüdin hatte sie daran kein großes Interesse. Monatelang zögerte sie, aber schließlich nahm sie die Einladung an. Diese Entscheidung veränderte ihr Leben.

Allmählich gewöhnte sich Marilyn an, jede Woche den Schabbat, den jüdischen Feiertag, von der Abenddämmerung am Freitag bis zum Sonnenuntergang am Samstag einzuhalten. Jetzt, Jahrzehnte später, bildet dies den Mittelpunkt ihres gesamten Lebens. Indem sie den Schabbat heiligt, ruft sie jede Woche »Pumpernickel!« – auch wenn sie lieber Challah isst.

»Der Preis des Lärms«, sagt sie, »ist unter anderem, dass man nicht weiß, was im Leben wirklich wichtig ist.« Am Schabbat, so erklärt Marilyn, könne sie zusammen mit ihren Lieben den Lärm hinter sich lassen und sich auf das einstimmen, was wirklich wichtig ist.

Vielleicht wissen Sie, dass der Schabbat in mancherlei Hinsicht zwar sehr ruhig ist, in anderer aber oft auch recht lebhaft sein kann. Im Kreis von Freunden und Verwandten kann Marilyn stundenlang ausgelassenen Gesprächen, Gelächter und sogar hitzigen Debatten frönen. Die Gäste singen an der gemeinsamen Tafel oft Lieder, sprechen Gebete und erzählen Geschichten.

Die gewöhnlichen weltlichen Verpflichtungen des Lebens bleiben dagegen meist außen vor. Marilyn und ihre Familie schalten Handys, Computer und Fernseher aus. Sie arbeiten nicht und reden auch nicht über den Beruf. »Gespräche über die Arbeit aktivieren eine Reihe von Neuronen, die wir am Schabbat nicht aktivieren wollen. Denn dann entsteht ein Gefühl von Dringlichkeit«, erklärt sie. »Wir wissen, dass die Arbeit kein Ende nimmt, weiter und weiter geht ... natürlich müssen wir unseren Anteil an der Arbeit der Welt leisten, aber wir brauchen auch *Pausen*, denn ohne Pausen *können* wir nicht weitermachen.«

Richtig umgesetzt wirkt der Schabbat wie ein Kraftfeld. »Wenn man sich auf das Wesentliche besinnt«, so Marilyn, »verschwindet ein Großteil der Hektik einfach. Dass ich den Schabbat halte, gibt mir so viel innere Gelassenheit und Freude, auch wenn wir dann von außen betrachtet nicht ›ruhig‹ sind.« Viele Menschen lehnen den Schabbat ab, weil er nicht in unsere Kultur zu passen scheint. Sie sagen: »Für mich müsste die Woche acht Tage haben, damit ich alles schaffe, nicht sechs.« Marilyn weist dann darauf hin, dass gute Erholung für einen frischen Blick sorgt, Freude weckt und die Kreativität steigert; damit lässt sich die allgegenwärtige To-do-Liste gut zusammenstreichen.

Der Schabbat hat die Bestsellerautorin so bereichert, dass sie ein zweites Buch geschrieben hat: *An Oasis in Time*[1] hilft allen, ob jüdisch oder nichtjüdisch, gläubig oder säkular, ein wenig Schabbat in ihre Woche einzubauen.

IDEE 3: ABSICHT UND AUFMERKSAMKEIT

Zach Taylor hatte große Pläne für den Sommer.

Während seine Frau Mara unterrichtete, wollte er selbst eine Auszeit von seiner Lehrtätigkeit nehmen, zu Hause die fünf Jahre und die sechs Monate alten Töchter betreuen und gleichzeitig eine beachtliche Reihe von Heimwerkerprojekten in Angriff nehmen. Zu Beginn des Sommers spielte Zach Fußball. Er wurde von der Seite umgegrätscht und brach sich den Knöchel. »Leben ist das«, sang John Lennon, »was passiert, während du fleißig Pläne schmiedest.« Zach musste sämtliche Heimwerkerambitionen auf Eis legen. Er ging an Krücken und konnte den ganzen Sommer über nur auf dem Boden sitzen und mit seinen Mädchen spielen.

An einem der Tage lagen sie gemeinsam auf dem Teppich und vergnügten sich mit Bausteinen. Im Hintergrund lief leise Musik, aber es »war so ruhig«, erzählt Zach. Alle Aufmerksamkeit galt den bunten Klötzen. Zach realisierte, was für einen schönen Moment sie gerade erlebten, als zufällig John Mayers Song »Daughters« ertönte, der davon handelt, wie wichtig das Verhältnis zwischen Vätern und Töchtern ist. »Was für ein schönes Lied«, sagte die Fünfjährige. Sie saßen schweigend da und hörten zu. Dann rief sie spontan: »Papa, ich will dir die Schönheit der Welt zeigen! Komm, steh auf.« Nachdem Zach sich mühsam vom Boden erhoben hatte, ging sie mit ihm in den Garten und zeigte ihm spiralförmige Pflanzen, die Zick-Zack-Routen der Ameisen und die Kiefernnadeln, die im Licht glänzten.

»Dieser Moment hat mich geprägt«, sagt Zach. »Und dazu wäre es nicht gekommen, wenn ich mir nicht den Knöchel gebrochen hätte. Ich hätte ihn nicht erlebt, wenn ich am Haus gewerkelt hätte, wenn ich nicht präsent gewesen wäre.«

Heute ist Zach eine anerkannte Größe auf dem Gebiet des sozialen und emotionalen Lernens und arbeitet daran, Achtsamkeit in Schulen zu bringen. Er untersucht, wie junge Menschen zu innerer Ruhe und intensiver Beschäftigung finden können, und berät Schulbezirke und Verwaltungen zu den äußeren Umständen, die für derartige Aufmerksamkeit nötig sind.

Wir fragten Zach nach der tiefsten Ruhe, die er unter Kindern erlebt hat. Er nahm uns mit zu einem Besuch in einer Kindergartengruppe mit 15 Kindern. »Beim Hereinkommen sieht man die vielen bunten Farben und erwartet automatisch, dass die akustische Lautstärke diesem visuellen Anblick entspricht. Doch es herrscht eine Atmosphäre der Ruhe.« Die Kinder waren an verschiedenen Stationen beschäftigt: An einer malten sie Naturszenen, an einer anderen übten sie mit Perlen das Zählen, an einer weiteren arbeiteten sie mit 3-D-Objekten. Es war nicht absolut still, denn es gab durchaus Anweisungen und Gespräche, aber es herrschte diese innere Ruhe. Hier wurde intensiv gelernt.

»Bei meiner Arbeit mit Ruhe und Achtsamkeit ist mir vor allem aufgefallen«, so Zach, »dass Kinder sich besonders engagieren, wenn sie etwas erschaffen können. Die Ruhe, die sich in einem konzentrierten Zustand des Erschaffens einstellt – wenn sie die richtigen Materialien, die richtige Atmosphäre, die richtigen Bedingungen für das Parallelspiel haben –, ist ein Wunder.« Heutzutage, betont Zach, wächst in der Gesellschaft das Bewusstsein, dass es Kindern schadet, wenn sie zu viel intensiver Unterhaltung – Überstimulation mit Bildschirmen, Klingel- und Signaltönen – ausgesetzt sind. Intensives Engagement entsteht, wenn man *präsent ist,* wie an jenem Sommertag, als er auf Krücken ging. Oder wenn man im Hier und Jetzt aufgeht, während man ein schönes Bild malt oder aus Klötzen eine Burg baut.

Der zunehmende Trend zu Achtsamkeitsmeditation in Schulen ist zwar eine positive Entwicklung, doch Zach unterstreicht, dass sie dem Wesen der Kinder entsprechen muss. Man kann nicht immer verlangen, dass Kinder die Augen schließen und stillsitzen. Manche können einfach nicht still sein. Manche haben zu Hause traumatische Erfahrungen gemacht und fühlen sich deshalb nicht sicher, wenn sie die Augen schließen. Deshalb gilt es, Bewusstsein und Präsenz in dem zu kultivieren, was Kinder ohnehin tun: sich bewegen, kritzeln, atmen. Es gilt, eine grundlegende Wertschätzung der Ruhe zu fördern.

In Bezug auf die Ruhe im häuslichen Alltag berichtet Zach, dass

»Absicht und Aufmerksamkeit« wichtig sind. Es ist gut, wenn man Geräte ausschaltet und für auditive und informationelle Ruhe sorgt, aber im Idealfall geht man noch weiter, lässt Hausarbeit und Multitasking ruhen und schenkt seinen Kindern etwas Aufmerksamkeit.

Zach beschreibt, dass er dazu jeden Tag die Abendmahlzeit nutzt. Wenn er mit den Kindern am Esstisch sitzt, stellt er gerne Fragen wie »Wofür sind wir dankbar? Welche unserer letzten Entscheidungen hat zu einem guten Ergebnis geführt? Womit sind wir in letzter Zeit gescheitert? Was haben wir in letzter Zeit für andere getan?«. Wichtig ist dabei, nach der Frage Stille zuzulassen, das unbehagliche Schweigen auszuhalten und die Zeit zuzugestehen, die zum Verarbeiten nötig ist. »Wenn nach einer Frage Schweigen herrscht, denkt man oft: ›Oh, sie haben mich nicht verstanden. Ich muss ihnen auf die Sprünge helfen.‹ Aber man muss die Stille einfach zulassen.« So können Kinder »auf die kleine Stimme hören«, sagt Zack. Für die Jüngsten, erklärt er, »ist die kleine Stimme viel zugänglicher. Ihre Spontaneität ist mit echter Intuition verknüpft. Wenn man Schweigen zulässt, kann das stille Kind im Hintergrund oder das ruhigere Kind am Esstisch den Raum finden, sich zu äußern. Und dann«, fährt er fort, »hat man das Gefühl, dass etwas Wichtiges passiert – als komme etwas zum Vorschein, das herausmusste, etwas Tiefgründiges, das nur auf die richtige Zeit und den richtigen Raum gewartet hat, um sich zu zeigen.«

IDEE 4: KLEIN, ABER FEIN

Wir müssen etwas gestehen: Obwohl wir uns so poetisch über gemeinsames Schweigen mit Freunden und lieben Menschen ausgelassen haben, sind wir nicht gerade zimperlich, wenn es darum geht, derartige Momente möglich zu machen. Vermutlich sind Sie es nicht gewohnt, in Gesellschaft anderer still zu sein – es sei denn, Sie sind buddhistische Nonne oder Benediktinermönch. Die bloße Vorstellung, mit einem anderen Menschen spazieren zu gehen oder zu essen, ohne dabei ein Wort zu wechseln, wirkt meist unbehaglich und peinlich.

Gemeinsames Schweigen erscheint meist deshalb so eindringlich, weil es sich spontan ergibt. Man schweigt zusammen, weil etwas Bewegendes passiert ist, das sich nicht in Worte fassen lässt. Man ist verblüfft, traurig oder ehrfürchtig. Das lässt sich nicht immer steuern.

Und doch können wir anhand unserer Erfahrungen einen einfachen Rat geben, wie sich Räume sinnvoller gemeinsamer Ruhe mit Freunden und lieben Menschen kultivieren lassen.

Ergreifen Sie kleine Gelegenheiten, sogar die allerkleinsten.

Wenn Justin mit seiner Frau Meredy in den Bergen bei sich in der Nähe wandert, nutzen sie die Zeit meist dazu, sich gründlich auszutauschen, ohne durch Arbeit, ihre Pflichten als Eltern von drei Kindern oder elektronische Geräte abgelenkt zu werden. Sie reden viel, erzählen sich Geschichten, vermitteln ihre jeweiligen Sichtweisen und klären Alltagsfragen. Doch wenn möglich, nehmen sie sich auf dem höchsten Punkt der Wanderung oder an der schönsten Aussichtsstelle etwas Zeit, um einfach nur gemütlich auf einem Felsen zu sitzen und gemeinsam still zu sein. Sie lauschen den Vögeln und dem stimmungsvollen Rauschen der Luft. Manchmal sind es nur fünf Minuten. Vielleicht auch nur drei. Aber das ist das Herzstück der gesamten Unternehmung.

Während der Schulzeit hatte Justin mit seinem Freund die Gewohnheit, in der Einfahrt vor seinem Haus zu liegen und den Nachthimmel zu beobachten. Die beiden erfanden die tollsten surrealen Witze und Geschichten und redeten über das, was in der vergangenen Woche in der Schule passiert war. Aber es verstand sich von selbst, dass sie zumindest ein paar Minuten lang einfach nur schwiegen. Das war eine gemeinsame Regel, über die sie nicht sprechen mussten. In diesem Raum konnte ihre Freundschaft am besten gedeihen.

Manchmal kann eine solche kurze Ruhepause im Gespräch den kollektiven kreativen Prozess voranbringen. Als wir beide uns vor einigen Jahren in der Nähe von San Francisco trafen, um mit der Arbeit an diesem Buch zu beginnen, machten wir einen kurzen Ausflug in die eukalyptusbewachsenen Hügel und Schluchten östlich von Berkeley. Wir verbrachten die Hälfte der Zeit mit der Planung, die andere Hälfte mit Schweigen. Die Phase, in der nicht gesprochen wurde, dauerte nur etwa 20 Minuten, aber in dieser Phase kristallisierte sich die gemeinsame Vision für dieses Projekt heraus.

Ob abgesprochen oder nicht – eine kurze Zeit der Ruhe mit einem anderen Menschen kann einer Bindung oder einem gemeinsamen Unterfangen mehr Tiefe und Struktur verleihen. In diesen kleinen Räumen ist die Ruhe nicht nur ein Intermezzo zwischen den Gesprächen. Sie ist ein Gegengewicht. Eine Symbiose. Wie Silber und Gold. Inhalt des Gesprächs und Tonfall des Sprechens wirken sich auf die Qualität der Ruhe aus. Umgekehrt kann die Klarheit der Ruhe die Qualität des Gesprächs verbessern, in dem sie stattfindet. Wenn man sowohl dem Schweigen als auch dem Sprechen Raum gibt, lässt sich gemeinsame Ruhe umsetzen und erreichen.

IDEE 5: KOLLEKTIVER RAUSCH

Vor ein paar Jahren fuhren wir durch den Norden Kaliforniens zu Bob Jesse, der in einer Ein-Zimmer-Hütte in einem Wald mit mächtigen Mammutbäumen lebt. Bob ist der Typ Mensch, der seiner Zeit etwa 20 bis 30 Jahre voraus ist. Der gelernte Ingenieur zählte zu den Pionieren des Silicon Valley. Als leitender Mitarbeiter von Oracle überzeugte er den Softwaregiganten schon vor Jahrzehnten, sich an die Spitze der *Fortune-500*-Unternehmen zu katapultieren, indem er gleichgeschlechtlichen Partnern Sozialleistungen anbot – so etwas hatte es bis dahin noch nie gegeben. Anfang der 1990er-Jahre rief er den *Council on Spiritual Practices* (CSP) ins Leben, der es sich zur Aufgabe gemacht hat, »mehr Menschen das unmittelbare Erleben des Heiligen zu ermöglichen«. Durch den CSP brachte Bob Ende der 1990er-Jahre den Psychopharmakologen Roland Griffiths von der Johns Hopkins University auf die Idee, mystische Erfahrungen wie diejenigen zu untersuchen, die in Kapitel 6 beschrieben sind.

Bob spielte auch eine wichtige Rolle bei der Gründung und Entwicklung eines innovativen Experiments für gemeinsame Ruhe: eine tanzende Kirche in der Bay Area.

»Das Wort ›Gründer‹ gefällt mir aus mehreren Gründen nicht – es klingt zu gewichtig und ernst –, aber wir waren die Ersten am Tisch, könnte man sagen.« Dieser Tisch wurde 1996 gedeckt, als eine Kirche in San Francisco Bob und dem Kirchenmusiker Charles Rus erlaubte, den Altarraum, die Bibliothek und den Garten für ein ekstatisches Tanzereignis zu nutzen, das die ganze Nacht dauern sollte – unter der Bedingung, dass am nächsten Tag wieder alles in Ordnung gebracht wurde. Bob und Charles trommelten zehn Freunde zusammen und veranstalteten das erste von vielen Tanzfesten, zu denen sie weitere Freunde einluden. Eine Gemeinschaft war geboren.

Mittlerweile hat sich die Gemeinschaft als unabhängige Kirche organisiert und neue Räumlichkeiten gefunden, doch die Zusammenkünfte – die jeweils zur Sonnenwende und zur Tagundnachtgleiche stattfinden – sind unverändert geblieben. »Uns gibt es seit fünfundzwanzig Jahren, und nicht ein einziges Mal ist eine der vierteljährlichen Feiern ausgefallen«, erzählt Bob.

Die Wurzeln der Gruppe gehen auf die elektronische Tanzmusik zurück, die in den 1980er-Jahren in England entstand. Wer schon einmal bei einem Underground-Rave oder einem großen Festival war, kennt sicher einige der charakteristischen Merkmale, zum Beispiel hoch aufgetürmte Lautsprecher und den dröhnenden, tranceartigen

Beat. Diese Szene ist mehr als laut, und die Feiern dieser Kirche sind es auch. Die spirituelle Gemeinschaft zeichnet sich jedoch dadurch aus, dass sie sorgfältig darauf achtet, andere Formen von »Lärm« bei ihren Feiern zu reduzieren. In mehr als zwei Jahrzehnten wurde an bestimmten Vereinbarungen gefeilt, denen man im Vorfeld zustimmen muss, um teilnehmen zu können. Diese Richtlinien fördern »ein sicheres Umfeld für die Erforschung des Geistes in all seinen Formen« in einer Art und Weise, die die Erfahrungen anderer nicht beeinträchtigt.

So sind die nächtlichen Feiern beispielsweise alkoholfrei und damit wohltuend »ruhig«, ohne den Lärm, der durch Trunkenheit entsteht. Dass niemand betrunken ist, stärkt andere Abmachungen, zum Beispiel: »Nichts geht ohne Zustimmung ... respektiert die Grenzen der anderen.« Der extravagant dekorierte Veranstaltungsort, die Lightshows und die Kunstinstallationen sind eine Augenweide; allerdings lautet eine weitere Regel, dass man Bilder nur im Kopf speichern darf.

Auch Leigh, die gelegentlich an Veranstaltungen der Kirche teilnimmt, hat diese sorgfältig entworfenen Vereinbarungen bekommen. Sie hat festgestellt, dass sie auch den eigenen inneren Lärm dämpfen, weil die äußeren Lärmquellen drastisch reduziert werden. Leigh kann mit anderen kommen oder allein, in Jogginghose oder einem aufwändigen Kostüm. Wichtig ist, dass das Erlebnis nicht durch den »Schmuddel-Faktor« getrübt wird. Sie hat die Gewissheit, dass niemand sie anstarren wird, muss sich nicht vor Belästigung und nicht vor Gewalt fürchten – all das hat sie in der Vergangenheit daran gehindert, ungehemmt zu tanzen. Leigh genießt diese Freiheit in vollen Zügen. Tatsächlich ist es so, dass »Leigh« dann meist verschwindet. In den außergewöhnlichsten Momenten geht sie im Ganzen auf, in einem Gruppen-Flow – der französische Soziologe Emile Durkheim bezeichnet das als »kollektiven Rausch«. Dieses Gefühl spiegelt sich auch im Motto der Gruppe, das quasi ihr einziges Dogma bildet: »Im Tanz sind wir eins.«

Der Sinn dieses dröhnenden, sorgfältig orchestrierten Klangrituals besteht darin, ein Höchstmaß an innerer Ruhe zu erreichen.

Als die spätere Community noch in den Kinderschuhen steckte, fand Bob eine eher ungewöhnliche Inspirationsquelle: das Quäkertum, die Religion des Schweigens. Er wollte, dass die Gruppe Entscheidungen gemeinsam traf und dass diese klug und von Dauer waren. Außerdem hoffte er, bestimmte persönliche Verhaltensmuster zu überwinden. In der Vergangenheit, so erzählt er uns, hatte er die Angewohnheit, Vorschläge »als Test« erst Freunden und Kollegen zu präsentieren, ehe er sie in einer Versammlung vorstellte. Deshalb glaubte er: »Ich habe mich sicher gründlicher vorbereitet als alle anderen bei diesem Meeting. Ich habe alle Vor- und Nachteile sorgfältig abgewogen. Und jetzt muss ich alle überzeugen.« Mittlerweile kann er darüber lachen. »Das ist *sehr* unquäkerhaft! Es ist nicht kooperativ, sondern anmaßend. Und praktisch betrachtet kann das dazu führen, dass eine bessere Lösung außen vor bleibt.«

Auf Bobs Rat hin übernahm die neu entstehende Gruppe einige Grundsätze, die von den Quäkern inspiriert waren. Auch heute noch, da die Community 500 Mitglieder zählt, nennen sie sich gegenseitig »Freunde« – wie bei den Quäkern üblich –, und wenn Ideen, Bedenken und Ansichten zur Sprache gebracht werden, wird abwechselnd geredet, zugehört und geschwiegen. Vor allen Dingen suchen alle eine eigene Version von dem, was Rob Lippincott als »Einheit« bezeichnet.

»Wir verwenden den Ausdruck ›angemessenes gemeinschaftliches Einvernehmen‹«, erklärt Bob. »Einvernehmen ist das Gegenteil von ›Zwietracht‹. ›Gemeinschaftlich‹ zeigt an, dass die ganze Community berücksichtigt wird … und ›angemessen‹ heißt, dass wir uns fragen, ob wir der Einstimmigkeit *einigermaßen* nahekommen.. So ist es auch bei einigen Gegenstimmen möglich, zu einer Entscheidung zu gelangen, falls das nötig ist.« Wenn der Community ein Vorschlag präsentiert wird, können die Freunde Kommentare abgeben, und er wird gegebenenfalls Zug um Zug nachgebessert. Kommt eine kleine Aufsichtsgruppe, der Rat, zu dem Schluss, dass angemessenes gemeinschaftliches Einvernehmen vorliegt, wird der Vorschlag angenommen. Das kann sehr zeitaufwändig sein – ein Unternehmen würde man so nicht führen –, aber dieses Vorgehen scheint in dieser Kirchengemeinschaft gut zu funktionieren.

»Wenn ich jetzt daran denke, bekomme ich eine Gänsehaut ... Ich genieße das mittlerweile so sehr«, sagt Bob. »Wenn auf diese Weise eine Entscheidung zustande gekommen ist, muss ich mir oft eingestehen, dass meine großartige Idee doch nicht die beste war. Und ich erkenne, dass nicht nur eine viel bessere Idee entstanden ist, sondern dass sich auch eine leise Form von kollektivem Rausch breitmacht. Im Idealfall entsteht so Einheit und Innigkeit.«

Vielleicht liegt es an der von den Quäkern geprägten Leitungsmethode, dass bei jeder Veranstaltung der Gruppe – so laut sie auch sein mag – immer für Rückzugsräume und Momente der Ruhe gesorgt wird. Immer gibt es einen Altar, der normalerweise schweigend aufgesucht wird. Die meisten Veranstaltungsorte verfügen über einen ruhigen, heilenden Raum sowie mindestens einen »Chill-Raum« zum Ausruhen und für ruhige Gespräche. Kurz vor Mitternacht hören Musik und Tanz auf, und alle versammeln sich an einem bestimmten Ort zum gemeinsamen Schweigen. Nach einem Eröffnungsritual verteilen sich die Teilnehmenden auf dem gesamten Gelände, bis der Tag anbricht und die Feier mit einer Abschlusszeremonie zu Ende geht, nach der dann aufgeräumt werden muss.

Debussy sah die Musik zwischen den Noten, Bootsy Collins sah den Funk in der Tradition des Zen als grundsätzlich formlos, und genauso entstehen diese ausgelassenen und doch ganz gezielten Feierlichkeiten aus der Ruhe heraus und enden auch mit Ruhe.

IDEE 6: GEMEINSAM IM EINKLANG

In Kapitel 11 haben wir einige seltene Momente beschrieben, in denen wir uns in Räumen allertiefster Ruhe wiederfinden – Momente der Ehrfurcht, in denen wir »in der Wolke des Nichtwissens schweben«. Diese Momente ergeben sich zwar oft ungeplant, doch viele unserer Gesprächspartner betonten, wie wichtig die richtige *Vorbereitung* ist, um eine solche Entrückung zu erleben. Das kann bedeuten, dass man sich an bestimmte Richtlinien und Grenzwerte hält, die zeigen, wann Zeit für Ruhe ist – so macht es Gordon Hempton, dessen To-do-Liste nicht mehr als 13 Seiten umfassen darf, oder Tricia Hersey, wenn sie bei sich Anzeichen für Erschöpfung und ein Bedürfnis nach Ruhe wahrnimmt. Noch entscheidender ist jedoch, dass eine solche Vorbereitung Praktiken und Rituale umfasst, die »das Behältnis vorbereiten«, wie es die altindischen Rishis durch Gesänge, Ernährungsvorschriften und strenge ethische Regeln taten.

Wenn wir »das Behältnis vorbereiten«, treffen wir Vorkehrungen, damit wir zur Stimmgabel werden – wir geben Geist und Körper die Möglichkeit, die leiseste Schwingung wahrzunehmen. Das kann jeder für sich tun, wie wir in früheren Kapiteln betont haben, doch am kraftvollsten ist es oft, wenn wir uns *gemeinsam* vorbereiten und dann, wenn wir bereit sind, eine Art *Synchronisation* vornehmen.

Der in Deutschland geborene und in Harvard ausgebildete Psychologe Ralph Metzner reiste fast sechs Jahrzehnte durch die Welt, um Menschen in erweiterten Bewusstseinszuständen ausfindig zu machen, zu erforschen und anzuleiten. 2015 entmystifizierte Metzner in einem Interview die Bedeutung des Begriffs »erweiterte Bewusstseinszustände«, indem er sagte: »Das Bewusstsein erweitert sich jeden Morgen beim Aufwachen.« Seine eigenen morgendlichen Eindrücke beschreibt er wie folgt: »»Hier ist also mein Zimmer, mein Bett, meine Frau, meine Familie, mein Hund, mein Job.‹ Das sind eine Reihe von Bewusstseinserweiterungen. Und jeden Abend, wenn man schlafen geht, schaltet man sozusagen ab.« Weiter sagt er: »Und das ist vollkommen normal.«

Bis ins Jahr 2019, als er im Alter von 82 Jahren verstarb, studierte, praktizierte und lehrte Metzner verschiedene Arten der Bewusstseinserweiterung und -fokussierung. Vor allen Dingen befasste er sich jedoch mit dem, was er als entheogene Psychotherapie bezeichnete: die Verwendung psychoaktiver Substanzen im psycho-spirituellen Kontext, um persönliche, gemeinschaftliche und planetarische Veränderungen zu bewirken.

Um das verantwortungsvoll umzusetzen, so meinte Metzner, müsse jeder »das Behältnis vorbereiten«: das persönliche Behältnis. Als Dirigent sah er seine Aufgabe darin, das größere, kollektive Behältnis vorzubereiten: *das zeremonielle Behältnis.*

Zuallererst untersuchte Metzner die Teilnehmenden auf kontraindizierte medizinische und psychologische Probleme. Dann mussten sie jeweils eine »spirituelle Autobiografie« mit ausführlicher Schilderung des religiösen und spirituellen Hintergrunds sowie früherer Erfahrungen mit Entheogenen – auch negativen – abfassen. Mit manchen Menschen arbeitete Metzner jahrelang individuell, ehe er sie an der Gruppenarbeit teilhaben ließ. Mit seinen klaren Erwartungen und Parametern, die den fest definierten Vereinbarungen der tanzenden Kirche ähnelten, schloss Metzner eine Menge »Lärm« aus.

Anmeldungen für die rund 100 Plätze, die jedes Jahr in Europa und Nordamerika für die entheogenen Zirkel zur Verfügung standen, gingen monate- und sogar Jahre im Voraus ein. War die zwölf- bis zwanzigköpfige Gruppe zusammengekommen, galten klosterähnliche Verhaltensweisen und kompromisslose Verschwiegenheit.

Das Programm, das sich über sechs Tage erstreckte, war erstaunlich streng: tagsüber Workshops zur Vorbereitung auf Lernen, Meditation und Übungen, abends rituelle Zeremonien und am nächsten Morgen Integrationssitzungen.

Zudem half Metzner den Teilnehmenden dabei, ihre individuellen »Behältnisse« durch Aktivitäten vorzubereiten, die zum Reflektieren anregen, zum Beispiel Tagebuchschreiben, Zeichnen und Aufenthalte in der Natur. Die geschaffenen Kunstwerke wurden den anderen Teilnehmern vorgestellt, die ihre Ansichten in kleineren und größeren Gruppenberichten zum Thema des jeweiligen Tages zusammenfassten. So wurden beispielsweise psychologische Bezugssysteme wie Lebensphasen, Jung'sche Archetypen oder Familienaufstellungen erkundet. In der abendlichen Zeremonie wurden die tagsüber abgehandelten Themen mithilfe von Entheogenen und Musik unter der Anleitung von Metzner erneut aufgegriffen.

Alle, die bei Metzner studierten, kannten sein Redetalent. Er war Professor, Dozent, ein Mann der vielen Worte, der zu Lebzeiten mehr als 20 Bücher schrieb. Verbale Unterweisungen hatten für ihn einen hohen Stellenwert, vor allem zu Beginn der Woche; erst dann ließ er sich in das zeremonielle Feld fallen, das er gemeinsam mit der Gruppe geschaffen hatte.

All das diente jedoch allein dem Zweck, sich darauf vorzubereiten, *gemeinsam* entrückende Ruhe zu erleben. Eine solche Erfahrung ergibt sich nicht unweigerlich von selbst. Man muss sich darum bemühen.

Bei Metzner umfasste die Vorbereitung auch den physischen Raum für die Zeremonie. Seine langjährige Schülerin Carla Detchon erklärt dazu: »Er war *sehr* anspruchsvoll.« Wenn er abends den Raum für die Zeremonie vorbereitete, musste alles genau seinen Vorstellungen entsprechen. »Die energetische Ausrichtung der Behältnisse war ihm sehr wichtig«, berichtet Carla. »Deshalb stellte er den Altar in ganz bestimmter Weise auf, und deshalb mussten wir den Kreis, in dem wir uns versammelten, wirklich rund gestalten.« Viele seiner

Optimierungen kamen durch ein entschiedenes »Nein« zustande. »Nein, das Tuch auf dem Altar ist nicht ganz glatt und gerade. Nein, die Zweige und Blumen gefallen mir da nicht. Nein, deine Füße dürfen nicht zum Altar zeigen«, sagt sie schmunzelnd. Aber Ralph hatte seine Gründe. »Er wusste, dass die Energien besser fließen können, wenn alles in gerader Linie ausgerichtet ist«, so Carla. »Und wenn Ralph und die Gruppe perfekt vorbereitet, ausgerichtet und im Flow waren, erreichten sie mit ihrer Arbeit absolute Transzendenz. Er hatte einen wunderbaren Sinn für Musik«, erzählt sie weiter. Insbesondere mochte er Beats, die das *Entrainment* förderten – für Metzner bedeutete das, dass »alle Rhythmen zu einer Harmonie zusammenkommen«. In der Physik versteht man unter »Entrainment« den »Prozess, bei dem zwei interagierende oszillierende Systeme die gleiche Periode annehmen«. Und diese Metapher macht deutlich, was zwischen Menschen geschehen kann, die dank entsprechender Vorbereitung einen Zustand der *Synchronisation* erleben.

In dem Film *Entheogen: Awakening the Divine Within*[2] beschreibt Metzner, wie eine Gruppe durch Trommeln, Gesang und Tanz zum Entrainment gelangen kann. So arbeiten auch Chöre. Dabei gehe es nicht darum, dass alle genau dieselbe Note singen, erklärt Metzner. »Sie sind harmonisch und klingen daher zusammen.« Er genoss es, diese uralte Technik in seine entheogenen Kreise einzuführen. »Jeder hat andere Gedanken und andere Bilder im Kopf«, sagt er, aber wenn die Gruppe insgesamt das Entrainment erlebt, »entsteht ein unglaubliches Gefühl der Einheit und Verbundenheit«.

Diese Synchronizität ist das Gefühl »Im Tanz sind wir eins«, das Leigh bei der nächtlichen Tanzveranstaltung verspürte. Es ist das, was Justin erlebte, als sich sein Herzschlag mit dem seiner neugeborenen Zwillinge verband, die zum ersten Mal Haut an Haut auf seiner Brust ruhten.

Wie bei einigen anderen Veranstaltungen, auf die wir bereits eingegangen sind, geht es auch hier nicht um auditive Stille. Metzner erging sich stundenlang in ausführlichen Anrufungen, leitete zur Visualisierung an und erzählte mythische nordische Geschichten aus dem Land seiner Vorfahren – zum Beispiel von den drei Nornen, die das Schicksal erschaffen und bestimmen, und von Mimir, dem körperlosen Kopf, der Weisheit verleiht. Durch gründliche Vorbereitung, den Einsatz von Musik und mythischen Geschichten geleitete Metzner die Gruppen über den inneren Lärm hinweg zur Synchronisation, zum Entrainment – zur Erfahrung der Selbsttranszendenz *in der Gemeinschaft.*

IDEE 7: HEILENDE PRÄSENZ

»Präsent sein«, sagt Don St. John, »bedeutet, dass man seine ganze Energie und Aufmerksamkeit zur Verfügung hat und nicht durch Sorgen, Ablenkung, Angst oder chronische Anspannung daran gehindert wird, darauf zuzugreifen.« In seiner Jugend hätte er sich niemals vorstellen können, jemals einen solchen Bewusstseinszustand zu erreichen. »Ich weiß nicht mehr, ab wann die Schläge an der Tagesordnung waren«, sagt er über die Misshandlungen durch seine impulsive, missgünstige Mutter. »Wenn ich versuchte, ihre Schläge abzuwehren, wurde sie noch wütender, schrie noch lauter und setzte mir so lange zu, bis sie ein paar heftige Treffer gelandet hatte.«

Don, ein Psychotherapeut, der mittlerweile über 70 ist, arbeitet seit mehreren Jahrzehnten daran, das Trauma aus frühester Kindheit zu überwinden. Bei unserem Gespräch betonte er, dass Schweigen in der Kindheit oft ein »lautes Schweigen« ist. Es kann donnernde Wut umfassen, weil man gemieden wird, Kummer, weil man sich nicht gehört fühlt, und den Schmerz der Vernachlässigung. Don wies darauf hin, dass es in einem liebevollen Zuhause meist laut zugeht; dort hört ein

Kind Lachen und Gespräche. Es erlebt Wärme, ist mit anderen zusammen und hat die Gewissheit, dass es dazugehört.

Und doch hat Schweigen – gemeinsam mit anderen – für Don entscheidend dazu beigetragen, seine Kindheitswunden zu heilen. Besonders großen Anteil hatte daran das liebevolle Schweigen, das er mit seiner Partnerin erlebte.

Wenn es um romantische Beziehungen geht, kann Schweigen kompliziert sein. Nicht nur in der Kindheit, sondern auch in der Partnerschaft gehen wir oft davon aus, dass Schweigen von mangelnder Aufmerksamkeit oder Ablehnung zeugt. Niemand will »mit Schweigen bestraft« werden. Der Begriff »mauern« beschreibt, dass wir uns hinter eine unsichtbare Mauer zurückziehen, wenn wir uns emotional überfordert fühlen. Dann kapseln wir uns ab, suchen uns Beschäftigungen zur Ablenkung oder reagieren einfach nicht. Für die Beziehungsgurus Dr. John und Julie Gottman ist das Mauern eine der vier toxischen Verhaltensweisen, die in Beziehungen weit verbreitet sind. Die anderen drei – Kritik, Abwehr und Verachtung – sind gleichermaßen bekannt.[3] Mauern mag zwar leise wirken, doch es gehört zur Welt des Lärms.

Durch bewusstes Schweigen hingegen kann in einer Partnerschaft eine tiefe Verbundenheit entstehen. Don erzählt uns von einer einzigartigen Technik, die er mit seiner Frau Diane pflegt. Zwar haben wir anfangs dazu geraten, geplante Ruhe am besten »in kleinen Portionen« zu erleben, um sich nicht zu viel zuzumuten, doch Don und Diane zeigen auf, wie sich gemeinsam eine Art »Schweigetag« umsetzen lässt.

»Seit rund zehn Jahren haben wir uns angewöhnt, ein Wochenende festzulegen, an dem wir einfach schweigen«, erzählt Don. Die beiden bereiten Mahlzeiten im Voraus zu und verzichten auf Telefonate, E-Mails und alles andere, das sie davon ablenken könnte, ganz im Hier und Jetzt zu ruhen. Diese Wochenenden verbringen sie mit Nachdenken, Bewegungsübungen, Lesen und Wanderungen in den Bergen im Umland ihres Wohnorts Salt Lake City.

Schon nach den ersten Malen stellten sie fest, dass es für gelegentliche Begegnungen mit anderen Menschen sinnvoll sein konnte, ein kleines Schild dabeizuhaben. Nun tragen sie einen Notizblock bei sich, auf dem steht:»Wir schweigen. Wenn Sie uns etwas sagen möchten, notieren Sie es hier.« Allerdings macht sich nur selten jemand die Mühe, etwas auf den Zettel zu schreiben. Wenn man andere bittet, ihre Kommunikation auf das Wesentliche zu beschränken, stellt sich heraus, dass nur sehr wenig wirklich wesentlich ist. Das hat auch Leigh bei ihrem»Schweigetag« am Tatshenshini festgestellt.

Im Kapitel über entrückte Stille sind wir auf die Schlüsselelemente eines persönlichen Rückzugs eingegangen. Sheila erklärte dabei, dass ein Behältnis für das Heilige schon dadurch entstehen kann, dass man einfach seine Möbel umstellt – eine von vielen Möglichkeiten, einen »Tempel« zu schaffen. Bei einem gemeinsamen Retreat mit dem Partner oder einem befreundeten Menschen kann das Schweigen selbst eine Säule des Tempels bilden. Wenn zwei Personen sich gemeinsam der Stille verschreiben, erklärt sie, entsteht eine seltene Atmosphäre. Dies ist eine uralte Technik, die wir auf Zellebene spüren.»Stille verändert das Gefühl für den Raum zwischen zwei Menschen«, so Sheila. »Sie fördert den Zusammenhalt.«

Don empfindet die Pause von der täglichen Reizüberflutung als emotionale Erholung. Schon für sich genommen hilft sie ihm bei der Traumabewältigung, die seine Lebensaufgabe ist – sowohl in Bezug auf sein persönliches Trauma als auch bei der Hilfestellung, die er seinen Klienten leistet. Doch das gemeinsame Schweigen mit Diane leistet noch mehr. Es stärkt ihren häuslichen Zufluchtsort und die Bande ihrer Ehe. Da sie die»Betriebsbedingungen« vorab festlegen, gelangen sie dorthin, wo Energie und Aufmerksamkeit zu finden sind.

STILLES VERTRAUEN

Es gibt Formen der gemeinsamen Ruhe, über die wir nicht viel sagen können. So können wir zum Beispiel nichts über die Ruhe sagen, die in allertiefster Intimität geteilt wird. Wir können nichts über die Ruhe sagen, die zwei Menschen in einem Moment unvorstellbaren Leids gemeinsam erleben. Diese Erfahrungen sind von Natur aus zutiefst persönlich. All jenen, die sich in solchen Räumen befinden, können wir nur einen einzigen Rat geben:»Seien Sie aufmerksam.« Achten Sie darauf, dass im Schweigen ebenso viel Bedeutung liegt wie in den Worten.

Wir sind kein Profis, wenn es darum geht, mit geliebten Menschen Ruhe zu erleben. Man lernt dabei niemals aus. Wir sind immer noch dabei, in erster Linie *upaya* zu suchen, das»geschickt eingesetzte Mittel«, mit dem sich kleine Momente ruhiger Zweisamkeit kultivieren lassen – wie bei Jarvis, der entgegen jeder Wahrscheinlichkeit mit seinen Mitinsassen den Mond bewunderte.

In der Einleitung zu diesem Teil des Buches,»Gemeinsam ruhig sein«, haben wir festgestellt: *Die Kraft der Ruhe verstärkt sich, wenn man sie gemeinsam erlebt.*

Im Laufe dieses Kapitels sind wir dann zu der logischen Folge gelangt: *Ruhe verstärkt die Bindung zwischen Menschen.* Sie erweitert unser gemeinsames Bewusstsein. Sie gibt uns die Fähigkeit, zusammen tiefer zu empfinden. Letztendlich bewirkt sie, dass unsere Beziehungen sanfter und fürsorglicher werden.

In einer Kultur, in der Schweigen für Einsamkeit und Gespräche für zwischenmenschliche Verbindung stehen, wirkt gemeinsame Ruhe befremdlich. Doch zumindest in gewisser Weise ist uns allen klar, dass wir das Geplapper abstellen und den Lärm hinter uns lassen müssen, um wirklich mit einer anderen Person zusammen zu sein – um ihr voll und ganz *vertrauen* zu können.

In einer Zeit, in der Isolation auf dem Vormarsch ist und gesellschaftliches Vertrauen schwindet, sollten wir darauf achten, wieder echte Ruhe zu sichern – nicht nur für den Einzelnen, die Familie, den Arbeitsplatz oder den Freundeskreis, sondern auch für die Gesellschaft insgesamt. Wir stimmen Blaise Pascal zu, der meinte, das ganze Unglück der Menschen rühre allein daher, dass sie »nicht ruhig in einem Zimmer zu bleiben vermögen«. Allerdings möchten wir ergänzen, dass es noch schlimmer ist, wenn wir nicht in der Lage sind, *mit einem anderen Menschen* ruhig in einem Zimmer zu bleiben.

Nun werden wir uns mit größeren Gruppen befassen und untersuchen, wie die Macht der Ruhe in der Politik, in der Kultur und in der globalen Gesellschaft weitreichende Veränderungen anstoßen kann.

TEIL VI:

GESELLSCHAFTLICHE WERTSCHÄTZUNG DER RUHE

14 Ma kommt nach Washington

Richard Nixon war ein fürchterlicher Quäker. Auf zahlreichen Tonaufnahmen, die aus dem Weißen Haus in die Öffentlichkeit gelangt sind, flucht er wie ein Kesselflicker. Als Mitglied der Quäker, die dem Pazifismus verpflichtet sind, hätte er nicht aktiv am Zweiten Weltkrieg teilnehmen müssen, doch als 37. Präsident der Vereinigten Staaten ließ er den Vietnamkrieg eskalieren und war für die verheerenden, widerrechtlichen Bombenangriffe auf Kambodscha verantwortlich. Die Watergate-Ermittlungen brachten ans Licht, dass Nixon seine politischen Gegner und alle schmutzigen Geheimnisse, die gegen sie verwendet werden konnten, genau im Blick behielt. Der ethische Grundsatz »Liebe deine Feinde«, auf dem die Religion beruht, nach der er erzogen wurde, kümmerte ihn offenbar wenig.

Eine Amtshandlung des zweiten Quäker-Präsidenten der amerikanischen Geschichte (der erste war Herbert Hoover) passt jedoch zu dieser Religion, die die Stille wertschätzt: Nixon führte die ersten landesweiten Vorschriften zur Lärmreduzierung ein.

Das Lärmschutzgesetz von 1972[1] sollte das Recht der amerikanischen Bevölkerung auf eine einigermaßen ruhige Umgebung verankern.

Mit dem Gesetz wurde das *Office of Noise Abatement and Control* (ONAC) geschaffen,[2] das dafür zuständig war, die Forschung zur Lärmbekämpfung zu koordinieren, bundesweite Lärmemissionsnormen für Produkte zu erlassen und staatliche und kommunale Behörden durch finanzielle Mittel und technische Beratung bei der

Reduzierung der Lärmbelastung zu unterstützen – insbesondere in Ballungsgebieten. Lärm durch Flugzeuge und Schienenverkehr durfte das Amt zwar nicht regulieren, doch es leistete Aufklärungsarbeit, die das Bewusstsein für diese Problematik schärfte und letztendlich dazu führte, dass Flughäfen, Fluggesellschaften und Frachtunternehmen für die Lärmbelastung sensibilisiert wurden.

In den 1970er-Jahren waren die gesundheitlichen Folgen des Lärms noch umstritten. Interessengruppen, darunter die Fertigungsindustrie und öffentliche Verkehrsbetriebe, waren gegen verbindliche Lärmschutzgesetze, doch die Regierung forcierte die Einführung von Vorschriften. In einer Rede zur Unterstützung der Lärmbekämpfung fragte William H. Stewart, der Leiter der Gesundheitsbehörde, im Jahr 1968: »Müssen wir warten, bis jedes Glied in der Beweiskette bestätigt wird?« Und weiter: »Wenn es um den Schutz der Gesundheit geht, kommt der absolute Beweis zu spät. Wer darauf wartet, lässt der Katastrophe freien Lauf oder nimmt unnötig langes Leid in Kauf.«

1982, als die Reagan-Regierung die staatliche Regulierung zurückschraubte, wurden die Bundesprogramme zur Lärmbekämpfung nicht mehr finanziert und letztlich aufgelöst.[3] Dennoch ist die ONAC ein bewundernswertes Beispiel für öffentliche Vorsorgemaßnahmen, bei denen das Wohl der Menschen im Vordergrund steht.

Der Lärmschutz der Nixon-Ära stützte sich auf eine Vorstellung, die in der Regierung der USA – genau wie in den meisten anderen Ländern – noch immer nicht die Regel ist: *Unberührte Aufmerksamkeit ist ein Wert an sich, und die Gesellschaft tut gut daran, diesen Wert zu erhalten und zu schützen.*

Die Geschichte von Nixons Lärmreformen ist auch heute noch von großer Bedeutung.

Da Online-Plattformen mit ihren jeweiligen Algorithmen in Wirtschaft und öffentlichem Diskurs eine immer größere Rolle spielen, werden erbitterte Debatten über die Politik der menschlichen

Aufmerksamkeit geführt. Politische Entscheidungsträger ringen insbesondere mit der Frage, wie die Privatsphäre geschützt, die freie Meinungsäußerung gewährleistet, Desinformation bekämpft und die zunehmende Monopolmacht der Technologiegiganten angegangen werden kann.

All das ist wichtig, doch unserer Ansicht nach gibt es noch eine größere, übergreifende Fragestellung, mit der wir uns ebenfalls befassen sollten: *Wie können wir unsere Gesellschaft so strukturieren, dass die unberührte menschliche Aufmerksamkeit erhalten bleibt?*

Etwa zur Zeit von Nixons Lärmreformen schrieb der Nobelpreisträger Herbert Simon die Worte, die wir zu Beginn dieses Buches zitiert haben:»Ein Reichtum an Informationen bewirkt damit eine Armut an Aufmerksamkeit.« Auf den nächsten Seiten werden wir uns ansehen, was es bedeuten würde, Wirtschaft und Politik so zu gestalten, dass der auditive, informationelle und innere Lärm der modernen Welt durch Gesetze, Vorschriften, öffentliche Investitionen, Unternehmenstransparenz und die Mobilisierung gesellschaftlicher Bewegungen auf ein Minimum beschränkt oder zumindest kontrolliert würde. Wir werden untersuchen, wie die Gesellschaft insgesamt auf die Kultivierung von konzentrierter Aufmerksamkeit als Kernelement des Gemeinwohls setzen kann.

Es versteht sich von selbst, dass die komplexe Problematik des Lärms nicht allein durch Regeln oder Gesetze gelöst werden kann. Deshalb ist das Thema, um das es in diesem und dem folgenden Kapitel geht, weiter und tiefer gefasst: *Gesellschaftliche Wertschätzung der Ruhe.*

Wir stellen uns vor, wie es beispielsweise wäre, wenn der öffentliche Diskurs nach der Logik einer Quäkerversammlung abliefe: Dort sollte man nur dann sprechen, wenn man glaubt, dass Worte besser sind als Schweigen.

Wir werden eine Reihe von Möglichkeiten erkunden: Wie wäre es, wenn Politik und Wirtschaft ein Bewusstsein für den Wert unberührter Aufmerksamkeit entwickeln würden? Wie wäre es, wenn unsere Gesellschaft erkennen würde, dass sich komplexe und beängstigende Probleme – wie Klimawandel und soziale Ungleichheit – nicht nur durch Technik, Analysen und Debatten lösen lassen, sondern dass auch Raum für kontemplative Visionen einer Zukunft, die wir wirklich wollen, nötig ist?

Wie wäre es, wenn das Prinzip des japanischen *Ma* – die Kraft der Ruhe im »Dazwischen« – im öffentlichen Diskurs einen Platz hätte?

All das mag wie ein Hirngespinst klingen, doch mit einigen einleuchtenden Änderungen an unseren bestehenden Systemen – darunter die Art und Weise, wie wir unsere wirtschaftlichen »Externalitäten« berechnen, wie wir Kosten und Nutzen neuer Vorschriften bewerten, wie wir kluge öffentliche Investitionen ermitteln und wie wir schwierige gesellschaftliche Herausforderungen diskutieren – ließe sich ein solcher Wandel fördern.

Die fünf nachfolgend vorgestellten Ideen gehen vom Kontext der US-Politik aus, sind jedoch für eine Vielzahl von Ländern und politischen Gegebenheiten relevant und können an diese angepasst werden. Lärm – ob auditiv, informationell oder im Inneren – ist ein globales Problem. Jede Nation muss sich selbst ein Bild davon machen und mit eigenen Mitteln herausfinden, wie sie es angehen will.

IDEE 1: INVESTITIONEN IN ÖFFENTLICHE ZUFLUCHTSORTE

Vor vielen Jahren nahm der in New York lebende Schriftsteller George Prochnik an einem Retreat zur Schweigemeditation teil. Er »betrachtete die Leute, die wie ruhende Vögel auf einem grasbewachsenen Hügel verstreut saßen – alle konzentriert darauf, nichts zu tun und nur still auf die Natur zu lauschen«. In seinem 2010 erschienenen Buch *In*

Pursuit of Silence schreibt er darüber, wie sehr er diesen Moment genossen hat.[4]

Dennoch kam Prochnik ein beunruhigender Gedanke, als er an jenem Tag die schweigend Meditierenden vor sich sah. Er erinnert sich: »So wie ich hatten sie Geld, Zeit oder einfach ein soziales Umfeld, das es möglich machte, eines Morgens beim Aufwachen zu entscheiden: ›Weißt du was? Ich gehe jetzt meditieren.‹« Weiter sagt er: »Ich mache mir Sorgen um all die Menschen, die aus unterschiedlichen Gründen nicht in der Lage sind, zu erleben, was Ruhe bewirken kann.«

Prochnik ist mit Recht besorgt. Weiten Teilen der Menschheit fehlt heutzutage die Möglichkeit – oder, wie er es nennt, das »soziale Umfeld« –, Ruhe zu suchen. Wenn man in städtischen Ballungsgebieten lebt oder mehrere Jobs stemmen muss, um über die Runden zu kommen, kann Ruhe unerreichbar erscheinen. In einer Welt, in der es immer weniger wilde Orte gibt und das Internet sowie Smartphoneverbindungen nahezu allgegenwärtig sind, ist entrückte Stille für die meisten Menschen unerreichbar.

Wie also können wir Ruhe leichter erreichbar und demokratischer gestalten?

In diesem Buch haben wir immer wieder betont, wie wichtig es ist, unsere persönliche Wertschätzung der Ruhe zu kultivieren und innerhalb unseres *Macht-* und *Einflussbereichs* bestimmte Entscheidungen zu treffen, mit denen wir sie finden. Aber auch die Gesellschaft insgesamt, auch der öffentliche Bereich, hat Anteil daran. Eine entscheidende Maßnahme, die wir als Gesellschaft umsetzen können, besteht darin, in öffentliche Räume der Ruhe zu investieren – Orte, die uns zur Ruhe einladen. Prochnik schreibt, wir »müssen städteplanerische Projekte fördern, die der Wertschätzung von Ruhe zugutekommen. Wir brauchen mehr Pocket-Parks« – winzige Grünflächen, oft zwischen Hochhäusern in eng bebauten Metropolen gelegen. »Und größere Parks, wenn dafür Geld vorhanden ist.«

Einige Gesellschaften haben das Geld und den Willen, in solche Räume zu investieren. 2018 erreichte der dicht besiedelte Stadtstaat Singapur sein ehrgeiziges Ziel, dass 80 Prozent der Haushalte keine 400 Meter vom nächsten Park entfernt liegen sollten.[5] Diese Vision einer »Gartenstadt« war in Singapur erstmals Ende der 1960er aufgekommen.[6] In den 1980er-Jahren belief sich der Anteil an Grünflächen im Stadtstaat auf schätzungsweise 36 Prozent, heute liegt er bei 47 Prozent, Tendenz steigend. Zum Vergleich: In Rio de Janeiro beträgt der Grünflächenanteil 29 Prozent, in New York City 14 Prozent.[7] Bereits vor 50 Jahren wurde von der Regierung Singapurs ein langfristiger strategischer Plan für Investitionen in Grünflächen aufgestellt und umgesetzt. Heute wird diese Mission kreativ fortgesetzt – mit Investitionen in lebende grüne Wände und bewachsene Dächer, baumgesäumte Boulevards und Gehwege sowie herkömmlichere Parks und Naturschutzgebiete.

Während einer Reise nach Singapur besuchte die Journalistin Florence Williams ein Krankenhaus, das Florence Nightingale gut gefallen hätte.[8] Williams schreibt, viele Zimmer lägen »mit Blick auf einen prächtigen Garten im Innenhof mit üppigen Bäumen und Sträuchern, die gezielt so ausgewählt wurden, dass sie Vögel und Schmetterlinge anlocken«. Sie wurde durch die Intensivstation geführt, wo »alle Patienten aus zwei Meter hohen Fenstern auf Bäume schauen konnten«. Williams entdeckte »an vielen Stellen Korridore und Treppenabsätze, die nach draußen führen«, sowie einen »Bio-Gemüsegarten auf dem Dach«. Williams will nicht behaupten, dass städtische Grünflächen natürliche Wildnis ersetzen können, doch angesichts der zunehmenden städtischen Verdichtung fördern derartige Lösungen das gefühlte Erleben von Ruhe und bedeuten besseren Schlaf, weniger Angst und Depression und mehr gesellschaftsdienliches Verhalten.

»Ruhige Räume sollten wir nicht nur im Freien schaffen«, schreibt Prochnik. Er fragt: »Warum nehmen wir nicht etwas von dem Geld, das wir von Drogenhändlern, Waffenschiebern und Finanzbetrügern beschlagnahmen, kaufen damit ein paar Dutzend Gebäude von Fast-Food-Ketten und machen daraus zeitgemäße Häuser der Ruhe?« Seine Frage gab uns zu denken. Es gibt so viele leer stehende Ladengeschäfte – könnte man daraus Ruheoasen für die Allgemeinheit machen? Könnte man brachliegende Grundstücke in Nachbarschafts- oder Schulgärten verwandeln? Was ist mit Gemeindezentren, Seniorenstätten und Gotteshäusern? Könnte man dafür sorgen, dass Menschen, die das Bedürfnis danach haben, dort allwöchentlich Ruhe finden? Prochnik schlägt vor, öffentlich zugängliche Räume mit bequemen Stühlen und kostenlosen Schreibutensilien auszustatten, sodass man dort einfach ausruhen, Tagebuch schreiben, lesen, kritzeln und nachdenken kann. Wie bereits ausführlich erörtert: Ruhe muss nicht immer auditiv sein. Sie entsteht auch, wenn Menschen zusammenkommen, um Brettspiele zu spielen oder zu basteln; wichtig ist, dass sie sich für eine Weile von Smartphones und Computern und Informationslärm lösen können.

Tricia Hersey, die Verfechterin des Nickerchens, die Sie bereits kennengelernt haben, hat mehr als 50 »öffentliche Schlaf-Events« veranstaltet, um Ausruhen als Akt der Revolution zu fördern. Für diese Events gestaltet sie einladende Räume mit bequemen Kissen, in denen andere Menschen aus dem Alltagstrott ausbrechen können. So verschafft sie ihnen nicht nur eine wertvolle Pause, sondern trägt auch dazu bei, dass *stilles Ausruhen normaler wird.*

Wir könnten uns vorstellen, dass lokale Regierungen und Gemeindeorganisationen solch kreative Ansätze unterstützen, damit Menschen gemeinsam Ruhe genießen können. Durch schöne, künstlerisch gestaltete Pop-up-Räume können Gemeinden ihre Bevölkerung zum Entspannen und Nichtstun einladen. Zu einem Nickerchen. Zu unverplanter Zeit unter Menschen mit anderen Lebensentwürfen. Dazu, eine nie gekannte Ruhe zu genießen.

IDEE 2: ENTSCHEIDUNGSFINDUNG WIE BEI DEN AMISH

In seinem 2010 erschienenen Buch *What Technology Wants* beschreibt Kevin Kelly seinen persönlichen Werdegang:[9] Als junger Erwachsener brach er das College ab, wanderte durch Asien und fuhr anschließend mit dem Fahrrad quer durch die USA, insgesamt 8 000 Kilometer weit. Auf dieser mehrjährigen Reise durch Hunderte von Gemeinden auf mehreren Kontinenten erlebte Kelly viele Überraschungen, doch das, was er auf den Feldern im Osten Pennsylvanias sah, beeindruckte ihn ganz besonders. Annähernd alles, was er über die Amish zu wissen glaubte, war falsch.

Nach landläufiger Meinung lehnen die Anhänger dieser Religionsgemeinschaft, die in Pferdewagen unterwegs ist und Butter in Fässern stampft, alle industriellen Technologien ab, doch Kelly stellte fest, dass »das Leben der Amish alles andere als technikfeindlich ist«. So berichtet er von einer Familie, die eine 400 000 Dollar teure computergesteuerte Fräsmaschine betreibt, die von der ganzen Gemeinde genutzt wird. Ja, Amish-Frauen tragen Hauben, und Amish-Familien nutzen in der Landwirtschaft viele arbeitsintensive, jahrhundertealte Methoden. Aber für Kelly waren die Menschen, die er getroffen hat, »geniale Hacker und Tüftler, die ultimativen Macher und Bastler«, die »erstaunlicherweise oft auch technikfreundlich sind«.

Kelly befasste sich näher mit der Einstellung der Amish zur Technologie und stellte fest, dass sie unglaublich wohlüberlegt vorgehen, wenn sie entscheiden, ob sie eine Innovation übernehmen wollen. In der Regel läuft es etwa so ab: Jemand aus der Gemeinschaft bittet die Ältesten (die »Bischöfe«) einer Region um Erlaubnis, eine neue Technologie auszuprobieren, zum Beispiel ein privates oder ein landwirtschaftliches Gerät. In der Regel wird diese Erlaubnis erteilt.

Dann beobachtet die ganze Gemeinschaft genau, wie sich die neue Technologie auf das Leben des ersten Nutzers auswirkt. Arbeitet er dadurch effizienter? Ist es gesund? Wird er egozentrisch? Hat es negative Folgen für Persönlichkeit oder Arbeitsmoral? Nachdem die Gemeinschaft ihre Gedanken dazu geäußert hat, fällen die Bischöfe ein endgültiges Urteil.

Kurz gesagt: Ausgangsbasis sind bei den Amish *die eigenen Werte als Kultur,* zum Beispiel Zusammenhalt der Gemeinschaft, Bescheidenheit, eine starke Arbeitsethik und, ja, Ruhe. Dann wird *bewusst abgewägt, ob eine neue Technologie Vorteile für die Gemeinschaft bringen kann, ohne diese Werte zu untergraben.*

Wenn die Antwort »Ja« lautet, wird die neue Technologie übernommen.

Von Kellys Arbeit und der Art und Weise, wie die Amish Technologie beurteilen, erfuhren wir aus dem Werk von Cal Newport, der meint, wir alle könnten sämtliche Aspekte des Amish-Ansatzes auch im eigenen Leben anwenden. Im Rahmen seiner Philosophie des »digitalen Minimalismus« schlägt Newport vor, jeder von uns solle die eigenen persönlichen Werte ermitteln und auf dieser Grundlage sicherstellen, dass alle technischen Mittel, die wir anwenden, wirklich unser Wohlergehen verbessern und mit unseren Werten übereinstimmen.[10] Dieser Ratschlag gefällt uns gut. Und die gleiche Logik lässt sich auch auf gesellschaftlicher Ebene anwenden.

Wir sind der Meinung, dass sich unsere Regierungen ein Beispiel an den Amish nehmen könnten. Gewisse Prioritäten wie das physische und psychische Wohlbefinden sollten Vorrang vor der pauschalen Verehrung all dessen genießen, was »toll und neu« ist. In einigen Bereichen existieren bereits Verfahren zur amtlichen Prüfung von Innovationen. So verlangt die Arzneimittelbehörde *Food and Drug Administration* (FDA) beispielsweise, dass Medikamente bei klinischen Versuchen nicht nur auf Wirksamkeit, sondern auch umfassend auf

Nebenwirkungen getestet werden. Die Zulassung erfolgt dann nach einer eingehenden Kosten-Nutzen-Analyse.

Bei den folgenreichsten technischen Entscheidungen gibt es jedoch keine derartigen Vorgehensweisen. Vor der Einführung des »Gefällt mir«-Buttons führte Facebook keine strenge klinische Studie oder unabhängige Kosten-Nutzen-Bewertung durch. Kein Gesetz verlangte Studien über die möglichen Auswirkungen auf das Arbeitsgedächtnis, die Folgen für verunsicherte Teenager, das Potenzial für gezielte Fehlinformationen durch ausländische Regierungen oder Todesfälle bei dem Bemühen um das »perfekte Selfie« (zwischen 2011 und 2017 waren es 259 Tote).

Wir brauchen eine Art Zulassungsbehörde für Technologie, die alles überwacht und gegebenenfalls reguliert, das erheblichen Einfluss auf unsere soziale, emotionale und intellektuelle Gesundheit hat. Damit meinen wir nicht, dass eine isolierte Gruppe wie die Ältesten der Amish darüber entscheiden sollte, was gut für uns ist. Vielmehr wollen wir ein fachlich kompetentes und finanziell gut ausgestattetes Expertengremium, das dafür sorgt, dass politische Entscheidungsträger und Öffentlichkeit die tatsächlichen Kosten und Vorteile verstehen und entsprechend handeln können.

Diese Idee ist nicht völlig neu. Einst hatte die US-Regierung das *Office of Technology Assessment* (OTA)[11] – ein Team mit rund 140 meist promovierten Fachleuten, die die Gesetzgeber informierten und gründliche Untersuchungen zur Gesetzgebung im Technologiebereich vornahmen. Mitte der 1990er-Jahre wurde dieses Büro aufgelöst, um die Finanzkassen um schlappe 20 Millionen Dollar zu entlasten. Die staatlichen Forschungsstellen, die dafür zuständig sind, die Folgen technischer Entwicklungen und anderer bedeutender gesellschaftlicher Trends zu beurteilen, haben heutzutage etwa 20 Prozent weniger Personal als 1979. Im Jahr 2017 kamen Justin und sein Kollege Sridhar Kota in einem Artikel für die Zeitschrift *Wired* zu dem

Schluss, dass die untauglichen Cybersicherheitsgesetze und die unzureichende Kontrolle der Überwachungsprogramme der NSA zum Teil auf die Auflösung des OTA zurückzuführen waren.[12] Außerdem hat dieser Schritt Anteil daran, dass die Regierung nicht in der Lage ist, technische Trends angemessen zu verfolgen und zu verstehen und das öffentliche Interesse entsprechend zu schützen. Ohne einen Apparat, der die Auswirkungen von Technologien bewertet, lässt sich nicht beurteilen, ob unsere technikbezogenen Entscheidungen unseren wahren Werten entsprechen.

Mit jedem Jahr mehren sich die Argumente, die dafür sprechen, im Umgang mit Technologie wie die Amish zu verfahren. Es steht zu erwarten, dass die Zunahme der künstlichen Intelligenz, die Ausbreitung des Internets der Dinge und das Aufkommen von Computersystemen, die man am Körper trägt (oder gar implantiert), unsere interne und externe Klangwelt in einer Weise verändern werden, die schwer vorherzusagen ist. Dass wir folgenreiche Technologieentscheidungen einer strengen Prüfung unterziehen, ist weder besonders radikal noch übermäßig interventionistisch. Wir sollten bei solchen Entscheidungen nicht nur berücksichtigen, ob sie dem wirtschaftlichen Wachstum dienen oder Arbeitsplätze schaffen, sondern auch, wie sie sich auf das auswirken, was die meisten von uns schätzen – etwa die Möglichkeit, ein ungestörtes Gespräch mit einem geliebten Menschen zu führen oder einfach einen Moment der Ruhe und des Friedens zu genießen.

IDEE 3: MESSEN, WAS ZÄHLT

1930 veröffentlichte der legendäre Wirtschaftswissenschaftler John Maynard Keynes einen kurzen Essay mit dem Titel »Die wirtschaftlichen Möglichkeiten unserer Enkel«.[13] Darin stellte Keynes sich vor,

Technik und Produktivitätssteigerungen würden dazu führen, dass im Jahr 2030 niemand mehr als 15 Stunden pro Woche arbeiten müsse. Den Rest der Zeit könne man Freizeit und Kultur widmen. In gewissem Sinne beschreibt Keynes' optimistische Vision eine Welt »jenseits des Lärms«, in der arbeitssparende Technologie uns alle in die Lage versetzt, große und kleine Ablenkungen hinter uns zu lassen und uns auf die Aktivitäten zu konzentrieren, die uns optimal gedeihen lassen. In Keynes' Vision könnten wir den Großteil der Zeit mit unseren Lieben verbringen, die Natur genießen, Kunst und Musik schaffen und vielleicht in die innere Ruhe eines Flows eintauchen – in das, was wir lieben.

Etwa 100 Jahre nach dem Erscheinen des Essays gilt so ziemlich das Gegenteil.

Die meisten von uns arbeiten mehr denn je – oder denken zumindest mehr denn je an die Arbeit. »Freizeit und Kultur« im Sinne eines Strebens nach tiefer Erfüllung, das nicht unbedingt wirtschaftlich produktiv ist, scheint keine Rolle zu spielen. Die Technologie befreit uns nicht vom Lärm, sondern verstärkt ihn noch.

Warum also liegt Keynes' Vision von 2030 für uns in so weiter Ferne?

Eine Antwort lautet, dass wir die falschen Dinge messen. Unsere Wirtschaft ist auf quantitative und nicht auf qualitative Ziele ausgerichtet, auf maximalen Output und nicht auf optimales Wohlbefinden.

Zu Beginn dieses Buches haben wir erläutert, wie das Bruttoinlandsprodukt zur vorherrschenden Messgröße geworden ist, nach der Nationen ihren Erfolg beurteilen. Eigentlich zeigt dieser Wert nur die reine Industrieproduktion – den monetären Gegenwert der in einem bestimmten Zeitraum produzierten Waren und Dienstleistungen –, doch das BIP ist in den meisten Ländern mittlerweile die wichtigste Kenngröße für die öffentliche Politik und für wirtschaftliche Entscheidungen. Allerdings steht ein Anstieg des BIP, wie in Kapitel 2 beschrieben, oft im Widerspruch zu dem, was gut für uns ist. Oft steigt das BIP, wenn sich Naturkatastrophen, Umweltzerstörung, Kriminalität und Krankenhausaufenthalte mehren. Es steigt, wenn ein Algorithmus Ihre Ruhephasen in Beschlag nimmt und die Nutzungsstatistiken in die Höhe treibt oder wenn Ihr Arbeitgeber Sie zur Mehrarbeit veranlasst, indem er Ihnen spätabends eine E-Mail schickt (und eine Antwort bekommt). Über das tatsächliche menschliche Wohlbefinden sagt das BIP herzlich wenig aus.

Wenn wir »schaffen, was wir messen« – wie man in der Wirtschaft sagt –, dann schaffen wir aktuell eine Wirtschaft und eine Gesellschaft, in der ein Höchstmaß an geistigen und materiellen Dingen produziert wird. Wir messen »Erfolg« am Dröhnen industrieller Anlagen, an der Anzahl der Stunden, die Führungskräfte ihr Personal an die Computer zwingen, und daran, wie effektiv Werbung und Algorithmen unsere Aufmerksamkeit von unseren eigentlichen Zielen ablenken, um uns zum Kauf von Produkten und Dienstleistungen zu bewegen.

Deshalb folgende Idee: *Wir sollten unsere Messungen so abändern, dass sie widerspiegeln, was uns gedeihen lässt.*

Eine solche systemische Veränderung könnte uns dem optimistischen Traum von John Maynard Keynes näherbringen. Sie könnte dazu beitragen, den »Altar des Lärms« einzureißen.

In den letzten Jahren gab es Tendenzen in diese Richtung. Esther Duflo und Abhijit Banerjee, die 2019 mit dem Nobelpreis für Wirtschaftswissenschaften ausgezeichnet wurden, schrieben kürzlich, vielleicht sei es »an der Zeit, die Wachstumsbesessenheit [ihres] Berufsstandes aufzugeben«. Verschiedene Länder, darunter Deutschland, Frankreich und das Vereinigte Königreich, arbeiten mittlerweile an weiter gefassten Kenngrößen für den nationalen Fortschritt. Forschungsteams in Vermont, Oregon, Maryland und Utah haben mit neuen Indikatoren experimentiert, die Kosten wie Verkehr und Nutzen wie Familienzeit berücksichtigen. Das Königreich Bhutan im Himalaya ist dafür bekannt, dass es seit Jahrzehnten Messgrößen für das sogenannte »Bruttonationalglück« entwickelt. Die Arbeit an derartigen Indikatoren ist zwar noch nicht abgeschlossen, aber durch Fortschritte in Statistik und Informatik werden alternative Ansätze zur wirtschaftlichen Messung immer machbarer.

Seit etwa einem Jahrzehnt überlegt Justin mit seinem Kollegen Ben Beachy, Direktor des *Living Economy Program* der Naturschutzorganisation Sierra Club, mit welchen praktischen politischen Maßnahmen sich das BIP verändern ließe. Anfang 2021 beschrieben die beiden in einem Artikel in der *Harvard Business Review*, wie die US-Regierung die nationalen Indikatoren neu gestalten könnte.[14]

Das würde folgendermaßen funktionieren: Da die Standard-Messgröße des BIP nach wie vor einen praktischen Nutzen hat, sollte man nicht komplett darauf verzichten. Vielmehr sollten die Regierungen die Wirtschaftsleistung nicht mehr anhand eines einzigen Indikators (BIP), sondern auf Grundlage *einer Reihe von Indikatoren* messen. Ähnliche Systeme gibt es bereits für die Messung von Arbeitslosigkeit, Verbraucherpreisindex und Geldvolumen.

Dabei wäre folgende Untergliederung denkbar:

- B1 wäre das traditionelle BIP – das Standardmaß für das Nationaleinkommen.
- B2 würde auf der BIP-Formel basieren, aber eine umfassendere Momentaufnahme der Wirtschaft abbilden und beispielsweise Aufschluss darüber geben, wie gleichmäßig das Einkommen verteilt ist. Gleichzeitig würde der Wert unbezahlter Dienstleistungen wie Kinderbetreuung berücksichtigt, die derzeit keine Beachtung finden.
- B3 würde sich auf die längerfristige Zukunft konzentrieren und die Kosten erfassen, die beispielsweise durch Umweltverschmutzung oder Erschöpfung von Ressourcen entstehen, sowie den Nutzen

von längerfristigen Investitionen in Bildung und Umweltschutz berücksichtigen.

- B4 würde eine Art Bruttonationalglück nach dem Vorbild Bhutans messen und dazu weiterreichende Indikatoren für menschliches Wohlbefinden erfassen, zum Beispiel Statistiken zur öffentlichen Gesundheit und zu sozialen Beziehungen.

Die Umstellung von einer einzigen groben Zahl (BIP) auf eine Reihe individuellerer Indikatoren (B1 bis B4) zielt nicht darauf ab, Probleme wie Umweltverschmutzung und Ungleichheit in den Fokus zu rücken – auch wenn diese Themen dann mehr Beachtung finden würden. Sie würde auch danach streben, wichtige Faktoren des Fortschritts hervorzuheben, die in Aussagen über die Wirtschaftsleistung meist nicht abgebildet werden – Faktoren wie Umweltschutz, Innovation und Bildungsergebnisse, die allesamt über längere Zeiträume betrachtet werden müssen.

Wenn wir das BIP durch eine Reihe von Indikatoren ersetzen, die umfassendere und tiefergehende Grundlagen des menschlichen Wohlbefindens einbeziehen, könnten wir die Kosten des Lärms und den positiven Wert ungeteilter Aufmerksamkeit allmählich besser messen und damit steuern. So wäre es beispielsweise möglich, Kosten für »ökonomische Externalitäten« in Form von Ablenkung und Konzentrationsstörungen einzuschätzen und zu beziffern – die schädliche Wirkung von Pop-up-Werbung, lärmenden Fernsehern in öffentlichen Räumen und der Erfordernis, rund um die Uhr zur Verfügung zu stehen. Wenn uns klar wird, wie lärmintensives Verhalten unser Wohlbefinden und unsere langfristige Produktivität beeinträchtigt, werden wir es auch aus wirtschaftlicher Perspektive nicht mehr rein positiv sehen.

Genauer gefasste BIP-Indikatoren könnten sogar Faktoren wie Ruhe, Zugang zur Natur und positive Folgen für die psychische Gesundheit, etwa den Rückgang von Angstzuständen, beziffern.

Kurz gesagt, wir könnten unsere Wirtschaft so strukturieren, dass nicht monetarisierte menschliche Aufmerksamkeit nicht mehr als rein »nutzlos« empfunden wird. Wir könnten dafür sorgen, dass die Erfolgskennzahlen widerspiegeln, wie wichtig auditive, informationelle und innere Ruhe für Gesundheit, Kognition und Glück ist. Das wirft natürlich eine große Frage auf: *Wie können wir etwas so Persönliches und Subjektives wie Zeit der Ruhe quantitativ beziffern?*

Seit Jahrzehnten diskutieren Wirtschaftswissenschaft und Umweltschutz, ob es überhaupt wünschenswert wäre, allem einen Geldwert zuzumessen – beispielsweise den Mammutbäumen, die Robert F. Kennedy in seiner visionären Rede über die Probleme der volkswirtschaftlichen Gesamtrechnung beklagte. Viele würden einwenden, dass diese Bäume unbezahlbar sind. Dem stimmen wir gerne zu. Doch es ist unbestritten, dass der Wert eines Waldes, der nicht für monetäre Zwecke genutzt wird, im derzeitigen wirtschaftlichen Paradigma des BIP implizit *Null* entspricht. Alle Dinge und Tätigkeiten, die nicht ganz offensichtlich und leicht messbar zur Wirtschaftsleistung beitragen, haben den Wert Null. In einem politischen und wirtschaftlichen System, das rein auf Wachstum ausgerichtet ist, existieren also keine strukturellen Anreize zum Schutz solcher Ressourcen oder Tätigkeiten.

Eine schwierige Aufgabe bei der Entwicklung eines genaueren Messsystems besteht darin, die Werte zu beziffern, die unser Wirtschaftssystem derzeit als wertlos betrachtet. Aktuell arbeiten mehrere internationale Organisationen, akademische Einrichtungen und Unternehmen an Modellen, die »wahre Kosten« oder eine »Vollkostenrechnung« abbilden – sie geben negativen externen Effekten wie Umweltverschmutzung und positiven Folgen von Umwelt- und gesellschaftlichen Gütern quantitative Werte, um den Fortschritt besser messen zu können. Im Rahmen dieser Bemühungen sollten Forschung und Praxis darüber nachdenken, wie die Kosten von Lärm und

Ablenkung berechnet werden können, und welcher Wert ungestörter menschlicher Aufmerksamkeit und sogar Ruhezeiten zugemessen werden kann. Bei der Verabschiedung von Gesetzen zur Modernisierung des BIP wird es unerlässlich sein, neue Beratungsgremien einzurichten, die diese Buchwerte festlegen. Das mögen technische Fragen sein, aber letztlich entscheiden sie darüber, ob unsere Werte in die Messung des Fortschritts einfließen. Diese Entscheidungen sind notwendig, um menschlichere Prioritäten und Maßstäbe zu setzen.

IDEE 4: DAS RECHT AUF AUFMERKSAMKEIT GEWÄHRLEISTEN

Zu Beginn seiner Präsidentschaft im Jahr 1981 unterzeichnete Ronald Reagan eine Verfügung, die einem kaum bekannten Regierungsbüro die Befugnis gab, Gesetzesvorschläge einer sogenannten Kosten-Nutzen-Analyse zu unterziehen.

Damit sollte ermittelt werden, ob »der potenzielle Vorteil der Regelung für die Gesellschaft gegenüber den potenziellen Kosten für die Gesellschaft überwiegt«.

Dieser Ansatz wirkte vernünftig. In der Praxis erwies er sich jedoch als Inbegriff von fast allem, was am lärmbehafteten Paradigma des BIP-Wachstums falsch ist.

Schnell stellte sich heraus, dass große Unternehmen regulatorische Auseinandersetzungen gewinnen konnten, indem ihre Anwälte aufzeigten, wie sehr ihre Klienten durch die Vorschriften belastet wurden. Die Kosten für Lärmminderung, zum Beispiel für den Schallschutz in Gebäuden oder die Entwicklung leiserer Verbrennungsmotoren, waren unmittelbar und leicht zu beziffern. Weitaus schwieriger war es dagegen, den »Nutzen« von Lärmschutzgesetzen aufs Papier zu bringen – etwa der emotionale Gewinn, dass ein geliebter Mensch *nicht* krank wird und aufgrund giftiger Luftverschmutzung stirbt, oder die langfristigen Vorteile einer angemessenen Lautstärke in einer New Yorker Grundschule.

Infolgedessen war es für die erbitterten Gegner der staatlichen Regulierung in der Reagan-Ära ein Leichtes, die finanziellen Mittel für die Lärmminderungsinitiativen aus Nixons Zeiten und andere Programme zu streichen.

Eine echte Kosten-Nutzen-Rechnung würde mit Sicherheit ergeben, dass Nixons *Office of Noise Abatement and Control* gerechtfertigt war. Die konkreten Schritte, die in den 1970er-Jahren von offizieller Seite zur Verringerung des auditiven Lärms unternommen wurden – Erforschung leiserer Industrietechnologien, Einführung von Produktnormen und finanzielle Mittel, mit denen lokale und regionale Regierungen die Normen durchsetzen konnten –, brauchen wir auch heute noch.

Doch wir müssen auch über den auditiven Lärm hinausschauen. Wir dürfen nicht außer Acht lassen, wie außerordentlich intensiv und komplex alle Arten von Lärm heutzutage geworden sind.

Vor diesem Hintergrund haben wir uns gefragt, wie ein Büro für Lärmbekämpfung und Lärmkontrolle aussehen müsste, wenn es nicht nur für akustischen, sondern auch für informationellen und inneren Lärm zuständig wäre.

Während des Wahlkampfs um die Präsidentschaftskandidatur der Demokraten schlug Andrew Yang 2020 die Schaffung einer neuen Behörde auf Kabinettsebene vor, die für die »Ökonomie der Aufmerksamkeit« zuständig sein sollte. Zunächst klang das wie ein reißerischer Wahlkampfslogan, doch dieser Gedanke brachte einen wichtigen Aspekt zur Sprache. Wenn die meisten Menschen während ihrer wachen Stunden überwiegend mit Computern, Telefonen oder Fernsehern beschäftigt sind (oder mit anderen Medien, auf denen Werbetreibende und Datensammler auf sich aufmerksam machen wollen), wäre es dann nicht angemessen, einen politischen Apparat zur Regulierung der Aufmerksamkeit zu schaffen – mit dem gleichen Stellenwert wie Verteidigung, Außenpolitik und Verkehr?

Herbert Simon – auf den der Begriff »Aufmerksamkeitsarmut« zurückgeht – sprach auch von »Aufmerksamkeitsökonomie«. Er hielt Multitasking für einen Mythos und wies uns auf die »Engstelle des menschlichen Denkens« hin. Schon vor Jahrzehnten erkannte er, dass man unsere knappe Aufmerksamkeit zur Ware machen, sie manipulieren und mit ihr Handel treiben kann. Und er erkannte auch, dass es für die Aufmerksamkeit keinen wirksamen Regulierungsapparat gibt, der für faire Märkte oder den Schutz des öffentlichen Interesses sorgt, wie es bei anderen Ressourcen wie Wasser und Holz der Fall ist. Noch heute existiert kein solcher Apparat.

In den letzten Jahren hat eine wegweisende Gruppe, zu der ehemalige Ingenieure und Designer aus dem Silicon Valley, darunter das Team vom *Center for Humane Technology* (CHT), gehören, die Folgen der mangelnden Aufmerksamkeit erfasst, für die ihre ehemalige Branche verantwortlich ist. Mit dem *Ledger of Harms*, also dem »Schadens-Buch«, versucht sich das CHT an einer echten Kostenrechnung, auf die unsere staatlichen Systeme derzeit verzichten. Das Center trägt Beweise für sogenannte »Online-Schäden« zusammen. Ein solcher Schaden ist zum Beispiel die Tatsache, dass digitale Medien so gestaltet sind, dass die meisten Menschen alle 19 Sekunden einen neuen visuellen Inhalt sehen. Dieses Hin und Her der Aufmerksamkeit löst einen »neurologischen Rausch« aus, der nachweislich süchtig macht und unserer Konzentrationsfähigkeit schadet. Zum anderen gibt es Hinweise darauf, dass die Aufmerksamkeit eines Menschen schon allein dadurch beeinträchtigt wird, dass sich ein Smartphone im selben Raum befindet.

Vielen Menschen werden diese schädlichen Folgen immer deutlicher bewusst. Wie also gehen wir damit als Politikum um?

Kürzlich führten wir ein Gespräch mit Nicole Wong, die von 2004 bis 2011 Chefjustiziarin bei Google und unter Obama Deputy Chief Technology Officer im Weißen Haus war. Mittlerweile engagiert sie sich für das Recht auf Privatsphäre und den Schutz der menschlichen Aufmerksamkeit. In unserer Unterhaltung brachten wir mehrere relativ einfache Ideen ins Spiel, etwa ein Verbot von Funktionen wie Endlos-Scrollen und Autoplay-Videos, die explizit darauf ausgelegt sind, die Bildschirmzeit zu maximieren.»Ich kann mich generell nicht mit Vorschriften anfreunden, die auf die technische Konzeption abzielen«, so Wong.»Dafür gibt es schneller Lösungen, als man neue Gesetze erlassen kann. Mit anderen Worten: Das Verbot bestimmter Technologien könnte eine wahre Sisyphusarbeit nach sich ziehen.«

Wong plädiert dafür, genau darauf zu achten, welche Schäden angerichtet werden, besonders dann, wenn diese Schäden»gezielt geschaffen« werden. Dazu liefert sie ein Beispiel:»Ich entwickele Autoplay, weil ich weiß, dass es die Bindung fördert, insbesondere bei den Dreizehn- bis Achtzehnjährigen. Gegen so etwas können wir vorgehen.« Damit kommt sie auf eine weitere Idee:»Ich könnte mir vorstellen, die *Federal Trade Commission* [FTC] auf ungesunde Praktiken anzusetzen«, sagt sie uns. Diese Regierungsstelle ist in den Vereinigten Staaten unter anderem für Verbraucherschutz, Cybersicherheit und den Schutz der Privatsphäre, insbesondere von Kindern, zuständig und hat den Auftrag, uns vor»irreführenden oder unlauteren Praktiken« zu schützen. Wong schlägt vor, man könne»Aufmerksamkeitsdiebstahl« einführen – zugegebenermaßen ein provokanter Begriff –, damit die FTC auf dieser Grundlage Schäden untersucht, die entstehen, weil bestimmte Technologien die menschliche Aufmerksamkeit in Beschlag nehmen und zu Geld machen.»Wenn die FTC eine Untersuchung [dieser Schäden] vornimmt, wäre das ein Signal an den Rest der Gesellschaft«, meint sie.

David Jay vom *Center for Humane Technology* bringt die Herkulesaufgabe, derartige Schäden zu regeln, mit klaren und einfachen

Worten auf den Punkt:»Man muss deutlich machen, was tabu ist.«
Dazu gehört, Praktiken und Algorithmen zu identifizieren und zu kontrollieren, die gezielt die Aufmerksamkeit in Beschlag nehmen sollen, und zwar insbesondere die Funktionen, die uns in einen»Kaninchenbau« locken wollen, sodass wir endlos durch Newsfeeds scrollen oder bis in die frühen Morgenstunden eine Folge nach der andern schauen, obwohl am nächsten Tag Schule ist. Er meint, Gesetze in diesem Bereich sollten unbedingt dafür sorgen,»dass User diese Algorithmen besser steuern können«. Dennoch vertritt Jay die Ansicht, dass eine offizielle staatliche Regulierung nur bedingt die Lösung sein kann. »Die Technik wird sich so schnell weiterentwickeln, dass die Regulierung nicht mithalten kann.« Letztendlich, so betont er, brauchen wir einen»verantwortungsbewussten öffentlichen Diskurs darüber, was Algorithmen tun *sollten*«.

Randima Fernando, Mitbegründerin und geschäftsführende Direktorin von CHT, beschrieb kürzlich die grundlegende Herausforderung: »Das ganze System beruht auf Anreizen, die wollen, dass man *nicht* ruhig ist. In der Aufmerksamkeitsökonomie ist Ruhe gleichbedeutend mit Verlust.« Leider läuft der Schutz der menschlichen Aufmerksamkeit den grundlegenden Gewinnabsichten einiger der mächtigsten Konzerne der Welt zuwider. Elemente zur sozialen Validierung – wie der»Gefällt mir«-Button bei Facebook – sind für die Geschäftsmodelle der Unternehmen von entscheidender Bedeutung, weil sie unsere Dopaminrezeptoren und damit unsere bewusste Aufmerksamkeit besonders effektiv in Beschlag nehmen. Smartphones schaden der Aufmerksamkeit vor allem deshalb so sehr, weil sich unser Gehirn nach dem biochemischen Kick sehnt, der mit sozialer Bestätigung einhergeht. So ungeheuerlich eine solche neurobiologische Manipulation auch sein mag, man kann sich kaum vorstellen, wie ein ganzer Markt, der auf diesem mächtigen Profitmotiv aufbaut, demontiert werden könnte.

In einer Welt, in der Plattformen die Aufmerksamkeit mit starken Reizen auf sich ziehen und sich im Handumdrehen an einschränkende Vorschriften anpassen können, liegt es nahe, dass sich neue Maßnahmen gegen die Schäden der Aufmerksamkeitsökonomie vorrangig auf die Sensibilisierung der Öffentlichkeit und die Änderung des Konsumverhaltens konzentrieren sollten. Das Augenmerk muss folglich auf der Transparenz liegen. Denken Sie nur an Zigaretten. Dass seit Jahrzehnten immer weniger Menschen rauchen, ist nicht auf ein Verbot von Tabakerzeugnissen zurückzuführen. Stellen Sie sich vor, auf der Startseite von Facebook würde eine offizielle Warnung des Gesundheitsamts prangen – wie auf einer Zigarettenschachtel –, die ausführlich beschreibt, wie das Produkt mit raffinierten Mitteln ganz gezielt Ihre Gehirnchemie manipuliert, um Werbung zu verkaufen. Ein erster Schritt hin zu echter Transparenz könnte darin bestehen, dass die Technologieriesen von staatlicher Seite gezwungen werden, ihre eigenen Forschungsergebnisse über die Auswirkungen bestimmter Designmerkmale auf die menschliche Aufmerksamkeit offenzulegen. Wenn sie ein eigenes, ehrliches *Ledger of harms* vorlegen müssten, könnten wir, die Öffentlichkeit, besser verstehen, was mit unseren Gehirnen geschieht. Das richtige Maß an Transparenz und Druck könnte das Konsumverhalten verändern und die Unternehmen damit letztendlich zu einer Verhaltensänderung zwingen.

Wong hält das für möglich. »Die Tech-Community wacht gerade auf, und vor allen Dingen wacht auch die Userbasis auf«, berichtet sie. Negative Publicity und die damit verbundenen wirtschaftlichen Konsequenzen haben bewirkt, dass einige Plattformen kürzlich in kleinerem Maßstab Änderungen getestet haben; so wurden »Gefällt mir«-Buttons ausgeblendet oder die User informiert, wenn sie alle neuen Beiträge aus ihrem Freundeskreis gesehen hatten, statt den Feed mit endlosen Anreizen zum Weiterscrollen zu füllen. Das sind nur kleine Schritte, doch sie beweisen, dass Veränderungen möglich sind.

Jasper Tran, ein Rechtsanwalt aus Los Angeles, schlug in einem wissenschaftlichen Artikel kürzlich vor, das »Recht auf Aufmerksamkeit« gesetzlich zu verankern. Dieses »Recht« ist laut Tran in Wirklichkeit ein »Bündel von Rechten« und umfasst unter anderem »das Recht, geforderte Aufmerksamkeit zu verweigern, das Recht, in Ruhe gelassen zu werden, das Recht, nicht gespammt zu werden, und das Recht, keine unerwünschte oder unaufgeforderte Werbung zu bekommen, ... sowie das Recht, nicht gegen den eigenen Willen informiert zu werden«.

Was würde ein solches Recht auf Aufmerksamkeit bedeuten? Es geht darum, das menschliche Bewusstsein vor dem unerbittlichen Lärm des Informationszeitalters zu schützen, und um die komplexen Fragen zur Regulierung der Technologie, etwa mit Regeln und Transparenzbestimmungen, wie wir sie gerade beschrieben haben.

Einige der wichtigsten Methoden zum Schutz der menschlichen Aufmerksamkeit laufen jedoch auf ganz altmodische Fragen der politischen Macht hinaus. Dabei geht es nicht um hochtechnische Entwicklungen, sondern um klassische Organisations- und Verhandlungsarbeit.

In ihrem Buch *Nichts tun* berichtet Jenny Odell, wie die US-amerikanische Arbeiterbewegung im Jahr 1886 eine Kampagne für den Achtstundentag ins Leben rief, die sich über Jahrzehnte hinziehen sollte. Der Slogan des Gewerkschaftsbunds lautete »Acht Stunden Arbeit, acht Stunden Ruhe und acht Stunden für das, was wir wollen.« Dazu wurde eine Grafik entworfen, die alle drei Tagesabschnitte visuell darstellte. Man sah eine Näherin an ihrem Arbeitsplatz, einen schlafenden Menschen, dessen Füße unter der Decke hervorragen, und ein Paar, das in einem Boot auf dem See gemeinsam die Gewerkschaftszeitung liest. Diese »acht Stunden für das, was wir wollen« wurde nicht als »Freizeit« oder Zeit für »Haushaltspflichten« oder sonst irgendetwas definiert. Odell meint, es sei »doch die menschlichste Weise, diesen Zeitraum zu beschreiben, ihn eben nicht definieren zu wollen«.[15] In dieser Zeit sind die Menschen frei von den geistigen Reizen, die ihnen die Arbeit auferlegt – von dem Lärm, der entsteht, weil ihre Aufmerksamkeit gegen ihren Willen in Anspruch genommen wird.

Heute, 135 Jahre nach der Entwicklung dieses Slogans und mehr als ein Jahrhundert nach der Einführung des Achtstundentags, müssen wir diese Bewegung für die menschliche Aufmerksamkeit wieder aufleben lassen. Der Lärm der übermäßigen beruflichen Pflichten ist für die meisten Menschen ein ernstes Problem. Durch das Internet ist die Arbeit in die persönliche Zeit und den persönlichen Raum eingedrungen und höhlt die »acht Stunden für das, was wir wollen« und oft auch die »acht Stunden für die Ruhe« aus. Die Homeoffice-Revolution hat diese Erosion weiter vorangetrieben.

Glücklicherweise hat die Politik Möglichkeiten, gegen diesen Aspekt des Aufmerksamkeitsdiebstahls anzugehen. 2017 erließ Frankreich ein Gesetz, nach dem Beschäftigte das »Recht auf Abschalten« haben und ihren Feierabend ohne E-Mails, Laptops, Telefone und andere »elektronischen Leinen« verbringen dürfen. Jahrelang hatten die französischen Gewerkschaften eine »Explosion der Mehrarbeit« beklagt, da sich viele Beschäftigte gezwungen sahen, auch nach Dienstschluss noch online zu sein. Die neue Verordnung verpflichtet Unternehmen mit mindestens 50 Beschäftigten, mit dem Personal Richtlinien für die Kommunikation außerhalb der Arbeitszeit auszuhandeln, um angemessene Pausen sicherzustellen. Das französische Arbeitsministerium erklärte dazu: »Diese Maßnahmen sollen die Einhaltung der Ruhezeiten und die Vereinbarkeit von Beruf, Familie und Privatleben gewährleisten.«

Das »Recht auf Aufmerksamkeit« geht auf das zurück, was der französische Philosoph Gilles Deleuze im 20. Jahrhundert als »das Recht, nichts zu sagen«, bezeichnete – die Vorstellung, dass wir alle ein Recht auf unsere eigene ungestörte »Innerlichkeit« haben, und damit auch die Vorstellung, dass die Gesellschaft diesen grundlegenden Aspekt des Menschseins anerkennen sollte. Diese Idee mag weitreichende Folgen für Politik, Recht, Wirtschaft, Kultur, Psychologie und sogar Spiritualität haben, doch ihre Grundprämisse ist denkbar einfach: *Niemand sollte einer unerträglichen Lärmbelastung ausgesetzt sein.*

IDEE 5: BERATEN WIE DIE QUÄKER

Michael J. Sheeran ist nicht nur Jesuitenpriester, sondern auch Politikwissenschaftler. Als er in den 1970er-Jahren in Princeton promovierte, faszinierte ihn ein Thema, das sowohl für religiöse Organisationen als auch für säkulare politische Institutionen von Bedeutung war: *konsensbasierte Entscheidungsfindung.*

Sheeran weist darauf hin, dass einige der berühmtesten Beratungsgremien der Welt auf Konsens setzen. Im US-Senat zum Beispiel werden viele Punkte auf der Tagesordnung »einstimmig« beschlossen. Nach diesen Regeln kann ein einziges Mitglied einen großen Teil der Sitzungen blockieren, indem es die Zustimmung verweigert. Auch die Generalversammlung der UNO arbeitet in vielen Situationen nach dem Konsensprinzip, und viele Unternehmensvorstände treffen Entscheidungen in erster Linie einstimmig.

Sheeran betont jedoch, dass diese Beispiele nicht den Geist eines echten Konsens vermitteln. Im Senat mag die Einstimmigkeit vielleicht üblich sein, doch sie wird heutzutage nur noch angewandt, um unumstrittene Routineangelegenheiten effizient abzuhandeln. Bei schwierigeren Fragen kommt es zu Verschleppungstaktiken und umkämpften Abstimmungen. In der UNO führt die Einstimmigkeitsregel im Allgemeinen dazu, dass bestimmte Länder Kontroversen aus dem Weg gehen und sich zu einem gewissen Thema nicht öffentlich äußern, sondern lieber hinter den Kulissen verhandeln. In Unternehmen kommt die Einstimmigkeit oft zustande, weil Führungskräfte die Entscheidung des Vorstands kritiklos absegnen. Aufgrund solcher Beispiele genießen Konsensentscheidungen gemeinhin einen schlechten Ruf.

Sheeran untersuchte jedoch eine Organisation, die eine tiefgreifende, auf Konsens basierende Entscheidungsfindung umsetzt – im wahrhaftigen Sinne. Dissens wird dabei nicht einfach vermieden oder beschönigt, sondern einbezogen, um Lösungen zu erarbeiten, die Bestand haben. Diese Organisation sind die Quäker. Sheeran besuchte das *Philadelphia Yearly Meeting*, eine große Versammlung in der ehemaligen Hauptstadt der USA. Anschließend führte er zwei Jahre lang Hunderte von Gesprächen mit aktiven Quäkern, um einen besseren Einblick in ihre Arbeitsweise zu bekommen.

In seinem 1983 erschienenen Buch *Beyond Majority Rule (Jenseits der Mehrheitsregel)*[16] beschreibt Sheeran, wie die »Geschäftsandacht« der Quäker auf der Grundlage einstimmiger Entscheidungen und ohne Abstimmungen funktioniert, obwohl es dabei oft um sehr umstrittene Themen geht. Er liefert ein Beispiel: Eine Gemeinde beriet über die Erweiterung ihres Friedhofs. Auf der einen Seite beharrten die Befürworter der Erweiterung darauf, dass jeder Mensch ein Grab in der Nähe seiner Angehörigen, seiner Vorfahren und der übrigen Gemeinschaft verdient. Auf der anderen Seite argumentierten die Gegner, dass die Erweiterung den Spielbereich der Kinder verkleinern würde. In der Sitzung kochten die Gefühle hoch. Es war klar, dass keine einstimmige Lösung zustande kommen würde, deshalb nahm der Schreiber, der die Versammlung leitete, kein Protokoll auf. Er beschloss, das Problem einen Monat lang »ruhen« zu lassen. Die Gemeindemitglieder gingen nach Hause und legten das Thema vorläufig »auf Eis«. Sechs Monate lang gab es abwechselnd Beratungen und »Ruhephasen«, dann hatten sich die Emotionen abgekühlt, und es zeichneten sich neue Lösungen ab. Die Gruppe fand einen Weg, eine begrenzte Erweiterung des Friedhofs zu gestatten, ohne den Kinderspielplatz zu beeinträchtigen. Durch Ruhe, Zeit und Raum eröffneten sich bisher unerkannte Möglichkeiten. Alle stimmten der neuen Lösung zu. Selbst in dem einladenden Raum des Freundestreffens – einem sicheren Raum für Meinungsverschiedenheiten – stellte Sheeran fest, dass niemand der Anwesenden den Kompromiss bedauerte.

In dem 1951 erschienenen Buch *Roads to Agreement* (*Wege zur Einigung*)[17] nennt Stuart Chase mehrere Merkmale der Vorgehensweise, die Quäker für Beratungen verwenden, darunter einstimmige Beschlüsse ohne Abstimmungen, die Beteiligung aller, die Ideen haben, der Verzicht auf eine Leitung, die Konzentration auf Tatsachen und der Grundsatz, dass niemand dem anderen überlegen ist. Ein solcher »geordneter Anarchismus« lässt sich zum Teil auch in anderen Organisationen finden, doch Chase weist auf drei weitere Merkmale hin, die bei den Quäkern einzigartig sind: Schweigen zu Beginn aller Versammlungen, ein vorübergehender Aufschub, wenn noch keine Einigung erzielt werden kann, und das Primat des richtigen Zuhörens, zu dem auch gehört, dass man niemals mit einer vorgefassten Meinung an einer Versammlung teilnehmen soll. Diese Strukturen bringen die Werte der Quäker auf den Punkt.

Wir haben bereits erwähnt, dass Rob Lippincott, der NGO-Leiter, Pädagoge und gebürtige Quäker, den Zweck der Geschäftsandacht nicht in der eigentlichen »Debatte« sieht, sondern vielmehr in dem, was oft als »Dreschen« bezeichnet wird. Es geht um die *Entscheidungsfindung.* Wichtig ist dabei, dass man nicht versucht, seinen Standpunkt zu verteidigen, sein Ego zu bestätigen und zu beweisen, dass man recht hat. Bei dieser Form der Gruppenberatung geht es nicht darum, *wer recht hat*, sondern darum, *was wahr ist.* »Ein Wahrheitssuchender«, betonte Gandhi, »braucht Stille.« Um gemeinsam die Wahrheit zu finden, braucht man Mechanismen der Stille und

Ruhe, um den Lärm von Ablenkung und Feindseligkeit zu überwinden. Man muss sich gemeinsam dem vorurteilsfreien Zuhören verpflichten.

Der Ansatz der Quäker ist nicht das einzige Modell für echte konsensbasierte Gruppenentscheidungen, die auf kontemplativer Ruhe basieren. Die Konföderation der Irokesen – die älteste partizipatorische Demokratie der Welt[18] – errichtete auf der Grundlage von Konsensentscheidungen auf mehreren Ebenen eine diverse, höchst egalitäre Gesellschaft. Viele Wissenschaftler gehen davon aus, dass die Verfassung der USA unmittelbar vom »Großen Friedensgesetz« inspiriert wurde, der mündlich überlieferten Verfassung der Irokesen-Konföderation, die Kontrollmechanismen und Gewaltenteilung vorsieht. Allerdings beruht die US-Verfassung auf dem Mehrheitsprinzip, während im Großen Friedensgesetz der Konsens im Mittelpunkt steht.

Die Konsensfähigkeit im Modell der Irokesen hängt unmittelbar mit der Fähigkeit zur gemeinsamen kontemplativen Stille zusammen. Wer an einer Entscheidungsversammlung der Irokesen teilnimmt, hört vermutlich eine Rezitation der Haudenosaunee-Danksagung. Dabei wird dem Wasser, den Pflanzen, den Tieren und allen Kräften der Natur gedankt. Auf jeden Teil folgt der Rede ein Moment gemeinsamer ehrfürchtiger Aufmerksamkeit und ein transzendenter Satz, der mehrfach wiederholt wird: »Jetzt sind unsere Geister eins.«

Stellen Sie sich nur vor, in einer Institution wie dem modernen US-Senat, der UNO-Vollversammlung oder im Vorstand eines Großkonzerns würde Konsens auf der Grundlage einer Einheit hergestellt, die durch gemeinsame kontemplative Ruhe entsteht. Stellen Sie sich vor, die Personen in einer solchen Versammlung würden versuchen, *ihren Geist eins werden zu lassen*. Dass uns das absurd erscheint, hat seinen Grund. Schon vor 40 Jahren stellte Sheeran fest, dass die Quäker in ihren Versammlungen auf Konsens setzen können, weil sie gemeinsame Werte haben. Die Vorgehensweise der Quäker – und der

Irokesen – ist möglich, weil, so Sheeran,»die Teilnehmer zu einer Gemeinschaft gehören«. Sie sind Teil einer »organischen Gruppe, deren Wohl und Ziele der wichtigste Bezugspunkt sind«. Die Mitglieder des Senats und der UN-Generalversammlung gehören nicht der gleichen Gemeinschaft an. In der modernen westlichen Gesellschaft leben die meisten Menschen in einer, wie er es nennt,»individualisierten, atomaren« Kultur, die »nicht gemeinschaftsfähig ist, weil sie den auf das Individuum ausgerichteten Ausgangspunkt nicht aufgeben kann«. Es versteht sich von selbst, dass die Vereinigten Staaten der Inbegriff einer solchen Kultur sind.

Um zu einer konsensorientierten Entscheidungsfindung zu gelangen, müssen wir lernen, unsere hyperindividuellen Perspektiven hinter uns zu lassen. Wir müssen lernen, das Default Mode Network des Gehirns – das »Ich-Netzwerk« – zu überwinden. Wir müssen in der Lage sein, den Lärm des eigenständigen Selbst zu transzendieren.

Natürlich gibt es keine einfache Antwort auf die Frage, wie sich dieser Wandel in den Werten und der gemeinschaftlichen Orientierung erreichen lässt. Doch Praktiken der Ruhe – wie das »Ruhenlassen« bei einer Quäkerversammlung oder das verbindende Ritual der Danksagung bei den Haudenosaunee – sind ein erster Ansatz. Die Gestaltung einer Gesellschaft, die das Schweigen wertschätzt, erfordert Veränderungen, sowohl im Bereich der offiziellen Regeln als auch in Bezug auf Normen in kleinerem Maßstab; der Wandel muss nicht nur von oben nach unten, sondern auch von unten nach oben erfolgen.

R-E-S-P-E-K-T

In Kapitel 5 haben wir die Pionierarbeit der Umweltpsychologin Arline Bronzaft aus den 1970er-Jahren erwähnt. Sie untersuchte die Folgen von Lärmbelästigung auf die kognitiven Fähigkeiten von Grundschülern, deren Klassenzimmer direkt neben einer kreischenden Hochbahnstrecke in Manhattan lag. Seit dieser bahnbrechenden Studie, die fast 50 Jahre zurückliegt, beschäftigt sie sich damit, wie sich auditive Ablenkung im Interesse der Gesellschaft reduzieren lässt. Bronzaft hat fünf Bürgermeister der Stadt New York in Fragen der Lärmbelästigung beraten, war technische Beraterin der US-Regierung zu nationalen Grundsätzen und setzt sich für die Wiedereinführung eines seriösen Regulierungsapparats ähnlich dem *Office of Noise Abatement and Control* ein.

Im Rückblick auf diese jahrzehntelangen Bemühungen wies Bronzaft Ende 2020 auf einen entscheidenden Schlüssel zur Bewältigung des Lärms in der modernen Welt hin.

»Ein Wort könnte die Lärmbelästigung maßgeblich verringern«, sagte sie in einem Interview. »Respekt.«

Das Wort »Respekt« ist heutzutage allgegenwärtig, vermittelt jedoch eine wichtige Botschaft: dass man die Würde des anderen anerkennt und ihm das Recht gibt, nach Sinn und Wohlergehen zu streben. »Respekt« stammt vom lateinischen Wort *respectio* für »Betrachtung, Rückschau«. Durch diese Rückschau erfährt der andere Mensch die Beachtung, die ihm gebührt.

Bronzafts schlichte Aussage trifft den Kern dessen, was wir zu leisten haben. Wir müssen anerkennen, dass jeder Mensch das Recht hat, seine eigene »Innerlichkeit«, seine eigene Klarheit und sogar sein eigenes Staunen zu erleben. Diese Art von tiefem Respekt geht in unseren modernen Kommunikationsformen verloren. Und das trägt dazu bei, dass der globale Lärm zunimmt und unsere Fähigkeit zur Konsensfindung schwindet.

50 Jahre nach der Verabschiedung des Lärmschutzgesetzes hat sich das Wesen des Lärms dramatisch verändert. Der massive Zuwachs von Informationslärm hat die Arbeit der Regulierungspolitik sehr viel komplizierter gemacht. Dennoch gilt der Respekt, auf den Bronzaft

hinweist, nicht nur für den auditiven, sondern auch für den informationellen und sogar für den inneren Lärm.

Derzeit wird daran gearbeitet, den Wert des Respekts in unsere sozialen, wirtschaftlichen und technologischen Systeme einfließen zu lassen. Dabei denken wir zum Beispiel an die Aktivisten des *Center for Humane Technology*, die danach streben, »von einer Technologie, die Werte durch das Erhaschen von Aufmerksamkeit schafft, hin zu einer Technologie zu gelangen, die Werte durch die Förderung von Präsenz schafft«.

Auch wenn wir glauben, dass offizielle staatliche Strukturen bei diesen Übergängen eine wichtige Rolle spielen – die Festlegung gemeinsamer Regeln und Erwartungen, die den Kräften des Lärms entgegenwirken –, wissen wir, dass es vor allem darauf ankommt, die Kultur zu verändern. Im Grunde geht es darum, dass wir Respekt kultivieren.

15 Kultur der Ruhe

»Kommt rein!«, ruft jemand.

Joyce DiDonato ist bereits auf der Bühne und meditiert.

Oder so etwas Ähnliches.

In einem bodenlangen metallisch grauen Kleid steht sie reglos wie eine Statue, eingehüllt in die Nebelschleier und die kunstvolle Beleuchtung der barocken Gefilde des großen Konzertsaals im Kennedy Center. Sie konzentriert sich zwar ganz auf ihren Atem, doch die Umgebung ist für eingehende Innenschau nicht gerade förderlich. »Hier ist viel los«, sagt sie.

Joyce hat zwar bereits Hunderte von Auftritten auf den großen Bühnen der Welt absolviert und fast alle Preise gewonnen, die es in der Opernwelt zu holen gibt, trotzdem verspürt sie noch Reste von dem, was jedem Neuling zu schaffen macht – »Nervosität und Anspannung und Adrenalin«. »Das Herz rast«, berichtet sie. »Die Hände werden feucht.«

Ihre Stimme hat eine nahezu übernatürliche Klarheit, ihre Bühnenpräsenz strahlt eine gewisse Ruhe aus. Dennoch erklärt Joyce, dass sie eine ganze Menge innerer Arbeit leistet, um den Lärm zu bewältigen. »Als Künstlerin habe ich das Ziel, alles, was mich hemmt, hinter mir zu lassen, damit die Musik ungehindert zum Publikum vordringt; es geht darum, den inneren Lärm, die inneren Zweifel zu überwinden.« Dass mutiger Gesang vor Tausenden von Menschen Ruhearbeit sein könnte, ist eine seltsame Vorstellung. Aber genau so stellt Joyce es dar. »Ich muss eine Art Ruhe finden, um der Musik tatsächlich eine Stimme zu geben, ehrlich und aufrichtig. Ich muss nach innerer Ruhe streben. Dafür musste ich viel Zeit investieren – und muss es immer noch«, fügt sie hinzu. »Mir war nicht klar, wie laut es in meinem Kopf zuging.«

Etwa eine halbe Stunde lang strömt das Publikum in den Konzertsaal. Als sich der Vorhang öffnet, reagiert es erstaunt, weil die gefeierte Mezzosopranistin bereits auf der Bühne sitzt. »Der Lärm nimmt zu, die Energie, die frenetische Vorfreude wächst«, erzählt sie. »Dann wird das Licht gedämpft. Das ist, als hätte jemand die Lautstärke heruntergedreht.« Nun liegt knisternde Aufmerksamkeit in der Luft.

Dann wird ein einziger tiefer Ton auf der Laute gezupft.

»Die Laute ist ein sehr weiches Instrument, sie macht nicht viel Lärm, deshalb ist es ungewöhnlich, wenn sie nach Aufmerksamkeit verlangt. Anschließend folgen etwa zwanzig Sekunden Stille, ehe ich mich endlich rühre und die Musik einsetzt.« Joyce berichtet, dass sie diesen behutsamen, unkonventionellen Auftakt sehr liebgewonnen hat: »Ich verspüre dabei einfach viel mehr – Bewusstsein.«

Das Konzert, das sie beschreibt, fand im November 2019 in Washington, D. C., statt und war der letzte Auftritt einer dreijährigen Welttournee durch 24 Städte in 23 Ländern. Die Tour trug den Titel *In War and Peace: Harmony Through Music.*[1] Joyce sagt, die Idee habe sie »wie ein Blitz getroffen«. Damals stand eigentlich eine ganz andere Tournee an. »Sie sollte eine CD mit seltenen neapolitanischen Arien promoten«, so Joyce. Die Tournee war bereits geplant, sämtliche Vorbereitungen waren abgeschlossen, doch als sich in Paris die tragischen Terroranschläge ereigneten, »wurde etwas tief in meinem Inneren erschüttert«, sagt sie. Ihre innere Stimme meldete sich deutlich zu Wort: »Ich kann keine Aufnahme für den kleinen Kreis von etwa fünfhundert Menschen machen, die ein akademisches Interesse daran haben ... *Die Welt braucht etwas anderes.*« Angesichts der Gewalt in Frankreich und der Verbitterung in der amerikanischen Politik empfand Joyce den Drang, zu erkunden, wie der Mensch – durch Musik und Kunst – in Zeiten lauten Aufruhrs Trost finden kann.

Während ihrer Tournee fragte sie unzählige Menschen, wie sie im Chaos Frieden finden. Die Antworten veröffentlichte sie in der Zeitschrift *Playbill* – damit stieß sie einen Dialog an und sorgte dafür, dass ihre Tournee mehr wurde als »neunzig Minuten musikalische Berieselung«, wie sie es ausdrückte. Die Umfrage und die Antworten des Publikums gaben Anlass zu umfassenderen Diskussionen, die den Hintergrund der Tournee bildeten.

Joyce überlegt, wie sie selbst diese Frage beantworten würde: Wie kann sie inmitten des Chaos Frieden finden? Obwohl ihre Konzerte diesen aktuellen Zweck erfüllen sollen, singt sie darin jahrhundertealte Werke. Sie berichtet, wie sehr sie sich den Menschen verbunden fühlt, die diese Lieder im Laufe der Jahrhunderte aufgeführt haben, und mit all jenen, die sie über diese Jahrhunderte hinweg hörten. »So entsteht eine Art Faden, der in die Zeit zurückreicht«, sagt sie. Joyce transzendiert unsere Vorstellung von Zeit – vor allem in der Stille. »Die Stille wird durch all die Stille von früher verstärkt und gestützt.«

Zum Ende des Konzerts, so erzählt sie uns, »wird die Melodie des Gesangs von der Solovioline aufgegriffen und geht dann langsam in den langen Schlussakkord des Orchesters über. Ganz unmerklich löst sie sich einfach auf – als würde sie ewig bestehen«.

Und dann die erhabene Stille.

»Im Publikum sind zweitausend Menschen«, so Joyce, »zweitausend Erfahrungen, die gleichzeitig stattfinden. Es ist, als hätten alle ohne Worte die Abmachung getroffen – eine *schweigende, gemeinsame Abmachung* –, sich nicht zu rühren, nicht einmal zu atmen.« Weiter sagt sie: »Das Publikum sorgt für die elektrisierende Atmosphäre. In diesem Augenblick herrscht keine Vorfreude wie in der Stille zu Beginn, und auch keine Nervosität.« Die verschiedenen Arten der Stille sind ihr bestens vertraut. »Die Leute sind einfach *in* der Stille. Sie verlassen sich ganz auf das Erlebte – sie tauchen darin ein.«

Es ist, als würde die Zeit »stillstehen«, sagt sie. »Eine solche Stille wirkt heilig.«

Ganz in der Nähe des Weißen Hauses – im Zwielicht der Trump-Jahre voller Unsicherheit und Unruhen – existiert für kurze Zeit eine Kultur der Präsenz und des Friedens. Die Aufführung lässt entrückte Stille entstehen. Die sich ganz allmählich auflöst.

Tosender Beifall setzt ein. Dann, nachdem die jubelnden »Brava!«-Rufe verklungen sind, kehrt wieder kollektive Ruhe ein.

Nun wendet sich Joyce an das Publikum. Erst geht sie auf das ein, was greifbar ist: den Schmerz und das Chaos draußen vor der Tür. Nach einem opernhaften Crescendo verkündet sie: »Unsere Welt muss nicht so sein.« Sie erzählt davon, dass das Leben »eine Fülle unendlicher Möglichkeiten, unwahrscheinlicher Schönheit und unerbittlicher Wahrheit bieten kann und sollte«.

Anschließend steht sie wieder regungslos auf der Bühne. Sie lässt den Worten etwas Raum, damit sie ihre Wirkung entfalten können.

Als wir mit Joyce über das Gesagte sprechen wollten, schien sie sich kaum daran zu erinnern. Nicht, als hätte sie die Worte nicht gesagt. Nicht, als wären sie nicht von Bedeutung gewesen. Eher so, als *hätten die Worte durch sie gesprochen*. Es war, als hätte die gesamte Tournee nur dazu gedient, diese Worte und diese Ruhe zu vermitteln – an diesem Tag, an diesem Ort, vor diesen Menschen.

Justin erinnert sich lebhaft an Joyce' Worte. Er war im Publikum. Nachdem sie von Kampf und Hoffnung gesprochen hatte, spürte er die tiefste Ruhe, die er je in einer so großen Menschenmenge erlebt hatte. Er spürte die gemeinsame Abmachung, von der Joyce sprach – er war Teil dieser Abmachung.

Im Saal war damals auch die Verfassungsrichterin Ruth Bader Ginsburg, die einige Monate nach dem Konzert verstarb. Der Oberste Gerichtshof hatte damals viel zu tun, die Richterin war mit zahlreichen schwierigen Fällen befasst. »Sie hatte wichtige Entscheidungen auf dem

Schreibtisch«, erinnert sich Joyce. »Am Morgen nach der Aufführung ließ sie mich wissen, wie dankbar sie war; in diesen zwei Stunden hatte sie nicht an die Akten gedacht. In dieser Zeit konnte sie durchatmen, sich erholen, neue Kraft schöpfen und eine neue Sichtweise gewinnen.« Wir reden mit Joyce darüber, was Richterin Ginsburg in diesem Moment in sich trug – für sich und für das Land. Wir reden darüber, wie selten man ein *Behältnis* findet, das eine solche Erneuerung ermöglicht. Einen öffentlichen Raum, einen säkularen Raum, einen Raum, in dem eine stille gemeinsame Abmachung gilt.

»Unsere Gesellschaft ist so sehr auf Produktivität ausgerichtet: oben bleiben, eine Nasenlänge voraus sein, alles im Griff haben – tun und machen. Deshalb gaukelt uns unser Intellekt vor, das sei der einzige Weg«, meint Joyce. »Dabei sind wir eingeladen, innezuhalten und etwas zu erleben, das Raum und Wahrheit bietet.« Sie fährt fort: »Ich glaube, das ist die Kraft der Kultur, der Kunst, der Performance. Es passiert nicht immer. Aber wenn es *passiert*, ist es eine Chance, den Kopf zu verlassen und die eigene Mitte zu finden.«

In der Meditation oder stillen Kontemplation hat Joyce nur selten eine Ruhe erlebt, die sie als »entrückt« bezeichnen würde. Aber, so erzählt sie uns, »ich habe mehrfach, *vielfach* erlebt, dass sie aus der Gemeinschaft kam ... Dann entsteht ein Einklang, der wundervoll verstärkt wird.«

DER TAG DER RUHE

Dewa Putu Berata wuchs im Dorf Pengosekan in der Nähe von Ubud auf, wo er im Schatten von fünf riesigen Banyanbäumen mit Freunden spielte und Musik machte. »Auf Bali gibt es *viele* Zeremonien«, sagt er grinsend. Das ist eine charmante Untertreibung. Opfergaben und Rituale bilden das Herzstück der balinesischen Kultur.

Als Junge liebte Dewa besonders die Ngrupuk-Parade[2], die am Silvesterabend stattfindet. Dabei geht es chaotisch zu, und zwar mit Absicht. Die Dorfbewohner strömen von ihren Grundstücken auf die Straßen und tragen riesige Abbilder von Monstern und Dämonen. Sie schlagen auf Trommeln und machen laute Geräusche, um böse Geister zu verscheuchen. Die Musik ist »laut und ernst«, sagt Dewa deutlich leiser.

»Es klingt wie *Tata! Tata! Dum! Tata! Dum! Ta Dum!*«

Dewa hielt sich an seinen Vater, einen berühmten Trommler, der stundenlang diesen intensiven Rhythmus vorgab, um das Böse zu vertreiben und die Menschen auf die Reinigung vorzubereiten, die am nächsten Morgen stattfinden würde – an Nyepi, dem Tag der Ruhe, der nicht nur der erste Tag des neuen Jahres ist, sondern auch der wichtigste zeremonielle Tag des balinesischen Mondkalenders.[3]

An Nyepi sind die gewöhnlichen Alltagstätigkeiten verboten. 24 Stunden lang gelten ganz andere Regeln: Man darf kein Feuer machen, nicht kochen und kein Licht benutzen, darf keinerlei Tätigkeit ausüben, auch nicht arbeiten; man darf das Haus nicht verlassen und – nicht zu vergessen – weder Nahrung zu sich nehmen noch sich vergnügen. »Man muss ruhig sein, zu Hause bleiben und nachdenken«, sagt Dewa. »Die Natur darf einen Tag lang Pause machen, und auch man selbst macht einen Tag Pause.«

Dewa sagt, sein Dorf sei heutzutage unvorstellbar laut. Im Hupkonzert der dieselbetriebenen Lastwagen und Motorräder sind kaum noch Vögel zu hören. Doch an Nyepi darf niemand Auto fahren, der internationale Flughafen ist geschlossen, sogar der Mobilfunk wird abgeschaltet.

»In unserer Welt ist es ruhig«, so Dewa. »Aber in unseren Köpfen und Herzen ist viel los.«

An diesem Tag der Reinigung wird erwartet, dass man für das dankbar ist, was man hat, und nicht über Verbote schimpft. Dewa und seine Familie fragen sich: »Was wäre, wenn ich *keine* Arbeit hätte? Was wäre, wenn ich *kein* Essen hätte? Was wäre, wenn ich *kein* Haus hätte oder mir *keinen* Strom leisten könnte?« Diese Fragen regen sie zur Dankbarkeit an.

Dewa meint, für »normale Menschen« wie ihn, die »nicht gut meditieren« können, sei es in Ordnung, Nyepi in ruhigem Gespräch mit Nahestehenden zu verbringen – solange man darauf achtet, die Nachbarn nicht zu stören. In Dewas Familie wird die Zeit genutzt, um die gemeinsame Beziehung zu pflegen. Sie reden darüber, wie gut sie miteinander kommuniziert haben und miteinander auskommen, über gegenseitige Verpflichtungen und Versprechen. Sie legen fest, wie sie sein wollen – als Familie. Für Dewa und seine Angehörigen geben diese ruhigen Gespräche den Ton für das kommende Jahr vor.

Das Schönste an Nyepi ist für Dewa, wenn er mit seiner Frau und seinen Kindern ein paar Matratzen in den Innenhof ihres Grundstücks schleppt. Dort machen sie es sich gemütlich, legen die Köpfe aneinander, lauschen dem Gesang der Vögel und blicken in den weiten Himmel.

Eigentlich hatten wir damit gerechnet, Dewa würde sagen, die Tradition des Nyepi drohe zu verschwinden. Doch ganz im Gegenteil. Er sagt, die Menschen befolgen sie strenger denn je. In seiner Kindheit, so Dewa, »war Nyepi keine große Sache«. Damals beauftragte die Regierung die Pecalang – traditionelle Wächter, die im Alltag für die Sicherheit im Dorf sorgten – damit, die Einhaltung der Nyepi-Regeln zu überwachen. Heute drehen sie immer noch ihre Runden, doch Dewa sagt, dass man sie kaum noch braucht. »Ich glaube, die Leute verstehen, was Nyepi bedeutet«, berichtet er uns. »Heutzutage ist alles so voll, wir sind so gestresst, es gibt viel Arbeit, viel Betriebsamkeit … Ich glaube, dass wir Nyepi wirklich *brauchen.*«

Dewa sagt, dass er und die anderen Menschen in seiner Heimat das Ritual schätzen. »Wir sagen: ›Danke, Nyepi. *Danke.*‹«

ERINNERN

In den vorangegangenen Kapiteln haben wir erkundet, was es bedeutet, für uns selbst sowie im Kreis von Freunden, Kollegen und Angehörigen Ruhe zu finden. Wir haben uns politische Maßnahmen vorgestellt, die unser Inneres respektieren und das Unausgesprochene wertschätzen.

Aber was bedeutet es, in einer Gesellschaft zu leben, in der die Ruhe allgemeine Wertschätzung erfährt?

Was wäre, wenn die gemeinsame Abmachung bei Joyce' Auftritt oder der Tag der Besinnung, den Dewa an Nyepi erlebt, keine Seltenheit wären, sondern ganz alltäglich?

Wo können wir eine Kultur finden, die Klarheit und Staunen zu schätzen weiß?

Über diese Thematik haben wir kürzlich mit Tyson Yunkaporta gesprochen, dem Verfasser des Buches *Sand Talk: Das Wissen der Aborigines und die Krisen der modernen Welt.*[4]

Seine Antwort war unmissverständlich: »Die gibt es nicht.

Ausnahmslos alle indigenen Kulturen auf diesem Planeten sind mit demselben Lärm infiziert. Es gibt Menschen, die immer noch nach denselben Mustern leben«, sagt er in Bezug auf das traditionelle Wissen und die Verbundenheit mit der Natur. »Aber auch das lässt nach. Der Lärm ist allgegenwärtig. Genauso wie jede Frau auf der Welt Dioxin in der Muttermilch hat – sogar mitten im Amazonasgebiet, *besonders* mitten im Amazonasgebiet –, gibt es keinen perfekten Ort. Alles ist belastet«, so Tyson. »Es gibt so viel Lärm, dass eine unbelastete Beziehung zu einem anderen Menschen nicht möglich ist. Unsere Beziehungen sind mit dem Lärm infiziert, und zwischen zwei Menschen liegen tausend Schichten der Abstraktion.«

Tyson gibt zu, dass das sehr negativ klingt, und sagt dann etwas, mit dem wir nicht im Geringsten gerechnet hätten.

»Ich finde es unglaublich toll, dass ich gerade jetzt lebe. All das mag hoffnungslos klingen, aber nein – es ist ein Geschenk. Wir haben die Aufgabe, die Systeme zu verwirklichen, in denen unsere Nachfahren leben werden. Ich spreche von einer *Erinnerung* an die Verbundenheit.«

Abschließend sagt er: »Es gibt einen gewaltigen dysfunktionalen Moloch, der sich auf dem Planeten ausgebreitet hat, und indem wir darauf reagieren, entwickelt sich die erstaunliche Kultur der Regeneration, die im Entstehen begriffen ist.«

○

Im Zeitalter des auditiven, informationellen und inneren Lärms, in dem mindestens ein Drittel der natürlichen »akustischen Ökosysteme« der Welt ausgestorben ist, in dem jeder Quadratzentimeter der Erde in irgendeiner Form digital vernetzt ist, in dem man das Wohlergehen einer Gesellschaft danach beurteilt, wie viele Geräusche, Reize und Dinge sie erzeugt, und in dem der »Erfolg« eines menschlichen Lebens daran gemessen wird, wie die persönliche Marke auf der gerade angesagten digitalen Plattform wirkt, hat Tyson vermutlich recht. Es gibt ein Maß an vollkommener Aufmerksamkeit, das heute unerreichbar ist.

Aber Tyson behauptet, dass wir selbst in dieser Welt des Lärms etwas Wichtiges und Wunderbares erreichen können.

»Auf die Erinnerung besinnen«, sagt er.

Wir können uns »auf die Erinnerung besinnen«, um die Erinnerung *zu bewahren*. Auch wenn es in dieser Welt des Lärms keine perfekte, selige Ruhe gibt, können wir eine Verbindung zur Ruhe im Laufe der Zeit herstellen. Wir können die verbliebenen Wurzeln und Ableger pflegen, in der Hoffnung, dass sie in Zukunft wieder Blüten tragen werden.

In diesem Buch haben wir erkundet, was es bedeutet, sich »auf die Erinnerung zu besinnen«, im Großen wie im Kleinen. Wir haben erforscht, was es bedeutet, eine ruhige Verbundenheit zu schaffen, die nichts mit dem lauten Auf-sich-gestellt-Sein unserer Zeit zu tun hat. Zwischen dem großen Opernhaus in einem Zentrum der globalen politischen Macht und dem kleinen, von Motorradqualm eingehüllten Dorf inmitten von Reisfeldern liegen buchstäblich und im übertragenen Sinne Welten. Und doch zeigen diese beiden Beispiele, was es bedeutet, sich auf die Erinnerung an Ruhe »zu besinnen«.

DAS SIGNAL

Wir bitten Tyson, uns von der tiefsten Ruhe zu berichten, die er je erlebt hat.

Mit seiner Antwort stellt er die Grundvoraussetzung unserer Frage auf den Prüfstand.

In seiner indigenen Sprache Wik Mungkan, so erzählt er, gibt es kein Wort, das auch nur annähernd der gewöhnlichen Vorstellung von Ruhe entspricht.

»Ein Vakuum ist reine Theorie«, erklärt Tyson. Die moderne »Suche nach Ruhe« – die Vorstellung, dass wir alle Beziehungen, Schwingungen und Schemata unserer Welt hinter uns lassen könnten – ist eine Illusion.

Allerdings gibt es in seiner traditionellen Sprache ein Konzept, das sich mit der Vorstellung deckt, dass Ruhe etwas Präsentes ist, weit mehr als die Abwesenheit von Lärm.

Dieses Konzept bezeichnet er als »Fähigkeit, ein Signal wahrzunehmen«.

»Das ist subjektiv«, warnt Tyson, denn wir meinen, was der eine als Signal deutet, ist für jemand anderen nur Lärm.

Für Tyson gibt es jedoch ein wahres Signal, das tiefer geht als all unsere individuellen Geschichten und Meinungen. »Ganz unten, am Boden des Stapels«, sagt er, »liegt das Gesetz des Landes, das Gesetz, das *im* Land ist, die Kräfte und Muster der Schöpfung, die über das Wachstum und die Grenzen des Wachstums aller Dinge bestimmen. Und das«, so Tyson, »ist *das* Signal.«

Dann überlegt er kurz und kommt zum Kern dessen, was er unter der Wahrnehmung des Signals versteht: »Einstimmen auf das, was *wirklich* wahr ist.«

In unserem Gespräch betont Tyson, dieses wahre Signal sei nicht nur im Land zu finden.

Es steckt auch in uns selbst.

»Wale haben ein genetisches Signal, das ihnen die richtigen Routen vorgibt, und auch Vögel haben solche Signale. Die Biologie behauptet, der Mensch hat es nicht, doch wir haben ein Signal, das uns sagt, wie wir uns in Gruppen zusammenfinden.«

Tysons Worte führen uns zurück zu der ursprünglichen Intuition, die uns zu diesem Buch veranlasste.

Hinter all dem Lärm in der Welt und all den Störungen in unserem eigenen Kopf gibt es dieses Etwas – dieses wahre Signal –, auf das wir uns einstimmen können.

Wenn wir uns auf die Erinnerung an dieses Etwas »besinnen« und unser Leben danach ausrichten, können wir mehr finden als persönliche Gelassenheit oder erhöhte Produktivität oder eine andere Form dessen, was Tyson spöttisch als »Selbstverwirklichung« bezeichnet. Wir können herausfinden, wie wir gut miteinander leben können. Wir können Anhaltspunkte dafür entdecken, wie wir unsere Kulturen heilen und unsere Gesellschaften organisieren können. Wir können auch Hinweise darauf finden, wie wir im Einklang mit der Natur leben können. Tyson ruft uns in Erinnerung, dass »das Gesetz des Landes *langsam* lebt«. Es wirkt über Jahrhunderte und Jahrtausende hinweg und nicht im Tempo von Eilnachrichten und Social-Media-Schlagzeilen. Wir können das Signal nicht wahrnehmen, wenn wir mit Hochdruck durchs Leben hetzen. Wir können es nicht hören, wenn wir von Geschichten über uns selbst gefangen sind.

ERWEITERUNG

Für die Macht der Ruhe gibt es Tausende von Beschreibungen – Tyson sieht darin die Fähigkeit, »ein Signal wahrzunehmen« oder »sich auf das einzulassen, was *wirklich* wahr ist«. In diesem Buch haben wir viele genannt.

In neurobiologischer Hinsicht könnte man sagen, dass man das Default Mode Network des Gehirns hinter sich lässt.

Wer religiöse Begriffe bevorzugt, spricht von der *apophatischen* Essenz der Wirklichkeit – jenseits von Begrifflichkeiten und allem, was benannt werden kann.

Oder man drückt sich poetisch aus wie Cyrus Habib, der sich als »Genießer der Schöpfung« bezeichnet.

Oder Sie greifen auf eine eigene unmittelbare Erfahrung zurück – die Klarheit der Sinne beim Blick auf das Meer oder einer kühlen Brise auf der Haut, die nicht durch Erzählungen oder Analysen vermittelt wird.

Das dynamische Wesen der Ruhe lässt sich besonders gut mit dem Wort »Erweiterung« beschreiben. Die Dimension der Aufmerksamkeit entfaltet sich, die Beschränkungen des eigenständigen Selbst weichen auf. »Erweiterung« lässt uns verstehen, warum Ruhe in unserer Welt so selten ist und warum wir heute mit dem leben, was Tyson als »dysfunktionalen Moloch« des Lärms bezeichnet.

Im Gespräch beschreibt uns der Neurowissenschaftler Judson Brewer, dass annähernd alle seine akademischen Forschungsstudien – jahrzehntelange Untersuchungen des Zusammenspiels von Gedanken und Verhaltensweisen mit den biologischen Abläufen im Gehirn – auf ein Spektrum menschlicher Erfahrung zwischen *Verengung* und *Erweiterung* hinweisen. Im Zustand der Verengung, so sagt er, konzentrieren wir uns darauf, Dinge zu benennen, sind fixiert auf Vergangenheit und Zukunft, gefangen im Lärm der individualisierten Identität. Im Zustand der Erweiterung sind wir in der inneren Ruhe präsent, in der wir die starren Grenzen von Selbst und anderen überwinden können.

Brewer weist darauf hin, dass in unserer Gesellschaft oft der Zustand der Verengung glorifiziert wird. Joyce DiDonato wiederum meint: »Unsere Gesellschaft ist so sehr auf Produktivität ausgerichtet: oben bleiben, eine Nasenlänge voraus sein, alles im Griff haben – tun und machen.« Brewer weist darauf hin, dass wir dazu neigen, das Gefühl der »Begeisterung« zu suchen und zu verherrlichen. Begeisterung ist an und für sich nicht schlimm, aber sie ist nur ein vorübergehender Zustand. »Begeisterung«, sagt er, »ist nicht gleichbedeutend mit Glück.«

Es gibt eine tiefere und nachhaltigere Art von Glück, die nicht nur auf einem flüchtigen Rausch beruht. Aristoteles sprach von einer Art von Glück, die er *eudaimonia* nannte – wenn der Mensch gedeiht, weil er ein tugendhaftes, wahrhaftiges Leben führt.[5] Das ist das gute Gefühl, das entsteht, wenn wir die begrenzten Interessen des individualisierten Selbst hinter uns lassen. Dieses Glück ist weit und durchdringend – voller Klarheit und Ruhe. Laut Gandhi entsteht diese umfassendere Erfüllung, wenn *manasa, vacha* und *karmana* im Einklang sind – diese Sanskrit-Begriffe bedeuten Geist, Sprache und Handeln. Ihm wird das Zitat zugeschrieben: »Glück ist, wenn das, was du denkst, was du sagst und was du tust, miteinander harmoniert.« Unter diesem Gesichtspunkt ist es nachvollziehbar, dass Gandhi selbst dann noch so viel Zeit schweigend verbrachte, als er zu den engagiertesten und prominentesten politischen Größen der Welt zählte. Seine Vorstellung von Wohlbefinden *verlangte* das.

Jede Kultur hat andere Kriterien für ein gutes Leben. Jede Gesellschaft hat andere Antworten auf die Frage, wie der Mensch gedeiht. Nach der Intuition, die dieses Buch inspiriert hat – über die Kraft der Ruhe, mit der wir müde alte Gegensätze und eine Kultur von Pro und Kontra hinter uns lassen können –, müssen wir den Leitstern von der Verengung hin zur Erweiterung verschieben. Nicht mehr auf Tempo, Unterhaltung, Wettbewerb und die größtmögliche Menge an geistigen und materiellen Dingen setzen, sondern Präsenz, Klarheit und die goldenen Räume zu schätzen wissen, die zwischen Sprache und Gedanken liegen und darüber hinausgehen.

Wir haben eine breite Palette an Ideen für eine solche Verschiebung erkundet – Ideen, wie wir uns in einer Welt des Lärms auf die Erinnerung an die Ruhe besinnen können. Den Anfang machten individuelle Techniken wie bei Jarvis, bei denen es darum geht, den eigenen *Macht-* und *Einflussbereich* zu ermitteln. Dann haben wir uns angeschaut, wie wir am Arbeitsplatz vollkommene Aufmerksamkeit wertschätzen und Momente der Ruhe mit Freunden und Angehörigen erleben können. Schließlich haben wir Möglichkeiten unter die Lupe genommen, mit denen sich die Ruhe auf gesellschaftlicher Ebene kultivieren lässt.

Im Grunde jedoch laufen all diese Strategien auf eine ganz einfache Idee hinaus, die wir auf den ersten Seiten dieses Buches vorgestellt haben:

Den Lärm wahrnehmen.

Auf Ruhe einstimmen.

So tief wie nur möglich in die Ruhe eintauchen, auch wenn sie nur ein paar Sekunden andauert.

Hin und wieder Räume tiefer Ruhe – sogar entrückter Ruhe – kultivieren.

Auf dieser Grundlage kann es uns gelingen, das wahre Signal zu hören. Das ist die Essenz des Erinnerns – der eindeutigste Weg zur Erweiterung unseres Bewusstseins, sowohl des eigenen als auch des gemeinsamen.

○

Auf den ersten Seiten dieses Buches haben wir zum Ausdruck gebracht, dass die hartnäckigsten Probleme unserer Überzeugung nach nicht durch noch mehr Reden oder Denken gelöst werden können. Bei allem Respekt vor der Stimme, dem Intellekt und dem unaufhaltsamen materiellen Fortschritt haben wir Sie aufgefordert, die Möglichkeit in Betracht zu ziehen, dass die Lösungen für die entscheidenden persönlichen, gesellschaftlichen und sogar globalen Herausforderungen anderswo zu finden sein könnten: *in dieser Erweiterung, in dem freien Raum zwischen den Kopfdingen.*

Das soll nicht heißen, dass sich die Lösungen durch Ruhe ganz von selbst ergeben werden. Wir müssen natürlich auch weiterhin gegen repressive Gesellschaftssysteme angehen, die Treibhausgas-Emissionen drastisch reduzieren und gerechte Volkswirtschaften aufbauen. All diese Veränderungen sind notwendig. Aber sie allein sind nicht genug. Wir müssen uns darüberhinaus auch mit der zugrundeliegenden Unruhe in unserem kollektiven menschlichen Bewusstsein befassen. *Um unsere Welt zu reparieren, müssen wir wieder die Fähigkeit erlangen, Ruhe zu kultivieren, Ruhe zu erleben, das Signal wahrzunehmen.* Wir müssen den Weg zu Demut, Erneuerung und Respekt vor dem Leben finden. Dies sind die Voraussetzungen für die Lösung der Herausforderungen, mit denen wir konfrontiert sind.

Sie müssen uns nicht blindlings glauben.

Nehmen Sie sich einen Moment Zeit, um in das Gefühl der tiefsten Ruhe einzutauchen, die Sie je erlebt haben. Rufen Sie sich ins Gedächtnis, wo Sie sind, wer bei Ihnen ist und was um Sie herum geschieht. Erinnern Sie sich daran, wie sich diese tiefste Ruhe in Ihrem Körper anfühlt. Vielleicht ist sie aktiv wie ein Flow. Vielleicht auch passiv, wie beim Ausruhen.

Lassen Sie sich Zeit. Atmen Sie.

Vielleicht gelingt es Ihnen, das Gefühl abzurufen, das diese Erinnerung weckte.

Nun stellen Sie sich vor, dass auch Ihre Familie und Ihre Freunde diese Präsenz spüren. Und Ihre Nachbarn, und die Leute, mit denen Sie arbeiten. Stellen Sie sich vor, die vielen wichtigen Menschen, die unsere Politik und Kultur prägen, würden sie spüren. Stellen Sie sich vor, dass jeder zumindest einen Moment lang diese Resonanz, diese Weite empfindet.

Stellen Sie sich vor, dass wir alle innehalten und diese tiefe Ruhe wertschätzen.

Wie könnte diese Erfahrung unseren Umgang mit Konflikten verändern? Wenn wir diese Ruhe erleben, beharren wir dann auf dem starren Drang, die Auseinandersetzung zu gewinnen, oder werden wir aufgeschlossener, hören zu und verstehen?

Wie verändert diese Präsenz unsere Definition von Fortschritt? Klammern wir uns an die Vorstellung, dass ein »gutes Leben« darin besteht, endlose Mengen an geistigen und materiellen Dingen zusammenzutragen? Oder werden wir lockerer, offener und langsamer – in dem Bemühen, mehr Harmonie mit der Natur und mit anderen zu erleben?

Wie verändert diese Präsenz der Ruhe die Art und Weise, wie wir Entscheidungen treffen, wie wir einander zur Rechenschaft ziehen, wie wir unsere Zeit verbringen? Wie könnte diese Präsenz der Ruhe das verändern, was wir in unserem Herzen tragen?

Stellen Sie sich vor, die gesamte Menschheit könnte diese goldene Ruhe in sich aufnehmen.

Was ist möglich, wenn wir uns besinnen?

Was geschieht, wenn wir uns alle darauf einstimmen?

33 Wege zur Ruhe

Auf den folgenden Seiten sind die wichtigsten Methoden und Strategien, die wir in diesem Buch vorgestellt haben, kurz zusammengefasst. Mit einigen dieser Ideen kann jeder Mensch für sich kleine Nischen der Ruhe finden, andere dagegen ermöglichen umfassende Veränderungen in unserer Gesellschaft. Neben jeder Überschrift ist die Seite im Buch angeführt, auf der Sie eine ausführlichere Beschreibung der jeweiligen Methode finden.

ALLTAGSTAUGLICHE METHODEN FÜR DEN EINZELNEN

Einfach lauschen, Seite 196

Suchen Sie sich ein ruhiges Plätzchen. Richten Sie Ihre volle Aufmerksamkeit auf Ihr Gehör. Sie müssen nicht darüber nachdenken, *was* Sie hören – lauschen Sie einfach auf die Geräuschkulisse, die Sie umgibt. Wenn es um Sie herum still genug ist, achten Sie darauf, ob Sie einen »inneren Klang« wahrnehmen, zum Beispiel ein Vibrieren oder Klingeln in den Ohren.

Hören Sie einfach zu, ohne Bewertung oder Urteil. Denken Sie an das, was Pythagoras seinen Schülern riet: »Lasst euren stillen Geist lauschen und die Stille aufnehmen.« Sie wissen ja: Forschungen an der Duke University Medical School haben gezeigt, dass »der Versuch, in der Stille zu hören, den auditorischen Kortex aktiviert« und die Entwicklung der Gehirnzellen anregt. Wie verändern sich Gedanken und Gefühle, wenn Ihr Bewusstsein nur mit Lauschen beschäftigt ist?

Kleine Geschenke der Ruhe, Seite 199

Wenn Sie das, womit Sie beschäftigt sind, demnächst einmal unerwartet unterbrechen müssen oder die üblichen Alltagsgeräusche und -reize verstummen – zum Beispiel, weil der Podcast-Stream nicht funktioniert oder Sie in einer endlos langen Schlange vor dem Postschalter stehen –, *versuchen Sie, diese Unterbrechung als Geschenk zu betrachten.* Können Sie sich eine kleine Auszeit von der ständigen Betriebsamkeit gönnen, statt sich aufzuregen? Wie tief können Sie in einen unerwarteten Moment der Ruhe eintauchen?

Was Sie ohnehin tun – nur intensiver, Seite 202

Holen Sie im Tagesverlauf immer, wenn Sie daran denken, dreimal tief Luft. Sie atmen ohnehin. Aber diese drei Atemzüge machen Sie *ganz bewusst.* Sie können damit »diagnostizieren«, wo in Ihrem Körper und Geist Lärm herrscht. Und mit diesen Atemzügen können Sie zurück zur inneren Ruhe gelangen. Finden Sie die Ruhe zwischen dem Ein- und dem Ausatmen, im »Wechsel« von einem zum anderen? Können Sie bei Ihren drei Atemzügen Körper und Geist auf diese Ruhe einstimmen? Beobachten Sie, wie nur 30 Sekunden bewusste Atmung Ihre Gefühle und Ihre Perspektive verändern.

Ruhe in Bewegung, Seite 205

Es liegt nahe, Ruhe mit Reglosigkeit in Verbindung zu bringen, doch Ruhe lebt auch *in der Bewegung.* Gelingt es Ihnen, *Ihrem Körper in der Bewegung höchste Aufmerksamkeit zu schenken,* wenn Sie gehen, laufen, tanzen, schwimmen, Yoga machen oder Körbe werfen? Probieren Sie aus, ob Sie eine »Verschmelzung von Handlung und Bewusstsein erleben«, sodass es kein inneres Geplapper mehr gibt. Versuchen Sie, so sehr in Ihrer körperlichen Aktivität aufzugehen, dass Sie keine Aufmerksamkeit mehr für selbstbezogenes Grübeln erübrigen können. Im wahren Zustand des körperlichen Flows ist der Geist ruhig.

Momente des Ma, Seite 208

Nehmen Sie sich ein Beispiel am *Ma*, das die japanische Kultur prägt. Suchen Sie im *Dazwischen* nach Klarheit und Erneuerung. Entwickeln Sie im Gespräch ein Gespür dafür, wie die Bedeutung des Austauschs und die Verbindung, die dabei entsteht, durch die Pausen zwischen Worten und Sätzen beeinflusst werden. Halten Sie im Tagesverlauf bei jedem *Übergang* kurz inne. Tun Sie einen ruhigen, bewussten Atemzug, wenn Sie eine Tür öffnen, den Wasserhahn aufdrehen oder das Licht einschalten, um den Übergang zu markieren. Wir können die *Zeit dekomprimieren*, indem wir die Ruhe und den Raum in einem Mikro-Moment zur Kenntnis nehmen.

Bewusst handeln, Seite 209

Überlegen Sie sich eine »Alltagstätigkeit«, die Sie normalerweise ganz nebenbei erledigen, und überlegen Sie, ob Sie – wie Faith Fuller beim Kaffeekochen – vom »Ziel zum Weg« umschalten können. Wäre es möglich, dass Sie diese Alltagstätigkeit nur um zehn Prozent langsamer ausführen? Gelingt es Ihnen, sich daran zu erfreuen oder sie sogar zu einem Ritual zu machen? Versuchen Sie, einen gewöhnlichen Teil des Alltags als Chance für Klarheit der Sinne zu nutzen. Finden Sie innere Ruhe durch den schlichten Genuss, *bewusst zu handeln*.

Ruhe in den Wörtern, Seite 212

Lesen Sie mit ungeteilter Aufmerksamkeit ein Buch – ohne Telefon in der Nähe, ohne gelegentliche Bemerkungen zu anderen, ohne abschweifende Gedanken an das, was Sie im Anschluss vorhaben. Nehmen Sie sich Zeit zum »tiefen Lesen« mit dem erklärten Ziel, Ihrem Geist zur Ruhe zu verhelfen. In bestimmten Situationen gelingt das besonders gut, zum Beispiel, wenn man im Flugzeug oder in abgeschiedenen Waldhütten ohne Handyempfang liest. Für diese Art des Lesens ist Lyrik ideal. Legen Sie sich einen Gedichtband auf den

Nachttisch. Schaffen Sie den Grundstein für Ihre Träume, indem Sie ein Gedicht lesen (und nochmals lesen), ehe Sie in den Schlaf gleiten. Achten Sie darauf, wie ein guter Text – wie Susan Sontag sagte – »Stille zurücklässt«.

Eine schnelle Dosis Natur, Seite 215

Ein tosender Fluss oder jubilierende Vögel können zwar hohe Dezibelwerte erreichen, doch wir empfinden diese natürlichen Geräusche als Ruhe, weil sie unser Bewusstsein nicht in Beschlag nehmen. Versuchen Sie, jeden Tag für zwei einfache Begegnungen mit der Natur zu sorgen, um das eigene Leben ins rechte Licht zu rücken: (1) Nehmen Sie Kontakt zu etwas auf, das *größer ist als Sie selbst,* zum Beispiel zu einem hochgewachsenen Baum oder den Sternen am Nachthimmel. (2) nehmen Sie Kontakt zu etwas auf, das *kleiner ist als Sie selbst,* zum Beispiel zu einer neuen Blüte, einer Ameisenstraße oder einem Sperling. Die Kontaktaufnahme mit der Natur – im Großen wie im Kleinen – hilft uns, mit der lauten Illusion aufzuräumen, dass das Leben nur aus den Kopfdingen der menschenzentrierten Gesellschaft besteht.

Zufluchtsorte in Raum und Zeit, Seite 220

Gehen Sie Ihre Pflichten im Leben und die Termine in Ihrem Kalender durch. Wo gibt es kleine *Nischen,* in denen Sie sich Zeit und Raum für Ruhe nehmen können? Das kann ein Moment allein im Waschraum sein (ohne Telefon!) oder ein paar genüssliche Minuten morgens im Bett, die Sie sich mit der Schlummertaste verschaffen. Vielleicht nehmen Sie sich spätabends oder frühmorgens etwas Zeit, um sich zu strecken, zu baden, Tagebuch zu schreiben, auf der Terrasse zu sitzen, auf dem Boden zu liegen oder eine andere entspannte und ruhige Art des Seins zu pflegen. Schaffen Sie Platz in Ihrem Kalender. Halten Sie die Verabredung mit sich selbst ein, und zwar so, als ob Sie einen wichtigen Kollegen oder eine liebe Freundin treffen würden.

Mit dem Lärm anfreunden, Seite 223

Manchmal ist Lärm unvermeidlich. Der irische Dichter Pádraig Ó Tuama rät uns, das Unerwünschte, aber Unvermeidliche in unserem Leben zu begrüßen. Überlegen Sie also, wie Sie dem Lärm Hallo sagen können. Nehmen Sie ihn unter die Lupe. Machen Sie sich klar, wie Sie darauf reagieren. *Können Sie in dem Lärm ein hilfreiches Signal erkennen?* Zeigt er ein Bedürfnis, dem Sie nicht Rechnung tragen? Zeigt er, dass Sie um etwas bitten sollten? Will er sie dazu auffordern, etwas zu akzeptieren oder aufzugeben?

METHODEN, DIE ZU TIEFERER RUHE FÜHREN

Gehen Sie mit Ihrer To-do-Liste wandern, Seite 233

Drucken Sie sich Ihre To-do-Liste aus und begeben Sie sich an einen möglichst abgeschiedenen Ort in der Natur – etwa an einen Teich im Wald oder einen Aussichtspunkt in den Bergen. Nehmen Sie sich dort mindestens eine Stunde Zeit, um Ihre Mitte zu finden und Ihre Sinne neu zu schärfen. Wenn Sie meinen, dass Ihre Nerven sich beruhigt haben und ein wenig von der Stille auf Sie übergegangen ist, nehmen Sie sich Ihre To-do-Liste vor und streichen Sie *alles, was nicht wirklich notwendig ist.* Sie werden feststellen, dass etliche Dinge, die Ihnen in Ihrer normalen Gemütsverfassung zu Hause oder im Büro wichtig erschienen, aus dieser Perspektive vielleicht gar nicht so wichtig sind. Wie Gordon Hempton meinte: »Die Antworten liegen in der Ruhe.«

Legen Sie einen Schweigetag ein, Seite 236

Versuchen Sie, einen Tag lang nicht zu sprechen. Gandhi pflegte einen wöchentlichen »Tag des Schweigens« einzulegen.

Er meditierte und reflektierte, manchmal las er auch oder traf sich sogar mit anderen. Aber er sagte kein einziges Wort. Wenn Ihnen das nicht möglich ist, weil der Beruf es nicht zulässt, weil Sie Kinder haben oder ältere Menschen betreuen, legen Sie einfach ein paar Schweigestunden ein. Der Anfang ist leicht gemacht: Überlegen Sie, wer aus Ihrem Umfeld davon besonders betroffen sein wird, und erklären Sie diesen Menschen, warum Ihnen ein Schweigetag wichtig ist. Erläutern Sie Ihren Plan. Geben Sie den anderen die Möglichkeit, Fragen zu stellen, und legen Sie bestimmte Grundregeln fest – zum Beispiel, unter welchen Umständen Kollegen oder Angehörige Ihr Schweigen unterbrechen sollten. Bitten Sie um uneingeschränkte Unterstützung (vielleicht gibt es sogar jemanden, der mitmachen möchte). Wenn Sie sich selbst, Ihr Umfeld und Ihre Mitmenschen entsprechend vorbereitet haben, *achten Sie darauf, was für Sie anders ist, wenn Sie nicht sprechen.* Was rückt in den Vordergrund, was fällt weg? Wie könnten diese Feststellungen Ihren Alltag beeinflussen?

Schweben Sie in der Wolke des Nichtwissens, Seite 241

Planen Sie, sich in tiefe Stille sinken zu lassen, und treffen Sie entsprechende Vorbereitungen. Das Buch *Die Wolke des Nichtwissens* erläutert, dass es wichtig ist, vorübergehend alle Schwierigkeiten im Leben zu *vergessen,* um sich auf innige Gebete oder Kontemplation einzulassen. Aber *wie* können wir loslassen? Nehmen Sie sich ein paar Stunden oder einen ganzen Tag Zeit für stille Kontemplation – in der Natur oder an einem ruhigen Ort, ganz für sich allein. Treffen Sie entsprechende Vorbereitungen, um optimale Voraussetzungen *für innere Ruhe zu schaffen.* Streichen Sie einige wirklich wichtige Dinge von Ihrer To-do-Liste. Wenn Ihnen klar ist, dass Sie nicht in den Zustand innerer Ruhe finden werden, solange Sie die E-Mail nicht abgeschickt, den Müll nicht rausgebracht oder den Kühlschrank nicht aufgeräumt haben, dann tun Sie das einfach. Unmittelbar vor der Ruhephase sollten Sie Körper und Geist angemessen vorbereiten, zum Beispiel durch Sport oder indem Sie in Ihr Tagebuch schreiben. Sie müssen nicht zu ehrgeizig sein – versuchen Sie einfach, einige der schlimmsten Auslöser von innerem Lärm zu beseitigen. Dann wird es leichter, *sich fallen zu lassen.*

Ganz eintauchen, Seite 244

Schaffen Sie sich Ihr eigenes Schweige-Retreat. Um Wirkung zu zeigen, muss es weder sehr lange noch teuer oder weit weg von zu Hause sein. Sie können es selbst organisieren und das »Behältnis« an Ihre eigenen Bedürfnisse anpassen. Stellen Sie zum Beispiel Möbel in Ihrer Wohnung um. Oder hüten Sie das Haustier eines Nachbarn. Oder tauschen Sie die Wohnung mit einer Freundin. Ein neues Umfeld oder ein neues Ambiente kann psychologische Veränderungen bewirken. So ein selbst gemachtes Retreat ist vielleicht nicht so intensiv wie ein langer Aufenthalt an einem entlegenen Ort, doch auch eine kurze Phase der Ruhe kann Ihre Sichtweise ändern und Ihnen zu mehr Klarheit verhelfen.

Kuschelige Welpen, die das Gesicht ablecken, Seite 249

Überlegen Sie, was es bedeutet, die tiefsten Quellen des inneren Lärms zu erkennen und dagegen anzugehen. Der Irak-Kriegsveteran Jon Lubecky, der an einer posttraumatischen Belastungsstörung litt, sagt: »Je schlimmer das Trauma, desto lauter der innere Lärm.« Außerdem weiß er, dass es keinen »Schallschutz« gegen diesen Lärm gibt. *Innere Ruhe muss man sich erarbeiten.* Bei Jon erfolgte diese Arbeit zunächst durch MDMA-unterstützte Psychotherapie – er sagt, er habe sich dabei gefühlt »wie in den Armen des Menschen, der mich mehr liebt als jeder andere auf diesem Planeten, während mir kuschelige Welpen das Gesicht ableckten«. Die Behandlung war deshalb so wirkungsvoll, weil sie ihm sicheren Zugang zu einer Erinnerung ermöglichte, die sonst zu schmerzhaft gewesen wäre. Um Traumata zu ermitteln und zu bewältigen, braucht man nicht unbedingt psychedelische Medikamente oder Entheogene. Wichtig ist jedoch, dass man ein geeignetes Mittel findet, um quälendem innerem Lärm auf den Grund zu gehen.

Tiefes Spiel, Seite 252

Tun Sie das, was Sie lieben, mit kindlichem Staunen. Diane Ackerman beschreibt das »Spiel« als »Zufluchtsort vor dem Alltag, ein Heiligtum des Geistes, in dem man von den Sitten, Methoden und Bestimmungen des Lebens befreit ist«. Und »tiefes Spiel« ist für sie eine ekstatische Form des Spiels, eine Erfahrung, die uns in den gebetsähnlichen Zustand des Betrachtens versetzt.

Ackerman sagt zwar, das »tiefe Spiel« lasse sich eher anhand der Stimmung als anhand der Aktivität beurteilen, doch bei bestimmten Aktivitäten entsteht es besonders leicht: »Kunst, Religion, risikoreiche Tätigkeiten und bestimmte Sportarten – vor allem solche, bei denen Abgeschiedenheit, Ruhe und Schwebezustände eine Rolle spielen, wie Tauchen, Fallschirmspringen, Drachenfliegen und Bergsteigen.« Wenn Sie versuchen, den Lärm des modernen Lebens hinter sich zu lassen, überlegen Sie Folgendes: Wie kommen Sie einer kindlichen Wahrnehmung am nächsten? Wie können Sie diese Sichtweise in den Alltag übernehmen?

ALLTAGSTAUGLICHE METHODEN FÜR DAS BERUFLICHE UMFELD

Experimentierfreude, Seite 273

Überlegen Sie, welche Form von Ruhe Sie am Arbeitsplatz wirklich wollen oder brauchen. Sprechen Sie das Thema an. Entwerfen Sie ein Experiment. Einige Unternehmen haben einen »E-Mail-freien Freitag« oder »Meeting-freien Mittwoch« eingeführt. Andere erwarten mittlerweile nicht mehr, dass man am Wochenende oder nach Feierabend erreichbar ist und am Bildschirm sitzt. Manchmal lässt sich durch eine Umgestaltung der Arbeitsplätze erreichen, dass die nötige Konzentration möglich ist. *Starten Sie Ihr Experiment. Ziehen Sie daraus Ihre Schlüsse. Optimieren Sie Ihr Experiment und wiederholen Sie den Ablauf.* Sorgen Sie dafür, dass es keine schlimmen Folgen hat, wenn das Experiment fehlschlägt. Konzipieren Sie es so, dass es nicht beim ersten Mal gelingen muss, sondern dass Sie daraus lernen können. Mit ein wenig Kreativität können Sie schier unüberwindliche Normen des Lärms verändern.

Ma im Beruf, Seite 276

Etablieren Sie den Wert von *Ma* – die Verehrung des leeren Raums »dazwischen« – in der Kultur Ihres Unternehmens. *Fangen Sie mit Gruppenaktivitäten an:* Planen Sie zum Beispiel auch bei großen Diskussionen Zeit für ruhiges Reflektieren ein. Sorgen Sie dafür, dass es beim Brainstorming innerhalb einer Gruppe die Möglichkeit gibt, eine Frage »zu überschlafen« und sie am nächsten Tag noch einmal aufzugreifen. Erschließen Sie neue Möglichkeiten, zum Beispiel nonverbale Rückmeldungen oder eine Galerie von Klebezetteln mit Ideen, die sich alle Anwesenden in Ruhe anschauen können, ehe sie anonym abstimmen. Schaffen Sie einen Raum, in dem leisere Stimmen und ungewöhnlichere Perspektiven eine Chance bekommen. *Sie können* Ma *auch in den Ablauf des Arbeitstags einbauen.* Planen Sie Zeit für die Vorbereitung ein, ehe Sie ein neues Projekt beginnen oder in eine Besprechung gehen. Reservieren Sie sich Zeit für die Übergänge zwischen Besprechungen und Veranstaltungen und achten Sie darauf, dass nicht ein Termin den nächsten jagt. Schon fünf Minuten – sogar fünf Atemzüge – können Wirkung zeigen. Und zu guter Letzt sollten Sie Zeit für Reflexion und Integration einplanen, insbesondere bei wichtigen und schwierigen Projekten.

Gemeinsam tiefe Arbeit leisten, Seite 281

Tun Sie sich mit einem anderen Menschen zusammen und versprechen Sie einander, sich gegenseitig zu ungeteilter Aufmerksamkeit zu verhelfen. Das kann jemand aus dem Kollegium sein oder jemand, der ebenfalls freiberuflich arbeitet und auch mehr Konzentration bei der Arbeit benötigt. Setzen Sie sich gemeinsam Ziele nach dem Prinzip SMART (spezifisch, messbar, attraktiv, relevant und terminiert). Arbeiten Sie parallel daran. Übernehmen Sie Verantwortung füreinander. Arbeiten Sie gemeinsam daran, Störungen zu vermeiden, wie die Familie Curie gemeinsam daran arbeitete, die »perfekte Konzentration« zu finden.

Mitten im Feuer, Seite 285

Wenn Sie demnächst einen Konflikt im Team haben, überlegen Sie, ob Sie behutsam um ein paar Minuten Ruhe bitten, bevor es weitergeht. Wenn es heiß hergeht und mehr Raum nötig ist, könnten Sie darum bitten, die Angelegenheit auf den nächsten Tag (oder bis zur nächsten Woche) zu vertagen. Dabei geht es darum, genug Raum zu schaffen, damit alle Beteiligten ihre strikte Opposition aufgeben können. Je stärker sich ein Team in diesen Momenten *auf Ruhe einlässt*, desto effektiver ist diese Methode und desto nachhaltiger können Sie als Gruppe entscheiden.

Immer langsam, wir haben nicht viel Zeit, Seite 288

Setzen Sie bei einem dringenden und wichtigen Problem auf einen ungewöhnlichen Ansatz: *Gehen Sie langsam vor.* Werden Sie nicht lauter und hektischer, sondern streben Sie nach Ruhe. Legen Sie nach Möglichkeit eine Pause ein. Oder machen Sie ein Nickerchen. Lesen Sie ein Gedicht. Spielen Sie mit Ihrem Hund. Schaffen Sie Kunst. Gehen Sie hinaus in die Natur. Nehmen Sie ein Bad. Ruhen Sie sich aus. Suchen Sie sich eine Aktivität (oder Nicht-Aktivität), die bewirkt, dass Sie *Weite empfinden und entwickeln.* Öffnen Sie sich in diesem erweiterten

Zustand für neue Informationen. Begrüßen Sie abweichende Gedanken. Lassen Sie Ideen während eines guten Nachtschlafs reifen. Dann sammeln Sie sich wieder, um sich mit der Fragestellung zu befassen. Seien Sie gespannt, was dabei herauskommen wird.

ALLTAGSTAUGLICHE METHODEN IM FAMILIEN- UND FREUNDESKREIS

Pumpernickel!, Seite 298

Was kann man tun, wenn die Geräuschkulisse des Lebens zu unharmonisch und zu laut wird? *Rosin Coven*, ein begabtes und wunderbar exzentrisches Musikensemble, hat für diesen Fall eine feste Strategie. Wenn der Sound aus allen Nähten platzt und nicht mehr gut klingt, ruft jemand:»Pumpernickel!« Damit wird quasi die Reißleine gezogen.»Das bedeutet: ›Wir müssen sofort eine Stufe zurückschalten‹, damit Raum und Ruhe entsteht«, erklärt Frontfrau Midnight Rose. Überlegen Sie, wie Sie zu Hause oder im Freundeskreis auf lockere Weise signalisieren können, dass Zeit für gemeinsame Ruhe ist.

Du sollst den Feiertag heiligen, Seite 300

Wenn Sie keine Zeit oder kein Interesse daran haben, auf traditionelle Weise einen Ruhetag pro Woche einzulegen, dann bestimmen Sie einen Wochentag, an dem es eine besondere *Mahlzeit* gibt – eine Mahlzeit, die anders ist als üblich und die sich alle als gemeinsame Zeit reservieren. *Machen Sie daraus ein Ritual.* Legen Sie verbindliche Regeln für die Nutzung von technischen Geräten fest. Führen Sie ein paar feste Gewohnheiten ein, zum Beispiel, dass alle der Reihe nach von ihrem Höhepunkt und/oder Tiefpunkt der Woche berichten. Laden Sie Gäste ein, brechen Sie gemeinsam das Brot. Lassen Sie die alltäglichen Sorgen der Arbeitswoche hinter sich.

Absicht und Aufmerksamkeit, Seite 301

Mit kleinen Kindern ist Ruhe nicht immer besonders ruhig. Oft entsteht sie bei Bewegung, beim Malen oder bei der Beschäftigung mit Bauklötzen. Dabei handelt es sich dann nicht um auditive Ruhe, sondern um einen Zustand der Präsenz. Dennoch gibt es Momente, in denen man auch mit Kindern still sein kann, und diese sind oft besonders wirkungsvoll. Lassen Sie einem Kind Raum zum Nachdenken, wenn Sie ihm eine bedeutungsschwere Frage gestellt haben – etwa »Wofür bist du dankbar?« Geben Sie Kindern ausreichend Zeit, auf die »stille, kleine Stimme« zu hören, die in ihnen lebt.

Klein, aber fein, Seite 304

Nicht immer gelingt es uns, gezielt einen schönen Moment der gemeinsamen Ruhe zu schaffen. Dass solche Momente so eindringlich wirken, mag zum Teil daran liegen, dass sie sich spontan ergeben. Dennoch haben wir einen Tipp, wie Sie derartige Erfahrungen kultivieren können: Ergreifen Sie kleine Gelegenheiten. Nehmen Sie sich bei einer Wanderung oder einem Spaziergang mit einem lieben Menschen fünf Minuten Zeit – vielleicht auf einer bequemen Bank oder an einem schönen Aussichtspunkt –, um gemeinsam still zu sein. So ersparen Sie sich die Sorgen, die sich bei hochfliegenden Plänen für lange Phasen des Schweigens einstellen. Stellen Sie die Qualität in den Vordergrund, nicht die Quantität.

Kollektiver Rausch, Seite 306

Haben Sie schon einmal *in einer Gruppe* einen Flow-Zustand erlebt? Vielleicht bei einem Konzert, bei einer Zeremonie oder bei einer Sportveranstaltung? Wenn sich demnächst die Gelegenheit dazu ergibt, versuchen Sie, möglichst tief in die innere Ruhe unter anderen Menschen einzutauchen. Solche Momente gemeinsamer Transzendenz sind relativ selten, doch Bob Jesses Erfahrung mit der tanzenden

Kirche zeigt, dass Sie den Flow fördern können, wenn Sie bei einer Zusammenkunft auf bestimmte Elemente achten. Vielleicht könnten Sie für die nächste Gruppenveranstaltung bestimmte Grundregeln oder Prinzipien aufstellen, die dazu beitragen, dass die Teilnehmenden einen »kollektiven Rausch« erleben, wie der französische Soziologe Emile Durkheim es nannte.

Gemeinsam im Einklang, Seite 311

Die Kraft der Ruhe verstärkt sich, wenn sie geteilt wird. Allerdings kann der Grad der Verstärkung vom Grad der Vorbereitung abhängen. Der wegweisende Psychologe Ralph Metzner glaubte, dass die Ruhe mehr Kraft bekommt, wenn man das »Behältnis« entsprechend vorbereitet. Die Teilnehmer seiner Zirkel trafen sich tagsüber zu vorbereitenden Workshops, in denen sie lernten, meditierten und Übungen durchführten, um sich auf die entrückte gemeinsame Ruhe am Abend vorzubereiten.

Wie könnten Sie sich mit anderen vorbereiten, wenn sich die Gelegenheit ergibt, gemeinsam eine zeremonielle Form der Ruhe zu erleben?

Heilende Präsenz, Seite 315

Planen Sie ein Retreat mit einer Freundin, einem Freund oder dem Menschen, mit dem Sie zusammenleben. Selbst wenn Sie nicht die ganze Zeit ohne ein Wort verbringen werden, können Sie im Vorfeld festlegen, in welchen Phasen Sie schweigen werden und in welchen Zeitfenstern verbaler Austausch stattfindet. Vielleicht arbeiten Sie an kreativen Projekten oder nutzen die Zeit zur Vogelbeobachtung, zum Meditieren, Schreiben oder Lesen. Wenn Sie können, verzichten Sie auf Handys, E-Mails und alles andere, das von der reinen Gegenwart ablenken könnte. Sheila Kappeler-Finn erklärt, dass ein Behältnis für das Heilige schon dadurch entstehen kann, dass man einfach seine Möbel umstellt – eine von vielen Möglichkeiten, einen »Tempel« zu schaffen. Bei einem gemeinsamen Retreat mit dem Partner oder einem befreundeten Menschen kann das Schweigen selbst eine Säule des Tempels bilden. Wenn zwei Personen sich gemeinsam der Stille verschreiben, erklärt sie, entstehe eine seltene Atmosphäre. »Stille verändert das Gefühl für den Raum zwischen zwei Menschen«, so Sheila. »Sie fördert den Zusammenhalt.«

VERÄNDERUNG DER ÖFFENTLICHEN POLITIK UND KULTUR

Investitionen in öffentliche Zufluchtsorte, Seite 325

Überlegen Sie, an welchem öffentlichen Ort – *in einem Waldgebiet, in einem Rosengarten, in einem kleinen Park zwischen Wolkenkratzern oder in einer einladenden Bibliothek* – Sie schon einmal Ihre Nerven beruhigt und Klarheit gefunden haben. Phasen der Ruhe sind leider viel zu oft ein exklusiver Luxus für Menschen, die es sich leisten können, doch öffentliche Zufluchtsorte demokratisieren die Kraft der Ruhe. Überlegen Sie, was Sie tun können, um solche Zufluchtsorte weiter auszubauen. Vielleicht können Sie sich für eine öffentliche Finanzierung einsetzen oder eine neue Einrichtung für die Allgemeinheit planen, die Sie dann gemeinsam mit anderen umsetzen.

Entscheidungsfindung wie bei den Amish, Seite 329

Überlegen Sie genau, was Ihnen im Leben wichtig ist, und sorgen Sie dann dafür, dass alle technischen Mittel, die Sie einsetzen, wirklich Ihrem Wohlergehen dienen und Ihren Werten entsprechen. Zu einem solchen Umgang mit Technik rät Cal Newport im Rahmen seiner Philosophie des »digitalen Minimalismus«. Sein Ansatz ist von den Amish inspiriert, die entgegen der landläufigen Meinung nicht technologiefeindlich sind, sondern neue Technologien lediglich einer strengen

Kosten-Nutzen-Analyse unterziehen, bevor die Gemeinschaft sie übernimmt. Als Gesellschaft sollten wir in Betracht ziehen, dieses Ethos in großem Maßstab anzuwenden. So könnte der Staat – analog zur Arzneimittelzulassung – klinische Studien und unabhängige Kosten-Nutzen-Analysen für bestimmte neue Technologien verlangen, die ungewollte schwere Folgen für die soziale, emotionale und kognitive Gesundheit haben könnten.

Messen, was zählt, Seite 332

Wie misst man den Erfolg einer Gesellschaft? Im letzten Jahrhundert war der wichtigste Indikator für den kollektiven Erfolg das »Wachstum« – Faktoren wie Produktion, Effizienz und Einkommen. Aber »Wachstum« hängt oft von dröhnenden industriellen Anlagen, der Anzahl der Arbeitsstunden am Computer und der Effektivität der Algorithmen ab, die uns zum Kauf von Produkten und Dienstleistungen verleiten, während sie uns gleichzeitig von dem ablenken, was wir eigentlich tun sollten. Um die Welt des Lärms verändern zu können, müssen wir messen, was wirklich zählt – auch den Schutz der Natur, die Möglichkeit zum Ausruhen, zur Pflege zwischenmenschlicher Beziehungen und zur Stille. Regierungen haben verschiedene Mittel zur Veränderung der wirtschaftlichen Kenngrößen, doch auch wir als Einzelne, Familien und Organisationen können unsere Prioritäten in Bezug auf den Wert der Ruhe kritisch hinterfragen.

Das Recht auf Aufmerksamkeit gewährleisten, Seite 338

Die meisten von uns sind heutzutage den Großteil des Tages mit Computern, Telefonen, Fernsehern und anderen elektronischen Medien beschäftigt, auf denen Werbetreibende um unsere Aufmerksamkeit wetteifern. Dennoch gibt es anders als bei anderen wertvollen und knappen Ressourcen nur wenige öffentliche Regeln in Hinblick auf die Manipulation der menschlichen Aufmerksamkeit. Überlegen

Sie, wie Sie sich für den Schutz der Aufmerksamkeit einsetzen könnten – vielleicht durch politische Aktionen, indem Sie zum Beispiel verlangen, dass von staatlicher Seite bestimmte »Tabus« für die Algorithmen festgelegt werden, die gezielt unsere Aufmerksamkeit in ihren Bann ziehen und sogar Kinder in einen »Kaninchenbau« locken, in dem das Schauen und Scrollen nie ein Ende nimmt. Im Beruf könnten Sie sich für Ihr »Recht auf Abschalten« einsetzen, damit Sie Ihren Feierabend ohne E-Mails, Laptops, Telefone und andere »elektronische Leinen« verbringen dürfen. Suchen Sie kreativ nach Möglichkeiten, die Beanspruchung unserer Aufmerksamkeit und die Lärmbelastung zu reduzieren.

Beraten wie die Quäker, Seite 346

Nutzen Sie bei schwierigen Fragen zur öffentlichen Politik oder Zukunft Ihrer Gemeinschaft die Kraft der Ruhe. Wenn bei einer Geschäftsandacht der Quäker deutlich wird, dass die Anwesenden einander nicht zuhören, bittet der Schreiber in der Regel um eine Phase des Schweigens. Das ist eine Gelegenheit, sich neu auszurichten, ein paarmal tief durchzuatmen und sich auf das höhere Ziel der Versammlung einzustimmen. Das Schweigen erzwingt keine Lösung, ehe die Gruppe wirklich dazu bereit ist, sondern hilft den Teilnehmern, ihr eigenes Narrativ zu überwinden, präsent zu sein und zuzuhören. Was können Sie tun, um bei öffentlichen Beratungen und im gesellschaftlichen Diskurs an Ihrem Wohnort dieses Ethos der *Entscheidungsfindung* zu pflegen?

Dank

Fangen wir ganz am Anfang an. Inniger Dank gebührt Sarah Mitchell, die ihrer Intuition gefolgt ist und uns einander vorgestellt hat. Du meintest im Scherz, wir könnten Geschwister sein. Wie sich herausstellte, lagst du damit richtig.

Der Person, die uns als Erste zu einem Buch über dieses Thema ermutigt hat, nämlich Katherine Bell, der ehemaligen Redakteurin der *Harvard Business Review* und jetzigen Chefredakteurin von *Quartz,* danken wir für ihr »Ja« zu der ungewöhnlichen Idee, für die Wirtschaftswelt über Ruhe zu schreiben. Dank auch an Laura Amico von der *Harvard Business Review* für das kompetente Lektorat des Artikels.

Vielen Dank an die Menschen, die uns das Verlagswesen erhellt und uns anfangs so großmütig unter die Arme gegriffen haben: Leslie Meredith, Simon Warwick-Smith, Felicia Eth, Steve Goldbart, Roman Mars, Rebecca Solnit, Andrea Scher, Charlie Harding und Marilyn Paul. Marilyn möchten wir auch unseren tiefsten Dank dafür aussprechen, dass sie den Kontakt zu Jane von Mehren hergestellt hat; sie ist die beste Agentin, die wir uns hätten vorstellen können, und die ideale Ergänzung unserer Schreib-Partnerschaft.

Danke, Jane, dass du dieses Projekt von Anfang an »begriffen« hast, für dein enzyklopädisches Wissen über die Verlagswelt und für deine sanften, hellsichtigen Ratschläge in jeder Phase. Vielen Dank auch an das Team von Aevitas Creative Management, insbesondere an Erin Files, Arlie Johansen und Chelsey Heller.

Karen Rinaldi, unsere Lektorin und »Rote Tara«: Vielen Dank dafür, dass es dir so meisterlich gelungen ist, dieses Projekt zu orchestrieren, und dass du zugelassen hast, dass es sich so entwickeln und manifestieren konnte, wie es geschehen ist. Die Synchronizitäten machen uns immer wieder sprachlos. Unser Dank gilt ebenfalls dem Team von HarperCollins/Harper Wave, insbesondere Rebecca Raskin, Kirby Sandmeyer, Penny Makras, Amanda Pritzker, Yelena Nesbit und Milan Božić.

Vielen Dank an alle, die an der Erstellung und Gestaltung dieses Buches mitgewirkt haben: Andy Couturier, Bridget Lyons, Cynthia Kingsbury, Monique Tavian, Rebecca Steinitz, Caryn Throop, Liz Boyd, Katherine Barner, Hanna Park, Jessica Lazar, Somsara Rielly, Dexter Wayne, Lizandra Vidal, Deb Durant und Bob von Elgg.

Und Dank an die außergewöhnlichen Menschen, deren Geschichten und Erkenntnisse dieses Buch füllen:

Aaron Maniam, der geholfen hat, die Kernbotschaft dieses Buches herauszufiltern; Adam Gazzaley und Larry Rosen, die den Kurs zum Thema Lärm vorgezeichnet haben; Aimee Carrillo und Sheena Malhotra für Leitgedanken zur moralischen Dimension der Ruhe; Arlene Blum für ihr Vertrauen auf das Motto »Immer langsam, wir haben nicht viel Zeit«; Arne Dietrich für Erkenntnisse zur inneren Ruhe im Flow; Bob Jesse für seine Weisheit und seinen Überschwang; Brigitte van Baren für das Zen in Warteschlangen; Carla Detchon für die Würdigung eines geliebten Lehrers; Cherri Allison für die Ruhe, die man braucht, um aus dem Herzen heraus zu dienen; Clint Chisler für die Vermittlung der Ruhe, die im Körper bleibt; Cyrus Habib dafür, dass er ein Genießer der Schöpfung ist; David Jay und Randy Fernando für die Verteidigung der vollkommenen Aufmerksamkeit; Dewa Berata dafür, dass er uns an der Schönheit von Nyepi teilhaben ließ; Don und Diane St. John für die heilende Ruhe, die die Liebe im Fluss hält; Estelle Frankel für die Vermittlung der höheren Oktaven des Bewusstseins; Faith Fuller für ihren Sinn für Humor, ihre

Unverwüstlichkeit und ihre Bescheidenheit; Gordon Hempton für die Bewahrung der »Denkfabrik der Seele«; Grace Boda für die Bereitschaft, sich mit jeder Zelle ihres Wesens auf das Mysterium einzulassen; Janet Frood für den Beweis, dass Sabbaticals nicht nur etwas für Akademiker sind; Jarvis Jay Masters für tausend Dinge, aber vor allem für die Güte deines Herzens und dafür, dass du uns gezeigt hast, was es heißt, »wahrzunehmen und zu empfangen«; Jay Newton-Small für die Kunst des einfachen Zuhörens; Joan Blades für die meditative Kraft verwelkter Blüten; Jon Lubecky dafür, dass er hart arbeitet und Liebe verbreitet; Josh Schrei dafür, dass er uns zeigt, wie man zur Stimmgabel für die Urschwingung wird; Joshua Smyth für die Erkenntnis »Ruhe ist das, was jemand für Ruhe *hält*«; Joyce DiDonato dafür, dass sie als anmutige Diva entrückte Ruhe entstehen lassen kann; Jud Brewer für seine brillante Ausführlichkeit; Majid Zahid dafür, dass er seinen Flow kennt; Marilyn Paul für die Pflege der Oase in der Zeit; Matt Heafy für das *Ma* im Heavy Metal; Michelle Millben dafür, dass sie den Geist der Ruhe ins Zentrum der Macht bringt; Michael Barton für seinen Frohsinn und seine experimentellen Fähigkeiten; Michael Taft für die Klarheit seiner Sinne, seinen weisen Rat und seine großzügigen Erläuterungen; Midnight Rose und *Rosin Coven* dafür, dass sie »Pumpernickel!« rufen, wenn es nötig ist; Nicole Wong für den Entwurf eines rechtlichen und regulatorischen Rahmens für eine Gesellschaft, die Ruhe wertschätzt; Pádraig Ó Tuama für seine seltsamen Fragen; Phillip Moffitt für den mitfühlenden Tritt in den Hintern; Pir Shabda Kahn für seine gerissenen Methoden; Renata Cassis Law dafür, dass sie uns mit der Erkenntnis, dass »Ruhe das Nervensystem zurücksetzen kann«, zu diesem Buch inspirierte; Rob Lippincott für seine Entscheidungsfindung; Roshi Joan Halifax dafür, dass sie es ganz normal findet, wenn ein Ego »wie altes Laub oder verwittertes Gestein« in sich zusammenfällt; Rupa Marya für ihr mutiges Verlernen und vorbildliches Zuhören; Sheila Kappeler-Finn für die Demokratisierung von Zufluchtsstätten; Skylar Bixby für die Kultivierung der Fähigkeit, nichts zu tun; Stephen DeBerry für die drei Atemzüge; Susan Griffin-Black für ihre goldene Regel; dem Kongressabgeordneten Tim Ryan dafür, dass er Ruhe dorthin gebracht hat, wo sie am nötigsten ist; Tyson Yunkaporta für die Besinnung darauf, was es bedeutet, das wahre Signal zu hören; Yuri Morikawa für seine Anleitung zu *Ma;* Zach Taylor dafür, dass er den Kleinsten unter uns die Fähigkeit gibt, die »stille, kleine Stimme« zu hören, und Zana Ikels für die Bestätigung, dass es möglich sein muss, den Lärm auch ohne Meditieren hinter sich zu lassen.

Außerdem an alle, die dazu beigetragen haben, die Denkansätze in diesem Buch zu gestalten und gedeihen zu lassen:

Alan Byrum, Amira De La Garza, Anke Thiele, Anna Goldstein, Anne L. Fifield, Antona Briley, Barbara McBane, Brendan Bashin-Sullivan, Carlen Rader, Casey Emmerling, Cathy Coleman, Cécile Randoing Francois, Charlotte Toothman, Chris Radcliff, Chuck Roppel, Claude Whitmyer, Dallas Taylor, Dave Huffman, David Alvord, David Presti, Deborah Fleig, Diane Mintz, Dominique Lando, Duke Klauck, Erin Selover, Heidi Kasevich, Helen Austwick Zaltzman, Jamy und Peter Faust, Lieutenant Colonel Jannell MacAulay, Jessica Abbott Williams, Jill Hackett, Laura Tohe, Laurie Nelson Randlett, Leah Lamb, Leslie Sharpe, Linda Chang, Lisa Fischer, Lizandra Vidal, Lori A. Shook, Made Putrayasa, Mae Mars, Maggie Silverman, Michael A. Gardner, Rebecca Levenson, Regina Camargo, Rick Doblin, Rick Kot, Sam Greenspan, Sean Feit Oakes, Shaun Farley, Shauna Janz, Sheldon Norberg, Shelley Reid, Shoshana Berger, Silence Genti, Sridhar Kota, Stephen Badger, Stephanie Ramos, Susanne Parker, Tanis Day, Tim Gallati, Tim Salz, Todd und Susan Alexander, Usef Barnes, Valerie Creane, Vanessa Lowe, Wes Look und Zesho Susan O'Connell.

Von Justin:

An unsere Gemeinschaft von Freunden in Santa Fe, die einen Garten voller Lachen und Leben hegen und pflegen, in dem dennoch das ruhige Präsentsein geschätzt wird. Ich kann hier nicht alle einzeln nennen, aber *ich bin euch allen dankbar.* Mein besonderer Dank gilt lieben Freunden, die es möglich gemacht haben, ein Buch über vollkommene Aufmerksamkeit zu schreiben, während drei kleine Kinder durchs Haus krabbelten und rannten: Brandon und Abi Lundberg, Shawn Parell und Russell Brott, Josh Schrei und Cigall Eacott sowie Rafaela Cassis und viele andere mehr. Dank an liebe Freunde, die – durch gezielte Gespräche oder Rückmeldungen zu Rohfassungen – dieses Buch unmittelbar geprägt haben: Solar und Renata Law, Maria Motsinger, John Baxter, Josh Schrei, Shawn Parell, Gary und Tama Lombardo, Elmano Carvalho, Jeffrey Bronfman, Tai und Satara Bixby, Pete Jackson, Julie Kove, Matt Bieber und Daniel Tucker. An den, der mich zur tiefsten inneren Ruhe führt: José Gabriel da Costa.

An einige der lieben Freunde, mit denen ich über viele Jahre hinweg über den Ideen in diesem Buch gebrütet habe: Ben Beachy, Wes Look, Neil Padukone, Zach Hindin, Evan Faber, Keane Bhatt, Mike Darner, Michael Shank, Mathias Alencastro, David John Hall, Lorin Fries, Jaime Louky, Laine Middaugh, Lauren Lyons, Sangeeta Tripathi, Jove Oliver, Paul Jensen und Carolyn Barnwell, Kim Samuel, Bettina Warburg, Travis Sheehan, Nathaniel Talbot und Annie Jesperson, Mark Weisbrot, Ben-Zion Ptashnik, Dan Hervig, Erik Sperling, Sebastian Ehreiser, Stephen Badger, Javier Gonzales, Hansen Clarke und Mena Mark Hanna. An meine ältesten Freunde, darunter Kristin Lewter, Josh Weiss, Rajiv Bahl, Kyle Foreman und schließlich Rob Eriov, den ich an jedem einzelnen Tag des Lebens vermisse und von dem ich unendlich viel über die Botschaft dieses Buches gelernt habe.

An die drei Lehrkräfte, die mein Denken am stärksten geprägt haben – zu Beginn meiner Schulzeit und an deren Ende: Susan Altenburg, Leon Fuerth und Richard Parker.

An meine liebe Mutter und meinen lieben Vater, Susan und Steven, die ein Behältnis bedingungsloser Liebe geschaffen haben, das so viel Gutes in meinem Leben möglich gemacht hat. An meinen Bruder Jeremy, der mir immer liebevoll und bedächtig die Wahrheit sagt, dann zur Gitarre greift und eine wunderschöne, gewagte Version eines Dylan-Songs zum Besten gibt. An meine Schwiegereltern Tom und Caryn, die zu meinen engsten Freunden überhaupt zählen.

An meine Gefährtin Meredy, meine geliebte Partnerin, mit der ich durch diese Welt steuere, lerne, tanze und mich weiterentwickle. Danke für deine Geduld. Danke für dein Wissen. Danke, dass du dieses Buch möglich gemacht hast. Danke, dass du meinem Leben Sinn und Freude gibst.

An meinen Sohn Jai, der mich zuverlässig um 5.00 Uhr morgens geweckt hat, sodass ich fleißig schreiben konnte, und der mich jetzt immer wieder mit Energie versorgt, indem er mich in die Arme schließt. An meine Tochter Saraya, deren strahlendes und geheimnisvolles Lächeln mein Herz aufgehen lässt wie eine Blüte. An meine Tochter Tierra, die mir mit ihren fünf Jahren genauso viel beibringt wie ich ihr – zum Beispiel, wie und warum man leise ist, wenn man im Wald ein Feenhaus entdeckt.

Von Leigh:

An meinen Frauenkreis, der ungenannt bleiben soll – ihr wisst genau, wer gemeint ist und wie sehr ich jeder einzelnen eurer Seelen zu Dank verpflichtet bin –, ohne euch wäre dieses Buch niemals zustande gekommen; an die Gruppen um Ralph Metzner – die von früher und diejenigen, die heute sein Andenken pflegen; an den *Rising-Fools*-Zirkel für seine unendliche Weisheit und den *Deep-Harvest*-Zirkel für seine

Großzügigkeit; an den *Amethyst-Opening*-Zirkel für seine Herzlichkeit; an meine unendlich unterhaltsame *Memorial-Day*-Familie und an all meine kosmischen Komplizen – *may we keep the fringe alive.*

An meine Tanz-Communitys, bei denen ich täglich Ruhe und täglich Freude finde – El Cerrito Dance Fitness und Rhythm & Motion. Danke, dass ihr mich angefeuert und alle Fortschritte mit mir gefeiert habt. Ihr bedeutet mir sehr viel.

Vielen Dank an alle, die mir nahestehen und mir körperlich, emotional und spirituell Kraft geben – insbesondere Sheila Kappeler-Finn, Eilish Nagle, Anne L. Fifield, Grace Boda, Dominique Lando, Carla Detchon, Mayra Rivas, Rachel Berinsky, John Nelson, Fran Kersh, Kristina Forester-Thorp, Nuria Latifa Bowart, Sui-mi Cheung, Julie Brown und Paul Catasus. Vielen Dank an Andy Couturier für seine geniale Coachingmethode und an Carrie »Rose« Katz für unsere wöchentlichen Treffen, bei denen wir die Kreativität anheizten.

An meinen Vater, Richard L. Marecek: Ich danke dir für diesen Lebensfaden. *Ich hoffe, du bist von allem Leid befreit.*

An meine Mutter, Rickie C. Marecek: Ich danke dir für diesen Lebensfaden. Ich danke dir auch für die liebevolle Güte, die du bewiesen hast – nicht nur mit Worten, sondern auch durch Taten. *Du bist ein wahres Wunder.* Und dir, »meiner Betty«, Betty Herbst, danke ich, dass du zu unserer Familie gehörst, dass du uns lieb hast und dass du uns zum Lachen bringst. Danke auch an meine lebhafte, warmherzige Schwiegermama Nina Aoni für die aufmunternden Textnachrichten am späten Abend.

An meinen Bruder, Roman Mars: Seit Kindertagen bringst du mich um den Verstand und lässt mir das Herz aufgehen. Danke, dass du mich hier unterstützt hast und dass du immer daran glaubst, dass ich von Grund auf gut bin. Mit dir ist *alles* besser.

An meine leidenschaftliche, strahlende Tochter Ava Zahara: Danke, dass du dir uns als Eltern ausgesucht hast. Danke für die Idee, inmitten der Gletscher einen »Schweigetag« einzulegen, und dafür, dass du diesen herrlichen Tag mit mir *gemeinsam* verbracht hast. Danke auch für die Kuscheleinheiten auf dem Küchenfußboden. Unsere gemeinsame Ruhe *lässt meine Seele gedeihen.*

Und schließlich an meinen wunderbar eigensinnigen und abenteuerlustigen Ehemann Michael Ziegler: Danke, dass du mir so viel über Ruhe beigebracht hast und dass du mein größter Fan bist. Danke, dass du mich an deinen inneren und äußeren Gefilden teilhaben lässt. Ich könnte mir keinen perfekteren Partner wünschen; jedes Quäntchen dieses Buches ist *für* dich und *wegen* dir entstanden. *Ich bin dein.*

Und eine letzte Anmerkung von uns beiden: Die Arbeit an einem Buch über die Ruhe mag wie ein einsames, freudloses Unterfangen wirken. Doch das war es ganz und gar nicht. Wir sind einander dankbar dafür, dass wir die ganze Zeit über voller Harmonie, Kreativität, Elan und mit unendlich viel Freude bei der Sache waren.

Anmerkungen

Eine Einladung

1. Carlyle, Thomas: *Sartor Resartus: Leben und Meinungen des Herrn Teufelsdröckh.* (Zürich: Manesse Verlag, 1991)
2. Arazi, Albert, Sadan, Joseph, und Wasserstein, David J., Hrsg.: *Compilation and Creation in Adab and Luġa: Studies in Memory of Naphtali Kinberg (1948–1997)* (Winona Lake, Indiana: Eisenbrauns, 1999).
3. Zorn, Justin Talbot, und Marz, Leigh: »The Busier You Are, the More You Need Quiet Time«, *Harvard Business Review*, 17. März 2017, hbr.org/2017/03/the-busier-you-are-the-more-you-need-quiet-time.
4. Schaufenbuel, Kimberly: »Why Google, Target, and General Mills Are Investing in Mindfulness«, *Harvard Business Review*, 28. Dezember 2015, hbr.org/2015/12/why-google-target-and-general-mills-are-investing-in-mindfulness. Siehe auch Garvey, Marianne: »Meditation Rooms Are the Hottest New Work Perk«, *MarketWatch*, 26. Oktober 2018, www.marketwatch.com/story/meditation-rooms-are-the-hottest-new-work-perk-2018-10-26; »Why GE Is Adding Mindfulness to the Mix«, GE, 19. September 2016, www.ge.com/news/reports/ge-putting-mindfulness-digital-industrial-business; Schatz, Bryan: »Vets Are Using Transcendental Meditation to Treat PTSD – with the Pentagon's Support«, *Mother Jones*, 22. Juli 2017, www.motherjones.com/politics/2017/07/vets-are-using-transcendental-meditation-to-treat-ptsd-with-the-pentagons-support.
5. Jiandani, Dishay, et al.: »Predictors of Early Attrition and Successful Weight Loss in Patients Attending an Obesity Management Program«, *BMC Obesity* 3, Nr. 1 (2016), doi:10.1186/s40608–016–0098–0.

Der Altar des Lärms

1. Bruni, Frank: »A Politician Takes a Sledgehammer to His Own Ego«, *New York Times*, 11. April 2020, www.nytimes.com/2020/04/11/opinion/sunday/cyrus-habib-jesuit.html.
2. Thompson, Emily Ann: »Noise and Modern Culture, 1900–1933«, in *The Soundscape of Modernity: Architectural Acoustics and the Culture of Listening in America, 1900–1933* (Cambridge, Massachusetts: MIT Press, 2004), 115.
3. Einen umfassenden Überblick über die Forschung zum Anstieg des akustischen Lärms in der heutigen Welt liefert John Stewart in *Why Noise Matters: A Worldwide*

Perspective on the Problems, Policies, and Solutions, mit Arline L. Bronzaft et al. (Abingdon, England: Routledge, 2011).

4. Bosker, Bianca: »Why Everything Is Getting Louder«, *The Atlantic*, Nov. 2019, www.theatlantic.com/magazine/archive/2019/11/the-end-of-silence/598366.

5. »Email Statistics Report, 2015–2019«, Radicati Group, abgerufen am 4. September 2021, www.radicati.com/wp/wp-content/uploads/2015/02/Email-Statistics-Report-2015-2019-Executive-Summary.pdf.

6. Levitin, Daniel J.: »Hit the Reset Button in Your Brain«, *New York Times*, 9. August 2014, www.nytimes.com/2014/08/10/opinion/sunday/hit-the-reset-button-in-your-brain.html.

7. Raz, Guy: »What Makes a Life Worth Living?«, NPR, 17. April 2015, www.npr.org/transcripts/399806632.

8. Varian, Hal R.: »The Information Economy: How Much Will Two Bits Be Worth in the Digital Marketplace?«, UC Berkeley School of Information, Sept. 1995, people.ischool.berkeley.edu/~hal/pages/sciam.html.

9. Brewer, Judson: *Unwinding Anxiety: New Science Shows How to Break the Cycles of Worry and Fear to Heal Your Mind* (New York: Avery, 2021).

10. Kross, Ethan: *Chatter – Die Stimme in deinem Kopf. Wie wir unseren inneren Kritiker in einen inneren Coach verwandeln* (München: btb, 2022).

11. Gazzaley, Adam, und Rosen, Larry D.: *Das überforderte Gehirn. Mit Steinzeitwerkzeug in der Hightech-Welt* (München: Redline Verlag, 2017).

12. Glei, Jocelyn K., Hrsg.: *Manage Your Day-to-Day: Build Your Routine, Find Your Focus, and Sharpen Your Creative Mind* (Seattle: Amazon, 2013).

13. Bosker, Bianca: »Why Everything Is Getting Louder«, *The Atlantic*, November 2019. https://www.theatlantic.com/magazine/archive/2019/11/the-end-of-silence/598366/.

14. Beachy, Ben, und Zorn, Justin: »Counting What Counts: GDP Redefined«, *Kennedy School Review*, 1. April 2012, ksr.hkspublications.org/2012/04/01counting-what-counts-gdp-redefined.

15. Kennedy, Robert F.: »Remarks at the University of Kansas, March 18, 1968«, John F. Kennedy Presidential Library and Museum, www.jfklibrary.org/learn/about-jfk/the-kennedy-family/robert-f-kennedy/robert-f-kennedy-speeches/remarks-at-the-university-of-kansas-march-18-1968.

16. Fallows, James: »Linda Stone on Maintaining Focus in a Maddeningly Distractive World«, *The Atlantic*, 23. Mai 2013, www.theatlantic.com/national/archive/2013/05/linda-stone-on-maintaining-focus-in-a-maddeningly-distractive-world/276201.

17. Brown, Mike: »70 % of Millennials Report Anxiety from Not Having Their Cell Phone«, LendEDU, 28. Mai 2020, lendedu.com/blogmillennials-anxiety-not-having-cell-phone.

18. Picard, Max: *Die Welt des Schweigens* (Schaffhausen: LOCO, 2009).

Ruhe hat Präsenz

1. Hunt, Tam: »The Hippies Were Right: It's All About Vibrations, Man!«, *Scientific American*, 5. Dezember 2018, blogs.scientificamerican.com/observations/the-hippies-were-right-its-all-about-vibrations-man.
2. Mittlerweile gibt es die Theorie, dass das hohe Geräusch ein Tinnitus gewesen sein könnte.
3. McColman, Carl: »Barbara A. Holmes: Silence as Unspeakable Joy (Episode 26)«, *Encountering Silence*, 24. Mai 2018, encounteringsilence.com/barbara-a-holmes-silence-as-unspeakable-joy-epi-sode-26.
4. Stellar, Jennifer E., et al.: »Awe and Humility«, *Journal of Personality and Social Psychology* 114, Nr. 2 (2017): 258–69, doi:10.1037/pspi0000109.
5. Merton, Thomas: *Die Weisheit der Wüste* (Frankfurt a. M.: Fischer, 1999).
6. Zitiert in Sardello, Robert: *Silence: The Mystery of Wholeness* (Berkeley, Kalifornien: North Atlantic Books, 2008).
7. Merton, Thomas: *Die Weisheit der Wüste* (Frankfurt a. M.: Fischer, 1999).
8. Weitere Informationen über perinatale Stimmungs- und Angststörungen unter »Postpartum Support International—PSI«, Postpartum Support International (PSI), abgerufen am 5. September 2021, www.postpartum.net.

Die moralischen Dimensionen der Ruhe

1. McColman, Carl: »Barbara A. Holmes: Silence as Unspeakable Joy (Episode 26)«, *Encountering Silence*, 24. Mai 2018, encounteringsilence.com/barbara-a-holmes-silence-as-unspeakable-joy-episode-26.
2. Gandhi, M. K.: *Eine Autobiographie oder Die Geschichte meiner Experimente mit der Wahrheit* (Grafing: Aquamarin Verlag, 2013).
3. Gandhi, M. K.: *Pathway to God* (New Delhi: Prabhat Prakashan, 1971).
4. Malhotra, Sheena, und Carrillo Rowe, Aimee, Hrsg.: *Silence, Feminism, Power: Reflections at the Edges of Sound* (New York: Palgrave Macmillan, 2013).
5. Odell, Jenny: *Nichts tun. Die Kunst, sich der Aufmerksamkeitsökonomie zu entziehen* (München: C. H. Beck, 2021).
6. Prochnik, George: »Listening for the Unknown«, in *In Pursuit of Silence: Listening for Meaning in a World of Noise* (New York: Anchor Books, 2011), 43.
7. Swarns, Rachel L.: »Catholic Order Pledges $100 Million to Atone for Slave Labor and Sales«, *New York Times*, 15. März 2021, www.nytimes.com/2021/03/15/us/jesuits-georgetown-reparations-slavery.html.
8. Whyte, David: *Zuwendungen* (Winterthur: Edition Spuren, 2022).

Florence Nightingale wäre sauer

1. Bernardi, L., Porta, C., und Sleight, P.: »Cardiovascular, Cerebrovascular, and Respiratory Changes Induced by Different Types of Music in Musicians and Nonmusicians:
   The Importance of Silence«, *Heart* 92, Nr. 4 (April 2006):
   445–52, doi:10.1136/hrt.2005.064600.

2. Eine umfassende Darstellung von Florence Nightingales Ansichten zur Bedeutung der Stille für die menschliche Gesundheit liefert Hillel Schwartz in: *Making Noise: From Babel to the Big Bang & Beyond* (New York: Zone Books, 2011).

3. Fee, Elizabeth, und Garofalo, Mary E.: »Florence Nightingale and the Crimean War«, *American Journal of Public Health* 100, Nr. 9 (Sept. 2010): 1591, doi:10.2105/AJPH.2009.188607.

4. Nightingale, Florence: *Bemerkungen zur Krankenpflege* (Frankfurt am Main: Mabuse-Verlag, 2021).

5. Rolland, Rosalind M., et al.: »Evidence That Ship Noise Increases Stress in Right Whales«, *Proceedings of the Royal Society B: Biological Sciences* 279, Nr. 1737 (2012): 2363–68, doi:10.1098/rspb.2011.2429.

6. »How the Ear Works«, Johns Hopkins Medicine, abgerufen am 6. September 2021, www.hopkinsmedicine.org/health/conditions-and-diseases/how-the-ear-works.

7. Porges, Stephen W., und Lewis, Gregory F.: »The Polyvagal Hypothesis: Common Mechanisms Mediating Autonomic Regulation, Vocalizations, and Listening«, *Handbook of Behavioral Neuroscience* 19 (2010): 255–64, doi:10.1016/B978–0–12–374593–4.00025–5.

8. Münzel, Thomas, et al.: »Environmental Noise and the Cardiovascular System«, *Journal of the American College of Cardiology* 71, Nr. 6 (Feb. 2018): 688–97, doi:10.1016/j.jacc.2017.12.015; Klatte, Maria, Bergström, Kirstin, und Lachmann, Thomas: »Does Noise Affect Learning? A Short Review on Noise Effects on Cognitive Performance in Children«, *Frontiers in Psychology* 4 (2013): 578, doi:10.3389/fpsyg.2013.00578; Orban, Ester, et al.: »Residential Road Traffic Noise and High Depressive Symptoms After Five Years of Follow-Up: Results from the Heinz Nixdorf Recall Study«, *Environmental Health Perspectives* 124, Nr. 5 (2016): 578–85, doi:10.1289/ehp.1409400; Kim, Soo Jeong, et al.: »Exposure-Response Relationship Between Aircraft Noise and Sleep Quality: A Community-Based Cross-Sectional Study«, *Osong Public Health and Research Perspectives* 5, Nr. 2 (April 2014): 108–14, doi:10.1016/j.phrp.2014.03.004.

9. »New Evidence from WHO on Health Effects of Traffic-Related Noise in Europe«, Weltgesundheitsorganisation, 30. März 2011, www.euro.who.int/en/media-centre/sections/press-releases/2011/03/new-evidence-from-who-on-health-effects-of-traffic-related-noise-in-europe. Siehe auch WHO-Regionalbüro für Europa: »Burden of Disease from Environmental Noise«, Hrsg. Theakston, Frank, Joint Research Centre (2011), 1–126, www.euro.who.int/__data/assets/pdf_file/0008/136466/e94888.pdf.

10. Gray, Alex: »These Are the Cities with the Worst Noise Pollution«, Weltwirtschafts-forum, 27. März 2017, www.weforum.org/agenda/2017/03/these-are-the-cities-with-the-worst-noise-pollution.

11. Bosker, Bianca: »Why Everything Is Getting Louder«, *The Atlantic*, Nov. 2019, www.theatlantic.com/magazine/archive/2019/11/the-end-of-silence/598366.

12. Walker, Matthew: *Das große Buch vom Schlaf* (München: Goldmann, 2018).

13. Darbyshire, Julie L., und Young, J. Duncan: »An Investigation of Sound Levels on Intensive Care Units with Reference to the WHO Guidelines«, *Critical Care* 17, Nr. 5 (2013): 187, doi:10.1186/cc12870.

14. Busch-Vishniac, Ilene J., et al.: »Noise Levels in Johns Hopkins Hospital«, *Journal of the Acoustical Society of America* 118, Nr. 6 (2005): 3629–45, doi:10.1121/1.2118327.

15. Sendelbach, Sue, und Funk, Marjorie: »Alarm Fatigue: A Patient Safety Concern«, *AACN Advanced Critical Care* 24, Nr. 4 (Okt. 2013): 378–86, doi:10.1097/NCI.0b013e3182a903f9.

16. McCartney, Patricia Robin: »Clinical Alarm Management«, *MCN: The American Journal of Maternal/Child Nursing* 37, Nr. 3 (Mai 2012): 202, doi:10.1097/nmc.0b013e31824c5b4a.

17. Gazzaley, Adam, und Rosen, Larry D.: *Das überforderte Gehirn. Mit Steinzeitwerk-zeug in der Hightech-Welt* (München: Redline Verlag, 2017).

18. ebenda

19. Goldman, Ari: »Student Scores Rise After Nearby Subway Is Quieted«, *New York Times*, 26. April 1982.

20. Boer, Maartje, et al.: »Attention Deficit Hyperactivity Disorder-Symptoms, Social Media Use Intensity, and Social Media Use Problems in Adolescents: Investiga-ting Directionality«, *Child Development* 91, Nr. 4 (Juli 2020): 853–65, doi:10.1111/cdev.13334.

21. Allcott, Hunt, et al.: »The Welfare Effects of Social Media«, *American Economic Re-view* 110, Nr. 3 (März 2020): 629–76, doi:10.1257/aer.20190658.

22. Kross, Ethan: *Chatter – Die Stimme in deinem Kopf. Wie wir unseren inneren Kritiker in einen inneren Coach verwandeln* (München: btb, 2022).

23. Kirste, Imke, et al.: »Is Silence Golden? Effects of Auditory Stimuli and Their Ab-sence on Adult Hippocampal Neurogenesis«, *Brain Structure and Function* 220, Nr. 2 (2013): 1221–28, doi:10.1007/s00429–013–0679–3.

Mute-Taste für den Geist

1. Csikszentmihalyi, Mihaly: *Flow. Das Geheimnis des Glücks* (Stuttgart: Klett-Cotta, 2017).

2. Lopez, Shane J., und Snyder, C. R., Hrsg.: *Handbook of Positive Psychology* (Oxford: Oxford University Press, 2011).

3. *Encyclopaedia Britannica*, »Physiology«, abgerufen am 6. September 2021, www.britannica.com/science/information-theory/Physiology.

4. Csikszentmihalyi, Mihaly: *Flow.*

5. Kaku, Michio: »The Golden Age of Neuroscience Has Arrived«, *Wall Street Journal,* 20. AUGUST 2014; https://www.wsj.com/articles/michio-kaku-the-golden-age-of-neuroscience-has-arrived-1408577023.

6. Leary, Mark R.: *The Curse of the Self: Self-Awareness, Egotism, and the Quality of Human Life* (Oxford: Oxford University Press, 2007).

7. Dietrich, Arne: »Functional Neuroanatomy of Altered States of Consciousness: The Transient Hypofrontality Hypothesis«, *Consciousness and Cognition* 12, Nr. 2 (Juni 2003): 231–56, doi:10.1016/s1053–8100(02)00046–6.

8. Weber, René, et al.: »Theorizing Flow and Media Enjoyment as Cognitive Synchronization of Attentional and Reward Networks«, *Communication Theory* 19, Nr. 4 (Okt. 2009): 397–422, doi:10.1111/j.1468–2885.2009.01352.x.

9. Pollan, Michael: *Verändere dein Bewusstsein. Die neuesten Erkenntnisse der klinischen Erforschung von Psychedelika zu Angst, Depression, Sucht und Transzendenz* (München: Goldmann, 2022).

10. Taft, Michael W.: »Effortlessness in Meditation, with Jud Brewer«, *Deconstructing Yourself,* 7. Juni 2020, deconstructingyourself.com/effortlessness-in-meditation-with-jud-brewer.html.

11. Devaney, Kathryn J., et al.: »Attention and Default Mode Network Assessments of Meditation Experience During Active Cognition and Rest«, *Brain Sciences* 11, Nr. 5 (2021): 566, doi:10.3390/brainsci11050566.

12. Brewer, Judson A., et al.: »Meditation Experience Is Associated with Differences in Default Mode Network Activity and Connectivity«, *Proceedings of the National Academy of Sciences of the United States of America* 108, Nr. 50 (2011): 20254–59, doi:10.1073/pnas.1112029108.

13. Worth, Piers, und Smith, Matthew D.: »Clearing the Pathways to Self-Transcendence«, *Frontiers in Psychology,* 30. April 2021, doi:10.3389/fpsyg.2021.648381.

14. Yaden, David Bryce, et al.: »The Varieties of Self-Transcendent Experience«, *Review of General Psychology* 21, Nr. 2 (2017): 143–60, doi:10.1037/gpr0000102.

15. Keltner, Dacher, und Haidt, Jonathan: »Approaching Awe, a Moral, Spiritual, and Aesthetic Emotion«, *Cognition and Emotion* 17, Nr. 2 (März 2003): 297–314, doi:10.1080/02699930302297.

16. Biletzki, Anat, und Matar, Anat: »Ludwig Wittgenstein«, in *Stanford Encyclopedia of Philosophy,* 8. November 2002, plato.stanford.edu/entries/wittgenstein.

17. Malik, Fatima, und Marwaha, Raman: »Cognitive Development«, StatPearls, 31. Juli 2021, www.ncbi.nlm.nih.gov/books/NBK537095.

18. »Rethinking Adult Development«, American Psychological Association, 9. Juni 2020, www.apa.org/pubs/highlights/spotlight/issue-186.

19. Allen, Summer: »The Science of Awe«, Greater Good Science Center, Sept. 2018, ggsc.berkeley.edu/images/uploads/GGSC-JTF_White_Paper-Awe_FINAL.pdf.

20. James, William: »Lectures XVI and XVII: Mysticism«, in *The Varieties of Religious Experience: A Study in Human Nature,* Hrsg. Marty, Martin E. (New York: Penguin Classics, 1982), 287.

21. Pollan, Michael: *Verändere dein Bewusstsein. Die neuesten Erkenntnisse der klinischen Erforschung von Psychedelika zu Angst, Depression, Sucht und Transzendenz* (München, Goldmann, 2022).

22. Carhart-Harris, Robin L., et al.: »Neural Correlates of the Psychedelic State as Determined by fMRI Studies with Psilocybin«, *Proceedings of the National Academy of Sciences of the United States of America* 109, Nr. 6 (2012): 2138–43, doi:10.1073/pnas.1119598109.

23. »How LSD Can Make Us Lose Our Sense of Self«, ScienceDaily, 13. April 2016, www.sciencedaily.com/releases/2016/04/160413135656.htm.

Deshalb macht Ruhe Angst

1. Hall, Manly P.: »The Life and Philosophy of Pythagoras«, in *The Secret Teachings of All Ages* (New York: Jeremy P. Tarcher/Penguin, 2003).

2. Wilson, Timothy D., et al.: »Just Think: The Challenges of the Disengaged Mind«, *Science* 345, Nr. 6192 (2014): 75–77, doi:10.1126/science.1250830.

3. Picard, Max: *Die Welt des Schweigens* (Schaffhausen: Loco, 2009).

4. Sardello, Robert: *Ruhe: Ganzheit als Mysterium* (Books on Demand, 2018).

5. Halifax, Joan: *Im Sterben dem Leben begegnen* (Bielefeld: Theseus, 2019).

6. Halifax, Joan: *The Fruitful Darkness: A Journey Through Buddhist Practice and Tribal Wisdom* (New York: Grove Press, 2004).

7. Frankel, Estelle: *The Wisdom of Not Knowing: Discovering a Life of Wonder by Embracing Uncertainty* (Boulder, Colorado: Shambhala, 2017).

8. Neruda, Pablo: *Extravagaria*, ins Englische übersetzt von Alastair Reid (New York: Farrar, Straus and Giroux, 2001).

9. Yaden, David Bryce, et al.: »The Varieties of Self-Transcendent Experience«, *Review of General Psychology* 21, Nr. 2 (2017): 143–60, doi:10.1037/gpr0000102.

10. Wisdom 2.0, 23. März 2019, www.youtube.com/watch?v=l8NaWq-xSbM&t=1243s.

Lotusblumen und Lilien

1. Red Pine (Übers.): *The Lankavatara Sutra: A Zen Text* (Berkeley, Kalifornien: Counterpoint, 2013).

2. Thích Nhất Hạnh: *Wie Siddhartha zum Buddha wurde. Eine Einführung in den Buddhismus* (Bielefeld: Theseus, 2004).

3. Huxley, Aldous: *Die ewige Philosophie: Philosophia perennis* (Rossdorf: Hans-Nietsch-Verlag, 2012).

4. Unbekannter Mönch: *The Cloud of Unknowing*, Hrsg. Dragan Nikolic und Jelena Milić (Scotts Valley, Kalifornien: Create Space, 2015).

5. Egan, Harvey D.: »Christian Apophatic and Kataphatic Mysticisms«, *Theological Studies* 39, Nr. 3 (1978): 399–426, doi:10.1177/004056397803900301.

Praxistipps für die Suche nach Ruhe

1. Sheff, David: *The Buddhist on Death Row: How One Man Found Light in the Darkest Place* (New York: Simon & Schuster, 2021).
2. Masters, Jarvis Jay: *Finding Freedom: How Death Row Broke and Opened My Heart* (Boulder, Colorado: Shambhala, 2020).
3. Williams, Timothy, und Griesbach, Rebecca: »San Quentin Prison Was Free of the Virus. One Decision Fueled an Outbreak«, *New York Times*, 30. Juni 2020, www.nytimes.com/2020/06/30/us/san-quentin-prison-coronavirus.html.
4. Viele Experten für Führungstechniken, darunter auch der Wirtschaftsguru Stephen R. Covey, setzen eine Variante des Machtbereich-Prinzips ein, um Führungskräften zu vermitteln, wofür sie ihre Energie investieren sollten. Diese Modelle veranschaulichen etwas, das in der Psychologie schon lange etabliert ist: unser Gefühl für persönliche Macht.

Die gesunde Alternative zur Zigarettenpause

1. Delaney, Hannah, MacGregor, Andrew, und Amos, Amanda: »›Tell Them You Smoke, You'll Get More Breaks‹: A Qualitative Study of Occupational and Social Contexts of Young Adult Smoking in Scotland«, *BMJ Open* 8, Nr. 12 (2018), doi:10.1136/bmjopen-2018–023951.
2. Amaro, Ajahn: »The Sound of Silence«, *Lion's Roar*, 9. Nov. 2012, www.lionsroar.com/the-sound-of-silence.
3. Pema Chödrön: *Wenn alles zusammenbricht: Hilfestellung für schwierige Zeiten* (München: Goldmann, 2001).
4. Maniam, Aaron: »Standing Still«, in *Morning at Memory's Border* (Singapore: Firstfruits, 2005).
5. Carr, Nicholas: *Surfen im Seichten: Was das Internet mit unserem Hirn anstellt* (München: Pantheon, 2013).
6. Lopez, Shane J., und Snyder, C. R., Hrsg.: *Handbook of Positive Psychology* (Oxford: Oxford University Press, 2011).
7. M. Basil Pennington, *Lectio Divina: Renewing the Ancient Practice of Praying the Scriptures* (Chestnut Ridge, N. Y.: Crossroad, 1998).
8. Nelson, Marilyn: »Communal Pondering in a Noisy World«, *On Being*, Public Radio Exchange, 23. Februar 2017.
9. Klein, Ezra: »Pulitzer Prize–Winning Poet Tracy K. Smith on the Purpose and Power of Poetry«, *Vox Conversations* (Audio-Blog), 27. Februar 2020, www.vox.com/podcasts/2020/2/27/21154139/tracy-k-smith-poet-laureate-the-ezra-klein-show-wade-in-the-water.
10. Sontag, Susan: *Styles of Radical Will* (New York: St. Martin's Press, 2002).
11. Flaccus, Gillian: »Bird-Watching Soars amid COVID-19 as Americans Head Outdoors«, Associated Press, 2. Mai 2020, apnews.com/article/us-news-ap-top-news-ca-state-wire-or-state-wire-virus-outbreak-94a1ea5938943d8a70fe794e9f629b13.

12. Ulrich, Roger S.: »View Through a Window May Influence Recovery from Surgery«, *Science* 224, Nr. 4647 (1984): 420–21, doi:10.1126/science.6143402.

13. Taylor, Mark S., et al.: »Research Note: Urban Street Tree Density and Antidepressant Prescription Rates – a Cross-Sectional Study in London, UK«, *Landscape and Urban Planning* 136 (April 2015): 174–79, doi:10.1016/j.landurbplan. 2014.12.005; Helbich, Marco, et al.: »More Green Space Is Related to Less Antidepressant Prescription Rates in the Netherlands: A Bayesian Geoadditive Quantile Regression Approach«, *Environmental Research* 166 (2018): 290–97, doi:10.1016/j.envres.2018.06.010.

14. Fleischer, Evan: »Doctors in Scotland Can Now Prescribe Nature«, Weltwirtschaftsforum, 15. Oktober 2018, www.weforum.org/agenda/2018/10/doctors-in-scotland-can-now-prescribe-nature.

15. Marantos, Jeanette: »Why Plant Sales Are Soaring, Even at Nurseries Closed due to Coronavirus«, *Los Angeles Times*, 30. Mai 2020, www.latimes.com/lifestyle/story/2020-05-30/why-plant-sales-are-soaring-even-at-nurseries-closed-due-to-coronavirus.

16. Oschman, James, Chevalier, Gaetan, und Brown, Richard: »The Effects of Grounding (Earthing) on Inflammation, the Immune Response, Wound Healing, and Prevention and Treatment of Chronic Inflammatory and Autoimmune Diseases«, *Journal of Inflammation Research*, 24. März 2015, 83–96, doi:10.2147/jir.s69656.

17. Ó Tuama, Pádraig: *In the Shelter: Finding a Home in the World* (London: Hodder & Stoughton, 2016).

Entrückte Ruhe

1. Smith, Huston: »Encountering God«, in *The Way Things Are: Conversations with Huston Smith on the Spiritual Life*, Hrsg. Phil Cousineau (Berkeley, Kalifornien: University of California Press, 2003), 95–102.

2. »What Is One Square Inch?«, One Square Inch: A Sanctuary for Silence at Olympic National Park, abgerufen am 6. September 2021, onesquareinch.org/about.

3. »Tatshenshini-Alsek Provincial Park«, BC Parks, abgerufen am 6. September 2021, bcparks.ca/explore/parkpgs/tatshens.

4. Lopez, Barry: »Die Einladung«, in: *Neue Rundschau 4/2016: Die schreckliche Schönheit im Innern der Menschen* (Frankfurt am Main: S. Fischer, 2016)

5. Unbekannter Mönch: *The Cloud of Unknowing*, Hrsg. Dragan Nikolic und Jelena Milić (Scotts Valley, Kalifornien: Create Space, 2015).

6. May, Katherine: *Überwintern. Wenn das Leben innehält* (Berlin: Insel, 2021).

7. »MDMA-Assisted Therapy Study Protocols«, MAPS: Multidisciplinary Association for Psychedelic Studies, abgerufen am 6. September 2021, maps.org/research/mdma.

8. Ackerman, Diane: *Deep Play* (New York: Vintage Books, 2000).

9. »The Peachoid«, Discover: South Carolina, abgerufen am 6. September 2021, discoversouthcarolina.com/products/340.

In Ruhe arbeiten

1. Prochnik, George: *In Pursuit of Silence: Listening for Meaning in a World of Noise* (New York: Anchor Books, 2011).

2. Marya, Rupa, und Patel, Raj: *Inflamed: Deep Medicine and the Anatomy of Injustice* (New York: Farrar, Straus and Giroux, 2021).

3. Curie, Eve: *Madame Curie: A Biography* (Boston: Da Capo Press, 2001).

4. Newport, Cal: *Konzentriert arbeiten* (München: Redline Verlag, 2017).

5. Ó Tuama, Pádraig: *Sorry for Your Troubles* (Norwich, England: Canterbury Press, 2013).

6. »The Six Classes Approach to Reducing Chemical Harm«, SixClasses, 18. Juni 2019, www.sixclasses.org.

In Ruhe leben

1. Paul, Marilyn: *An Oasis in Time: How a Day of Rest Can Save Your Life* (Emmaus, Pennsylvania: Rodale, 2017).

2. *Entheogen: Awakening the Divine Within*, Regie: Rod Mann, Nikos Katsaounis und Kevin Kohley (Critical Mass Productions, 2007).

3. »Find the Passion Again: All About Love Bundle«, A Research-Based Approach to Relationships, abgerufen am 6. September 2021, www.gottman.com.

Ma kommt nach Washington

1. Environmental Protection Agency, *Summary of the Noise Control Act*, 31. Juli 2020, www.epa.gov/laws-regulations/summary-noise-control-act.

2. Administrative Conference of the United States, *Implementation of the Noise Control Act*, 19. Juni 1992, www.acus.gov/recommendation/implementation-noise-control-act.

3. »A Voice to End the Government's Silence on Noise«, International Noise Awareness Day, abgerufen am 6. September 2021, noiseawareness.org/info-center/government-noise-bronzaft.

4. Prochnik, George: *In Pursuit of Silence: Listening for Meaning in a World of Noise* (New York: Anchor Books, 2011).

5. Singapur, Ministerium für Auswärtige Angelegenheiten: *Sustainable Development Goals: Towards a Sustainable and Resilient Singapore* (2018), sustainabledevelopment.un.org/ content/documents/19439Singapores_Voluntary_National_Review_Report_v2.pdf.

6. Singapur, Ministerium für Kommunikation und Information, HistorySG: »*Garden City« Vision Is Introduced*, abgerufen am 6. September 2021, eresources.nlb.gov.sg/history/events/ 7fac49f-9c96–4030–8709-ce160c58d15c.

7. »The Link Between Green Space and Well-Being Isn't as Simple as We Thought«, *Bloomberg City Lab*, 14. August 2015, www.bloomberg.com/news/articles/2015-08-14/singapore-study-finds-no-significant-relationship-between-access-to-green-space-and-well-being.

8. Williams, Florence: *The Nature Fix: Why Nature Makes Us Happier, Healthier, and More Creative* (New York: W. W. Norton, 2018).

9. Kelly, Kevin: *What Technology Wants* (London: Penguin Books, 2011).

10. Newport, Cal: *Digitaler Minimalismus: Besser leben mit weniger Technologie* (München: Redline, 2019).

11. U. S. Congress, CRS Report, *The Office of Technology Assessment: History, Authorities, Issues, and Options*, 14. April 2020, www.everycrsreport.com/reports/R46327.html.

12. Zorn, Justin Talbot, und Kota, Sridhar: »Universities Must Help Educate Woefully Uninformed Lawmakers«, *Wired*, 11. Januar 2017, www.wired.com/2017/01/univers ities-must-help-educate-woefully-uninformed-lawmakers/?utm_source=WIR_ REG_GATE.

13. Keynes, John Maynard: *Economic Possibilities for Our Grandchildren* (Seattle, Washington: Entropy Conservationists 1987).

14. Zorn, Justin Talbot, und Beachy, Ben: »A Better Way to Measure GDP«, *Harvard Business Review*, 3. Februar 2021, hbr.org/2021/02/a-better-way-to-measure-gdp.

15. Odell, Jenny: *Nichts tun* (München: C. H. Beck, 2021).

16. Sheeran, Michael J.: *Beyond Majority Rule: Voteless Decisions in the Religious Society of Friends* (Philadelphia: Philadelphia Yearly Meeting of the Religious Society of Friends, 1983).

17. Chase, Stuart, und Chase, Marian Tyler: *Roads to Agreement: Successful Methods in the Science of Human Relations* (London: Phoenix House, 1952).

18. Herausgeber der *Encyclopaedia Britannica*: »Iroquois Confederacy: American Indian Confederation«, *Encyclopaedia Britannica* (Chicago: Encyclopaedia Britannica, 2020).

Kultur der Ruhe

1. Salazar, Francisco: »Teatro Digital to Stream Joyce Di-Donato's ›In War and Peace‹«, *OperaWire*, 6. November 2019, operawire.com/teatro-digital-to-stream-joyce-dido natos-in-war-and-peace.

2. NOW Bali Editorial Team: »The Ogoh-Ogoh Monsters of Bali's Ngrupuk Parade«, *NOW! Bali*, 10. März 2021, www.nowbali.co.id/ngrupuk-monster-parade.

3. »Balinese New Year – NYEPI – Bali.com: A Day for Self-Reflection«, The Celebration for a New Beginning: The Biggest Annual Event on the Island, abgerufen am 6. September 2021, bali.com/bali-travel-guide/culture-religion-traditions/nyepi-balinese-new-year.

4. Yunkaporta, Tyson: *Sand Talk: Das Wissen der Aborigines und die Krisen der modernen Welt* (Berlin: Matthes & Seitz, 2021).

5. *Stanford Encyclopedia of Philosophy*, 18. Juli 2003, plato.stanford.edu/entries/ethics-virtue

Register

Deutschland macht Pause!

Für alle
Gestressten.
Also: Für alle.

Stress macht krank. Digitalisierung und Verdichtung treiben uns immer mehr an. Die gute Nachricht: Um dem zu entfliehen, müssen wir nicht komplett aussteigen. Experten sagen, uns fehlen vor allem die kleinen Regenerationspausen im Alltag. Aber was können Sie und ich jetzt sofort tun, um mal kurz abzuschalten? Wie bringen wir die Willenskraft auf, nicht mehr abends im Bett noch Facebook zu checken – und vor allem: Was machen wir stattdessen? Dies ist ein Buch über die fast vergessene Kulturtechnik der Pause. Ein Leitfaden für alle, die ihren Verstand und ihre Seele nicht verlieren oder wenigstens zurückerobern wollen.

mosaik
www.mosaik-verlag.de

176 Seiten

978-3-442-39349-7
Auch als E-Book erhältlich

Große Erfolge beginnen meist mit einer freundlichen Frage.

Guter Einfluss bedeutet in Kooperation erfolgreich sein, nicht in Konkurrenz

Zoe Chance erklärt uns die Psychologie von Überzeugungskraft und Manipulation und zeigt anschaulich, welche Techniken und welches Mindset man braucht, um Menschen für sich zu gewinnen, ohne andere übers Ohr zu hauen oder sich aufzublasen. Endlich ein Buch für alle, die auf nette Weise erfolgreich sein wollen und ein sympathisches Selbstmarketing brauchen.

www.mosaik-verlag.de

336 Seiten

978-3-442-39381-7
Auch als E-Book erhältlich